工业和信息化普通高等教育“十三五”规划教材立项项目

21 世纪高等学校会计学系列教材

INTERMEDIATE FINANCIAL ACCOUNTING

中级财务会计

第 2 版

◆ 路立敏 主编

◆ 李达 张臻 岑文静 任志 副主编

人民邮电出版社

北京

图书在版编目（CIP）数据

中级财务会计 / 路立敏主编. -- 2版. -- 北京 : 人民邮电出版社, 2016.8
21世纪高等学校会计学系列教材
ISBN 978-7-115-43332-9

Ⅰ. ①中… Ⅱ. ①路… Ⅲ. ①财务会计－高等学校－教材 Ⅳ. ①F234.4

中国版本图书馆CIP数据核字(2016)第198310号

内 容 提 要

本书以我国最新的《企业会计准则》及应用指南、企业会计准则解释公告等为依据，以会计要素为主线，系统完整地阐述了各会计要素的确认、计量、记录和报告。全书共分为13章，主要内容包括总论、金融资产、存货、长期股权投资、固定资产、无形资产及其他资产、负债、所有者权益、收入、费用、利润和财务报告。每章开始处均有学习目标、知识导图和引导案例，后面配有针对性的练习题。

本书既适合作为高等院校会计学本专科及其他经济管理类专业教材，同时也可以作为企事业单位会计人员、管理人员及自学者的参考用书。

◆ 主　　编　路立敏
副 主 编　李　达　张　臻　岑文静　任　志
责任编辑　孙燕燕
责任印制　沈　蓉　彭志环

◆ 人民邮电出版社出版发行　　北京市丰台区成寿寺路11号
邮编　100164　　电子邮件　315@ptpress.com.cn
网址　http://www.ptpress.com.cn
大厂聚鑫印刷有限责任公司印刷

◆ 开本：787×1092　1/16
印张：18　　　　2016年8月第2版
字数：466千字　　　　2016年8月河北第1次印刷

定价：45.00元

读者服务热线：(010)81055256　印装质量热线：(010)81055316
反盗版热线：(010)81055315

前言 第2版

“中级财务会计”是高等院校会计学专业的专业课程，也是其他经济管理类专业的选修课程，其核心内容包括财务会计基本理论、会计要素的确认计量和记录、财务报告的编制等。本书是从我国经济社会发展对会计专业人才的需求出发，以我国最新修订的企业会计准则和相关法律法规为依据，结合一线教师讲授课程中的体会及应用型人才培养下学生的特点而编写完成的。

随着经济的发展和业务的创新，企业会计准则也在不断地修订和完善。2006年，我国财政部颁布了《企业会计准则》，后续又出台了《企业会计准则应用指南》《企业会计准则解释公告1-8号》。目前，我国企业会计准则出现的新变化主要体现在：增加了公允价值计量、合营安排和在其他主题中权益的披露3个新准则；对基本准则和长期股权投资、职工薪酬、金融工具列报等具体准则进行了修订等。并且，我国于2016年5月全面实施“营改增”。因而，准则和环境的变化要求编者必须对本书第1版进行修订。本书修订内容主要包括以下几个方面：

（1）适当调整教材结构，在所有者权益一章增加了“其他综合收益”的相关内容；

（2）根据准则内容修订了长期股权投资、应付职工薪酬、应交税费等相关内容；

（3）对教材第1版的错漏内容进行修改；

（4）对课后习题进行调整和完善。

修订后的教材具有以下特点：（1）内容新颖，反映准则新变化；（2）简明实用，融入教学新成果；（3）结构合理，便于教与学；（4）适用性强，理论与实践并重。

本书由路立敏担任主编，李达、张臻、岑文静、任志担任副主编。各章撰写具体分工如下：第1章、第12章、第13章由桂林理工大学路立敏执笔；第2章、第4章、第5章由桂林理工大学李达执笔；第3章、第6章、第7章由广西师范大学漓江学院岑文静执笔；第8章、第10章、第11章由广西财经学院张臻执笔；第9章由桂林电子科技大学信息科技学院任志执笔。

本书的编写及出版得到了桂林理工大学教材建设基金的资助，在此表示感谢。

编者

2016年5月

目　录 Contents

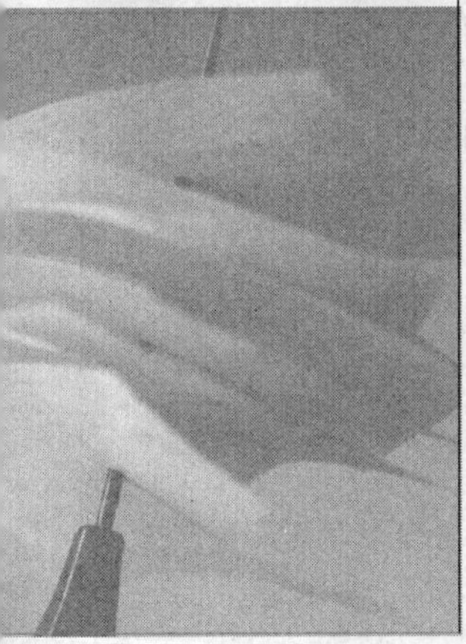

第1章　总论

第2章　金融资产（一）

第3章　存货

第4章　金融资产（二）

第5章　长期股权投资

第6章 固定资产

第7章 无形资产及其他资产

第8章 负债

第12章 利润

第13章 财务报告

参考文献

第1章 总论

【学习目标】

随着经济的发展，以提供对决策有用的会计信息为目的的财务会计变得日益重要。通过本章的学习，要求做到以下几点：

- 了解财务会计的目标及特点、中级财务会计课程结构；
- 理解会计的基本前提、会计信息质量要求；
- 掌握会计计量模式和会计要素。

【知识导图】

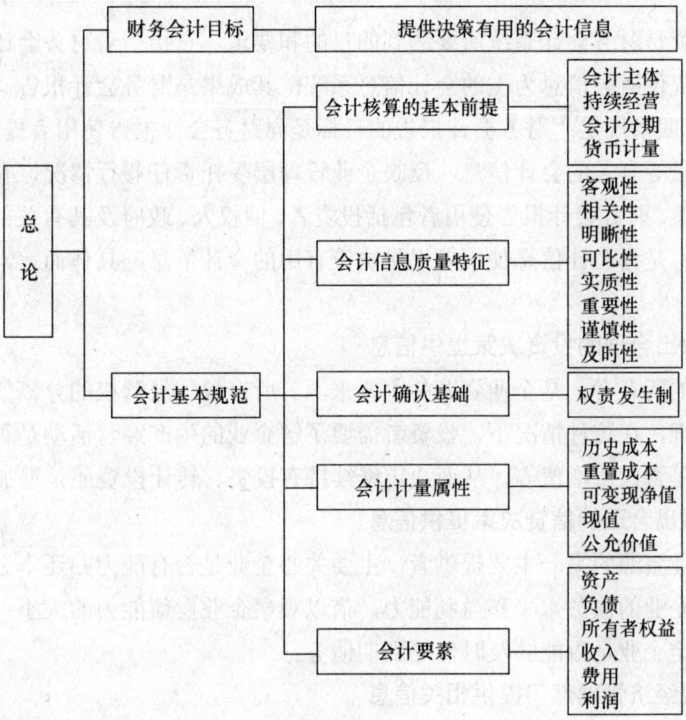

【引导案例】

两面针（600249）公司在2006年年报中公布两项重大会计差错更正：一是本年度发现公司以前年度存在虚计主营业务利润的情况，该项差错更正减少了2005年年初未分配利润及2005年留存收益0.82亿元；二是本年度发现公司以前年度存在广告费支出挂账未及时计入损益的情况，该项差错更正减少了2005年年初未分配利润1.38亿元，减少2005年当期净利润0.45亿元，减少2005年年末留存收益1.83亿元。两面针公司这两项重大会计差错共计调减2005年年末留存收益2.65亿元，而该公司2005年年末资产总额只有13.52亿元，净资产也只有10亿元。可见，该调整对2005年披露的收益有非常重大的影响。那么，两面针公司为什么会出现如此巨大且显而易见的差错？为什么会在2006年进行更正？这两项重大差错及其更正是否违背了会计信息披露的要求？

通过本章的学习，你能够明白：财务会计的目标和具体内容、会计核算遵循的必要前提、会计信息需满足哪些质量要求，以及会计对发生的会计事项应如何进行确认和计量。

1.1 财务会计的目标及特点

财务会计是现代企业会计的一个重要分支，它通过会计核算的专门方法，对企业会计要素进行确认、计量，并将会计主体的财务状况、经营成果和现金流量及其变动情况等信息提供给信息使用者。

1.1.1 财务会计的目标

财务会计目标就是财务会计系统所要达到的目的和要求，它指引着财务会计系统的运行方向。财务会计作为一个提供财务信息为主的会计信息系统，其成果是财务会计报告。我国《企业会计准则——基本准则》第四条规定:“财务会计报告的目标是向财务会计报告使用者提供与企业财务状况、经营成果和现金流量等有关的会计信息，反映企业管理层受托责任履行情况，有助于财务会计报告使用者做出经济决策。财务会计报告使用者包括投资者、债权人、政府及其有关部门和社会公众等。”因此，财务会计目标是为会计信息使用者提供决策有用的会计信息。具体而言，主要表现在以下 5 个方面。

1. 为投资者做出合理的投资决策提供信息

投资者是企业的所有者，是企业资源的主要来源。所有权与经营权的分离使得投资者不再参与企业的日常经营管理，在这种情况下，投资者需要了解企业的生产经营活动是否正常，企业盈利能力如何，企业资源是否保值增值等，从而决定继续持有投资、转让投资还是追加投资。

2. 为债权人做出合理的信贷决策提供信息

债权人作为企业资源的另一主要提供者，主要关心企业是否有能力归还本金和利息。因此，债权人首先需要了解企业的债务水平和盈利能力，借以观察企业偿债能力的大小；其次需要了解企业资产的流动性，确定企业是否能够及时偿还到期债务。

3. 为国家宏观经济管理部门提供相关信息

国家作为国民经济的组织者与管理者，需要从企业编制的财务会计报告中获取宏观调控所需的特殊信息。例如，财政政策和货币政策的制定、证监会对会计信息可靠性的监管、企业是否及时足额缴纳了有关税费等。

4. 为企业经营管理者提供管理所需信息

企业的经营管理者也需要利用会计信息对企业的生产经营活动进行管理。例如，管理者通过对企业财务状况和经营成果进行分析，发现企业生产经营中存在的问题及原因，以便采取相应措施，改善企业经营管理。但是，管理者需要的信息主要来自于未公开披露的报表，如各种成本费用明细表、收入明细表等。

5. 为其他利益相关者提供信息

其他利益相关者如企业的供应商、客户等，也会关注企业的会计信息。供应商主要关注企业是否持续经营、是否能按时支付货款等；客户也会关注企业的生存能力、产品的价格及售后服务等。

需要说明的是，虽然不同的会计信息使用者关注的侧重点不同，但是目前企业是按照会计准则的要求提供具有统一格式和规范的财务会计报告，信息使用者根据自己的需要对会计信息进行进一步加工和分析，才能得到决策所需信息。

1.1.2 财务会计的特点

如前所述，财务会计作为传统会计的发展，主要向企业外部的投资者、债权人、政府及其有关部门和社会公众等提供投资决策、信贷决策、宏观调控等所需的会计信息。这种会计信息最终表现为会计准则规定的通用财务会计报告。因此，财务会计应具备以下 5 个特点。

1. 侧重于对外提供信息

财务会计通过对企业发生的日常业务进行确认、计量、记录和报告，编制财务会计报告，向企业外部的利益相关者，如投资者、债权人、政府、供应商、客户等提供决策相关的会计信息。而企业对外提供的财务报表必须经过注册会计师审计，从而保证对外公布的报表能够可靠、完整地反映企业的财务状况和经营成果，不产生误导。外部信息使用者从这些报表中可以准确地了解企业经营状况，因此，财务会计侧重于向企业外部提供信息，人们往往把财务会计称为“对外会计”。

2. 侧重于反映过去和现在的信息

财务会计是对企业已经发生和完成的业务进行确认、计量、记录和报告；财务报表是根据账簿记录，在会计期末编制的，是企业在某一特定时点财务状况和一定时期经营成果、现金流量的总括反映。从其记录和反映的内容来看，侧重于反映过去和现在的信息。

3. 遵循统一的会计规范

财务会计的目标是为会计信息使用者提供决策有用的会计信息。因此，必须保证会计信息的质量，也就要求我们必须建立一整套财务会计规范体系。我国的会计规范体系主要由《中华人民共和国会计法》（以下简称《会计法》）《财务会计报告条例》《企业会计准则》和《企业会计制度》等组成。

4. 会计处理遵循确定的程序

从经济业务发生取得原始数据开始到最终将会计信息报送给信息使用者的过程中，必须经过确认、计量、记录和报告四个过程，这就是会计的基本程序。确认主要解决应否确认、如何确认和何时确认的问题；计量主要解决记录多少的问题；记录要求按照复式记账法的要求将发生的会计事项登记在账簿中；最后以财务报告的形式报送会计信息。尽管社会经济环境发生了巨大的变化，会计记录的业务日益复杂，但是会计的基本程序依然存在。

5. 有专门的会计核算方法

会计核算方法是对经济业务进行连续、系统、全面和综合的记录、报告所应用的方法。这些方法主要包括：设置科目、复式记账、填制和审核凭证、登记账簿、成本计算、财产清查和编制财务会计报告。这 7 种方法相互联系、紧密配合，以填制和审核凭证、登记账簿、编制财务会计报告为核心构成了一个完整的方法体系，具体如图 1-1 所示。

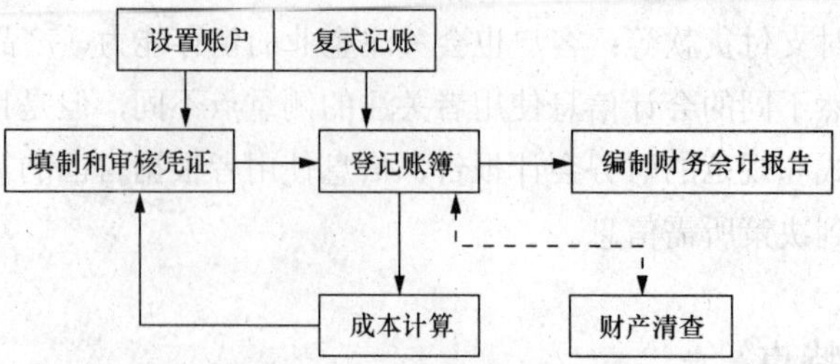

图 1-1　会计核算方法体系

1.1.3　财务会计的课程体系

财务会计根据研究内容及与会计基本前提的依存关系不同，可以分为初级财务会计（也称为会计学基础）、中级财务会计和高级财务会计。初级财务会计主要研究会计核算的方法体系；中级财务会计是基于会计基本假设成立，对企业发生的日常业务进行会计核算；高级财务会计主要研究会计基本假设不成立情况下的特殊交易或事项的会计处理，如企业合并、破产清算、租赁等有关业务的核算。

中级财务会计按照会计要素组织教学，课程内容主要包括会计基本理论、会计要素核算和财务报告编制，具体如图 1-2 所示。

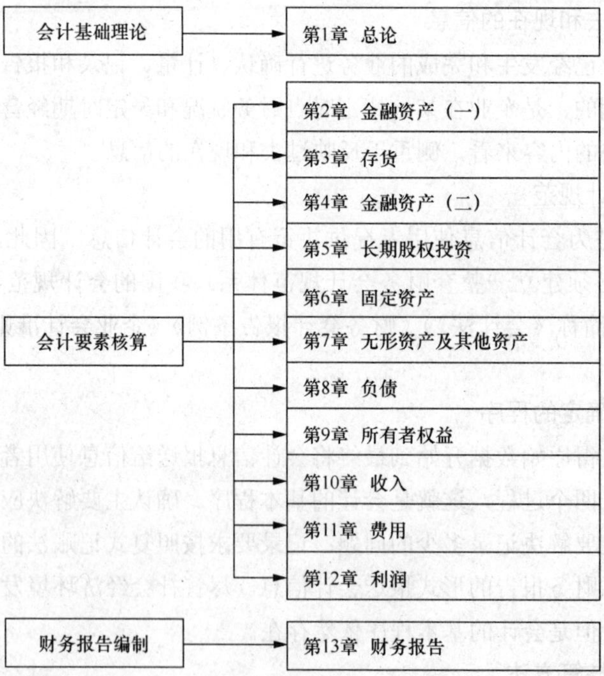

图 1-2　中级财务会计课程体系

1.2　会计核算的基本前提

会计核算的基本前提，也可称为会计基本假设，它是企业组织正常会计核算所要遵循的基本条件，离开了这些条件，就不能有效正常地开展会计工作；它也是财务会计的理论基础，离开了这些条件，企业难以构建财务会计的理论体系。根据我国《企业会计准则——基本准则》的规定，可以将会计核算的前提条件概括为 4 个：会计主体、持续经营、会计分期、货币计量。

1.2.1 会计主体

会计主体是会计人员服务的特定单位。明确会计主体，实质上等于界定了会计确认、计量和报告的空间范围。明确会计主体，首先能够划定企业所要处理的经济业务的范围；其次，还能将会计主体的交易和事项与其所有者的交易和事项相分离。我国《企业会计准则——基本准则》第五条规定："企业应当对其本身发生的交易或者事项进行会计确认、计量和报告。"

需要注意的是：会计主体与法律主体是两个不同的概念。一般而言，法律主体都是会计主体，会计主体不一定是法律主体。

1.2.2 持续经营

持续经营指的是在可以预见的未来，企业能够持续经营下去，不会面临破产清算。以持续经营为前提，就可以采用正常的会计处理方法，如企业多数资产按照历史成本计量、固定资产分期计提折旧、无形资产分期摊销、按照合约履行债务等。我国《企业会计准则——基本准则》第六条规定："企业会计确认、计量和报告应当以持续经营为前提。"

1.2.3 会计分期

会计分期是指将企业持续不断的经营活动人为地划分为较短的间隔相等的时间段。我国《企业会计准则——基本准则》第七条规定："企业应当划分会计期间，分期结算账目和编制财务会计报告。"

会计分期一般以一年作为一个会计期间，称为会计年度。我国规定会计期间采用公立年度。为了提供更为及时的会计信息，还可以将一个会计年度划分为更短的时间段，称为会计中期。会计中期包括月度、季度和半年度。

1.2.4 货币计量

货币计量是指企业在会计核算过程中应当以货币作为主要计量单位，记录和反映企业的经营情况。企业在日常经营活动过程中会发生大量错综复杂的经济业务。会计对象既包括具有不同形态的资产，也包括所有者权益和损益，客观上需要一种统一的计量单位作为会计核算的尺度，而货币作为一般等价物，成为必须使用的计量手段。我国《企业会计准则——基本准则》第八条也规定："企业会计应当以货币计量。"

我国企业大多选用人民币作为记账本位币，而业务收支以人民币以外的其他货币为主的企业，也可以选用某种外币作为记账本位币，但提供给境内的财务会计报告应折算为人民币。

1.3 会计信息质量特征

会计信息质量特征是会计核算的指导思想和衡量会计工作成败的标准，是保证会计信息质量的准绳。我国《企业会计准则——基本准则》规定了保证会计信息质量的 8 项特征。

1.3.1 客观性

我国《企业会计准则——基本准则》第十二条规定："企业应当以实际发生的交易或者事项为依据进行会计确认、计量和报告，如实反映符合确认和计量要求的各项会计要素及其他相关信息，保证会计信息真实可靠、内容完整。"客观性是对会计核算工作的基本要求。

客观性具体包括 3 方面含义：真实性、可靠性和可验证性。所谓真实性，是指会计反映的结果应当与企业实际的财务状况和经营成果相一致；所谓可靠性，是指对经济业务的计量、记录和报告应当遵循客观事实，不能受主观意志的影响；所谓可验证性，是指经济业务应当有合理合法的凭证为依据，会计信息应经得起复核和验证。

1.3.2 相关性

我国《企业会计准则——基本准则》第十三条规定："企业提供的会计信息应当与财务会计报告使用者的经济决策需要相关，有助于财务会计报告使用者对企业过去、现在或者未来的情况做出评价或者预测。"财务会计的目标就是为会计信息使用者提供有用的会计信息，这就要求企业所提供的信息与会计信息使用者的决策需要相关。只有相关的会计信息，才具有使用价值。

1.3.3 明晰性

我国《企业会计准则——基本准则》第十四条规定："企业提供的会计信息应当清晰明了，便于财务会计报告使用者理解和使用。"企业提供的会计信息必须简明、易懂，能够清晰明了地反映企业的财务状况、经营成果和现金流量情况，便于会计信息使用者准确理解会计信息的内涵、把握会计信息的内容，更好地对信息加以利用。

1.3.4 可比性

我国《企业会计准则——基本准则》第十五条规定："企业提供的会计信息应当具有可比性。"可比性具有以下两层含义。

一是同一企业前后各期会计信息的可比性。这就要求同一企业不同时期发生的相同或者相似的交易或者事项，应当采用一致的会计政策，不得随意变更。确需变更的，应当在附注中说明。

二是不同企业同一时期会计信息的可比性。这就要求不同企业发生的相同或者相似的交易或者事项，应当采用规定的会计政策，确保会计信息口径一致、相互可比。

1.3.5 实质性

我国《企业会计准则——基本准则》第十六条规定："企业应当按照交易或者事项的经济实质进行会计确认、计量和报告，不应仅以交易或者事项的法律形式为依据。"在会计核算过程中，大多数交易或事项的经济实质与其法律形式是相吻合的，这些交易或事项采用惯常的会计处理方法进行会计核算。但也可能会发生一些经济实质与法律形式不吻合的业务，如融资租入固定资产。从法律形式上讲，所有权并没有转移给承租方；但从经济实质上讲，与该项固定资产相关的主要风险和报酬已经转移给承租方，因此，承租方应将其视同自有固定资产进行核算。

1.3.6 重要性

我国《企业会计准则——基本准则》第十七条规定："企业提供的会计信息应当反映与企业财务状况、经营成果和现金流量等有关的所有重要交易或者事项。"根据重要性要求，对于影响会计信息使用者做出合理判断的重要事项，企业应当按照规定的会计方法和程序予以处理，并在财务会计报告中予以充分披露；对于次要事项，在不至于影响会计信息使用者做出正确判断的前提下，可适当简化处理。

重要性要求对会计信息提供者来讲，可以提高会计核算的效率，减少不必要的工作；对于会计信息使用者来讲，可以分清主次，抓住重点。但是，会计实务中对于某项会计事项重要与否的判断，在很大程度上取决于会计人员的职业判断。一般来说，重要性可以从性质和数量两方面判断。从性质上讲，只要该事项发生就可能对决策有重大影响的，属于具有重要性的事项；从数量上讲，某一事项的发生达到该类事项一定比重时，认为其具有重要性。

1.3.7 谨慎性

我国《企业会计准则——基本准则》第十八条规定："企业对交易或者事项进行会计确认、计量和报告应当保持应有的谨慎，不应高估资产或者收益、低估负债或者费用。"谨慎性的处理原则是，应预计可能存在的负债和产生的损失，但不高估资产的价值和预计可能取得的收益，从而使企业披露的资产负债和经营成果信息更为可靠。

谨慎性体现在会计核算的全过程，如研究开发费的资本化、收入确认、资产计提减值、固定资产采用加速折旧法计提折旧、对很可能承担的义务进行预计等都是谨慎性的应用。

1.3.8 及时性

我国《企业会计准则——基本准则》第十九条规定："企业对于已经发生的交易或者事项，应当及时进行会计确认、计量和报告，不得提前或者延后。"信息的使用价值不仅仅在于客观性和相关性，还在于它的时效性，过时的信息对决策没有意义。及时性包含两层含义：一是日常业务处理要及时；

二是会计信息报送要及时。

1.4 会计确认基础与计量属性

1.4.1 会计确认基础

我国《企业会计准则——基本准则》第九条规定：“企业应当以权责发生制为基础进行会计确认、计量和报告。”

权责发生制，也称应收应付制，它是以权利和责任的发生与否为标准来确认收入和费用的。凡是当期已经实现的收入，不论款项是否收到，均应确认为当期收入；凡是当期已经发生或应当承担的费用，不论款项是否支付，均应确认为当期的费用。凡不属于当期的收入和费用，即使款项已在当期收付，也不应确认为当期收入和费用。

与权责发生制相对应的是收付实现制。收付实现制，也称现金制，它是以款项是否收付为标准来确认收入和费用的。即在收到款项时确认收入，付出款项时确认费用。

【注意】为什么企业会计核算应当采用权责发生制？权责发生制引发了哪些会计问题？

1.4.2 会计计量属性

会计计量是财务会计的核心问题。企业在将符合确认条件的会计要素登记入账并列报于会计报表及其附注（又称财务报表，下同）时，应当按照规定的会计计量属性进行计量，确定其金额。会计计量属性主要包括：历史（实际）成本、重置成本、可变现净值、现值和公允价值5种。

1. 历史（实际）成本

在历史成本计量下，资产按照购置时支付的现金或者现金等价物的金额，或者按照购置资产时所付出的对价的公允价值计量。负债按照因承担现时义务而实际收到的款项或者资产的金额，或者承担现时义务的合同金额，或者按照日常活动中为偿还负债预期需要支付的现金或者现金等价物的金额计量。

历史成本是交易发生时参与交易各方决定的，具有客观、可验证等优点，且不必根据之后价值变动调整账簿记录；但历史成本反映的是交易发生或完成时的价值，当市场价值发生较大变化时，资产和负债按历史成本计量，所提供的会计信息难以反映企业现实财务状况，难以满足信息使用者的决策需要。

2. 重置成本

在重置成本计量下，资产按照现在购买相同或者相似资产所需支付的现金或者现金等价物的金额计量。负债按照现在偿付该项债务所需支付的现金或者现金等价物的金额计量。

重置成本强调的是目前重新购置资产或偿付债务的金额。该计量模式反映了资产与负债的当前价值，有利于信息使用者对企业现在和未来财务状况进行预测；但是重置成本没有客观发生的交易和凭证可以证明，而且资产新旧程度的估计会影响重置成本的计量金额。因此，在历史成本难以可靠取得时，可以采用重置成本计量，如接受捐赠资产、盘盈资产的入账价值。

3. 可变现净值

在可变现净值计量下，资产按照其正常对外销售所能收到现金或者现金等价物的金额扣减该资产至完工时估计将要发生的成本、估计的销售费用以及相关税费后的金额计量。

可变现净值是目前出售该项资产所带来的经济利益的净流入。该计量模式既考虑了资产的本质特征，又反映了资产当前价值，有利于信息使用者对企业现在和未来财务状况进行预测；但是资产售价需要估计，发生的成本、销售费用及相关税费也需要估计，这些估计必须以可靠信息为依据。存货期末计价采用成本与可变现净值孰低法。

4. 现值

在现值计量下，资产按照预计从其持续使用和最终处置中所产生的未来净现金流入量的折现金额计量。负债按照预计期限内需要偿还的未来净现金流出量的折现金额计量。

现值是一项资产或负债带来的未来现金净流入量或净流出量的折现金额。资产或负债按照现值计量，所提供的信息决策价值更高，但现值计量不但需要对未来现金流量进行估计，还要确定折现率，将未来现金流量折为现在的价值，计算复杂且易受主观影响。

5. 公允价值

在公允价值计量下，资产和负债按照市场参与者在计量日发生的有序交易中，出售资产所能收到或者转移负债所需支付的价格计量。

公允价值是有序交易中出售资产或转移负债的价格，其相关性、可靠性更强，但公允价值的确定有一定难度。

虽然企业会计准则提出了以上 5 种计量模式，但是历史成本仍作为主要的计量模式。《企业会计准则——基本准则》第四十三条规定："企业在对会计要素进行计量时，一般应当采用历史成本，采用重置成本、可变现净值、现值、公允价值计量的，应当保证所确定的会计要素金额能够取得并可靠计量。"

1.5 会计要素

1.5.1 资产

资产是指企业过去的交易或者事项形成的、由企业拥有或者控制的、预期会给企业带来经济利益的资源。

资产具有以下 3 个特征：第一，资产是企业过去的交易或者事项形成的。过去的交易或事项包括购买、生产、建造行为或其他交易或者事项。预期在未来发生的交易或者事项不形成资产。第二，资产是由企业拥有或者控制的资源。企业拥有或控制是指企业享有某项资源的所有权，或者然不享有某项资源的所有权，但该资源能被企业所控制。第三，资产预期会给企业带来经济利益，这是资产最本质的特征。预期会给企业带来经济利益是指直接或者间接导致现金和现金等价物流入企业的潜力。

符合资产定义的资源，还应同时满足以下条件时，才确认为资产。

（1）与该资源有关的经济利益很可能流入企业。

（2）该资源的成本或者价值能够可靠地计量。

符合资产定义和资产确认条件的项目，应当列入资产负债表；符合资产定义但不符合资产确认条件的项目，不应当列入资产负债表。

资产按照流动性可以分为流动资产和非流动资产。流动资产是指在一年或超过一年的一个营业周期内变现、出售或耗用的资产。流动资产主要包括货币资金、交易性金融资产、应收及预付款项、存货等。非流动资产是指在一年或超过一年的一个营业周期以上才能出售或耗用的资产。非流动资产主要包括持有至到期投资、可供出售金融资产、长期股权投资、固定资产、无形资产等。

1.5.2 负债

负债是指企业过去的交易或者事项形成的、预期会导致经济利益流出企业的现时义务。

负债具有以下两个特征：第一，负债是企业承担的现实义务。现时义务是指企业在现行条件下已承担的义务。未来发生的交易或者事项形成的义务不属于现时义务，不应当确认为负债。第二，履行该义务会导致经济利益流出企业。企业偿还债务的方式很多，如以现金资产偿还、以非现金资产偿还、提供劳务偿还等，但是无论何种偿债方式，经济利益都会流出企业。

符合负债定义的义务，在同时满足以下条件时，确认为负债。

（1）与该义务有关的经济利益很可能流出企业。

（2）未来流出的经济利益的金额能够可靠地计量。

符合负债定义和负债确认条件的项目，应当列入资产负债表；符合负债定义但不符合负债确认条件的项目，不应当列入资产负债表。

负债按照偿还期限可以分为流动负债和非流动负债。流动负债是指在一年或超过一年的一个营业周期内偿还的债务。流动负债主要包括短期借款、应付及预收款项、应付职工薪酬、应交税费、应付利息、应付股利等。非流动负债是在一年或超过一年的一个营业周期以上才需要偿还的负债。非流动负债主要包括长期借款、应付债券、长期应付款等。

1.5.3 所有者权益

所有者权益是指企业资产扣除负债后由所有者享有的剩余权益。所有者权益的来源包括所有者投入的资本（包括实收资本和资本溢价等资本公积）、其他综合收益、留存收益（包括盈余公积和未分配利润）等。

所有者权益金额取决于资产和负债的计量。

所有者权益项目应当列入资产负债表。

1.5.4 收入

收入是指企业在日常活动中形成的、会导致所有者权益增加的、与所有者投入资本无关的经济利益的总流入。

收入具有以下 3 个特征：第一，收入来自于企业的日常活动而不是偶发的、边缘的交易或事项；第二，收入会导致所有者权益增加但不属于所有者投资；第三，收入是经济利益的总流入而不是净流入。

收入只有在经济利益很可能流入，从而导致企业资产增加或者负债减少、且经济利益的流入额能够可靠计量时，才能予以确认。

符合收入定义和收入确认条件的项目，应当列入利润表。

1.5.5 费用

费用是指企业在日常活动中发生的、会导致所有者权益减少的、与向所有者分配利润无关的经济利益的总流出。

费用具有以下 3 个特征：第一，费用来自于企业的日常活动而不是偶发的、边缘的交易或事项；第二，费用会导致所有者权益减少但不包括收益分配；第三，费用是经济利益的总流出。

费用只有在经济利益很可能流出，从而导致企业资产减少或者负债增加且经济利益的流出额能够可靠计量时，才能予以确认。

企业为生产产品、提供劳务等发生的可归属于产品成本、劳务成本等的费用，应当在确认产品销售收入、劳务收入等时，将已销售产品、已提供劳务的成本等计入当期损益。企业发生的支出不产生经济利益的，或者即使能够产生经济利益但不符合或者不再符合资产确认条件的，应当在发生时确认为费用，计入当期损益。企业发生的交易或者事项导致其承担了一项负债而又不确认为一项资产的，应当在发生时确认为费用，计入当期损益。

符合费用定义和费用确认条件的项目，应当列入利润表。

1.5.6 利润

利润是指企业在一定会计期间的经营成果。利润包括收入减去费用后的净额、直接计入当期利润的利得和损失等。

直接计入当期利润的利得和损失，是指应当计入当期损益、会导致所有者权益发生增减变动的、与所有者投入资本或者向所有者分配利润无关的利得或者损失。

利润金额取决于收入和费用、直接计入当期利润的利得和损失金额的计量。

利润项目应当列入利润表。

关键术语

会计目标　会计准则　会计基本假设　会计信息质量特征　会计确认　会计计量　会计要素

思考与练习

1．财务会计的目标是什么？有哪些特点？
2．会计核算的基本前提有哪些？有何作用？
3．我国企业会计准则对会计信息质量特征做了哪些具体规定？
4．什么是权责发生制？什么是收付实现制？两者有何区别？
5．我国企业会计准则规定了哪些会计计量属性？简要说明各种计量属性的优缺点及适用。
6．我国企业会计准则规定了哪几个会计要素？各会计要素应如何确认？

第2章 金融资产（一）

【学习目标】

金融资产主要包括企业的货币资金、应收款项、贷款、股权投资、债权投资等。本章主要介绍其中的货币资金和应收款项。通过本章的学习，要做到以下几点：

- 了解金融资产的概念、性质及分类；
- 掌握货币资金的内容、管理制度及会计核算；
- 掌握应收款项的确认、计量和会计处理；
- 重点掌握坏账的会计处理方法。

【知识导图】

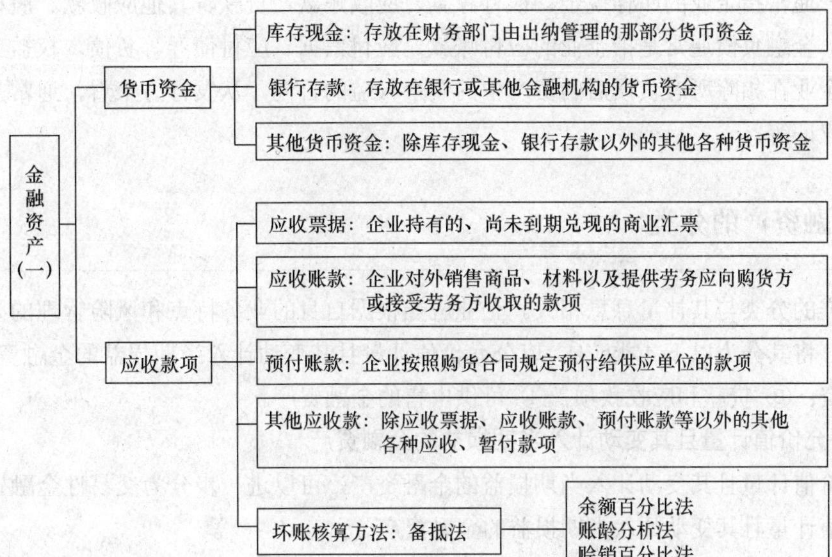

【引导案例】

A公司2016年1月14日披露，公司2015年全年净利润将出现巨额亏损，亏损额度在2.5亿～2.7亿元。在这巨亏中，公司2014年的一笔大买卖将直接导致公司2015年损失1.44亿元。公告称，2014年7～8月，A公司与B公司签订了两笔出口合同，共销售本属于公司原材料的8 528吨电解铅，在电解铅顺利离岸出口后，B公司仅支付了46.95万美元货款，且拒付剩余款项。原因是从2015年4季度开始，电解铅价格骤降，由9月的17 860元/吨，骤降到10月的11 190元/吨，目前价格已经骤降至合同销售价格的一半。鉴于此，A公司认为，电解铅销售款项很可能因为B公司的毁约而难以收回，出于谨慎考虑，公司于2015年将此笔业务按照“存货成本＋关税＋增值税＋财务费用”之和作为坏账并100%计提减值准备，共计1.44亿元。

但是，B公司2015年12月22日向A公司发来的“还款计划草案”提出两个解决方案：一是退货；二是推迟付款期限。据此推测，交易双方争议的焦点是货物降价损失该由谁来承担。尽管A公司并未接受这两种解决方案，但相关损失不应该是全部的交易价格，而应该是执行最差方案后的结果。

因此，在上述减值准备计提金额上，A公司过于谨慎。A公司为何要计提巨额坏账准备呢？

通过本章的学习，你能够明白：应收款项如何确认和计量？应收款项为何计提坏账准备？计提坏账准备对企业的财务状况和经营成果有何影响？

2.1 金融资产概述

2.1.1 金融资产的概念及性质

金融工具是指形成一个企业的金融资产，并形成其他企业的金融负债或权益工具的合同。其包括金融资产、金融负债和权益工具3类。

金融资产通常指企业的库存现金、银行存款、应收账款、贷款、其他应收款、股权投资、债券投资等资产。金融负债通常是指企业的应付账款、应付票据、应付债券等负债。权益工具是指能证明拥有某个企业在扣除所有负债后的资产中的剩余权益的合同，从发行方来看，通常是指企业的普通股、认股权证等。

2.1.2 金融资产的分类

金融资产的分类与其计量息息相关。企业应当根据自身的业务特点和风险管理的要求，在取得金融资产时，将其分为以下4类：① 以公允价值计量且其变动计入当期损益的金融资产；② 持有至到期的投资；③ 贷款和应收款项；④ 可供出售的金融资产。

1. 以公允价值计量且其变动计入当期损益的金融资产

以公允价值计量且其变动计入当期损益的金融资产，可以进一步分为交易性金融资产和直接指定为公允价值计量且其变动计入当期损益的金融资产。

（1）交易性金融资产。金融资产满足下列条件之一的，应当划分为交易性金融资产。

① 以近期出售或回购为目的取得的金融资产，如企业以赚取差价为目的，从二级市场购入的股票、债券、基金等。② 属于进行集中管理的可辨认金融工具组合的一部分，且有客观证据表明企业近期采用短期获利方式对该组合进行管理，如企业基于投资策略和风险管理的需要，将某些金融资产进行组合从事短期获利活动，对于组合中的金融资产，采用公允价值计量，并将其相关公允价值变动记入当期损益。在这种情况下，即使组合中有某个组成项目持有期限稍长也不受影响。③ 属于衍生工具，如国债期货、远期合同、股指期货等。但是，不包括被指定且为有效套期工具的衍生工具、属于财务担保合同的衍生工具、与活跃市场中没有报价且其公允价值不能可靠计量的权益工具投资挂钩并需通过交付该权益工具结算的衍生工具。其中，财务担保合同是指保证人和债权人约定，当债务人不履行债务时，保证人按照约定履行债务或者承担责任的合同。

（2）直接指定为公允价值计量且其变动计入当期损益的金融资产。通常情况下，只有符合下列条件之一的金融资产，才可以在初始确认时直接指定为以公允价值计量且其变动记入当期损益的金融资产。

① 该指定可以消除或明显减少由于该金融资产的计量基础不同而导致的相关利得或损失在确认或计量方面不一致的情况；② 企业风险管理或投资策略的正式书面文件已载明，该金融资产组合或该金融资产和金融负债组合，以公允价值为基础进行管理、评价并向关键管理人员报告。这一条件是以企业日常管理和业绩评价为依据的，而不关注金融工具组合中各组成部分的性质。

2. 持有至到期投资

持有至到期投资，是指到期日固定、回收金额固定或可确定，且企业有明确意图和能力持有至到期的非衍生金融资产，如企业从二级市场购入的固定利率国债、浮动利率金融债券等。

企业应当于每个资产负债日对持有至到期投资的意图和能力进行评价。如果企业的持有意图或能力发生了变化，应当将其重新分类为可供出售金融资产进行处理。

3. 贷款和应收款项

贷款和应收款项，是指在活跃市场中没有报价、回收金额固定或可确定的非衍生金融资产。贷款和应收款项主要是指金融企业发放的贷款和其他债权，但不仅限于金融企业发放的贷款和其他债权（不包括在活跃市场上有报价的债权工具）等，只要符合贷款和应收款项的定义，就可以划分为这一类。

4. 可供出售金融资产

可供出售金融资产，是指初始确认时即被指定为可供出售的非衍生金融资产，以及除以下各类资产以外的金融资产：① 贷款和应收款项；② 持有至到期投资；③ 以公允价值计量且其变动计入当期损益的金融资产。

金融资产的分类应是管理层意图的真实表达，金融资产具体分为哪一类，主要取决于企业管理层的风险管理和投资决策等因素。金融资产的分类与金融资产的确认和计量密切相关，不同类别的金融资产，其初始和后续的计量采用的基础也不完全相同。因此，金融资产的分类一经确定，不应随意变更。

2.2 货币资金

2.2.1 货币资金的性质与范围

货币资金是指企业的生产经营资金在周转过程中处于货币形态的那部分资金。在企业的日常生产经营过程中，会发生大量的、重复性的有关货币资金的支付和收款业务。例如，采购材料，购买固定资产，支付各项生产费用，支付职工工资等付款业务；销售商品，取得银行借款等收款业务。货币资金包括现金、银行存款和其他货币资金三部分。

2.2.2 库存现金

会计上的现金有广义和狭义之分，广义的现金包括库存现金、银行存款以及其他可以普遍接受的流通手段，如银行汇票等。狭义的现金是指库存现金，通常指存放在财务部门由出纳人员负责管理的那部分货币资金。本部分内容涉及的现金指狭义现金。

1. 库存现金的管理与控制

企业现金的管理和使用要严格遵守国务院《现金管理暂行条例》和中国人民银行《现金管理实施办法》。

《现金管理暂行条例》明确规定了企业以下几方面经济业务可以用现金办理：①职工工资、津贴；②个人劳动报酬；③国家颁发给个人的科学技术、文化技术、体育等各项奖金；④各种劳保、福利费用以及国家规定的对个人的其他支出；⑤向个人收购农副产品和其他物资的价款；⑥出差人员必须随身携带的差旅费；⑦结算起点以下的零星支出（结算起点为 1 000 元）；⑧中国人民银行确定需要支付现金的其他支出。不属于现金开支范围的业务应当通过银行办理结算。

《现金管理实施办法》明确规定：企业的库存现金都要由开户银行根据企业的实际需要情况核定一个最高限额，超过的部分应当及时送存银行，企业如需要增加或减少库存现金的最高限额，应当向开户银行提出申请，由开户银行重新核定。为满足企业日常零星开支的需要，库存现金的最高限额一般满足企业 3～5 天的日常零星开支，边远地区和交通不便地区的企业库存现金可适当多保留，但最多不能超过企业 15 天的零星开支所需。

现金是企业资产中流动性最强的货币性资金。在企业的日常经营中，容易出现被贪污、挪用或被盗窃。对现金的管理必须建立严格的内部控制措施与手段，建立健全现金内部控制制度，才能杜绝现金丢失、被盗以及违法乱纪行为的发生。现金的内部控制包括以下 5 个方面。

（1）实行职能分开原则。现金的管理人员和凭证记账人员不能由一人兼任。即企业的库存现金由出纳负责保管，经管现金的出纳人员不能同时兼管收入、费用、债权、债务等账簿的登记工作；填写银行结算凭证的有关印鉴，不能集中由出纳人员保管，应实行印鉴分管制度。这样形成一种相互牵制的控制机制，防止挪用现金以及隐藏流入的现金。

（2）现金的收付业务必须有合法的原始保证。企业收到现金时，要有现金收入的原始凭证，以保证现金收入的合法性并及时入账。企业支付现金时，要按规定的授权程序进行，除小额零星支出用库存现金外，其他的尽量用支票支付，同时要有确凿的原始凭证，并要在原始凭证和收付款凭证上加盖“现金收讫”与“现金付讫”印章。

（3）建立发票和收据的领用制度。发票和收据的领用必须登记起讫编号和登记数量，由领用人员签字；发票和收据的存根应交回到保管人员处，对空白收据和发票要定期检查，以防止短缺。

（4）加强监督与检查。对企业的库存现金，除了要求出纳人员做到日清月结之外，企业的审计部门以及会计部门的领导对现金的管理工作要进行经常性与突击性的监督与检查，包括现金的收入和支出的所有记录，对发现的现金溢余和短缺都要认真及时地查明原因并按相关规定进行处理。

（5）企业的出纳人员要不定期地进行轮换，不得由一人长期从事出纳工作。一人长期从事出纳工作有可能会隐藏工作中的一些问题和不足。出纳长期和资金打交道容易产生麻痹和侥幸心理，增加犯罪的机会和可能。经常轮换出纳人员不仅可能避免以上情况的出现，同时对工作人员本身也是一种保护。

2. 库存现金的日常核算

为了核算现金，企业设置“库存现金”总账。该科目属于资产类科目，借方登记库存现金的增加额，贷方登记库存现金的减少额，期末借方余额反映企业持有的库存现金。

为了及时反映库存现金的收付情况，企业应当设置“现金日记账”，根据收付款凭证，按照业务发生顺序逐笔登记。每日终了，应当计算当日的现金收入合计额、现金支出合计额和结余额，将结余额与实际库存额核对，做到账实相符。

【例 2-1】2015 年 3 月 2 日，威远公司收到客户预付定金 2 000 元。从银行提取备用金 3 000 元。

借：库存现金　　5 000
　　贷：预收账款　　2 000
　　　　银行存款　　3 000

【例 2-2】2015 年 3 月 18 日，采购员李伟报销差旅费（未借款）1 500 元，购买办公用品 158 元，用现金支付。

借：管理费用——差旅费　　1 500
　　　　　　——办公费　　158
　　贷：库存现金　　1 658

3. 库存现金的清查

企业的库存现金应当由出纳人员每日终了时核对，做到日清月结、账实相符；如有不符，应当立刻找出原因，及时处理纠正。同时要定期和不定期地指定专人和出纳人员一同进行清点核对库存现金，以保障企业现金的安全，防止挪用现金的现象发生。库存现金清点完毕，根据清点结果填制“现金盘点报告表”，如有发现账实不符现象或有其他问题，应当查明原因，并以书面形式报告主管领导处理。

对于现金清查中出现的溢缺情况，通过“待处理财产损溢——待处理流动资产损溢”科目进行核算。对现金核查中发现的短缺，应按短缺的金额，借记“待处理财产损溢——待处理流动资产损溢”科目，贷记“库存现金”科目；现金核查中发现的溢余，应当按照溢余金额，借记“库存现金”科目；贷记“待处理财产损溢——待处理流动资产损溢”科目。待查明原因后根据具体情况按以下方式进行会计处理。

（1）现金短缺，属于责任人或保险公司赔偿部分，应借记“其他应收款——责任人姓名（或保险公司）”或“库存现金”科目；贷记“待处理财产损溢——待处理流动资产损溢”科目；属于无法查明原因的，应借记“管理费用”科目，贷记“待处理财产损溢——待处理流动资产损溢”科目。

（2）现金溢余，属于应支付给有关人员或单位的，应借记“待处理财产损溢——待处理流动资产损溢”科目，贷记“其他应付款——个人或单位名称”科目；属于无法查明原因的，应借记“待处理财产损溢——待处理流动资产损溢”科目，贷记“营业外收入——盘盈利得”科目。

【例 2-3】威远公司 2015 年 6 月 15 日，在对现金进行清查时，发现短缺现金 200 元。

借：待处理财产损溢——待处理流动资产损溢　　200
　　贷：库存现金　　200

【例 2-4】上述现金短缺，无法查明原因，经批准转入管理费用。

借：管理费用　　200
　　贷：待处理财产损溢——待处理流动资产损溢　　200

【例 2-5】威远公司 2015 年 9 月 16 日，在对现金进行清查时，发现溢余现金 100 元。

借：库存现金　　100
　　贷：待处理财产损溢——待处理流动资产损溢　　100

【例 2-6】上述现金溢余中，少支付客户李威 60 元，无法查明原因 40 元；无法查明原因溢余款经批准记入营业外收入。

借：待处理财产损溢——待处理流动资产损溢　　100
　　贷：营业外收入——盘盈利得　　40
　　　　其他应付款——李威　　60

2.2.3 银行存款

1. 银行存款的管理与控制

银行存款是指企业存放在银行或其他金融机构的货币资金。银行存款的管理和控制主要是对银行存款的收支业务进行管理，主要有以下措施。

（1）严格管理银行预留印鉴。财务专用章必须由专人负责保管，个人名章必须由本人或其授权人负责保管。严禁由一人负责保管支付款项所需要的全部印鉴章。必须严格按照有关规定需要相关负责人签字或盖章的经济业务，由其履行签字或盖章手续。

（2）加强票据管理。从制度上明确规定各种票据的购买、保管、领用、背书转让、注销等环节的职责权限和程序，并专设登记簿进行记录，防止空白票据的遗失和被盗用。加强对银行结算凭证的填制、传递及保管等环节的管理和控制。

（3）出纳员负责办理存款、取款和登记银行存款日记账工作，但不得兼管收入、费用、债权债务等会计账簿的记录工作。

（4）企业应当指定专人定期核对银行科目，每月至少核对一次，并编制银行存款余额调节表，使银行存款余额与银行对账单调节相符。如调节不符，应查明原因，及时处理或上报有关领导。

（5）严格按照《支付结算办法》等国家有关规定，加强银行科目的管理，严格按照规定开立科目，办理存款、取款和结算。企业应当派专人定期对银行科目的开立及使用情况进行检查，发现问题，及时处理。

2. 银行结算方式

单位间的存款划转是由银行在单位间存款科目划转实现的货币清算行为。中国银行规定了使用各种银行转账结算方式，有的适用于国内企业间从事的各种交易及往来业务，有的适用于国内企业和国外企业间的各种交易和往来业务。银行结算方式主要有：银行汇票、银行本票、商业汇票、支票、汇兑、委托收款、托收承付、信用卡等。各种方式概述如下。

（1）支票。支票是出票人签发的，委托办理支票存款业务的银行在见票时无条件支付确定的金额给收款人或持票人的票据。支票的提示付款期限为 10 天，超过提示付款期限的，持票人开户银行不予受理，付款人不予付款。支票分为现金支票和转账支票两种。现金支票可以提取现金，转账支票不能提取现金，只能用于转账。

（2）银行汇票。银行汇票是汇款人将款项交存当地银行，由出票银行签发，由其在见票时按照实际结算金额无条件支付款项给收款人或者持票人的票据。银行汇票的提示付款期限为自出票日起 1 个月。持票人超过付款期限的，代理付款人不予受理。银行汇票适用于先收款后发货或钱货两清的商品交易，单位和个人均可以使用。

（3）银行本票。银行本票是申请人将款项交存银行，由银行签发凭以办理转账或提取现金的一种票据。银行本票的提示付款期限自出票日起最长不得超过2个月。持票人超过付款期限的，代理付款人不予受理。银行本票按照金额是否固定分为不定额本票和定额本票两种。它可以背书转让给被背书人。银行本票适用于同一票据交换区域需要支付各种款项的单位和个人。

（4）商业汇票。商业汇票是出票人签发的，委托付款人在指定日期无条件支付确定金额给收款人或者持票人的票据。使用商业汇票必须要有真实的交易关系或债权债务关系。商业汇票的付款期限由交易双方商定，最长不超过6个月。

商业汇票按承兑人划分，可以分为商业承兑汇票和银行承兑汇票。商业承兑汇票是由银行以外的付款人承兑。按交易双方约定，由销货企业或购货企业签发，但由购货企业承兑。银行承兑汇票应由在承兑银行开立存款科目的存款人签发，由银行承兑。

（5）信用卡。信用卡是商业银行向个人和单位发行的，凭此向特约单位购物、消费和向银行存取现金，具有消费信用的特制载体卡片。

信用卡分为贷记卡和准贷记卡，贷记卡是指银行发行的、并给予持卡人一定信用额度、持卡人可在信用额度内先消费后还款的信用卡；准贷记卡是指银行发行的，持卡人按要求交存一定金额的备用金，当备用金科目余额不足支付时，可在规定的信用额度内透支的准贷记卡。而我们所说的信用卡，一般单指贷记卡。

（6）汇兑。汇兑是汇款人委托银行将款项汇给外地收款人的结算方式，有信汇和电汇两种。

（7）委托收款。委托收款，是指收款人委托银行向付款人收取款项的结算方式。凡在银行或其他金融机构开立科目的单位和个体经济户的商品交易，公用事业单位向用户收取水电费、邮电费、煤气费、公房租金等劳务款项以及其他应收款项，无论是在同城还是异地，均可使用委托收款的结算方式。

（8）托收承付。托收承付是根据购销合同由收款人发货后，委托银行向异地付款人收取款项，由付款单位向银行承认付款的结算方式。它适用于合法的商品交易，以及因商品交易而产生的劳务供应的款项。如国有企业、供销合作社以及经营管理较好，并经开户银行审查同意的城乡集体所有制企业。代销、寄销、赊销商品的款项不得办理托收承付结算。

3. 银行存款的日常核算

为了核算银行存款，企业必须设置“银行存款”总账。该科目属于资产类科目，借方登记银行存款的增加额，贷方登记银行存款的减少额，余额在借方，反映的是企业在银行存款的金额数。

为了及时反映企业在银行存款的收付情况，企业必须设置“银行存款日记账”进行序时核算，逐笔登记。银行存款日记账由出纳人员根据银行存款的有关记账凭证，收一笔记一笔，付一笔记一笔，每日结出余额，并定期与银行对账单、总账进行核对。

【例2-7】2015年4月28日威远公司开出现金支票一张，从银行提取现金56 000元备发过节福利。根据支票存根编制如下分录。

借：库存现金　　56 000

　　贷：银行存款　　56 000

【例2-8】2015年5月10日银行送来收款通知单，收到龙宇公司汇来前欠货款15 000元。威远公司根据收款通知单编制如下分录。

借：银行存款　　15 000

　　贷：应收账款——龙宇公司　　15 000

4. 银行存款的核对

企业银行存款日记账的账面余额应定期与其开户银行转来的“银行对账单”的余额核对，至少每月核对一次。企业银行存款账面余额与银行对账单余额之间如有差额，应通过编制“银行存款余额调节表”调节。在银行存款余额调节表内，要分别补齐双方的未达账项，如记账没有错误，调节后的余额应相等。银行存款余额调节表格式如表 2-1 所示。

表 2-1 银行余额调节表

20 年 月 日

项目	金额	项目	金额
企业银行存款日记账余额		银行对账单余额	
加：银行已收企业未收款		加：企业已收银行未收款	
减：银行已付企业未付款		减：企业已付银行未付款	
调节后的存款余额		调节后的存款余额	

【注意】银行存款余额调节表，只是为核对账目，不能依据其调整银行存款账目。如有未达账项，必须等银行转来结算凭证才能据以记账。

2.2.4 其他货币资金

1. 其他货币资金的性质与内容

其他货币资金是指除库存现金、银行存款以外的其他各种货币资金。其他货币资金就其性质来看，与库存现金和银行存款一样，同属于货币资金，但其存放地点和用途都区别于库存现金和银行存款。其他货币资金主要包括：外埠存款、银行汇票存款、银行本票存款、信用卡存款、信用证保证金存款以及存出投资款。

（1）外埠存款是企业到外地进行临时或零星采购时，汇往外地银行开设采购专户的款项。

（2）银行汇票是汇款人将款项交存当地银行，由银行签发给汇款人持往异地办理转账结算或支取现金的票据，在尚未办理结算之前的票据存款。

（3）银行本票存款是指申请人将款项交存银行，由银行签发给其在同城凭以办理转账结算或支取现金的票据，在办理结算之前形成的存款。

（4）信用卡存款是指企业为取得信用卡按照规定存入银行的款项。

（5）信用证保证金存款是指采用信用证结算方式的企业为开具信用证而存入银行信用保证金专户的款项。

（6）存出投资款是指企业在证券公司等金融机构开户，存入的用于买卖有价证券的款项。

2. 其他货币资金的核算

为了核算和监督其他货币资金的增减变动及结存情况，企业应设置“其他货币资金”科目，它属于资产类。借方登记其他货币资金的增加数额，贷方登记其他货币资金的减少数额，期末借方余额反映企业实际持有的其他货币资金。本科目应设置“外埠存款”“银行汇票”“银行本票”“信用卡”“信用证保证金”等明细科目，进行明细核算。

（1）外埠存款的会计核算。

【例 2-9】2015 年 5 月 15 日威远公司委托当地银行汇 50 000 元到上海，在上海开立采购专户，根据汇出款项的凭证，编制会计分录如下。

借：其他货币资金——外埠存款　　50 000

　　贷：银行存款　　50 000

【例 2-10】威远公司采购员李威在上海某企业采购商品 46 800 元，其中，货款 40 000 元，增值税进项税额 6 800 元，将多余的货款转回公司；回公司后报账，财务根据相关单据做如下会计凭证。

借：库存商品　　40 000

　　应交税费——应交增值税（进项税额）　　6 800

　　银行存款　　3 200

　　贷：其他货币资金——外埠存款　　50 000

（2）银行汇票的会计核算。

【例 2-11】2015 年 6 月 8 日，威远公司填写“银行汇票委托书”，向开户银行申请签发银行汇票，金额 60 000 元，开户银行审核后同意签发，并从基本存款户划拨资金。取得银行汇票后，根据银行盖章的委托书存根联编写会计分录如下。

借：其他货币资金——银行汇票　　60 000

　　贷：银行存款　　60 000

【例 2-12】2015 年 6 月 15 日，威远公司用银行汇票支付购买办公用计算机 10 台，共计 50 000 元，增值税进项税额 8 500 元。公司根据银行转来的银行汇票第四联和所附购买发票单等凭证做如下会计分录。

借：固定资产　　50 000

　　应交税费——应交增值税（进项税额）　　8 500

　　贷：其他货币资金——银行汇票　　58 500

2015 年 6 月 16 日，威远公司收到银行退回的多余款退回的收款通知，做如下会计分录。

借：银行存款　　1 500

　　贷：其他货币资金——银行汇票　　1 500

（3）银行本票的会计核算。公司将款项存入开户银行后，并填写“银行本票申请书”，取得银行本票后，根据银行退回的申请书存根联，借记“其他货币资金——银行本票”科目，贷记“银行存款”科目。公司付出银行本票后，应根据发票和购买详单等有关凭证，借记“材料采购”“应交税费”等科目，贷记“其他货币资金——银行本票”科目。

（4）信用卡存款的会计核算。企业申请信用卡时，根据规定填写申请表，连同相关资料一并送交发卡银行；根据银行盖章退回的进账单第一联，借记“其他货币资金——信用卡”科目，贷记“银行存款”科目；公司用信用卡购物或支付有关费用，应在收到开户银行转来的信用卡存款的付款凭证及所附发票账单时，借记“管理费用”等科目，贷记“其他货币资金——信用卡”科目；企业的持卡人如不需要继续使用信用卡时，应持信用卡主动到发卡银行办理销户，销卡时，单位卡余额应转入企业基本存款户，不得提取现金，借记“银行存款”科目，贷记“其他货币资金——信用卡”科目。

（5）信用证保证金的会计核算。企业向银行申请开立信用证，应按规定向银行提交开证申请书、信用证申请人承诺书和购销合同。企业向银行缴纳的保证金，根据银行退回的进账单第一联做账务处理，借记“其他货币资金——信用证保证金”科目，贷记“银行存款”科目。使用信用证方式采购货物，根据开证银行转来的信用证来单通知书及有关单据列明的金额，借记“库存商品”“应交税费——应交增值税（进项税额）”等科目，贷记“其他货币资金——信用证保证金”和“银行存款”科目。

（6）存出投资款的会计核算。企业向证券公司申请开户，存入一定量资金，根据存款回单，借记“其他货币资金——存出投资款”科目，贷记“银行存款”科目。通过该科目买入有价证券，根据有关单据列明的金额，借记“交易性金融资产”“持有至到期投资”等科目，贷记“其他货币资金——存出投资款”科目。

2.3 应收款项

2.3.1 应收票据

1. 应收票据概述

应收票据是企业持有的、尚未到期兑现的商业汇票。商业汇票根据承兑人不同，分为商业承兑汇票和银行承兑汇票。商业汇票根据是否带息，又可以分为带息票据和不带息票据。带息票据指到期时，根据票据面值和利率收取本息的票据。不带息票据是指到期时，根据票据面值收款的票据。

2. 应收票据的核算

为反映和监督企业应收票据的取得和收回等经济业务，企业收到开出、承兑的商业汇票，按应收票据的面值，借记“应收票据”科目，按实现的营业收入，贷记“主营业务收入”等科目，按专用发票上注明的增值税，贷记“应交税费——应交增值税（销项税额）”科目。企业收到应收票据以抵偿应收账款时，借记“应收票据”科目，贷记“应收账款”科目。如果是带息应收票据，应于期末按应收票据的票面价值和确定的利率计提利息，计提的利息增加应收票据的账面价值，借记“应收票据”科目，贷记“财务费用”科目。

3. 应收票据的贴现

企业收到商业汇票，如在票据未到期前需要取得资金，可以持未到期的商业汇票向银行申请贴现。贴现是指企业将未到期的商业汇票经过背书，交给银行，银行受理后，从到期金额中扣除按银行的贴现率计算确定的贴现息后，将余额付给贴现企业的行为。票据贴现实质上是一种融通资金的行为。在贴现过程中，企业给银行的利息称为贴现息，所用的利率称为贴现率，票据到期值与贴现息之差称为贴现所得。用应收票据向银行申请贴现时，如果是带息票据，由于受票面载明的利率与银行贴现率的差异和贴现期的影响，其贴现所得与票面金额会产生差异，在会计上作为利息收支处理；如果是不带息票据，其贴现所得与票面金额产生的差异，在会计上作为利息支出处理。企业以应收票据向银行贴现的贴息及贴现所得计算公式如下：

贴现息＝票据到期值×贴现率×贴现期

贴现所得＝票据到期值－贴现息

其中，带息应收票据的到期值，是其面值加上按票据载明的利率计算的票据全部期间的利息；不带息应收票据的到期值就是其面值。

企业应按实际收到的金额，借记“银行存款”科目，按应收票据的账面价值，贷记“应收票据”科目；按其差额，借记或贷记“财务费用”科目。

2.3.2 应收账款

1. 应收账款概述

应收账款是指企业对外销售商品、材料以及提供劳务而应向购货方或接受劳务方收取的款项。包括企业在销售过程中代购货方垫付的包装费用、运杂费用以及应向购货方收取的增值税款等。

2. 应收账款计价

（1）商业折扣是指企业为了促销而在商品的标价上给予的折扣优惠。商业折扣是企业最常用的促销方式之一。企业为了扩大销售、占领市场，采用销量越多、价格越低的促销策略，也就是我们通常所说的“薄利多销”。如一次性购买10件商品，按商品标价的90%结算货款，即商业折扣10%。

商业折扣的特点是折扣在实现销售的同时发生。因此，商品的标价扣除商业折扣以后的实际成交价格才是应收账款的入账价值。

（2）现金折扣是指在销售商品收入金额确定的情况下，企业为鼓励客户在一定的期限内尽早付款而向客户提供的折扣优惠。现金折扣有特定的表示方法，如“2/10，*N*/30”表示10天以内付款，可以享有2%的现金折扣，超过10天则没有现金折扣；最长付款期（赊销期）30天。

现金折扣的会计核算有两种处理方法：一是净价法，是按合同总价款扣除现金折扣后的净额确认收入；二是总价法，是按合同总价款全额确认收入，当现金折扣实际发生时，直接计入当期损益。我国企业会计准则要求采用总价法。

3. 应收账款的核算

为了反映因销售商品、提供劳务等经营活动应收取的款项，企业应设置“应收账款”科目，该科目属于资产类，借方登记应收账款的增加额，包括应向购货方或接受劳务方收取的货款、代垫的运杂费用以及应向购货方收取的增值税款等；贷方登记因收回、重组或核销坏账而减少的应收账款，期末借方余额反映企业尚未收回的应收账款。期末如为贷方余额，反映企业预收的账款。本科目按债务人进行明细核算。

不单独设置“预收账款”科目的企业，预收的账款也在“应收账款”科目核算。因销售商品、提供劳务等，采用递延方式收取合同或协议价款、实质上具有融资性质的，在“长期应收款”科目核算。

（1）在无商业折扣的情况下，应收账款按标价金额入账。

【例2-13】威远公司2015年6月15日赊销给科天公司商品一批，按标价销售货款30 000元，增值税率17%，威远公司应做如下会计分录。

借：应收账款　　35 100
　　贷：主营业务收入　　30 000
　　　　应交税费——应交增值税（销项税额）　　5 100

收到货款时：

借：银行存款　　35 100
　　贷：应收账款　　35 100

（2）在有商业折扣的情况下，应收账款按照折扣后的金额入账。

【例 2-14】威远公司 2015 年 6 月 16 日赊销给科宇公司商品一批，标价金额 100 000 元，给予10%的商业折扣，增值税率 17%。威远公司应做如下会计分录。

借：应收账款	105 300
贷：主营业务收入	90 000
应交税费——应交增值税（销项税额）	15 300

收到货款时：

借：银行存款	105 300
贷：应收账款	105 300

（3）在有现金折扣的情况下，采用总价法核算。

【例 2-15】威远公司 2015 年 7 月 15 日赊销给慧海公司商品一批，货款 80 000 元，增值税税率17%，为鼓励慧海公司尽快付款，给予现金折扣条件为 2/10，1/20，*N*/30，假设现金折扣不考虑增值税，威远公司应做如下会计分录。

销售商品时，根据相关销售发票：

借：应收账款	93 600
贷：主营业务收入	80 000
应交税费——应交增值税（销项税额）	13 600

假设客户在第 10 天付款，可享受 2%的现金折扣：

借：银行存款	92 000
财务费用	1 600
贷：应收账款	93 600

假设客户在第 18 天付款，可享受 1%的现金折扣：

借：银行存款	92 800
财务费用	800
贷：应收账款	93 600

如客户是在超过 20 天后付款的，则没有现金折扣：

借：银行存款	93 600
贷：应收账款	93 600

2.3.3 预付账款和其他应收款

1. 预付账款

（1）预付账款的概念。预付账款是指企业按照购货合同规定预付给供应单位的款项，如预付的材料、商品采购货款等。对购货企业来说，预付账款是一项流动资产。

企业应设置“预付账款”科目，核算预付账款增减及结存情况。借方登记企业向供货商预付的货款，贷方登记企业收到所购物品应结转的预付货款，期末余额一般在借方，反映企业预付的款项。企业应按供应单位设置明细科目。预付账款不多的企业，可以不设置“预付账款”科目，发生预付款时，通过“应付账款”科目核算。

（2）预付账款的核算。企业根据购货合同因购货而预付或补付的款项，借记“预付账款”，贷记“银行存款”等科目，退回多付的款项做相反的会计分录。收到所购物资，按购入货物成本的金额，借记“材料采购”“原材料”或“库存商品”等科目，同时按专用发票列明的增值税额借记“应交税费——应交增值税（进项税额）”，贷记“预付账款”。期末借方余额反映企业向供货单位预付而尚未收到货物的预付货款；期末贷方余额反映企业尚未补付的款项。

【例2-16】威远公司2015年11月5日向科天公司采购材料5 000吨，单价10元，所需支付的贷款总额50 000元。按照合同规定向科天公司预付货款的20%，待验收货物后再补付其余款项。威远公司应做如下会计处理。

预付20%的货款时：

借：预付账款——科天公司　　10 000
　　贷：银行存款　　10 000

收到科天公司发来的5 000吨材料，验收无误，增值税专用发票记载的货款为50 000元。增值税额为8 500元。威远公司以银行存款补付所欠款项48 500元。

借：原材料　　50 000
　　应交税费——应交增值税（进项税额）　　8 500
　　贷：预付账款——科天公司　　58 500
借：预付账款——科天公司　　48 500
　　贷：银行存款　　48 500

2. 其他应收款

（1）其他应收款的内容。其他应收款是指除应收票据、应收账款、预付账款等以外的其他各种应收、暂付款项。主要包括：①应收的各种赔款、罚款；②应收出租包装物的押金；③应向职工收取的各种垫付款项；④备用金；⑤存出保证金，如租入包装物支付的押金；⑥预付账款转入；⑦其他各种应收、暂付款项。

（2）其他应收款的核算。企业设置“其他应收款”科目，在“其他应收款”科目下，应按其他应收款的项目分类，并按不同的债务人设置明细账。该科目属资产类科目，借方登记发生的各种应收款项，贷方登记企业收回的款项和结转情况，期末余额一般在借方，表示期末应收尚未收回的其他应收款项。下面主要介绍备用金的核算。

备用金是企业根据需要向各职能科室、车间或个人等拨出的用作零星采购、零星开支和差旅费，事后需要报销的款项。备用金一般有两种：一种是定额备用金制度，是对经常使用备用金的部门或车间，按规定的定额拨付备用金，并定期报销其实际支出的款项，每次报销后会补足定额，如拨付给职能部门周转使用的现金。另一种是非定额备用金制度，是对不经常使用备用金的部门或人员，根据需要随借随用、用后报销的款项，每次报销后取消该备用金，如出差人员预借的差旅费。

关于备用金的核算，可以在其他应收款下设置“备用金”二级科目，并按照部门或人员设三级。备用金较多的单位，也可以将“备用金”直接作为一级科目使用，但编制报表时，该科目的期末余额应并入“其他应收款”项目。

【例2-17】2015年1月4日，威远公司向其行政管理部门拨付定额备用金800元。1月31日，该部门持发票报销本月零星支出725元，出纳以现金支付。

1月4日拨付备用金时，应编制如下会计分录。

借：其他应收款——备用金（行政管理部门）　　800
　　贷：库存现金　　800

1 月 31 日报销时，应编制如下会计分录。

借：管理费用　　725

　　贷：库存现金　　725

【例 2-18】2015 年 11 月 10 日，李威出差，预借差旅费 2 000 元，出纳以现金支付。11 月 25 日，李威出差回来，报销实际支出的差旅费 2 137 元。

11 月 10 日李威预借差旅费，应编制如下会计分录。

借：其他应收款——备用金（李威）　　2 000

　　贷：库存现金　　2 000

11 月 25 日报销时，应编制如下会计分录。

借：管理费用——差旅费　　2 137

　　贷：其他应收款——备用金（李威）　　2 000

　　　　库存现金　　137

2.3.4 坏账

坏账是指企业无法收回或收回的可能性极小的应收款项。企业由于发生坏账而产生的损失，称为坏账损失。

我国《企业会计准则》规定，企业只能采用备抵法核算坏账损失，即企业首先应当按期估计坏账损失计入资产减值损失，形成坏账准备，并使各期末坏账准备余额合理地反映应收款项收现面临的风险水平，当某一应收款项全部或部分被确认为坏账时，再根据其损失金额冲减坏账准备，同时注销相应的应收款项金额。采用备抵法核算坏账损失，能够避免企业虚增资产，比较真实地反映企业的财务状况。

坏账准备的计提方法主要有 3 种：余额百分比法、账龄分析法和赊销百分比法。

1. 余额百分比法

余额百分比法是按照期末应收账款余额的一定百分比估计坏账损失的方法。坏账百分比由企业根据以往的资料或经验自行确定。在余额百分比法下，企业应在每个会计期末根据本期末应收账款的余额和相应的坏账率估计出期末坏账准备科目应有的余额，它与调整前坏账准备科目已有的余额的差额，就是当期应提的坏账准备金额。采用余额百分比法计提坏账准备的计算公式如下：

“坏账准备”科目应有余额＝期末应收账款余额×坏账准备率

当期应计提的坏账准备＝“坏账准备”科目应有余额－“坏账准备”科目原有贷方余额

（或＋“坏账准备”科目原有借方余额）

【例 2-19】威远公司坏账准备率为 0.5%。“坏账准备”科目在 2013 年年初余额为 0。2013 年年末应收账款余额为 500 000 元，2014 年发生坏账 5 000 元，2014 年年末应收账款余额为 680 000 元。2015 年发生坏账损失 8 000 元，上年冲销的账款中有 3 000 元在 2015 年 11 月通过与对方公司多次催收又收回。2015 年年末应收账款余额为 800 000 元。

要求：计算各年提取的坏账准备并编制有关会计分录。

① 2013 年应提坏账准备＝500 000×0.5%＝2 500（元）

根据上述计算结果应编制如下会计分录。

借：资产减值损失　　2 500

　　贷：坏账准备　　2 500

2014 年发生坏账损失时，应编制如下会计分录。

借：坏账准备　　5 000

　　贷：应收账款　　5 000

② 2014 年年末计提坏账前坏账准备科目的余额为：2 500－5 000＝－2 500（元）（在借方）

若要使坏账准备的余额为贷方 680 000×0.5%＝3 400（元），则 2014 年应提坏账准备＝3 400＋2 500＝5 900（元）。根据上述计算结果，应编制如下会计分录。

借：资产减值损失　　5 900

　　贷：坏账准备　　5 900

③ 2015 年发生坏账损失时，应编制如下的会计分录。

借：坏账准备　　8 000

　　贷：应收账款　　8 000

④ 2015 年 11 月收回已冲销的应收账款时，应编制如下会计分录。

借：应收账款　　3 000

　　贷：坏账准备　　3 000

借：银行存款　　3 000

　　贷：应收账款　　3 000

⑤ 2015 年年末计提坏账前坏账准备的金额为 3 400－8 000＋3 000＝－1 600（元）（在借方）而要使坏账准备的余额为贷方 800 000×0.5%＝4 000（元），则应提取坏账准备 4 000＋1 600＝5 600（元），即 2015 年应提坏账准备 5 600 元。根据上述计算结果，应编制如下会计分录。

借：资产减值损失　　5 600

　　贷：坏账准备　　5 600

2. 账龄分析法

企业的应收账款产生的时间越长，发生坏账的可能性就越大。根据企业的应收账款挂账时间长短不同，将其进行分组，分别按不同的百分比估算计提坏账损失的方法为账龄分析法。用账龄分析法计算的坏账情况更符合客观情况。

采用账龄分析法计提坏账准备的计算公式如下：

“坏账准备”科目应有余额＝Σ（期末各账龄组应收账款余额×各账龄组坏账准备率）

当期应计提的坏账准备＝“坏账准备”科目应有余额－“坏账准备”科目原有贷方余额（或＋“坏账准备”科目原有借方余额）

【例 2-20】威远公司采用账龄分析法核算坏账准备，对挂账时间 3 个月内、挂账时间半年内和挂账时间半年以上的应收账款分别按 0.1%、0.5%、1%估计坏账损失。公司 2015 年 12 月 31 日有关应收款项科目的年末余额如表 2-2 所示，坏账损失估算表如表 2-3 所示。

表 2-2　应收账款账龄分析表

2015 年 12 月 31 日　　单位：元

客户名称	账面余额	账龄		
		3 个月内	半年内	半年以上
甲	200 000	200 000		
乙	150 000	100 000	50 000	
丙	150 000		150 000	

续表

客户名称	账面余额	账龄		
		3 个月内	半年内	半年以上
丁	180 000		150 000	30 000
合计	680 000	300 000	350 000	30 000

表 2-3　　坏账损失估算表

2015 年 12 月 31 日

账龄	应收账款金额（元）	估计坏账损失（%）	估计损失金额（元）
3 个月内	300 000	0.1	300
半年内	350 000	0.5	1 750
半年以上	30 000	1	300
合计	680 000		2 350

根据表 2-3 计算，威远公司 2015 年年末提坏账准备金额应为 2 350 元，假设在提取坏账准备前，“坏账准备”余额为贷方余额 500 元，则 2015 年年末实际提取坏账准备为 1 850（2 350－500）元，编制会计分录如下。

借：资产减值损失　　1 850

　贷：坏账准备　　1 850

3. 赊销百分比法

企业根据当期赊销金额的一定百分比估算坏账损失的方法为赊销百分比法。百分比的确定根据企业以往的经验和当前的具体情况确定。采用销货百分比法计提坏账准备的计算公式如下：

当期应计提的坏账准备＝本期赊销额×坏账准备率

【例 2-21】威远公司 2015 年赊销金额为 400 000 元，根据以往资料和经验，估计坏账损失率为 1%。威远公司 2015 年应计提的坏账准备为：400 000×1%＝4 000（元）。

借：资产减值损失　　4 000

　贷：坏账准备　　4 000

采用赊销百分比法估计坏账损失的企业，应根据企业的生产经营情况，及欠款单位的情况经常对坏账损失百分比进行评估和调整，以避免坏账百分比过高或过低，与实际情况不相符。

关键术语

金融资产　公允价值　衍生工具　商业汇票　未达账项　应收账款　应收票据　贴现　商业折扣　现金折扣　净价法　总价法　预付账款　其他应收款　坏账准备

思考与练习

一、思考题

1. 什么是金融资产？金融资产主要分为哪几类？各类的特点是什么？
2. 企业哪些业务可以用现金办理？
3. 企业应如何进行现金和银行存款的管理与控制？

4．应收账款的入账金额是如何确定的？企业应当如何对应收账款进行管理？

5．企业计提坏账准备的方式有哪几种？

二、练习题

1．威远公司2015年12月31日资产负债表上的货币资金为157 325元。经检查其明细账，发现具体内容如下。

（1）库存现金　　　1 875元；

（2）职工借款　　　3 264元；

（3）银行存款　　120 823元；

（4）银行汇票存款　31 363元。

要求：指出上述内容中，哪些项目不应该包括在货币资金的范围内，并计算该公司2015年12月31日货币资金的正确余额。

2．威远公司为一般纳税企业，适用增值税率为17%，2016年2月发生了下列经济业务。

（1）1日，向南江工厂购进甲材料一批，货款18 000元（不含税，下同），当即签发转账支票付讫。

（2）3日，销售商品一批，货款30 000元，收到转账支票，当即存入银行。

（3）5日，签发现金支票500元，提取现金。

（4）8日，填制银行本票申请书，金额18 720元，银行受理后，收到银行本票。

（5）8日，向南埔工厂购进乙材料一批，货款16 000元，以银行本票付讫。

（6）11日，销售商品一批，货款35 000元，收到银行本票，当即存入银行。

（7）15日，填制银行汇票申请书，金额22 000元，银行受理后，收到银行汇票。

（8）16日，向南海工厂购进丙材料一批，货款18 000元，运杂费600元，款项一并以面额22 000元的银行汇票支付，余额尚未退回。

（9）19日，银行转来余款收账通知，转回2月15日签发的银行汇票余额。

要求：根据上述业务编制会计分录。

3．威远公司2015年3月销售给科天公司商品一批，商品价目表价格为50 000元，货款尚未支付，为鼓励科天公司尽快支付货款与科天公司达成付款协议，规定支付货款给予3/10，1/20，*N*/30，威远公司适用17%增值税率，科天公司在购买物品后15天支付了货款，假设计算现金折扣时不考虑增值税。请编制威远公司有关业务的会计分录。

4．威远公司采用余额百分比法核算企业应收账款的坏账损失，坏账准备的提取比例为1%，有关资料如下。

（1）该企业从2013年开始计提坏账损失，2013年年末应收账款余额为250 000元。

（2）2014年8月，经确认发生一笔坏账损失，金额为18 000元。

（3）2014年年末应收账款余额为390 000元。

（4）2015年6月上述已核销的坏账又收回10 000元。

（5）2015年年末应收账款余额为450 000元。

要求：根据上述资料做出威远公司的有关会计分录。

5．2016年2月10日，威远公司销售给贵光工厂商品一批，应收款项共计200 000元，收到4个月期限的银行承兑汇票。4月20日，威远公司将2月10日收到的银行承兑汇票向银行申请贴现，月贴现率为7.5‰，银行审查后同意贴现，并将贴现金额存入威远公司银行账号。

要求：计算并编制票据贴现的会计分录。

第3章 存货

【学习目标】

存货是工业企业流动资产的重要组成部分，是工业企业正常生产经营活动中不可缺少的物资，其构成内容很多，存在于准备生产、生产过程、生产完工以备出售的各个阶段。通过本章的学习要做到以下几点：

- 了解存货的特点及构成；
- 掌握存货的入账价值及按实际成本法计价的核算；
- 重点掌握原材料收发的会计处理；
- 理解周转材料、库存商品的会计处理；
- 掌握存货可变现净值的确定以及存货跌价准备的处理方法。

【知识导图】

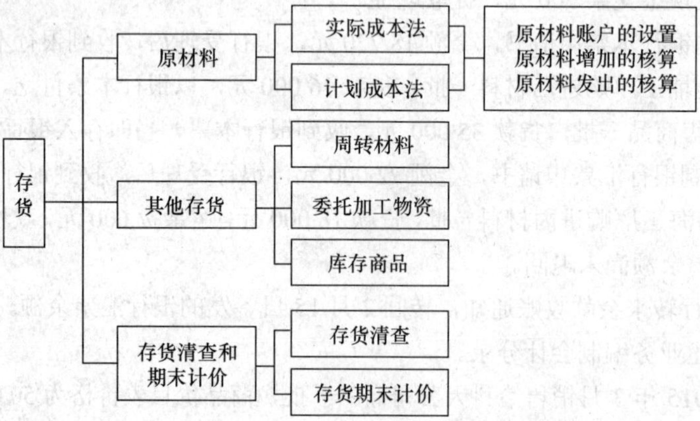

【引导案例】

金龙精密铜管集团（以下简称“金龙集团”）发布了一纸融资规模高达35亿元的巨额IPO计划，不过，金龙集团的原料铜采购成本离奇低于市场价格10%，而仅仅10%的价差，单在2009年就为该公司增加了超过7亿元的净利润……

金龙集团生产经营所需的主要原材料电解铜占据公司产品90%以上的成本，该公司2009年光面铜管、内螺纹铜管、外翅片铜管的单位材料成本分别为3.313 8万元/吨、3.308 9万元/吨和3.309 1万元/吨。实际上，2009年电解铜的年度均价为3.622万元。这意味着金龙集团的电解铜采购单价远远低于同期期货、现货市场的公允价格，且幅度高达10%。

到底是什么原因导致金龙集团的采购成本较市场价低出那么多？

“公司单位产品材料成本低于市场年度均价，主要有两个原因：一个是铜管产品生产存在淡旺季，一般当年10月至次年6月是生产旺季，生产量、采购量较大，如果这一年铜价处于上涨阶段，由于低价位采购量较大，会拉低全年的成本均价；另一个是从原料采购到生产存在周期，这样也会拉低全年的成本均价。”金龙集团证券事务代表王素萍在电话中这样解释。

2009年金龙集团共销售光面铜管10.75万吨、内螺纹铜管13.98万吨、外翅片铜管0.244万吨。以每吨铜管材料成本与公允价值相差3 082元计算，金龙集团铜材“来路不明”的10%成本优势直接带来的结果是：公司当年净利润将多出7.7亿元。

2010年，长江现货电解铜年度均价为5.9万元/吨（税后价），折合税前价5.04万元。当年该公司光面铜管、内螺纹铜管、外翅片铜管产品中材料成本分别为4.716万元/吨、4.505万/吨和4.9万元/吨，分别较同期公允市场价格低0.324万元/吨、0.535万元/吨和0.14万元/吨，以当年上述产品总销量43.87万吨计算，这笔来路不明的成本优势更为公司增加了19.6亿元的利润。

3.1 存货概述

3.1.1 存货的概念及特点

存货，是指企业在日常活动中持有以备出售的产成品或商品、处在生产过程中的在产品、在生产过程或提供劳务过程中耗用的材料和物资等。通常包括企业为了产品生产和商品销售而持有的原材料、在产品、半成品、产成品、商品、周转材料等。

在企业的生产经营过程中，有的存货形成了产品、商品成本，有的存货被销售后形成了销售成本，有的存货仍以原有的形态存在。存货具有以下特点。

（1）存货属于流动资产。存货通常会在一年或超过一年的一个营业周期内被销售或耗用，具有较强的变现能力和较大流动性。其流动性低于货币资金、交易性金融资产和应收款项等流动资产项目，但又明显不同于固定资产、无形资产等长期资产。

（2）存货在日常活动中持有。存货是用于日常经营活动中的，若不是为日常经营活动而持有的，就不能作为存货。例如，工业企业为建造固定资产等各项工程而储备的各种材料，就不能作为存货；再如，破产清算企业所持有的商品、原材料等物资也不能作为存货看待。

（3）存货持有的最终目的是销售。如产成品、商品等可供出售，原材料、在产品等进一步加工后方能销售。

3.1.2 存货的种类

存货的构成内容很多，分布于企业生产经营的各个环节，为了加强对存货的管理，有效地组织各项存货的会计核算，提供有用的会计信息，应对存货进行适当的分类。存货有如下分类方法。

1. 存货按经济用途分类

存货按照经济用途通常可以分为以下内容。

（1）原材料，指企业在生产过程中经加工改变其形态或性质并构成产品主要实体的各种原料及主要材料、辅助材料、外购半成品（外购件）、修理用备件（备品备件）、包装材料、燃料等。

（2）在产品，指企业正在制造尚未完工的产品，包括正在各个生产工序加工的产品和已加工完毕但尚未检验或已检验但尚未办理入库手续的产品。

（3）半成品，指经过一定生产过程并检验合格交付半成品仓库保管，但尚未制造完成，仍需进一步加工的中间产品。

（4）产成品，指工业企业已经完成全部生产过程并验收入库，可以按照合同规定的条件送交订货单位，或可以作为商品对外销售的产品。企业接受外来原材料加工制造的代制品和为外单位加工修理的代修品，制造和修理完成验收入库后，应视同企业的产成品。

（5）商品，指商品流通企业外购或委托加工完成验收入库用于销售的各种商品。

（6）周转材料，指企业能够多次使用、逐渐转移其价值但仍保持原有形态、不能确认为固定资产的材料，如包装物和低值易耗品。其中，包装物是指为了包装本企业商品而储备的各种包装容器，如桶、箱、瓶、坛、袋等，其主要作用是盛装、装潢产品或商品。低值易耗品是指不符合固定资产确认条件的各种用具物品，如工具、管理用具、玻璃器皿、劳动保护用品及在经营过程中周转使用的容器等。

2. 存货按照取得来源不同分类

存货按照取得来源不同通常可以分为以下几类。

（1）外购存货，指从企业外部购入的存货，如企业外购的商品、原材料、零部件等。

（2）自制存货，指由企业自行制造的存货，如工业企业自制材料、在产品、产成品等。

（3）委托加工存货，指企业外购或自制的某些存货通过支付加工费的方式委托外单位进行加工生产的存货，如工业企业的委托加工物资、商业企业的委托加工商品等。

此外，存货按照取得来源不同的分类，还包括接受投资取得的存货、接受捐赠取得的存货、通过债务重组取得的存货、非货币性资产交换取得的存货、盘盈的存货等。

3. 存货按照存放地点的不同分类

存货按照存放地点不同通常可以做以下分类。

（1）在库存货，指已经购进或生产完工并经过验收入库的各种原材料、周转材料、半成品、产成品以及商品。

（2）在途存货，指已经取得所有权但仍在运输途中或虽已运达企业但尚未验收入库的各种材料物资及商品。

（3）在制存货，指正处于本企业各生产工序加工制造过程中的在产品，以及委托单位加工但尚未完成的各种材料物资。

（4）在售存货，指已发运给购货方但尚不能完全满足收入确认条件，因而仍应作为销货方存货的发出商品、委托代销商品等。

3.1.3 存货初始计量

存货必须在符合定义的前提下，同时满足以下两个条件，才能加以确认。

第一，与该存货有关的经济利益很可能流入企业。

通常，拥有存货的所有权是与存货有关的利益很可能流入企业的一个重要标志。企业在判断与该存货有关的经济利益能否流入企业时，通常应结合考虑存货所有权归属，而不能简单地看其存放的地点。

第二，该存货的成本能够可靠地计量。

存货的初始计量，是指取得存货时的价值计量。企业取得存货应当按照成本进行计量，不同来源取得的存货，其成本也不尽相同。一般来说，存货的成本应当包括采购成本、加工成本和其他成本 3 个组成部分。存货的实际成本应结合存货的取得方式来分别确定。

1. 外购存货的成本

外购存货的成本指在采购过程中所发生的支出，包括购买价款、相关税费、运输费、装卸费、保险费以及其他归属于存货采购成本的费用。

购货价款，是指所购货物发票账单上列明的价款，但不包括按规定可以抵扣的增值税进项税额。

相关税费，是指进口关税以及购买、自制或委托加工存货发生的消费税、资源税和不能从增值税销项税额中抵扣的进项税额。

其他归属于存货采购成本的费用，指存货采购过程中发生的除上述费用以外的仓储费、包装费、运输途中的合理损耗、大宗物资的市内运杂费、入库前的挑选整理费用等可以直接归属于存货采购成本的费用。

企业购进存货如发生短缺，应先查明原因再进行处理，尚未查明原因之前，一般先按短缺材料的实际成本计入“待处理财产损溢”，待查明原因后分别处理。若是定额内的合理损耗，按其实际成本计入入库原材料成本。若是过失人造成的损失，应由过失人赔偿，不计入采购成本。若是超定额损失，其实际成本及应负担的进项税额中扣除由保险公司和相关责任人赔偿后，尚未能弥补的部分计入“管理费用”。如果是发生非常损失，其实际成本及应负担的进项税额中扣除由保险公司和相关责任人赔偿后，尚未能弥补的部分计入“营业外支出”。

商品流通企业在采购商品过程中发生的运输费、装卸费、保险费以及其他可归属于存货采购成本的费用等进货费用，应当计入存货采购成本，也可以先进行归集，期末根据所购商品的存销情况进行分摊。对于已售商品的进货费用，计入当期损益；对于未售商品的进货费用，计入期末存货成本。企业采购商品的进货费用金额较小的，可以在发生时直接计入当期损益。

2. 加工取得的存货的成本

通过加工取得的存货，通常包括产成品、在产品、半成品、委托加工物资等。加工取得的存货成本应当包括消耗的材料成本、发生的加工成本。其中消耗的材料成本是指为制造该存货直接消耗的原材料及主要材料、辅助材料等。发生的加工成本包括直接人工和按照一定方法分配的制造费用。制造费用是指企业为生产产品和提供劳务而发生的各项间接费用，如果在同一生产过程中，同时生产两种或两种以上的产品，并且每种产品的加工成本不能直接区分的，其加工成本应当按照合理的方法（如按产量比例、工时比例、体积比例等）在各种产品之间进行分配。

3. 投资者投入的存货的成本

投资者投入的存货的成本，应当按照投资合同或协议约定的价值确定，但合同或协议约定的价值不公允的，应当按照该项存货的公允价值作为入账价值。

3.2 原材料按实际成本法计价

原材料是指企业在生产过程中经过加工改变其形态或性质并构成产品主要实体的各种原料，主要材料和外购半成品，以及不构成产品实体但有助于产品形成的辅助材料。企业对原材料的收发和结存，可以采用实际成本法，也可以采用计划成本法。

原材料按实际成本法核算时，材料的收发及结存，均按照实际发生的成本计价。

3.2.1 原材料科目的设置

企业对原材料采用实际成本法核算时，应当设置"原材料""在途物资"等科目。"原材料"借方登记验收入库的原材料的实际成本，贷方登记领用出库的原材料的实际成本，期末余额在借方，表示期末结存的原材料的实际成本。"在途物资"科目借方登记已采购但尚未入库的在途物资的实际成本，贷方登记入库的在途物资的实际成本，期末余额在借方，表示在途物资的采购成本。

3.2.2 原材料增加的核算

企业外购原材料，有时在本地采购，有时需要到外地采购，由于结算凭证通过银行传递，而材料由有关部门运输，会使得结算凭证和原材料不一定同时到达，存在三种情况：一是结算凭证和原材料同时到达；二是结算凭证先到原材料后入库；三是原材料已经入库而结算凭证后到。

1. 结算凭证到达并同时将材料验收入库

结算凭证到达同时将材料验收入库，意味着企业在办理结算的同时，材料也同时验收入库。此时，企业可以按照入库原材料的实际成本，借记"原材料"科目，按照入库材料的增值税进项税额借记"应交税费——应交增值税（进项税额）"科目，按照支付的方式和价款，贷记"银行存款"等科目。

【例 3-1】威远公司 2015 年 12 月 1 日在本地采购一批原材料，发票等单据上注明购买价格为 10 000 元，增值税率 17%，另外发生运输费 1 000 元，运输费的增值税税率为 11%，装卸费 800 元，货款全部用银行存款支付，材料已经验收入库，编制会计分录如下。

借：原材料	11 800	
应交税费——应交增值税（进项税额）	1 810	
贷：银行存款		13 610

2. 结算凭证先到，材料后验收入库

发生此类业务，意味着企业办理结算的时候，原材料尚未入库，可能仍在运输途中，此时企业应先按照采购材料的实际成本，借记"在途物资"科目，按照采购材料的增值税进项税额借记"应交税费——应交增值税（进项税额）"科目，按照支付的方式和价款，贷记"银行存款"等科目。待材料验收入库时，借记"原材料"科目，贷记"在途物资"科目。

【例 3-2】威远公司 2015 年 12 月 10 日到外地采购原材料一批，发票等结算凭证上注明材料的购买价格为 20 000 元，增值税率 17%，运输费 1 000 元，运输费的增值税税率为 11%，威远公司开出商业承兑汇票支付材料购买价款、运费及增值税，保险费 100 元和装卸费 500 元以现金付讫，材料尚在运输途中，根据资料编制如下会计分录。

借：在途物资	21 600	
应交税费——应交增值税（进项税额）	3 510	
贷：应付票据		24 510
库存现金		600

12 月 20 日，该批材料运抵企业并已验收入库。

借：原材料　　21 600

　　贷：在途物资　　21 600

3. 材料已经验收入库，结算凭证仍未到达

存货已经运达企业并已经验收入库，但发票等单据仍未到达企业，企业在收到存货时可以先不做账务处理，待有关单据到达，按照支付的货款或开出、承兑的商业汇票做账务处理。但如果直到月末企业仍未收到有关发票单据，则应该先将入库的原材料暂估入账，次日（即下月初）再编制相同的红字记账凭证予以冲回，待有关单据到达，按照支付的货款或开出、承兑商业汇票时再做账务处理。

【例 3-3】威远公司 2015 年 11 月 5 日将采购的一批原材料验收入库，发票等有关单据尚未到达企业。11 月 10 日公司收到发票等有关单据，注明材料购买价格为 5 000 元，增值税率 17%，运输费 500 元，运输费的增值税税率为 11%，企业以银行存款支付。

威远公司 2012 年 11 月 5 日不需要做账务处理。

2015 年 11 月 10 日：

借：原材料　　5 500

　　应交税费——应交增值税（进项税额）　　905

　　贷：银行存款　　6 405

【例 3-4】威远公司 2015 年 11 月 25 日将采购的一批原材料验收入库，发票等有关单据直到月末仍未到达企业。12 月 5 日，企业收到发票等有关单据，注明材料购买价格为 30 000 元，增值税率 17%，运输费 700 元，运输费的增值税税率为 11%，装卸费和保险费共计 800 元，当即以银行存款支付全部款项。

2015 年 11 月 25 日，不做账务处理。

2015 年 11 月 30 日，公司根据材料的估计价款 28 000 入账。

借：原材料　　28 000

　　贷：应付账款——暂估应付账款　　28 000

2015 年 12 月 1 日，编制一张相同的红字记账凭证冲销暂估入账的分录。

借：原材料　　28 000

　　贷：应付账款——暂估应付账款　　28 000

2015 年 12 月 5 日，根据发票等有关单据编制如下会计分录。

借：原材料　　31 500

　　应交税费——应交增值税（进项税额）　　5 177

　　贷：银行存款　　36 677

3.2.3 原材料发出的核算

企业取得存货，就是为了满足生产和销售的需要。存货源源不断地流入企业，而随着存货的销售或耗用，存货从一个生产经营环节流向另一个生产经营环节，并最终流出企业。在会计实务中，存货品种繁多，进出频繁，且每一批存货成本各有差异。我国企业会计准则规定，企业在确定为了

对发出存货进行计价时，可以采用个别计价法、先进先出法、月末一次加权平均法、移动加权平均法等。

1. 个别计价法

个别计价法又称“个别认定法”。这种方法假设存货的成本流转与实物流转相一致，采用这种方法对存货发出进行计量时，按照各种存货，逐一辨认各批发出存货和期末存货所属的购进批别或生产批别，分别按其购入或生产时所确定的单位成本作为计算各批发出存货和期末存货成本的方法。

【例 3-5】威远公司 2015 年 12 月生产领用 A 材料 1 000 千克，其中 600 千克的单位采购成本为 30 元，300 千克的单位采购成本为 30.5 元，100 千克的单位采购成本为 31 元。

发出材料实际成本＝600×30＋300×30.5＋100×31＝30 250（元）

个别计价法的优点是计算发出存货的成本和期末存货的成本比较合理、准确。缺点是实务操作的工作量繁重，困难较大。其适用于容易识别、存货品种数量不多、单位成本较高的存货计价。

2. 先进先出法

先进先出法是以先入库的存货先发出去这一存货实物流转假设为前提，对先发出的存货按先入库的存货单位成本计价。

【例 3-6】威远公司对发出存货采用先进先出法进行计量，2015 年 12 月 A 材料明细账如表 3-1 所示。

表 3-1　材料明细账　单位：元

2015 年		凭证编号	摘要	收入			发出			结存		
月	日			数量	单价	金额	数量	单价	金额	数量	单价	金额
12	1	略	期初余额							400	50	20 000
	8		购入	900	60	54 000				1 300		
	10		发出				700			600		
	15		购入	600	70	42 000				1 200		
	19		发出				900			300		
	25		购入	200	80	16 000				500		
	31		本月合计	1 700	—	112 000	1 600	—		500		

10 日发出 A 材料成本＝400×50＋300×60＝38 000（元）

19 日发出 A 材料成本＝600×60＋300×70＝57 000（元）

合计发出 A 材料成本＝38 000＋57 000＝95 000（元）

期末结存 A 材料成本＝300×70＋200×80＝37 000（元）

先进先出法计算结果登账如表 3-2 所示。

表 3-2　材料明细账　单位：元

2015 年		凭证编号	摘要	收入			发出			结存		
月	日			数量	单价	金额	数量	单价	金额	数量	单价	金额
12	1	略	期初余额							400	50	20 000
	8		购入	900	60	54 000				400 900	50 60	20 000 54 000
	10		发出				400 300	50 60	20 000 18 000	600	60	36 000
	15		购入	600	70	42 000				600 600	60 70	36 000 42 000

续表

2015年		凭证编号	摘要	收入			发出			结存		
月	日			数量	单价	金额	数量	单价	金额	数量	单价	金额
	19		发出				600 300	60 70	36 000 21 000	300	70	21 000
	25		购入	200	80	16 000				300 200	70 80	21 000 16 000
	31		本月合计	1 700	—	112 000	1 600	—	95 000	300 200	70 80	21 000 16 000

先进先出法的优点是可以随时确定发出存货的成本，并且期末存货成本是按最近购入存货成本确定的，比较接近现行的市场价值。缺点是工作量烦琐，对存货进出量大的企业更是如此；物价上涨时会高估企业当期利润和库存存货价值；反之会低估存货价值和当期利润。

3. 加权平均法

加权平均法，又称“月末一次加权平均法”，是指以月初结存存货数量和本月各批收入存货数量作为权数，计算本月存货的加权平均单位成本，据以确定本月发出存货成本和月末结存存货成本的一种方法。加权平均单位成本以及本月发出存货和月末结存存货成本的计算公式如下：

$$加权平均单位成本=\frac{月初结存存货成本+本月入库存货成本}{月初结存存货数量+本月入库存货数量}$$

本月发出存货成本＝本月发出存货的数量×加权平均单位成本

＝月初结存存货成本＋本月入库存货成本－本月结存存货成本

本月结存存货成本＝本月结存存货的数量×加权平均单位成本

【例3-7】沿用表3-1的数据，威远公司采用加权平均法进行存货计价，A材料的发出成本和期末结存成本计算如下：

加权平均单位成本＝（400×50＋900×60＋600×70＋200×80）

÷（400＋900＋600＋200）＝62.86（元）

本月结存A材料成本＝500×62.86＝31 430（元）

本月发出A材料成本＝（20 000＋112 000）－31 430＝100 570（元）

加权平均法计算结果登账如表3-3所示。

表3-3　材料明细账　单位：元

2015年		凭证编号	摘要	收入			发出			结存		
月	日			数量	单价	金额	数量	单价	金额	数量	单价	金额
12	1		期初余额							400	50	20 000
	8	略	购入	900	60	54 000				1 300		
	10		发出				700			600		
	15		购入	600	70	42 000				1 200		
	19		发出				900			300		
	25		购入	200	80	16 000				500		
	31		本月合计	1 700	—	112 000	1 600	—	100 570	500	62.86	31 430

加权平均法优点是简单、方便，在市场价格上涨和下跌的时候所计算出来的单位成本平均化，对存货成本分摊较为折中。缺点是平时无法从账上提供发出和结存的单价及金额，不利于加强对存货的管理。

4. 移动加权平均法

移动加权平均法，是指以每次进货的成本加上原有库存存货的成本，除以每次进货数量加上原有库存存货的数量，据以计算加权平均单位成本，作为下次进货前计算各次发出存货成本的依据。计算公式如下：

$$加权单位成本=\frac{原有库存存货实际成本+本次进货的实际成本}{原有库存存货数量+本次进货数量}$$

本批发货后结存货成本＝本批发货后结存存货数量×本次移动加权平均单位成本

本批发出存货成本＝本批发出存货数量×本次移动加权平均单位成本

＝本批发货前结存存货成本－本批发货后结存存货成本

月末存货成本＝月末结存存货数量×期末移动加权平均单位成本

【例 3-8】沿用表 3-1 的数据，威远公司采用移动加权平均法进行存货计价，每次发出 A 材料的成本和期末结存成本计算如下：

12 月 8 日收货后 A 材料平均单位成本＝（20 000＋54 000）÷（400＋900）＝56.92（元）

12 月 10 日发货后结存 A 材料的成本＝600×56.92＝34 152（元）

12 月 10 日发出 A 材料的成本＝20 000＋54 000－34 152＝39 848（元）

12 月 15 日收货后 A 材料平均单位成本＝（34 152＋42 000）÷（600＋600）＝63.46（元）

12 月 19 日发货后结存 A 材料的成本＝300×63.46＝19 038（元）

12 月 19 日发出 A 材料的成本＝34 152＋42 000－19 038＝57 114（元）

12 月 25 日收货后 A 材料平均单位成本＝（19 038＋16 000）÷（300＋200）＝70.076（元）

该存货月末结存 500 件，月末存货成本为 35 038（500×70.076）元；本月发出存货成本合计为 96 962（39 848＋57 114）元。

移动加权平均法计算结果登账如表 3-4 所示。

表 3-4 材料明细账 单位：元

2015 年		凭证编号	摘要	收入			发出			结存		
月	日			数量	单价	金额	数量	单价	金额	数量	单价	金额
12	1		期初余额							400	50	20 000
	8	略	购入	900	60	54 000				1 300	56.92	74 000
	10		发出				700	56.92	39 848	600	56.92	34 152
	15		购入	600	70	42 000				1 200	63.46	76 152
	19		发出				900	63.46	57 114	300	63.46	19 038
	25		购入	200	80	16 000				500	70.076	35 038
	31		本月合计	1 700	—	112 000	1 600	—	96 962	500	70.076	35 038

移动加权平均法的优点：能使企业管理当局及时了解存货的结存情况，而且计算的平均单位成本以及发出和结存的存货成本比较客观。缺点：每次收货都要计算一次平均单价，计算工作量大，对收发货频繁的企业不适用。

5. 发出材料的会计核算

企业在对发出材料进行会计核算时，应当根据原材料的具体用途反映原材料的实际耗费情况。发出的材料如果直接用于产品生产，应借记“生产成本”科目；用于车间一般耗用，借记“制造费用”科目；用于企业管理的，借记“管理费用”科目；用于销售产品的，借记“销售费用”科目等。

【例 3-9】威远公司 2015 年 12 月领用原材料情况如表 3-5 所示。

表 3-5　　发料凭证汇总表　　单位：元

应借科目	应贷科目：原材料		
	原料及主要材料	辅助材料	合计
生产成本	50 000	3 000	53 000
制造费用	20 000	2 000	22 000
管理费用	5 000		5 000
销售费用		3 000	3 000
在建工程	10 000	7 000	17 000
委托加工物资	30 000	2 000	32 000
合计	115 000	17 000	132 000

根据表 3-5，编制会计分录如下。

借：生产成本　　53 000
　　制造费用　　22 000
　　管理费用　　5 000
　　销售费用　　3 000
　　在建工程　　17 000
　　委托加工物资　　32 000
　贷：原材料　　132 000

3.3 原材料按计划成本法计价

企业原材料按计划成本法计价，其前提是企业为每一品种、每一规格的存货制定计划成本。计划成本是指在正常市场条件下，企业取得存货应当支付的合理成本，其构成的内容和实际成本相一致，由采购成本、加工成本和其他成本构成。一般情况下，计划成本由会计部门会同采购等部门共同制定，制订的计划成本应尽量接近实际。除特殊情况外，计划成本在年度内一般不作调整。

3.3.1 原材料科目的设置

企业采用计划成本法对存货进行计价，需要设置“材料采购”“原材料”和“材料成本差异”科目，不再设置“在途物资”科目。

“材料采购”科目借方登记企业采购原材料的实际成本，贷方登记入库的原材料的计划成本，期末余额在借方，表示已采购尚未入库的原材料的实际成本。“原材料”科目借方登记入库原材料的计划成本，贷方登记发出原材料的计划成本，期末余额在借方，表示库存原材料的计划成本。

“材料成本差异”科目用来核算原材料实际成本和计划成本之间的差额，该科目借方登记入库原材料实际成本大于计划成本的超支额，以及月末分配转出的发出材料应负担的节约差异，该科目贷方登记入库原材料实际成本小于计划成本的节约额，以及月末分配转出的发出材料应负担的超支差异，期末如为借方余额，表示企业库存原材料的超支差异，期末如为贷方余额，表示企业库存原材料的节约差异。

企业采购原材料时，按照材料的实际成本借记“材料采购”科目，按照发生的增值税进项税额借记“应交税费——应交增值税（进项税额）”科目，按照支付的价款和方式贷记“银行存款”等科目。

原材料入库时，企业按照入库原材料的计划成本借记“原材料”科目，按照入库原材料的计划成本贷记“材料采购”科目。

企业领用原材料，按照领用材料的实际用途及材料的计划成本，借记“生产成本”等科目，按照领用原材料的计划成本贷记“原材料”科目。

月末，将本月入库原材料的实际成本和计划成本的超支额或节约额，借记或贷记“材料成本差异”科目，贷记或借记“材料采购”科目。

此外，企业月末还应计算材料成本差异率，通过存货差异成本的分摊，将本月发出存货的计划成本和月末结存材料的计划成本调整为实际成本。

3.3.2 原材料增加的核算

采购材料。企业采购原材料时，按照材料的实际成本借记“材料采购”科目，按照发生的增值税进项税额借记“应交税费——应交增值税（进项税额）”科目，按照支付的价款和方式贷记“银行存款”等科目。

企业将原材料验收入库时，企业按照入库原材料的计划成本借记“原材料”科目，按照入库原材料的计划成本贷记“材料采购”科目。

月末，将本月入库原材料的实际成本和计划成本的超支额或节约额，借记或贷记“材料成本差异”科目，贷记或借记“材料采购”科目。

【例 3-10】威远公司对 A 材料采用计划成本法核算，入库材料的成本差异在月末汇总结转材料成本差异。该公司 2015 年 11 月发生业务如下。

（1）威远公司 11 月 1 日采购 A 材料一批，发票等有关单据注明购买价格为 9 500 元，增值税率 17%，装卸费 300 元，货款已经支付，材料已经验收入库，该批材料的计划成本为 10 000 元。

借：材料采购——A 材料　　9 800
　　应交税费——应交增值税（进项税额）　　1 615
　　贷：银行存款　　11 415
借：原材料——A 材料　　10 000
　　贷：材料采购——A 材料　　10 000

（本题因实际成本小于计划成本，产生了材料成本差异－200 元，为节约额。）

（2）威远公司 11 月 8 日采购 A 材料一批，发票等有关单据注明购买价格为 11 000 元，增值税率 17%，运输费 1 000 元，运输费增值税税率 11%，货款已经支付，材料已经入库，该批材料的计划成本为 11 500 元。

借：材料采购——A 材料　　12 000
　　应交税费——应交增值税（进项税额）　　1 980
　　贷：银行存款　　13 980

借：原材料——A材料　　11 500

　　贷：材料采购——A材料　　11 500

（本题因实际成本大于计划成本，产生了材料成本差异500元，为超支额。）

（3）威远公司11月10日采购A材料一批，发票等有关单据注明购买价格为10 500元，增值税率17%，装卸费500元，货款已经支付，材料尚在运输途中，货款已开出的商业承兑汇票支付。

借：材料采购——A材料　　11 000

　　应交税费——应交增值税（进项税额）　　1 785

　　贷：应付票据　　12 785

（4）上述材料于11月15日验收入库，计划成本为12 000元。

借：原材料——A材料　　12 000

　　贷：材料采购——A材料　　12 000

（本题因实际成本小于计划成本，产生了材料成本差异－1 000元，为节约额。）

（5）月末，汇总本月A材料的材料成本差异为节约差异700（－200＋500－1 000）元。汇总转入材料成本差异。

借：材料采购　　700

　　贷：材料成本差异　　700

3.3.3 原材料发出的核算

企业采用计划成本法对原材料进行日常核算，发出材料时先按照材料的计划成本计价，按照发出存货的计划成本，借记“生产成本”“制造费用”“管理费用”等有关科目，贷记“原材料”科目。

【例3-11】威远公司对T材料采用计划成本法进行核算，根据威远公司的存货明细账，2015年12月T材料领用情况如下：生产车间领用1 500千克用于产品生产，领用200千克用于共同耗费；管理部门领用500千克；销售部门领用300千克；T材料的单价为20元/千克。

借：生产成本　　30 000

　　制造费用　　4 000

　　管理费用　　10 000

　　销售费用　　6 000

　　贷：原材料　　50 000

月末，再将月初结存材料成本差异和本月入库形成材料的成本差异，在本月发出材料和期末结存原材料之间进行分摊，为此企业应当先计算材料成本差异率，材料成本差异率计算公式有以下两种：

$$本月材料成本差异率＝\frac{月初结存材料的成本差异＋本月入库材料的成本差异}{月初结存材料的计划成本＋本月入库材料的计划成本}\times 100\%$$

$$月初材料成本差异率=\frac{月初结存材料的成本差异}{月初结存材料的计划成本}\times 100\%$$

需要注意的是，材料已经入库，结算凭证尚未到达，未付款或未开出承兑商业汇票的，该材料的计划成本不应包括在计算范围。

为了保持会计方法的可比性，材料成本差异率的计算方法一经选定，不得随意变更。

本月发出材料应负担的成本差异＝发出材料的计划成本×材料成本差异率

本月发出材料的实际成本＝本月发出材料的计划成本＋发出材料应负担的超支差异

或＝本月发出材料的计划成本－发出材料应负担的节约差异

月末结存材料应负担的成本差异＝月末结存材料的计划成本×材料成本差异率

月末结存材料的实际成本＝月末结存材料的计划成本＋月末结存材料应负担的超支差异

或＝月末结存材料的计划成本－月末结存材料应负担的节约差异

发出材料应负担的成本差异，必须按月分摊。企业在分摊发出材料应负担的材料成本差异时，应借记“生产成本”“制造费用”“管理费用”等科目，贷记“材料成本差异”科目，超支额用蓝字登记，节约额用红字登记。

【例 3-12】威远公司为增值税一般纳税人，进项税率为 17%，运费增值税率为 11%，对 K 材料采用计划成本法核算。2015 年 11 月 1 日，有关 K 材料的明细账余额如下：材料采购借方余额 5 200 元、原材料借方余额 6 000 元、材料成本差异贷方余额 300 元，K 材料的计划成本为 20 元/千克。

2015 年 11 月发生有关 K 材料的经济业务如下。

① 11 月 2 日，采购 K 材料 500 千克，发票等单据上注明购买价款 9 000 元，运输费用 500 元，装卸费用 400 元，款项均以银行存款支付，材料已经验收入库。

借：材料采购——K 材料　　9 900
　　应交税费——应交增值税（进项税额）　　1 585
　　贷：银行存款　　11 485

材料入库：

借：原材料——K 材料　　10 000
　　贷：材料采购——K 材料　　10 000

本次入库材料产生的成本差异为节约额 100（9 900－10 000）元。

② 上月采购的 K 材料于 11 月 3 日到达，该批材料实际成本为 5 200 元，计划成本为 5 100 元。

借：原材料——K 材料　　5 100
　　贷：材料采购　　5 100

本次入库材料产生的成本差异为超支额 100（5 200－5 100）元。

③ 11 月 5 日，生产车间领用 K 材料 400 千克用于产品生产。

借：生产成本　　8 000
　　贷：原材料——K 材料　　8 000

④ 11 月 10 日采购 K 材料 600 千克，发票等单据上注明购买价格 12 000 元，装卸费用 200 元，款项均以银行存款支付，材料已验收入库。

借：材料采购——K 材料　　12 200
　　应交税费——应交增值税（进项税额）　　2 040
　　贷：银行存款　　14 240

材料入库：

借：原材料——K 材料　　12 000
　　贷：材料采购——K 材料　　12 000

本次入库材料产生的成本差异为超支额 200（12 200－12 000）元。

⑤ 11月15日管理部门领用K材料100千克，销售部门领用K材料50千克。

借：管理费用　　　　　　　　　　　　　　　　　　　2 000
　　销售费用　　　　　　　　　　　　　　　　　　　1 000
　　贷：原材料——K材料　　　　　　　　　　　　　　　3 000

⑥ 11月20日采购K材料300千克，发票等单据注明购买价款5 800元，材料尚未运达企业，已经开出商业汇票进行支付。

借：材料采购——K材料　　　　　　　　　　　　　　5 800
　　应交税费——应交增值税（进项税额）　　　　　　　986
　　贷：应付票据　　　　　　　　　　　　　　　　　　6 786

⑦ 11月25日，生产部门领用K材料300千克用于产品生产，领用K材料50千克用于共同耗费。

借：生产成本　　　　　　　　　　　　　　　　　　6 000
　　制造费用　　　　　　　　　　　　　　　　　　1 000
　　贷：原材料——K材料　　　　　　　　　　　　　　　7 000

⑧ 11月28日，本月购进的K材料200千克已经入库，月末时结算凭证尚未到达，月末应按计划成本估计入账，下月初用红字冲回。

借：原材料——K材料　　　　　　　　　　　　　　4 000
　　贷：应付账款　　　　　　　　　　　　　　　　　　4 000

下月初：

借：原材料——K材料　　　　　　　　　　　　　　[4 000]
　　贷：应付账款——暂估应付账款　　　　　　　　　　[4 000]

⑨ 月末汇总本月入库的材料成本差异超支额200元（－100＋100＋200）。

借：材料成本差异　　　　　　　　　　　　　　　　200
　　贷：材料采购　　　　　　　　　　　　　　　　　　200

⑩ 计算本月材料成本差异率，计算分摊本月发出材料负担的材料成本差异，将发出材料的计划成本调整为实际成本。

本月材料成本差异率＝（－300＋200）/（6 000＋10 000＋5 100＋12 000）×100%＝－0.3%

生产成本负担的材料成本差异＝14 000×（－0.3%）＝－42（元）

制造费用负担的材料成本差异＝1 000×（－0.3%）＝－3（元）

管理费用负担的材料成本差异＝2 000×（－0.3%）＝－6（元）

销售费用负担的材料成本差异＝1 000×（－0.3%）＝－3（元）

借：生产成本　　　　　　　　　　　　　　　　　　[42]
　　制造费用　　　　　　　　　　　　　　　　　　[3]
　　管理费用　　　　　　　　　　　　　　　　　　[6]
　　销售费用　　　　　　　　　　　　　　　　　　[3]
　　贷：材料成本差异　　　　　　　　　　　　　　　　[54]

月末，有关K材料的科目余额如下。

材料采购借方余额5 800（5 200＋9 900＋12 200＋5 800－10 000－5 100－12 000－200）元。

原材料借方余额 19 100（6 000＋10 000＋5 100＋12 000＋4 000－8 000－3 000－7 000）元。

材料成本差异贷方余额 46[－300＋200－（－54）]元。

库存 K 材料实际成本＝19 100－46＝19 054（元）。

3.4 其他存货的核算

3.4.1 周转材料

周转材料是指企业周转使用的包装物、低值易耗品，以及企业（建造承包商）的钢模板、木模板、脚手架等。企业应当设置“周转材料”科目核算企业周转材料的计划成本或实际成本，包括包装物、低值易耗品，以及企业（建造承包商）的钢模板、木模板、脚手架等。企业的包装物、低值易耗品，也可以单独设置“包装物”“低值易耗品”科目。

1. 包装物

（1）包装物概述。包装物是指企业为了包装本企业的商品、产品而储备的各种包装容器，如桶、箱、瓶、坛、袋等。

包装物按照用途，可以分为：

① 生产过程中用于包装产品作为产品组成部分的包装物；

② 随同产品出售不单独计价的包装物；

③ 随同产品出售而单独计价的包装物；

④ 出租或出借给购买单位使用的包装物。

其中，随同产品、商品出售单独计价的包装物，在会计核算上，将出售包装物的收入计入“其他业务收入”科目，包装物的成本转入“其他业务成本”科目。随同包装物出售不单独计价的包装物，应将这部分包装物的成本作为企业发生的销售费用，借记“销售费用”科目，贷记“周转材料”或“包装物”科目。

另外，单位价值较小或不能周转使用的各种包装材料不在“包装物”科目核算，一般作为原材料，如纸、绳、铁丝、铁皮等；用于储存和保管产品、商品、材料而不对外出售的包装物，一般应按其价值大小和使用年限长短，分别在“固定资产”或“低值易耗品”科目核算，不在“包装物”科目核算；单独列作企业商品、产品的自制包装物，一般作为库存商品处理，也不在“包装物”科目核算。

（2）包装物的主要账务处理。

① 包装物的发出。发出的包装物，按照用途不同，借记相应科目，贷记“包装物”科目。发出用于生产过程包装产品、作为产品组成部分的包装物，借记“生产成本”科目；随同商品出售的包装物的核算上文已述；发出的出借或出租的包装物，按照收取的押金，借记“银行存款”科目，贷记“其他应付款”科目；收取出租包装物的租金时，借记“银行存款”科目，贷记“其他业务收入”科目。

② 包装物的摊销。出租、出借以及用于周转使用的包装物，在使用的过程中价值逐渐减少，称之为摊销，包装物的摊销方法主要有以下 3 种。

a．一次转销法。一次转销法是指在第一次发出包装物的时候将包装物的成本一次全部转销的方法。采用一次转销法，在发出包装物时，借记“销售费用”或“其他业务成本”等科目，贷记“包装物”科目。一次转销法虽然核算简便，但是发出的包装物形成了账外财产，不利于对其进行监督管理。这种方法一般适用于单位价值较低，使用期限较短或容易破损的包装物。

b．五五摊销法。采用五五摊销法，包装物在领用时和报废时各摊销一半的价值。采用这种方法，应在“包装物”科目下设置“库存未用包装物”“库存已用包装物”“出租包装物”“出借包装物”和“包装物摊销”等明细科目。

出租、出借全新包装物时，借记“包装物——出租（借）包装物”科目，贷记“包装物——库存未用包装物”科目，按照包装物成本的一半，借记“其他业务成本”“销售费用”等科目，贷记“包装物——包装物摊销”科目；包装物报废时，按照另外一半的成本，借记“其他业务成本”“销售费用”等科目，贷记“包装物——包装物摊销”科目，同时借记“包装物——包装物摊销”科目，贷记“包装物——出租（借）包装物”科目。

五五摊销法适用于经常领用且使用较为均衡的包装物。

c．分期（次）摊销法。分期（次）摊销法是指按包装物的预计使用期限分期摊销或按包装物预计使用次数分次摊销的方法。这种方法适用于价值较高、使用时间较长且使用情况相对稳定的包装物。

出租、出借或开始周转使用新的包装物时，按照包装物的成本借记“包装物（在用）”科目，贷记“包装物（在库）”科目。分期（次）摊销包装物成本时，借记“其他业务成本”“销售费用”等科目，贷记“包装物（摊销）”。

【例 3-13】威远公司为一般纳税人，购进材料增值税进项税率为 17%，对包装物采用实际成本法计价，2015 年发生了如下与包装物相关的经济业务。

① 以银行存款购进包装物一批，实际成本 5 000 元，增值税 850 元，款项已用银行存款支付。

借：包装物　　5 000
　　应交税费——应交增值税（进项税额）　　850
　　贷：银行存款　　5 850

② 销售产品领用包装物一批，实际成本 500 元，随同产品出售单独计价。

借：其他业务成本　　500
　　贷：包装物　　500

③ 销售产品领用包装物一批，实际成本 300 元，随同产品出售不单独计价。

借：销售费用　　300
　　贷：包装物　　300

④ 出借新包装物一批，实际总成本 2 000 元，收取押金 1 000 元，采用五五摊销法进行摊销。

a．收到押金时。

借：银行存款　　1 000
　　贷：其他应付款　　1 000

b．发出包装物。

借：包装物——出借包装物　　2 000
　　贷：包装物——库存未用包装物　　2 000

c．摊销成本的 50%。

借：销售费用　　1 000

　　贷：包装物——包装物摊销　　1 000

d．退回包装物，退还押金。

借：其他应付款　　1 000

　　贷：银行存款　　1 000

借：包装物——库存已用包装物　　2 000

　　贷：包装物——出借包装物　　2 000

e．因多次出租，收回的出租包装物已无法使用，批准报废，报废时收回残料作为修理用材料使用，估计价值 300 元。此时，应摊销其成本的 50%共 1 000 元，注销已报废包装物成本及其摊销价值 2 000 元。

借：原材料　　300

　　贷：其他业务成本　　300

借：其他业务成本　　1 000

　　贷：包装物——包装物摊销　　1 000

借：包装物——包装物摊销　　2 000

　　贷：包装物——库存已用包装物　　2 000

⑤ 出租全新包装物一批，实际成本 3 000 元，收取押金 1 500 元，采用分次摊销法，计划 1 年内分 5 次摊销。

a．收取押金。

借：银行存款　　1 500

　　贷：其他应付款　　1 500

b．领用包装物。

借：包装物——在用　　3 000

　　贷：包装物——在库　　3 000

c．收取租金 1 000 元，增值税 170 元。

借：银行存款　　1 170

　　贷：其他业务收入　　1 000

　　　　应交税费——应交增值税（销项税额）　　170

d．分次摊销时。

借：其他业务成本　　600

　　贷：包装物——包装物摊销　　600

2．低值易耗品

（1）低值易耗品的内容。低值易耗品是指企业在经营过程中所必需的单位价值较低或使用年限较短，不能作为固定资产核算的物资设备或劳动资料等。低值易耗品一般分为：一般工具、专用工具、替换设备、管理用具、劳动保护用品和其他用具等。

（2）低值易耗品的核算。为了对企业各种低值易耗品进行合理的核算，企业应设置“低值易耗品”科目（或“周转材料——低值易耗品”科目）。

企业购入、自制并验收入库的低值易耗品，参照“原材料”相关规定进行处理。

企业领用低值易耗品、摊销低值易耗品的处置的会计处理与包装物相同。

3.4.2 委托加工物资

委托加工物资是指企业提供原材料，支付加工费，由受托加工单位按照要求加工为企业所需的原材料。委托加工物资虽然存放地点发生了转移，但所有权并未转移，仍属企业存货。委托加工物资的实际成本包括发出材料的成本、支付的加工费用、往返的运费等，待收回委托加工物资后计算加工完成的材料的实际成本。

企业应设置“委托加工物资”科目对委托加工物资进行会计核算，企业委托加工业务较少的，也可不单独设置该科目，而是通过“原材料”等科目来核算，在这些科目下设置“委托加工”的明细科目对委托加工物资进行核算。

【例 3-14】威远公司 2015 年 12 月 1 日将库存积压的 Y 材料拨付××工厂进行加工，加工完毕后可以制成生产所需的 X 材料。发出材料实际成本为 10 000 元。

借：委托加工物资——××厂　　10 000
　　贷：原材料——Y 材料　　10 000

发出 Y 材料时支付运输费 1 000 元，增值税税率 11%。

借：委托加工物资——××厂　　1 000
　　应交税费——应交增值税（进项税额）　　110
　　贷：银行存款　　1 110

支付加工费用 3 000 元，增值税进项税额 510 元。

借：委托加工物资——××厂　　3 000
　　应交税费——应交增值税（进项税额）　　510
　　贷：银行存款　　3 510

加工完成，威远公司收回材料验收入库。

借：原材料——X 材料　　14 000
　　贷：委托加工物资——××厂　　14 000

库存商品也是存货的重要组成部分，但自制库存商品的成本计算和归集属于“成本会计”课程的内容，而由于委托加工和外购等取得的商品与原材料的核算方法类似，已销商品成本的结转与收入确认相关，因此，这部分内容将在“第 10 章收入”中介绍，本章不再介绍库存商品的核算内容。

3.5 存货清查和期末计价

3.5.1 存货清查

企业在存货的日常收发及保管过程中，由于种种原因可能造成存货账存数与实存数不符，为了加强对存货的管理，维护存货的安全完整，企业应当定期或不定期对存货进行清查，确保账实相符。企业至少应于编制年度会计报告之前，对存货进行一次全面的清查盘点。企业在进行存货清查时，如果发现存货盘盈或盘亏，应在期末前查明原因，经股东大会或其他类似机构批准后进行账务处理，在期末结账前处理完毕。

1. 存货的盘盈

企业在进行存货清查时，如发现存货实存数大于账存数，则为存货的盘盈。发生存货盘盈，在批准前应先按照盘盈存货的重置成本，借记“原材料”“库存商品”等科目，贷记“待处理财产损溢”科目。待查明原因，经有关部分批准后，冲减当期管理费用。

【例 3-15】威远公司 2015 年 12 月对存货进行清查时，发现盘盈一批 A 材料，按重置成本计算其成本为 800 元，原因待查。

借：原材料——A 材料　　800

　　贷：待处理财产损溢——待处理流动资产损溢　　800

查明盘盈的 A 材料系收发计量误差造成，报经批准处理。

借：待处理财产损溢——待处理流动资产损溢　　800

　　贷：管理费用　　800

2. 存货的盘亏和毁损

企业在对存货进行清查时，如发现实存数小于账存数，为存货的盘亏。发现存货盘亏或毁损时，应先借记“待处理财产损溢——待处理流动资产损溢”科目，贷记“原材料”“库存商品”等科目，查明原因，经有关部门批准后分情况做如下账务处理。

（1）定额内自然损耗发生的盘亏，计入“管理费用”科目。

（2）收发计量误差和管理不善造成的盘亏，扣除可收到的保险公司赔款、过失人赔款后的净损失，计入“管理费用”科目；管理不善造成的存货毁损，扣除可收到的赔款后，还应扣除收回的残料价价值，净损失计入“管理费用”科目。

（3）非常损失造成的盘亏和毁损，扣除可收回的保险公司赔款、过失人赔款和残料价值后的净损失，计入“营业外支出”科目。

【例 3-16】2015 年末，威远公司在对存货进行清查时，发现盘亏了一批 B 材料，账面成本为 1 000 元。

借：待处理财产损溢——待处理流动资产损溢　　1 000

　　贷：原材料　　1 000

经查明是定额内的自然损耗，经批准后处理。

借：管理费用　　1 000

　　贷：待处理财产损溢——待处理流动资产损溢　　1 000

【例 3-17】2015 年末，威远公司在对存货进行清查时，发现盘亏了一批 C 材料，账面成本为 2 000 元。

借：待处理财产损溢——待处理流动资产损溢　　2 000

　　贷：原材料　　2 000

经查明是管理不善造成，应收×责任人赔款 1 300 元，经批准后处理。

借：其他应收款——×责任人　　1 300

管理费用　　　　　　　　　　　　　　　　　　　　　　　700

贷：待处理财产损溢——待处理流动资产损溢　　　　　　2 000

如果经查明是非常损失造成，应收××保险公司赔款800元，应收×责任人赔款500元，经批准后处理。

借：其他应收款——×保险公司　　　　　　　　　　　　800

其他应收款——×责任人　　　　　　　　　　　　　　500

营业外支出——盘亏损失　　　　　　　　　　　　　　700

贷：待处理财产损溢——待处理流动资产损溢　　　　　　2 000

3.5.2 存货的期末计价

存货的期末计价是指会计期末对存货价值的重新计量。根据我国企业会计准则的有关规定，资产负债表日，企业应当按照成本与可变现净值孰低法对存货进行计量。

1. 成本与可变现净值孰低法的含义

成本与可变现净值孰低法，是指按照存货成本与可变现净值两者之中的较低者对存货进行计量的一种方法。采用这种方法，当期末存货成本低于可变现净值时，期末存货按照成本计量；当期末存货可变现净值低于成本时，期末存货按照可变现净值计量，可变现净值低于成本的差额应计提存货跌价准备，计入当期损益。

其中，成本是指期末存货的实际成本。可变现净值是指企业在日常经营活动中，存货的估计售价减去至完工时将要发生的成本、估计的销售费用和相关税费后的金额。

2. 存货可变现净值的确定

确定存货可变现净值时，应当以取得确凿的证据为基础，还应考虑持有存货的目的，企业持有存货的目的不同，确定存货可变现净值的计算方法也不同。

（1）产成品、商品和用于出售的材料等直接用于出售的存货。直接用于出售的存货，其可变现净值应当等于该存货的估计售价减去估计的销售费用和相关税费后的金额。

【例3-18】威远公司2015年12月31日有A产品100件，市场价格为200元/件，估计的销售费用和相关税费为10元/件，A产品的成本为150元/件，A产品没有签订任何合同。

2015年12月31日，威远公司结存A产品的可变现净值＝（200－10）×100＝19 000（元）

A产品的成本＝150×100＝15 000（元）

可变现净值高于成本，A产品应按成本计价。

（2）为执行合同而持有的存，货其可变现净值应当等于该存货的合同售价减去估计的销售费用和相关税费后的金额。如果企业期末持有的存货数量大于合同约定的数量的，超过部分的可变现净值按照直接用于出售的存货来确定。

【例3-19】2015年9月1日威远公司与宜洋公司签订销售合同，合同约定威远公司于2016年2月10日以270元/件的价格向宜洋公司销售B产品50件，估计的销售费用和相关税费为20元/件，B产品的成本为260元/件，2015年12月31日B产品的市场价格为300元/件，威远公司有40件B产品。

2015年12月31日，威远公司结存B产品的可变现净值＝（270－20）×40＝10 000（元）

B 产品的成本＝260×40＝10 400（元）

可变现净值低于成本，B 产品应按可变现净值计价。

【例 3-20】2015 年 9 月 1 日威远公司与宜洋公司签订销售合同，合同约定威远公司于 2016 年 2 月 10 日以 270 元/件的价格向宜洋公司销售 B 产品 40 件，估计的销售费用和相关税费为 20 元/件，B 产品的成本为 260 元/件，2015 年 12 月 31 日 B 产品的市场价格为 300 元/件，威远公司有 60 件 B 产品。

2015 年 12 月 31 日，威远公司结存 B 产品有 40 件签订了销售合同，另外 20 件没有销售合同。

有合同的 40 件 B 产品的可变现净值＝（270－20）×40＝10 000（元）

有合同的 40 件 B 产品成本＝260×40＝10 400（元）

无合同的 20 件 B 产品的可变现净值＝（300－20）×20＝5 600（元）

无合同的 20 件 B 产品的成本＝260×20＝5 200（元）

可见，有合同的 B 产品可变现净值低于成本，应按可变现净值计价，无合同的 B 产品可变现净值高于成本，应按成本计价。

（3）用于生产的材料、半成品或自制半成品等需要经过加工的存货。需要经过加工才能出售的存货，如果用该材料（或半成品等）生产的产成品的可变现净值预计高于成本的，则该材料（或半成品等）的可变现净值按照其成本确定。

【例 3-21】威远公司的 S 材料用于生产 C 产品。2015 年 12 月 31 日 S 材料的账面价值为 100 000 元，市场售价为 90 000 元，C 产品的可变现净值预计高于成本。

C 产品为 S 材料所生产，由于 C 产品可变现净值高于成本，S 材料的可变现净值按照成本 100 000 元确定。

需要经过加工才能出售的存货，如果用该材料（或半成品等）生产的产成品的可变现净值低于成本的，该材料（或半成品等）的可变现净值为以其所生产的产成品的估计售价减去至完工时估计将要发生的成本、估计的销售费用和相关税费后的金额。

【例 3-22】威远公司的 Y 材料用于生产 D 产品。2015 年 12 月 31 日 Y 材料的账面价值为 20 000 元，市场售价为 22 000 元，D 产品的估计售价由原来的 500 元/件下降为 420 元/件，而 D 产品的成本仍为 450 元/件。威远公司 2015 年 12 月 31 日有 D 产品 100 件，将 Y 材料加工成为 D 产品估计尚需投入 20 000 元，估计的销售费用和相关税费为 50 元/件。

2015 年 12 月 31 日 D 产品的可变现净值低于成本。

Y 材料的可变现净值＝420×100－20 000－50×100＝17 000（元）

Y 材料的成本为 20 000 元，高于可变现净值，应按照可变现净值计量。

3. 存货发生减值的迹象

企业在对存货进行定期检查时，如果发现存在下列情况之一的，表明存货发生了减值，并计提存货跌价准备，确认存货减值损失。

（1）该存货市价持续下跌，并且在可预见的未来无回升的希望。

（2）企业使用该项原材料生产的产品的成本大于产品的销售价格。

（3）企业因产品更新换代，原有库存原材料已不适应新产品的需要，而该原材料的市场价格又低于其账面成本。

（4）因企业所提供的商品或劳务过时或消费者偏好改变而使市场的需求发生变化，导致市场价格逐渐下跌。

（5）其他足以证明该项存货实质上已经发生减值的情形。

当存在下列一项或若干项情况时，表明存货价值为零，此时应将存货账面价值全额计提跌价准备并计入当期损益。

① 已霉烂变质的存货。

② 已过期且无转让价值的存货。

③ 生产中已不再需要并且无使用价值和转让价值的存货。

④ 其他足以证明已无使用价值和转让价值的存货。

4. 存货跌价准备的会计处理

根据我国企业会计准则的相关规定，企业通常应当按照单个存货项目计提存货跌价准备。对于数量繁多、单价较低的存货，可以按照存货类别计提存货跌价准备。与在同一地区生产和销售的产品系列相关、具有相同或类似最终用途或目的且难以与其他项目分开计量的存货，可以合并计提存货跌价准备。

资产负债表日，企业应先确定存货的可变现净值，将存货的可变现净值与成本进行比较，如果可变现净值低于成本，就应当为存货计提跌价准备。企业首次为存货计提跌价准备的，应当按照可变现净值低于成本的差额，借记“资产减值损失”科目，贷记“存货跌价准备”科目。此后每次计提存货跌价准备，都应当以“存货跌价准备”科目原有余额为基础，将其余额调至当期可变现净值低于成本的差额。

某期应计提的存货跌价准备＝当期可变现净值低于成本的差额－“存货跌价准备”原有余额

根据上列公式，如果“某期应计提的存货跌价准备”计算结果为正数，说明“存货跌价准备”原有余额太小，需要在“存货跌价准备”科目贷方进行补提，即按应补提金额借记“资产减值损失”科目，贷记“存货跌价准备”科目；如果“某期应计提的存货跌价准备”计算结果为负数，说明“存货跌价准备”原有余额过大，需要在“存货跌价准备”科目借方进行冲减，即按应冲减金额借记“存货跌价准备”科目，贷记“资产减值损失”科目。需要注意的是，冲减的金额应以“存货跌价准备”原有余额为限，即“存货跌价准备”科目余额冲减至零为限。

【例3-23】威远公司2012年12月31日，R产品的成本为20 000元，可变现净值为18 000元；R产品可变现净值低于成本，差额为2 000元，应计提“存货跌价准备”。

借：资产减值损失　　2 000

　　贷：存货跌价准备　　2 000

2013年12月31日，R产品成本为22 000元，可变现净值为17 000元；R产品可变现净值低于成本，差额为5 000元，因“存货跌价准备”原有贷方余额2 000元，此时只需补提3 000元存货跌价准备，补提后，“存货跌价准备”科目余额为贷方5 000元。

借：资产减值损失　　3 000

　　贷：存货跌价准备　　3 000

由于市场情况有所好转，2014年12月31日R产品成本为30 000元，可变现净值29 000元；R产品可变现净值低于成本1 000元，因“存货跌价准备”原有贷方余额5 000元，此时需要冲减4 000元存货跌价准备，冲减后，“存货跌价准备”余额为贷方1 000元。

借：存货跌价准备　　4 000

　　贷：资产减值损失　　4 000

市场情况进一步好转，2015年12月31日R产品成本为50 000元，可变现净值为52 000元。R产品可变现净值高于成本，不再跌价，此时需要将“存货跌价准备”原有余额全部冲减，但不能冲减为借方余额 2 000 元，只能冲减到“存货跌价准备”余额为零为限。

借：存货跌价准备　　1 000

　　贷：资产减值损失　　1 000

关键术语

存货　先进先出法　加权平均法　移动加权平均法　计划成本法　可变现净值　存货跌价准备

思考与练习

一、思考题

1．简述存货的概念和特点。

2．不同来源取得的存货其成本如何确定？

3．原材料按照实际成本法核算与按计划成本法核算有何区别？

4．存货的可变现净值如何确定？

二、练习题

1．甲公司对原材料采用实际成本法核算，2015 年 12 月发生如下与 A 材料相关的经济业务：

（1）3 日，采购 A 材料一批，发票等结算单据上注明不含增值税的购买价格为 200 000 元，增值税率 17%，另发生运费 500 元，运费的增值税税率为 11%，发生装卸费 400 元，款项已全部用银行存款支付，原材料已验收入库。

（2）10 日，采购 A 材料一批，发票等结算单据上注明不含增值税的购买价格为 150 000 元，增值税率 17%，已开出商业承兑汇票进行支付，另用现金支付装卸费 300 元，入库前的挑选费用 200 元，发票等计算凭证已到，原材料尚在运输途中。

（3）采购 A 材料一批，材料已于 25 日验收入库，发票等结算凭证月末仍未到，款项尚未支付，估计该批材料的成本为 100 000 元。

要求：根据上述经济业务编制甲公司的会计分录。

2．威远公司于 2016 年 4 月 1 日结存 A 材料 2 400 千克，单位成本 16.75 元。本月收发料情况如下。

2016		摘要	收入			发出			结存		
月	日		数量	单价	金额	数量	单价	金额	数量	单价	金额
4	2	略	3 000	16.80	50 400						
	5	略				2 500					
	10	略				1 800					
	12	略	4 000	16.85	67 400						
	15	略				1 400					
	20	略				2 000					
	21	略	3 000	16.88	50 640						
	25	略				1 200					
	30	略				1 300					

要求：

（1）分别用先进先出法、月末一次加权平均法、移动加权平均法计算发出材料的成本。

（2）该企业领用的材料中，70%是生产车间直接用于产品生产，20%是生产车间一般耗用，10%是行政管理部门领用。根据月末一次加权平均法计算的发料成本编制发出材料的会计分录。

3．乙公司对原材料采用计划成本核算，B材料的计划单价为30元/公斤，2015年12月1日与B材料相关的科目余额如下：

材料采购借方余额13 800元；原材料借方余额5 000元；材料成本差异借方余额120元。

2015年12月发生如下与B材料相关的经济业务：

（1）5日采购B材料300公斤，结算凭证上注明不含增值税的购买价格为8 900元，增值税率17%，另发生装卸费200元，材料已验收入库。

（2）8日，生产车间领用B材料200公斤用于产品生产。

（3）10日，上月采购的450公斤B材料验收入库，该批材料实际成本为13 800元。

（4）15日，管理部门领用B材料100公斤。

要求：（1）根据上述经济业务编制乙公司的会计分录。

（2）月末汇总B材料的材料成本差异，计算本月材料成本差异率，将发出材料的计划成本调节为实际成本，并编制相关会计分录。

4．威远公司原材料采用计划成本核算。2016年8月1日结存甲材料价值4 800元，应负担的差异为节约100元。本月收入材料情况为：验收入库外购甲材料的实际成本为19 400元,生产车间自制完工入库甲材料的实际成本为1 640元。

本月收入甲材料

贷方科目	原材料（甲材料）
物资采购	19 600
生产成本	1 600
合计	21 200

本月发出甲材料

用途	计划成本
生产车间产品用	11 400
生产车间一般用	1 260
厂部用	500

要求：

（1）计算本月甲材料成本差异率。

（2）计算发出甲材料的实际成本。

（3）编制发出甲材料的有关会计分录。

5．丙公司采用成本与可变现净值孰低法对存货进行期末计价：

（1）2012年12月31日，库存C产品的成本为250 000元，可变现净值为230 000元。

（2）2013年12月31日，库存C产品的成本为300 000元，可变现净值为250 000元。

（3）2014年12月31日，库存C产品的成本为180 000元，可变现净值为170 000元。

（4）2015年12月31日，库存C产品的成本为220 000元，可变现净值为240 000元。

要求：根据上述经济业务编制丙公司的会计分录。

6．丁公司期末存货采用成本与可变现净值孰低法计价，2015年9月26日，丁公司与南方公司签订销售合同，由丁公司于2016年3月6日向南方公司销售电子设备10 000台，每台1.5万元，预计每销售一台需要花费0.1万元的销售费用。2015年12月31日丁公司库存电子设备13 000台，单位成本为每台1.4万元，2015年12月31日该种电子设备市场售价为1.4万元，预计每销售一台需要花费 0.1 万元的销售费用。

要求：计算丁公司期末电子设备的成本和可变现净值，如有跌价，请做出计提存货跌价准备的分录。（单位：万元）

7. 威远公司 2016 年 4 月发生下列经济业务。

（1）1 日，仓库根据合同发给上海钢厂钢锭 4 000 千克，委托其加工圆钢锭计划单价 1.50 元，材料成本差异率为 1.5%。

（2）1 日，购进包装商品用的纸板箱 300 只，计货款 3 600 元，增值税额 612 元，运杂费 60 元，款项一并以转账支票付讫。

（3）1 日，购入扳手 20 把，每把 30 元，计货款 600 元，增值税额 102 元，款项一并以转账支票付讫，扳手已验收入库。

（4）2 日，1 日购进的纸板箱已验收入库，结转其采购成本。

（5）5 日，商品生产车间为包装 A 商品领用本月 2 日入库的纸板箱 250 只，予以转账。

（6）6 日，生产车间领用本月购入的扳手 5 把，采用五五摊销法，予以转账。

（7）10 日，上海钢厂送来加工完毕的 3 960 千克圆钢，当即支付其加工费用 3 200 元，增值税额 544 元及加工材料往返运杂费 560 元。

（8）12 日，仓库转来收料单，上海钢厂加工的 3 960 千克圆钢验收入库，其单位计划成本为 2.40 元，结转入库材料成本。

（9）16 日，销售商品 50 箱，每箱 180 元，计货款 9 000 元，增值税额 1 530 元。随货出借纸板箱 50 只，每只收取押金 10 元，计 500 元，当即收到款项存入银行。纸板箱成本采用五五摊法。

要求：根据上述业务编制会计分录。

第4章 金融资产（二）

【学习目标】

本章主要包括交易性金融资产、持有至到期投资、可供出售金融资产的确认、计量及会计处理。通过本章的学习应做到以下几点：

- 掌握金融资产的初始计量、处置的会计处理；
- 掌握交易性金融资产公允价值变动的会计处理；
- 掌握各类金融资产投资收益确认的会计处理；
- 了解可供出售金融资产公允价值变动的会计处理；
- 了解金融资产减值的会计处理。

【知识导图】

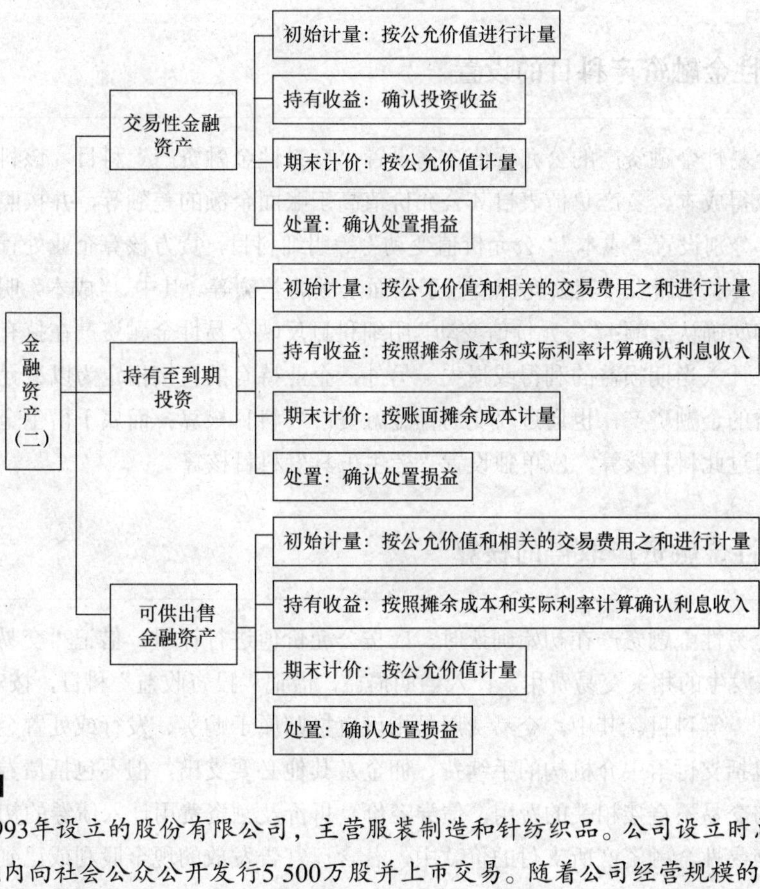

【引导案例】

雅戈尔是1993年设立的股份有限公司，主营服装制造和针纺织品。公司设立时总股本为2 600万元，1998年在境内向社会公众公开发行5 500万股并上市交易。随着公司经营规模的扩大，雅戈尔不断进行对外投资：1999年以每股2元购入中信证券，其股价一路上涨，最高至每股117.89元；2004年年底，雅戈尔投资宁波银行，其投资给雅戈尔带来浮盈达23.6亿元。根据持续的公告显示，截至2008年3月27日，雅戈尔共持有16家上市公司的股票，包括中信证券、海通证券、中国人寿、中国远洋和宁波银行等，其市值总计达137亿元，扣去初始成本，这部分浮盈达94亿元。

雅戈尔2008年1月30日的业绩报告显示，2007年净利润与2006年同期相比，增幅达210%以上，净利润为23.4亿元，其中投资收益对净利润的贡献达16亿元，占净利润的68%。后来，随着资本市场进入调整期和房地产行业陷入低迷，2007年12月31日至2009年2月4日期间，雅戈尔抛售证券套现近60亿元，解决了主营业务资金不足的问题。

通过本章学习就会知道：金融资产包括哪几种？企业投资不同类别的金融资产的目的？如何核算金融资产？

4.1 交易性金融资产

以公允价值计量且其变动计入当期损益的金融资产，分为交易性金融资产和指定为以公允价值计量且变动计入当期损益的金融资产两类，具体涵义见 2.1.2 节金融资产的分类。上述金融资产在会计处理上均通过“交易性金融资产”科目核算。

4.1.1 交易性金融资产科目的设置

企业核算交易性金融资产的公允价值，需设置“交易性金融资产”科目，该科目借方核算交易性金融资产的取得成本、资产负债表日其公允价值高于账面余额的差额等，并按照交易性金融资产的类别和品种，分别设置“成本”“公允价值变动”等明细科目，贷方核算企业处置交易性金融资产时结转的成本、资产负债表日其公允价值低于账面余额的差额等。其中，“成本”明细科目反映交易性金融资产的初始确认金额；“公允价值变动”明细科目反映交易性金融资产在持有期间的公允价值变动而形成的应计入当期损益的利得或损失。另外，企业持有的直接指定为以公允价值计量且其变动计入当期损益的金融资产，也通过“交易性金融资产”科目核算；而属于衍生金融工具的交易性金融资产，不通过此科目核算，应单独设置“衍生工具”科目核算。

4.1.2 交易性金融资产取得的核算

企业取得交易性金融资产在初始确认时，应按公允价值进行计量，借记“交易性金融资产——成本”科目，按发生的相关交易费用，计入当期损益，借记“投资收益”科目，按实际支付的金额，贷记“银行存款”等科目。其中，交易费用是指可直接归属于购买、发行或处置金融工具新增的外部费用，主要包括支付给中介机构的手续费、佣金及其他必要支出，但不包括债券溢价、折价、融资费用及其他与交易不直接相关的费用，债券溢价、折价及融资费用计入债券的初始成本。

企业取得交易性金融资产所支付的价款中，若含已宣告发放的现金股利或已到付息期但尚未领取的债券利息，应单独确认为应收项目，不计入交易性金融资产的初始确认金额。

【例 4-1】2015 年 1 月 1 日，威远公司用银行存款从二级市场按每股 6 元的价格购入 A 公司每股面值 1 元的股票 50 000 股，将其作为交易性金融资产，并支付交易费用 1 200 元。威远公司账务处理如下。

初始确认成本＝50 000×6＝300 000（元）

借：交易性金融资产——A公司股票（成本）　　300 000
　　投资收益　　1 200
　　贷：银行存款　　301 200

【例4-2】2015年1月10日，威远公司按每股8.60元的价格从二级市场购入B公司每股面值1元的股票30 000股，将其作为交易性金融资产，另支付交易费用1 000元。股票购买价格中包含每股0.20元已宣告但尚未领取的现金股利，该现金股利于2015年1月20日发放。威远公司账务处理如下。

① 2015年1月10日，购入B公司股票。

初始确认成本＝30 000×（8.60－0.20）＝252 000（元）

应收现金股利＝30 000×0.20＝6 000（元）

借：交易性金融资产——B公司股票（成本）　　252 000
　　应收股利　　6 000
　　投资收益　　1 000
　　贷：银行存款　　259 000

② 2012年1月20日，收到发放的现金股利。

借：银行存款　　6 000
　　贷：应收股利　　6 000

【例4-3】2015年1月1日，威远公司按86 800元的价格从二级市场购入C公司于2014年1月1日发行的面值80 000元、期限5年、票面利率5%、每年12月31日付息、到期还本的债券作为交易性金融资产，另支付交易费用 500 元。债券购买价格中包含已到付息期但尚未支付的利息4 000元。威远公司账务处理如下。

① 2015年1月1日，购入C公司债券。

初始确认成本＝86 800－4 000＝82 800（元）

借：交易性金融资产——C公司债券（成本）　　82 800
　　应收利息　　4 000
　　投资收益　　500
　　贷：银行存款　　87 300

② 收到C公司支付的债券利息。

借：银行存款　　4 000
　　贷：应收利息　　4 000

4.1.3　交易性金融资产持有收益的确认

企业在持有交易性金融资产期间，对于被投资单位宣告但尚未发放的现金股利或已到付息期但尚未领取的债券利息，应确认为投资收益，账务处理时，借记“应收股利”或“应收利息”科目，贷记“投资收益”科目。

【例4-4】2015年12月21日，威远公司从二级市场购入D公司每股1元的普通股50 000股，将其作为交易性金融资产。2016年1月20日，D公司宣告2015年年度利润分配方案，每股分派现金股利0.20元，该股利于2016年1月30日发放。威远公司账务处理如下。

① 2016年1月20日，D公司宣告分派现金股利。应收现金股利＝50 000×0.20＝10 000（元）。

借：应收股利　　10 000

　　贷：投资收益　　10 000

② 2016年1月30日，收到D公司派发的现金股利。

借：银行存款　　10 000

　　贷：应收股利　　10 000

【例4-5】2015年1月1日，威远公司从二级市场购入面值40 000元、期限5年、票面利率6%、每年12月31日付息的E公司债券作为交易性金融资产，威远公司对该债券每半年计提一次利息。2015年6月30日，威远公司账务处理如下。

应收债券利息＝40 000×6%×6÷12＝1 200（元）

借：应收利息　　1 200

　　贷：投资收益　　1 200

4.1.4 交易性金融资产的期末计价

企业在持有交易性金融资产期间，其公允价值如果不断变化，在资产负债表日，其公允价值与账面余额间可能有差异。交易性金融资产的账面余额，是指交易性金融资产的初始确认金额加上或减去资产负债表日累计公允价值变动后的金额。为了真实反映交易性金融资产的价值，根据企业会计准则的规定，交易性金融资产应按资产负债表日的公允价值计量，并列示在资产负债表中，当期公允价值的变动计入损益。资产负债表日，交易性金融资产的公允价值高于其账面余额时，按两者的差额调增交易性金融资产的账面余额，同时确认公允价值上升的收益，账务处理时，借记“交易性金融资产——公允价值变动”科目，贷记“公允价值变动损益”科目；交易性金融资产的公允价值低于其账面余额时，按两者的差额调减交易性金融资产的账面余额，同时确认公允价值下跌的损失，账务处理做与确认公允价值上升收益相反的会计分录。

【例4-6】威远公司每年6月30日和12月31日对持有的交易性金融资产按公允价值进行后续计量，确认公允价值变动损益。2015年6月30日，威远公司持有的交易性金融资产账面余额和当日公允价值资料如表4-1所示。

表4-1　交易性金融资产账面余额和公允价值表

2015年6月30日

单位：元

项目	调整前账面余额	期末公允价值	公允价值变动损益	调整后账面余额
A公司股票	300 000	260 000	−40 000	260 000
B公司股票	252 000	297 000	45 000	297 000
C公司债券	82 800	85 000	2 200	85 000

根据表4-1的资料，威远公司2015年6月30日的账务处理如下。

借：公允价值变动损益　　40 000

　　贷：交易性金融资产——A公司股票（公允价值变动）　　40 000

借：交易性金融资产——B公司股票（公允价值变动）　　45 000

　　贷：公允价值变动损益　　45 000

借：交易性金融资产——C公司债券（公允价值变动） 2 200
　　贷：公允价值变动损益 2 200

【例4-7】威远公司于2014年1月1日从二级市场购买F公司股票100万股，每股支付5.1元，包含已宣告发放但尚未支取的股利0.1元。2014年12月31日，该股票价格上升为8元/股。2015年12月31日，股价下跌为7元/股。威远公司账务处理如下。

① 2014年12月31日，确认公允价值变动收益3元/股。

借：交易性金融资产——F公司股票（公允价值变动） 3 000 000
　　贷：公允价值变动损益 3 000 000

② 2015年12月31日，股价下跌为7元/股，确认公允价值变动损失1元/股。

借：公允价值变动损益 1 000 000
　　贷：交易性金融资产——F公司股票（公允价值变动） 1 000 000

4.1.5 交易性金融资产的处置

企业处置交易性金融资产时，应将出售交易性金融资产实际收到的价款与其账面余额的差额确认为处置损益，如果在处置交易性金融资产时，已计入应收项目的现金股利或债券利息尚未收回，还应从处置价款中扣去该部分的现金股利或债券利息之后，再确认处置损益，计入"投资收益"科目。处置交易性金融资产时，其公允价值与初始入账价值之间的差额即累计公允价值变动净损益应确认为处置当期投资收益，同时调整公允价值变动损益。

账务处理时，按实际收到金额，借记"银行存款"等科目，按该金融资产的账面余额，贷记"交易性金融资产"科目，按其差额，贷记（或借记）"投资收益"科目。同时，将原计入该金融资产的累计公允价值变动转出，借记（或贷记）"公允价值变动损益"科目，贷记（或借记）"投资收益"科目。

【例4-8】2015年5月13日，威远公司支付价款1 050 000元从二级市场购入G公司发行的股票100 000股作为交易性金融资产，每股价格10.50元，其中包含每股已宣告尚未发放的现金股利0.50元，另支付交易费用2 000元。5月23日，收到G公司发放的现金股利。6月30日，G公司的股票价格涨到每股13元。8月15日，将持有的G公司股票全部售出，每股售价15元。威远公司账务处理如下。

① 5月13日，购入G公司股票。

借：交易性金融资产——G公司股票（成本） 1 000 000
　　应收股利 50 000
　　投资收益 2 000
　　贷：银行存款 1 052 000

② 5月23日，收到G公司发放的现金股利。

借：银行存款 50 000
　　贷：应收股利 50 000

③ 6月30日，确认公允价值变动损益。

借：交易性金融资产——G公司股票（公允价值变动） 300 000
　　贷：公允价值变动损益 300 000

④ 8 月 15 日，将 G 公司股票全部售出。

借：银行存款　　1 500 000

　　贷：交易性金融资产——G 公司股票（成本）　　1 000 000

　　　　　　　　　　——G 公司股票（公允价值变动）　　300 000

　　　　投资收益　　200 000

借：公允价值变动损益　　300 000

　　贷：投资收益　　300 000

4.2 持有至到期投资

持有至到期投资，是指到期日固定、回收金额固定或可确定，且企业有明确意图和能力持有至到期的非衍生金融资产。通常情况下，能够划分为持有至到期投资的金融资产主要是债券投资，如企业从二级市场上购入的固定利率国债、浮动利率公司债券等。持有至到期投资通常具有长期性质，但期限较短（1 年以内）的债券投资，若符合持有至到期投资条件的，也可将其划分为持有至到期投资。

4.2.1 持有至到期投资科目设置

核算持有至到期投资，企业需设置"持有至到期投资"科目，该科目反映持有至到期投资的摊余成本，并按照持有到期投资的类别和品种，分别设置"成本""利息调整""应计利息"等科目进行明细核算。其中，"成本"明细科目反映持有到期投资的面值；"利息调整"明细科目反映持有到期投资的初始确认金额与其面值的差额，以及按照实际利率法分期摊销后该差额的摊余金额；"应计利息"明细科目反映企业计提的到期一次还本付息持有至到期投资应计未付的利息。若为分期付息，则通过"应收利息"科目核算。

4.2.2 持有至到期投资取得的核算

持有至到期投资初始确认时，应当按照该投资的公允价值和相关的交易费用之和作为初始确认金额。账务处理时，按该投资的面值，借记"持有至到期投资——成本"科目，按实际支付的金额，贷记"银行存款"等科目，按其差额，借记或贷记"持有至到期投资——利息调整"科目。实际支付的价款中包括的已到付息期但尚未领取的债券利息，应单独确认为应收利息，不构成持有至到期投资初始确认金额。

【例 4-9】2015 年 1 月 1 日，威远公司从二级市场上购入 H 公司当日发行的面值 500 000 元、期限 5 年、票面利率 6%、每年 12 月 31 日付息、到期还本的债券作为持有至到期投资，实际支付的购买价款（包括交易费用）为 500 000 元。威远公司账务处理如下。

借：持有至到期投资——H 公司债券（成本）　　500 000

　　贷：银行存款　　500 000

【例 4-10】2015 年 1 月 1 日，威远公司从二级市场上购入 I 公司当日发行的面值 400 000 元、期限 5 年、票面利率 6%、每年 12 月 31 日付息、到期还本的债券作为持有至到期投资，实际支付的购买价款（包括交易费用）为 409 000 元。威远公司账务处理如下。

借：持有至到期投资——I 公司债券（成本）　　400 000
　　　　　　　　　——I 公司债券（利息调整）　　9 000
　贷：银行存款　　409 000

【例 4-11】2015 年 1 月 1 日，威远公司从二级市场上购入 J 公司于 2014 年 1 月 1 日发行的面值 800 000 元、期限 5 年、票面利率 5%、每年 12 月 31 日付息、到期还本的债券作为持有至到期投资，实际支付的购买价款（包括交易费用）为 818 500 元，该价款中包含已到付息期但尚未支付的利息 40 000 元。威远公司账务处理如下。

① 2015 年 1 月 1 日，购入债券时。

初始确认金额＝818 500－40 000＝778 500（元）

借：持有至到期投资——J 公司债券（成本）　　800 000
　　应收利息　　40 000
　贷：银行存款　　818 500
　　　持有至到期投资——J 公司债券（利息调整）　　21 500

② 收到债券利息时。

借：银行存款　　40 000
　贷：应收利息　　40 000

4.2.3 持有至到期投资持有收益的确认

企业应在持有至到期投资持有期间，采用实际利率法，按照摊余成本和实际利率计算确认利息收入，并计入投资收益。

1. 摊余成本与实际利率法

摊余成本是指持有至到期投资的初始确认金额经过下列调整后的结果：①扣去已偿还的本金；②加上或减去采用实际利率法将该初始确认金额与到期日金额之间的差额进行摊销形成的累计摊销额；③扣去已发生的减值损失。

期末摊余成本的计算公式如下：

期末摊余成本＝期初摊余成本＋利息收入－应收利息－已收回的本金－已发生的减值损失

可见，持有至到期投资的摊余成本实际上相当于持有至到期投资的账面价值。

实际利率，是指将金融资产在预期存续期间或适用的更短期间内的未来现金流量，折现为该金融资产当前账面价值所使用的利率，当前账面价值应考虑交易费用和折溢价等因素。持有至到期投资初始确认时，应当计算确定其实际利率，并在该持有至到期投资预期存续期间或适用更短期间内保持不变。

企业按照摊余成本和实际利率计算确认利息收入并确定期末摊余成本的方法称为实际利率法。在这种方法下，利息收入、应收利息、利息调整摊销额之间具有以下关系。

利息收入＝持有至到期投资期初摊余成本×实际利率

应收利息＝面值×票面利率

利息调整摊销额＝利息收入－应收利息

2. 分期付息债券利息收入的确认

持有至到期投资如为分期付息、一次还本的债券，企业应于资产负债表日或付息日按照票面利率计算的应收未收利息，借记“应收利息”科目，按持有至到期投资的摊余成本和实际利率计算确定的利息，贷记“投资收益”科目，按其差额，借记（或贷记）“持有至到期投资——利息调整”科目。

【例 4-12】2015 年 1 月 1 日，威远公司支付价款 100 000 元（含交易费用）从二级市场上购入 K 公司当日发行的 4 年期债券 100 张，每张债券面值 1 000 元，票面利率 5%，每年 12 月 31 日付息，到期一次归还本金。在持有期间每一付息日确认利息收入的账务处理如下。

债券利息＝1 000×100×5%＝5 000（元）

借：应收利息　　5 000

　贷：投资收益　　5 000

收到债券利息，做如下会计处理。

借：银行存款　　5 000

　贷：应收利息　　5 000

【例 4-13】2011 年 1 月 1 日，威远公司支付价款 100 000 元（含交易费用）从二级市场上购入 L 公司当日发行的 5 年期债券 100 张，每张债券面值 1 250 元，票面利率 4.72%，每年 1 月 1 日付息（5 900 元），到期一次归还本金。

（1）计算实际利率。威远公司在初始确认时先计算确定该债券的实际利率。设该债券的实际利率为 r，根据普通年金现值和复利现值计算公式，则可列出如下算式。

$$A(P/A, r, n) + F(P/F, r, n) = P$$

$$5\,900(P/A, r, 5) + 125\,000(P/F, r, 5) = 100\,000$$

利用插值法，可以计算出 r=10%。

（2）采用实际利率法编制利息收入与摊余成本计算表如表 4-2 所示。

表 4-2　利息收入与摊余成本计算表

（实际利率法）

单位：元

年份	期初摊余成本（a）	应收利息（b=面值×票面利率）	利息收入（$c=a$×实际利率）	折价摊销额（$d=c-b$）	期末摊余成本（$e=a+c-b=a+d$）
2011 年	100 000	5 900	10 000	4 100	104 100
2012 年	104 100	5 900	10 410	4 510	108 610
2013 年	108 610	5 900	10 861*	4 961	113 571
2014 年	113 571	5 900	11 357*	5 457	119 028
2015 年	119 028	5 900	11 872**	5 972	125 000
合计	—	29 500	54 500	25 000	—

*数字四舍五入取整。

**数字考虑了计算过程中出现的尾差，倒挤计算。

（3）根据上述数据，威远公司有关账务处理如下。

① 2011年1月1日，购入债券。

借：持有至到期投资——L公司（成本）　　125 000
　　贷：银行存款　　100 000
　　　　持有至到期投资——L公司（利息调整）　　25 000

② 2011年12月31日，确认实际利息收入，并摊销债券折价。

借：应收利息　　5 900
　　持有至到期投资——L公司（利息调整）　　4 100
　　贷：投资收益　　10 000

2012年1月1日，收到债券利息。

借：银行存款　　5 900
　　贷：应收利息　　5 900

③ 2012年12月31日，确认实际利息收入，并摊销债券折价。

借：应收利息　　5 900
　　持有至到期投资——L公司（利息调整）　　4 510
　　贷：投资收益　　10 410

2013年1月1日，收到债券利息。

借：银行存款　　5 900
　　贷：应收利息　　5 900

④ 2013年12月31日，确认实际利息收入，并摊销债券折价。

借：应收利息　　5 900
　　持有至到期投资——L公司（利息调整）　　4 961
　　贷：投资收益　　10 861

2014年1月1日，收到债券利息。

借：银行存款　　5 900
　　贷：应收利息　　5 900

⑤ 2014年12月31日，确认实际利息收入，并摊销债券折价。

借：应收利息　　5 900
　　持有至到期投资——L公司（利息调整）　　5 457
　　贷：投资收益　　11 357

2015年1月1日，收到债券利息。

借：银行存款　　5 900
　　贷：应收利息　　5 900

⑥ 2015年12月31日，确认实际利息收入，并摊销债券折价。

借：应收利息　　5 900
　　持有至到期投资——L公司（利息调整）　　5 972
　　贷：投资收益　　11 872

2016年1月1日，收到债券本金及最后1年的利息。

借：银行存款　　130 900

贷：持有至到期投资——L公司（成本） 125 000

应收利息 5 900

【例 4-14】2012年1月5日，威远公司支付价款1 100元（含交易费用）从二级市场上购入M公司当日发行的4年期债券，面值1 000元，票面利率9%，按年支付利息（即每年90元），每年付息一次、到期一次归还本金。

（1）计算实际利率。威远公司在初始确认时先计算确定该债券的实际利率。设该债券的实际利率为 r，根据普通年金现值和复利现值计算公式，则可列出如下算式：

$A（P/A，r，n）+F（P/F，r，n）=P$

$90（P/A，r，5）+1\,000（P/F，r，5）=1\,100$

利用插值法，可以计算出 $r=6.11\%$。

（2）采用实际利率法编制利息收入与摊余成本计算表如表4-3所示。

表4-3 利息收入与摊余成本计算表

（实际利率法）

单位：元

年份	期初摊余成本（a）	应收利息（b＝面值×票面利率）	利息收入（c＝a×实际利率）	溢价摊销额（d＝b－c）	期末摊余成本（e＝a＋c－b＝a－d）
2012年	1 100	90	67*	23	1 077
2013年	1 077	90	66*	24	1 053
2014年	1 053	90	64*	26	1 027
2015年	1 027	90	63**	27	1 000
合计	—	360	260	100	—

*数字四舍五入取整。

**数字考虑了计算过程中出现的尾差，倒挤计算。

（3）根据上述数据，威远公司有关账务处理如下。

① 2012年1月5日，购入债券。

借：持有至到期投资——M公司（成本） 1 000

——M公司（利息调整） 100

贷：银行存款 1 100

② 2012年12月31日，确认实际利息收入，并摊销债券溢价。

借：应收利息 90

贷：投资收益 67

持有至到期投资——M公司（利息调整） 23

2013年1月5日收到利息。

借：银行存款 90

贷：应收利息 90

③ 2013年12月31日，确认实际利息收入，并摊销债券溢价。

借：应收利息 90

贷：投资收益 66

持有至到期投资——M公司（利息调整） 24

2014年1月5日收到利息。

借：银行存款　　90

　　贷：应收利息　　90

④ 2014年12月31日，确认实际利息收入，并摊销债券溢价。

借：应收利息　　90

　　贷：投资收益　　64

　　　　持有至到期投资——M公司（利息调整）　　26

2015年1月5日收到利息。

借：银行存款　　90

　　贷：应收利息　　90

⑤ 2015年12月31日，确认实际利息收入，并摊销债券溢价。

借：应收利息　　90

　　贷：投资收益　　63

　　　　持有至到期投资——M公司（利息调整）　　27

2016年1月5日收到本金和最后一期利息。

借：银行存款　　1 090

　　贷：持有至到期投资——成本　　1 000

　　　　应收利息　　90

3. 到期一次还本付息债券利息收入的确认

若持有至到期投资为一次还本付息债券，企业应于资产负债表日按票面利率计算确定应收未收利息，借记“持有至到期投资——应计利息”科目，按实际利率法计算确认利息收入，贷记“投资收益”科目，按其差额，借记（或贷记）“持有至到期投资——利息调整”科目。

【例4-15】接【例4-13】资料。假定威远公司购买的债券不是分期付息，而是到期一次还本付息，且利息不以复利计算。

（1）计算实际利率。

设该债券的实际利率为r，根据复利现值计算公式，则可列出如下算式：

$F（P/F，r，n）=P$

$（125\,000+5\,900\times5）（P/F，r，5）=100\,000$

利用插值法，计算出$r\approx9.09\%$。

（2）采用实际利率法编制利息收入与摊余成本计算表如表4-4所示。

表4-4　利息收入与摊余成本计算表

（实际利率法）　　单位：元

年份	期初摊余成本（a）	应计利息（b=面值×票面利率）	利息收入（$c=a$×实际利率）	折价摊销额（$d=c-b$）	期末摊余成本（$d=a+c$）
2011年	100 000	5 900	9 090	3 190	109 090
2012年	109 090	5 900	9 916*	4 016	119 006
2013年	119 006	5 900	10 818*	4 918	129 824
2014年	129 824	5 900	11 801*	5 901	141 625

续表

年份	期初摊余成本 （a）	应计利息 （b＝面值×票面利率）	利息收入 （$c=a$×实际利率）	折价摊销额 （$d=c-b$）	期末摊余成本 （$d\ =a+c$）
2015 年	141 625	5 900	12 875**	6 975	154 500
合计	—	29 500	54 500	25 000	—

*数字四舍五入取整。

**数字考虑了计算过程中出现的尾差。

（3）根据上述数据，威远公司有关账务处理如下。

① 2011 年 1 月 1 日，购入债券。

借：持有至到期投资——L 公司（成本）　　125 000
　贷：银行存款　　100 000
　　持有至到期投资——L 公司（利息调整）　　25 000

② 2011 年 12 月 31 日，确认实际利息收入，并摊销债券折价。

借：持有至到期投资——L 公司（应计利息）　　5 900
　持有至到期投资——L 公司（利息调整）　　3 190
　贷：投资收益　　9 090

③ 2012 年 12 月 31 日，确认实际利息收入，并摊销债券折价。

借：持有至到期投资——L 公司（应计利息）　　5 900
　持有至到期投资——L 公司（利息调整）　　4 016
　贷：投资收益　　9 916

④ 2013 年 12 月 31 日，确认实际利息收入，并摊销债券折价。

借：持有至到期投资——L 公司（应计利息）　　5 900
　持有至到期投资——L 公司（利息调整）　　4 918
　贷：投资收益　　10 818

⑤ 2014 年 12 月 31 日，确认实际利息收入，并摊销债券折价。

借：持有至到期投资——L 公司（应计利息）　　5 900
　持有至到期投资——L 公司（利息调整）　　5 901
　贷：投资收益　　11 801

⑥ 2015 年 12 月 31 日，确认实际利息收入，并摊销债券折价。

借：持有至到期投资——L 公司（应计利息）　　5 900
　持有至到期投资——L 公司（利息调整）　　6 975
　贷：投资收益　　12 875

2016 年 1 月 1 日，收到债券本金及 5 年的利息。

借：银行存款　　154 500
　贷：持有至到期投资——L 公司（成本）　　125 000
　　持有至到期投资——L 公司（应计利息）　　29 500

4.2.4 持有至到期投资的期末计价

在资产负债表中，持有至到期投资应按账面摊余成本列示其价值。但有客观证据表明持有至到期投资发生了减值的，应当按其账面价值与预计未来现金流量现值之间的差额确认减值损失，计入当期损益。

对持有至到期投资进行减值测试时，应将单项金额重大的持有至到期投资单独进行减值测试，对单项金额不重大的持有至到期投资，可以单独进行减值测试，也可以将其包括在具有类似信用风险特征的金融资产组合中进行减值测试。在实务中，企业可以根据具体情况确定单项金额重大的标准。该项标准一经确定，前后期应保持一致，不得随意变更。

对持有至到期投资确认减值损失后，如有客观证据表明该金融资产价值已恢复，且客观上与确认该损失后发生的事项有关（如债务人的信用评级已提高等），原确认的减值损失应当予以转回，计入当期损益。但转回后的持有至到期投资账面价值，不应超过假定不计提减值准备情况下该金融资产在转回日的摊余成本。

对以外币核算的持有至到期投资发生减值时，预计未来现金流量现值应先按外币确定，再按资产负债表日即期汇率折算成记账本位币的金额来确认减值金额。该金额小于持有至到期投资以记账本位币反映的账面价值的部分，确认为减值损失，计入当期损益。

企业应设置“持有至到期投资减值准备”科目核算持有至到期投资的减值准备，该科目应按照持有至到期投资类别和品种进行明细核算。资产负债表日，持有至到期投资若发生减值，按应减记的金额，借记“资产减值损失”科目，贷记“持有至到期投资减值准备”科目。已计提减值准备的持有至到期投资价值以后又得以恢复，应在原已计提的减值准备金额内，按恢复增加的金额，借记“持有至到期投资减值准备”科目，贷记“资产减值损失”科目。“持有至到期投资减值准备”科目期末贷方余额，反映企业已计提但尚未转销的持有至到期投资减值准备。

4.2.5 持有至到期投资的收回和处置

企业将某金融资产划分为持有至到期投资后，可能会发生到期前将该金融资产予以处置的情况。企业处置持有至到期投资时，应将所取得价款借记“银行存款”等科目，按其账面余额贷记“持有至到期投资——成本”科目，贷记“持有至到期投资——应计利息”科目，借记（或贷记）“持有至到期投资——利息调整”科目，按其差额，计入当期损益，贷记（或借记）“投资收益”科目。若出售的持有至到期投资已计提减值准备的，在出售时还应同时结转减值准备。

【例 4-16】2013 年 1 月 1 日，威远公司购入面值 600 000 元、期限 5 年、票面利率 6%、每年 12 月 31 日付息、到期一次还本的 M 公司债券，并将其划分为持有至到期投资。2016 年 9 月 1 日，威远公司将持有的 M 债券售出 20%，实际收到价款 125 000 元。出售前，M 公司债券的账面摊余成本为 614 500 元，其中，成本 600 000 元，利息调整 14 500 元。不考虑债券出售等其他相关因素的影响，则威远公司的账务处理如下。

售出 20%的 M 公司债券，售出债券的摊余成本＝614 500×20%＝122 900（元）

其中：成本＝600 000×20%＝120 000（元）

利息调整＝14 500×20%＝2 900（元）

借：银行存款　　125 000

　贷：持有至到期投资——M 公司债券（成本）　　120 000

　　　　　　　　　——M 公司债券（利息调整）　　2 900

　　投资收益　　2 100

4.3 可供出售金融资产

可供出售金融资产，是指初始确认时即被指定为可供出售的非衍生金融资产，以及没有划分为以公允价值计量且其变动计入当期损益的金融资产、持有至到期投资等的金融资产。

4.3.1 可供出售金融资产科目设置

企业应设置“可供出售金融资产”科目核算持有的可供出售的金融资产，该科目反映可供出售金融资产的公允价值，并按照可供出售金融资产的类别和品种，分别设置“成本”“利息调整”“应计利息”“公允价值变动”等科目进行明细核算。其中，“成本”明细科目反映取得可供出售权益工具投资的初始确认金额或可供出售债务工具投资的面值；“利息调整”明细科目反映可供出售债务工具投资初始确认金额与其面值的差额，以及按照实际利率法分期摊销后该差额的摊余金额；“应计利息”明细科目反映计提的到期一次还本付息持有至到期投资应计未付的利息（若为分期付息，则通过“应收利息”科目核算）；“公允价值变动”明细科目反映可供出售金融资产的公允价值变动金额。

4.3.2 可供出售金融资产取得的核算

企业取得可供出售金融资产时，按其公允价值及相关的交易费用之和，借记“可供出售金融资产——成本”科目，按实际支付的金额，贷记“银行存款”等科目。若可供出售金融资产为债券投资，应按债券的面值，借记“可供出售金融资产——成本”科目，按实际支付的金额，贷记“银行存款”等科目，按差额，借记（或贷记）“可供出售金融资产——利息调整”科目。若取得可供出售金融资产支付的价款中包含已到付息期但尚未领取的债券利息或已宣告但尚未发放的现金股利，应单独确认为应收项目，计入“应收利息”或“应收股利”科目。

【例 4-17】2015 年 2 月 20 日，威远公司按每股 6.60 元的价格购入 N 公司每股面值 1 元的股票 80 000 股作为可供出售金融资产，并支付交易费用 1 800 元。股票购买价格中包含每股 0.60 元已宣告但尚未领取的现金股利，该现金股利于 2015 年 3 月 5 日发放。威远公司账务处理如下。

① 2015 年 2 月 20 日，购入 N 公司股票。

初始确认金额＝80 000×（6.60－0.60）＋1 800＝481 800（元）

应收现金股利＝80 000×0.60＝48 000（元）

	借方	贷方
借：可供出售金融资产——N 公司股票（成本）	481 800	
应收股利	48 000	
贷：银行存款		529 800

② 2015 年 3 月 5 日，收到 N 公司发放的现金股利。

	借方	贷方
借：银行存款	48 000	
贷：应收股利		48 000

【例 4-18】2015 年 1 月 1 日，威远公司支付 52 000 元（含交易费用）购入 O 公司当日发行的 3 年期债券，面值 50 000 元，票面利率 6%，利息每年末支付，本金到期支付。威远公司将 B 公司的债券划分为可供出售金融资产。威远公司账务处理如下。

借：可供出售金融资产——O 公司债券（成本）　　50 000
　　　　　　　　　　——O 公司债券（利息调整）　　2 000
　贷：银行存款　　52 000

4.3.3 可供出售金融资产持有收益的确认

可供出售金融资产持有期间取得的利息或现金股利，应当计入投资收益。

可供出售债务工具投资应于付息日或资产负债表日，采用实际利率法计算确认其利息收入，计入当期损益。若可供出售债券为分期付息、一次还本债券的，按实际利率计算确定的应收未收利息，借记“应收利息”科目，按可供出售债券的摊余成本和实际利率计算确定的利息，贷记“投资收益”科目，按其差额借记（或贷记）“可供出售金融资产——利息调整”科目；若可供出售债券为一次还本付息债券的，按实际利率计算确定的应收未收利息，借记“可供出售金融资产——应计利息”科目，按可供出售债券的摊余成本和实际利率计算确定的利息，贷记“投资收益”科目，按其差额借记（或贷记）“可供出售金融资产——利息调整”科目。

可供出售权益工具投资应于被投资单位宣告发放现金股利时，按应享有的份额确认投资收益，借记“应收股利”科目，贷记“投资收益”科目。

【例 4-19】威远公司于 2014 年 1 月 1 日支付 200 000 元从二级市场购入 P 公司每股市价 19.6 元的股票 10 000 股，实际支付价款中含交易费用 4 000 元，威远公司将其作为可供出售金融资产进行核算。2015 年 3 月 1 日，P 公司宣告每股分派现金股利 1 元，该股利于 2015 年 4 月 1 日发放。威远公司相关账务处理如下。

① 2014 年 1 月 1 日，购入 P 公司股票。

借：可供出售金融资产——P 公司股票（成本）　　200 000
　贷：银行存款　　200 000

② 2015 年 3 月 1 日，P 公司宣告分派现金股利。

借：应收股利　　10 000
　贷：投资收益　　10 000

③ 2015 年 4 月 1 日，收到 P 公司发放的现金股利。

借：银行存款　　10 000
　贷：应收股利　　10 000

【例 4-20】威远公司于 2014 年 1 月 1 日从证券市场上购入 Q 公司于 2013 年 1 月 1 日发行的债券作为可供出售金融资产，该债券期限 5 年，票面年利率 5%，每年 1 月 5 日支付上年度的利息，到期日为 2018 年 1 月 1 日，一次归还本金和最后一次利息，实际利率为 4%。威远公司购入债券的面值 1 000 万元，实际支付 1 036.3 万元，按年计提利息。威远公司 2014 年相关账务处理如下。

① 2014 年 1 月 1 日，购入 Q 公司债券。

借：可供出售金融资产——Q 公司债券（成本）　　10 000 000
　　应收利息　　500 000

可供出售金融资产——Q 公司债券（利息调整）　　363 000

贷：银行存款　　10 863 000

② 2014 年 1 月 5 日，收到 Q 公司债券利息。

借：银行存款　　500 000

贷：应收利息　　500 000

③ 2014 年 12 月 31 日，确定实际利息收入，并摊销债券溢价。

实际利息＝1036.3×4%＝41.45 万元

票面利息＝1000×5%＝50 万元

借：应收利息　　500 000

贷：投资收益　　414 500

可供出售金融资产——Q 公司债券（利息调整）　　85 500

④ 以后各年收到利息。

借：银行存款　　500 000

贷：应收利息　　500 000

4.3.4 可供出售金融资产的期末计价

资产负债表日，可供出售金融资产的价值按公允价值计量，且公允价值变动计入其他综合收益。可供出售金融资产公允价值高于其账面余额时，应按两者的差额，调增可供出售金融资产的账面余额，借记“可供出售金融资产——公允价值变动”科目，贷记“其他综合收益”科目；可供出售金融资产公允价值低于其账面余额时，应按两者差额，调减可供出售金融资产的账面余额，并做与调增相反的会计分录。可供出售金融资产的账面余额，是指可供出售金融资产的初始确认金额（或摊余成本）加上或减去资产负债表日以前期间确认的累计公允价值变动（包括可供出售金融资产减值金额）后的金额。

如果可供出售金融资产的公允价值降低幅度较大，或者预期这种下降趋势属于非暂时性的，则可以认定该项可供出售金融资产已经发生了减值，应确认减值损失。可供出售金融资产发生减值时，原直接计入所有者权益的累计公允价值下跌损失应当予以转出，计入当期资产减值损失，并按当期确认的减值损失金额，借记“资产减值损失”科目，按从所有者权益中转出的累计公允价值下跌损益金额，贷记“其他综合收益”科目，按本期公允价值下跌损失金额，贷记“可供出售金融资产——公允价值变动”科目。已确认减值损失的可供出售金融资产，之后期间其公允价值上升，且客观上与原确认减值损失后发生的事项有关，应把该项金融资产原已确认的减值损失予以转回。转回可供出售债务工具投资减值损失时，按转回的金额，借记“可供出售金融资产——公允价值变动”科目，贷记“资产减值损失”科目；转回可供出售权益工具投资减值损失时，按转回的金额，借记“可供出售金融资产——公允价值变动”科目，贷记“其他综合收益”科目。

【例 4-21】接【例 4-19】资料。2014 年 6 月 30 日，该股票市价为每股 17 元，股票市价的下跌属于股价正常波动；2014 年 12 月 31 日，该股票市价为每股 18 元；2015 年 12 月 31 日，因行业市场环境发生重大变化并对 P 公司经营产生不利影响，导致每股市价下跌至 10 元，威远公司确认为资产减值损失。威远公司账务处理如下。

① 2014年6月30日，确认公允价值变动。

借：其他综合收益　　30 000

　　贷：可供出售金融资产——P公司股票（公允价值变动）　　30 000

② 2014年12月31日，确认公允价值变动收益。

借：可供出售金融资产——P公司股票（公允价值变动）　　10 000

　　贷：其他综合收益　　10 000

③ 2015年12月31日，确认资产减值损失。

原累计公允价值变动损失＝30 000－10 000＝20 000（元）

本期公允价值下跌损失＝18×10 000－10×10 000＝80 000（元）

本期应确认的资产减值损失＝20 000＋80 000＝100 000（元）

借：资产减值损失　　100 000

　　贷：其他综合收益　　20 000

　　　　可供出售金融资产——P公司股票（公允价值变动）　　80 000

【例4-22】接【例4-20】资料。2014年12月31日，该债券的公允价值为1 030万元。2015年12月31日，该债券公允价值为1 020万元。威远公司账务处理如下。

① 2014年年末，债券公允价值为1 030万元，应确认公允价值变动＝1 030－（1036.3－8.55）＝2.25（万元）。

借：可供出售金融资产——Q公司债券（公允价值变动）　　22 500

　　贷：其他综合收益　　22 500

② 2015年，实际利息＝（1 036.3－8.55）×4%＝41.11（万元）。

借：应收利息　　500 000

　　贷：投资收益　　411 100

　　　　可供出售金融资产——Q公司债券（利息调整）　　88 900

③ 2015年年末，资产账面价值＝1 030－8.89＝1 021.11（万元），应确认公允价值变动＝1 020－1 021.11＝－1.11（万元）。

借：其他综合收益　　11 100

　　贷：可供出售金融资产——Q公司债券（公允价值变动）　　11 100

4.3.5 可供出售金融资产的收回和处置

企业处置可供出售金融资产，按实际收到的金额借记“银行存款”等科目，按其账面余额贷记“可供出售金融资产——成本、应计利息、公允价值变动（或借记）、利息调整（或借记）”等科目，并将取得的处置价款与该金融资产账面余额之间的差额，计入投资损益，借记或贷记“投资收益”科目；同时，将原直接计入所有者权益的公允价值累计变动额对应处置部分的金额转出，计入投资收益。

【例4-23】接【例4-21】和【例4-19】资料。2015年3月10日，威远公司以每股16.5元的价格将P公司股票出售，款项收到存入银行。威远公司账务处理如下。

① 2015年3月10日，出售P公司股票。

借：银行存款　　165 000

　可供出售金融资产——P公司股票（公允价值变动）　　20 000

　投资收益　　15 000

　贷：可供出售金融资产——P公司股票（成本）　　200 000

② 转出原计入所有者权益的累计公允价值变动的金额。

借：投资收益　　20 000

　贷：其他综合收益　　20 000

【例4-24】接【例4-22】和【例4-20】资料。假定2016年1月1日，威远公司将持有的Q公司债券按1 050万元价格出售，款项收到存入银行。威远公司账务处理如下。

① 2016年1月1日，出售Q公司债券。

借：银行存款　　10 500 000

　投资收益　　200 000

　贷：可供出售金融资产——Q公司债券（成本）　　10 000 000

　　可供出售金融资产——Q公司债券（利息调整）　　188 600

　　可供出售金融资产——Q公司债券（公允价值变动）　　11 400

　　应收利息　　500 000

② 转出原计入所有者权益的累计公允价值变动的金额。

借：其他综合收益　　11 400

　贷：投资收益　　11 400

关键术语

交易性金融资产　持有至到期投资　可供出售金融资产　摊余成本　投资收益　实际利率法　公允价值

思考与练习

一、思考题

1．如何确定各类金融资产的初始成本？

2．持有至到期投资在持有期间的投资收益如何确认？

3．什么是实际利率法？什么是摊余成本？

4．交易性金融资产、持有至到期投资和可供出售金融资产三类金融资产在会计处理上有何区别？

二、练习题

1．甲公司2015年2月1日以银行存款购入A公司每股16元股票50 000股，将其作为交易性金融资产，同时支付相关税费4 000元。4月20日A公司宣告发放的现金股利每股0.4元。4月21日甲公司又购入A公司股票50 000股，并准备随时变现，每股买价18.4元，包含已宣告发放尚未支取的股利每股 0.4 元，同时支付相关税费 6 000 元。5 月 5 日甲公司收到 A 公司发放的现金股利 40 000 元。6 月 30 日 A 公司股票市价为每股 16.4 元。7 月 18 日甲公司以每股 17.5 元的价格转让 A 公司股票 60 000 股，扣除相关税费 10 000 元，甲公司实得金额为 1 040 000 元。12 月 31 日 A 公司股票市价为每股 18 元。

要求：根据上述经济业务编制甲公司有关会计分录。

2．乙公司 2012 年 1 月 1 日购入 B 公司当日发行的五年期债券，准备持有至到期。债券的票面利率为 12%，债券面值 1 000 元，企业按 1 050 元的价格购入 80 张。该债券每年年末付息一次，最后一年还本并付最后一次利息。假设 B 公司按年计算利息。假定不考虑相关税费。该债券的实际利率为 10.66%。

要求：做出乙公司有关上述债券投资的会计处理。

3．丙公司 2013 年 9 月 30 日购进凤凰化工厂发行的 4 年期债券 80 张，每张面值 1 000 元，购进价格为 968.29 元，当即签发转账支票支付全部款项。该债券票面年利率为 9%，每年 9 月 30 日支付利息，到期一次还本。丙公司准备持有该债券到期，每年获得稳定的收益。

要求：做出丙公司有关上述投资的会计分录。

4．2015 年 5 月 6 日，甲公司支付价款 1 016 万元（含交易费用 1 万元和已宣告但尚未发放的现金股利 15 万元），购入丙公司发行的股票 200 万股，占丙公司有表决权股份的 0.5%。甲公司将其划分为可供出售金融资产。2015 年 5 月 10 日，甲公司收到丙公司发放的现金股利 15 万元。2015 年 6 月 30 日，该股票市价为每股 5.2 元。2015 年 12 月 31 日，甲公司仍持有该股票；当日，该股票市价为每股 5 元。2016 年 5 月 9 日，丙公司宣告发放股利 4000 万元。2016 年 5 月 13 日，甲公司收到丙公司发放的现金股利。2016 年 5 月 20 日，甲公司以每股 4.9 元的价格将该股票全部转让。

要求：编制甲公司有关会计分录。

5．甲公司为上市公司，有关购入、持有和出售乙公司发行债券的资料如下。

（1）2012 年 1 月 1 日，甲公司支付价款 1 100 万元（含交易费用），从活跃市场购入乙公司当日发行的面值为 1 000 万元、5 年期的不可赎回债券。该债券票面年利率为 10%，利息按单利计算，到期一次还本付息，实际年利率为 6.4%。当日，甲公司将其划分为持有至到期投资，按年确认投资收益。2012 年 12 月 31 日，该债券未发生减值迹象。

（2）2013 年 1 月 1 日，该债券市价总额为 1 200 万元。当日，为筹集生产线扩建所需资金，甲公司出售债券的 80%，将扣除手续费后的款项 955 万元存入银行；该债券剩余的 20%重分类为可供出售金融资产。

要求：编制甲公司购入、持有和出售乙公司债券的会计分录。

第5章 长期股权投资

【学习目标】

本章主要介绍长期股权投资初始计量、后续计量及处置的会计处理。通过本章的学习应做到以下几点：

- 熟悉长期股权投资的含义以及处置的核算；
- 掌握同一控制下的企业合并形成的长期股权投资初始投资成本的确定方法；
- 掌握非同一控制下的企业合并形成的长期股权投资初始投资成本的确定方法；
- 掌握非企业合并方式取得的长期股权投资初始投资成本的确定方法；
- 熟练运用长期股权投资的权益法和成本法。

【知识导图】

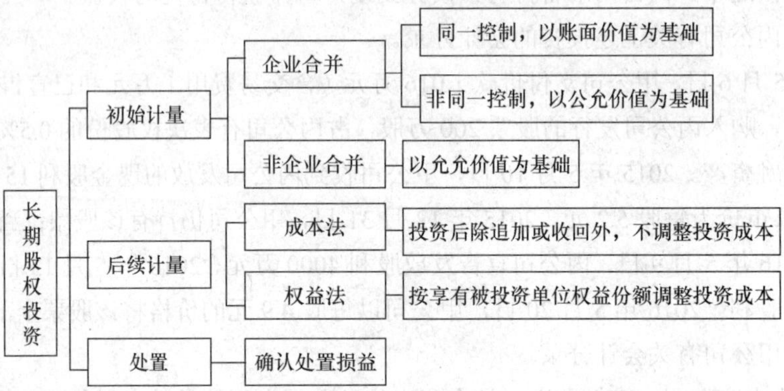

【引导案例】

上海汽车股份有限公司是一家上市公司。2000年6月30日以7 102.38万元受让了上海通用汽车有限公司1%的股权，至此，上海汽车持有上海通用汽车的股份由19%增至20%。按当时的会计制度规定，追加投资时形成12 731.57万元股权投资差额贷差分10年摊销。上海通用汽车系外商投资企业，2000年下半年净利润为29 282.48万元，2001年度为113 390.13万元，2002年度为293 151.78万元，并分派现金股利，上海汽车2002年按其投资份额分得现金股利20 177.79万元。

通过本章学习，我们会明白：上海汽车增持上海通用汽车 1%的股权后对被投资方财务决策将产生哪些影响。上海汽车在增持 1%的股权后，其股权投资核算方法应有何转变？

5.1 长期股权投资概述

5.1.1 长期股权投资的概念及分类

长期股权投资，是指企业准备长期持有的权益性投资。长期股权投资按对被投资单位产生的影响程度，可以分为以下几种类型：投资企业能够对被投资单位实施控制的权益性投资，即对子公司的投资；投资企业与其他合营方一同对被投资单位实施共同控制的权益性投资，即对合营企业投资；投资企业对被投资单位具有重大影响的权益性投资，即对联营企业投资。

1. 具有控制的权益性投资

控制是指有权决定一个企业的财务和经营政策，并能据此从该企业的经营活动中获取收益。控制包括以下两种情况：①投资企业直接或间接拥有被投资单位半数以上的表决权资本。例如，A公司拥有B公司51%的股份，A公司通过直接拥有表决权能对B公司进行控制；A公司拥有C公司70%的股份，C公司拥有B公司80%的股份，A公司通过间接拥有表决权能对B公司进行控制；A公司拥有B公司30%的股份，拥有C公司70%的股份，同时，C公司拥有B公司30%的股份，则A公司通过直接和间接拥有B公司的表决权能对B公司控制。②投资企业虽未拥有被投资单位半数以上的表决权资本，但能通过其他方式对被投资单位具有实质控制权。如按投资协议约定可在被投资单位董事会派驻多数成员。

2. 具有共同控制的权益性投资

共同控制是指按照合同约定对与经营活动相关的重要财务和经营政策需要分享控制权的投资方共同决定，任何一方不得独自控制，如企业对合营企业的投资。

3. 具有重大影响的权益性投资

重大影响是指投资企业对被投资单位的财务和经营政策有参与决策的权力，但并不能够控制或与其他方一起共同控制这些政策的制定。如企业对联营企业的投资。通常，投资企业直接或间接拥有被投资单位20%或以上表决权资本，但未形成控制或共同控制，即20%～50%表决权资本，可以认为对被投资单位具有重大影响。

除上述三种情况以外，企业持有的其他权益性投资，应当按照《企业会计准则第22号——金融工具确认和计量》的规定处理。

5.1.2 长期股权投资的初始计量

长期股权投资在取得时，按初始投资成本入账。长期股权投资的初始投资成本，应分企业合并和非企业合并两种情况确定。

1. 企业合并形成的长期股权投资

企业合并，是指将两个或两个以上单独的企业合并形成一个报告主体的交易或事项。企业合并按合并方式分为控股合并、吸收合并和新设合并三种形式；按照是否在同一控制下进行的企业合并为基础，企业合并分为同一控制下企业合并和非同一控制下企业合并。其中，控股合并是指合并方通过企业合并交易或事项取得被合并方的控制权，能够主导被合并方的生产经营政策，从而将被合并方纳入其合并财务报表范围、形成一个报告主体；吸收合并是指合并方在合并中取得被合并方的全部资产，并将被合并方的资产、负债并入合并方的账簿和报表，同时，被合并方在合并后被注销法人资格；新设合并是指参与合并的各方在合并后法人资格均被注销，重新注册成立一家新的企业，由其持有原参与合并各方的资产、负债，在新的基础上经营。应当注意的是，只有控股合并才形成投资关系，吸收合并和新设合并均不形成投资关系。

（1）同一控制下企业合并形成的长期股权投资。同一控制下企业合并，是指参与合并的企业在合并前后均受同一方或相同多方最终控制，且该控制并非暂时性的。这里，合并方（即合并后的母公司）按控股合并形成的对被合并方（即合并后的子公司）的股权投资就是同一控制下企业合并形成的长期股权投资。同一控制下的企业合并，在合并日取得对其他参与合并企业控制权的一方为合并方，参与合并的其他企业为被合并方。对于同一控制下的企业合并，从能够对参与合并各方在合并前及合并后均实施最终控制的一方来看，最终控制方在企业合并前及合并后能够控制的资产没有发生变化。合并方通过企业合并形成的对被合并方的长期股权投资，其成本代表的是在被合并方账面所有者权益中享有的份额。

第一，合并方以支付现金、转让非现金资产或承担债务方式作为合并对价的，应当在合并日按照取得被合并方所有者权益账面价值的份额作为长期股权投资的初始投资成本。被合并方在合并日的净资产账面价值为负数的，长期股权投资成本按零确定，同时在备查簿中予以登记。长期股权投资的初始投资成本与支付的现金、转让的非现金资产及所承担债务账面价值之间的差额，应当调整资本公积（资本溢价或股本溢价）；资本公积（资本溢价或股本溢价）的余额不足冲减的，依次冲减盈余公积和未分配利润。合并方以发行权益性工具作为合并对价的，应按发行股份的面值总额作为股本，长期股权投资的初始投资成本与所发行股份面值总额之间的差额，应当调整资本公积（资本溢价或股本溢价）；资本公积（资本溢价或股本溢价）不足冲减的，依次冲减盈余公积和未分配利润。

合并方应在合并日按取得被合并方所有者权益账面价值的份额，借记“长期股权投资”科目，按享有被投资单位已宣告但尚未发放的现金股利或利润，借记“应收股利”科目，按支付的合并对价的账面价值，贷记有关资产等科目，按其贷方差额，贷记“资本公积——资本溢价（或股本溢价）”科目。如为借方差额，借记“资本公积——资本溢价（或股本溢价）”科目，资本公积（资本溢价或股本溢价）不足冲减的，应依次借记“盈余公积”“利润分配——未分配利润”科目。

合并方与发行债务性工具作为合并对价直接相关的交易费用，如发行债券的手续费、佣金等，应计入债务性工具的初始确认金额。

合并方发生的审计、法律服务、评估咨询等中介费用以及其他相关管理费用，于发生时计入当期损益。

【例 5-1】威远有限责任公司和 A 公司为同一个母公司控制的两个子公司。2015 年 11 月 20 日，威远公司和 A 公司达成合并协议，约定威远公司以固定资产和银行存款作为合并对价，取得 A 公司 65%的股权。威远公司投出固定资产的账面原价为 2 600 万元，已计提折旧 600 万元；投出银行存款 2 500 万元。2015 年 12 月 1 日，威远公司取得对 A 公司的控制权。当日，A 公司所有者权益总额账面价值为 6 000 万元；威远公司“资本公积——股本溢价”科目贷方余额为 450 万元，“盈余公积”科目贷方余额 200 万元。威远公司在合并日的账务处理如下。

① 转销参与合并的固定资产的账面价值。

借：固定资产清理	20 000 000
累计折旧	6 000 000
贷：固定资产	26 000 000

② 确认长期股权投资。

初始投资成本＝6 000×65%＝3 900（万元）

借：长期股权投资——A 公司（成本）	39 000 000
资本公积——股本溢价	4 500 000
盈余公积	1 500 000

贷：固定资产清理　　　　　　　　　　　　　　　　　　　20 000 000

　　银行存款　　　　　　　　　　　　　　　　　　　　　25 000 000

第二，合并方以发行权益性证券作为合并对价的，应当在合并日按照取得被合并方所有者权益账面价值的份额作为长期股权投资的初始投资成本，按照发行股份的面值总额作为股本。长期股权投资初始投资成本大于发行的权益性证券面值总额的差额，应当调增资本公积（资本溢价或股本溢价）；长期股权投资初始投资成本小于发行的权益性证券面值总额的差额，应当冲减资本公积（仅限资本溢价或股本溢价），资本公积的余额不足冲减的，依次冲减盈余公积、未分配利润。

合并方应在合并日按取得被合并方所有者权益账面价值的份额，借记“长期股权投资”科目，按享有被投资单位已宣告但尚未发放的现金股利或利润，借记“应收股利”科目，按发行股份的面值总额，贷记“股本”科目，按支付的权益性证券发行费用，贷记“银行存款”等科目，按其贷方差额，贷记“资本公积——资本溢价或股本溢价”科目。如为借方差额，借记“资本公积——资本溢价或股本溢价”科目，资本公积（资本溢价或股本溢价）不足冲减的，应依次借记“盈余公积”“利润分配——未分配利润”科目。

合并方与发行权益性工具作为合并对价直接相关的交易费用，应当冲减资本公积（资本溢价或股本溢价），资本公积（资本溢价或股本溢价）不足冲减的，依次冲减盈余公积和未分配利润。

【例 5-2】威远公司和 B 公司为同一母公司所控制的两个子公司。根据威远公司和 B 公司达成的合并协议，2015 年 4 月 1 日，威远公司以增发每股面值 1 元、股份数 2 500 万股的普通股股票作为合并对价，取得 B 公司 80%的股权。威远公司为增发权益性证券共支付手续费及佣金等发行费 60 万元。2015 年 4 月 1 日，威远公司实际取得对 B 公司的控制权，当日 B 公司所有者权益总额为 5 000 万元。威远公司账务处理如下。

初始投资成本＝5 000×80%＝4 000（万元）

借：长期股权投资——B 公司　　　　　　　　　　　　40 000 000

　贷：股本　　　　　　　　　　　　　　　　　　　　25 000 000

　　　银行存款　　　　　　　　　　　　　　　　　　　600 000

　　　资本公积——股本溢价　　　　　　　　　　　　14 400 000

第三，通过多次交易分步取得同一控制下被投资单位的股权，最终形成企业合并的，应当判断多次交易是否属于“一揽子交易”。属于一揽子交易的，合并方应当将各项交易作为一项取得控制权的交易进行会计处理。不属于“一揽子交易”的，取得控制权日，应按照以下步骤进行会计处理。

首先，根据合并后应享有被合并方净资产在最终控制方合并财务报表中的账面价值的份额，确定长期股权投资的初始投资成本。

其次，合并日长期股权投资的初始投资成本，与达到合并前的长期股权投资账面价值加上合并日进一步取得股份新支付对价的账面价值之和的差额，调整资本公积（资本溢价或股本溢价），资本公积不足冲减的，冲减留存收益。

最后，合并日之前持有的股权投资，因采用权益法核算或金融工具确认和计量准则核算而确认的其他综合收益，暂不进行会计处理，直至处置该项投资时采用与被投资单位直接处置相关资产或负债相同的基础进行会计处理；因采用权益法核算而确认的被投资单位净资产中除净损益、其他综合收益和利润分配以外的其他所有者权益变动，暂不进行会计处理，直至处置该项投资时转入当期损益。其中，处置后的剩余股权根据本准则采用成本法或权益法核算的，其他综合收益和其他所有者权益应按比例结转，处置后的剩余股权改按金融工具确认和计量准则进行会计处理的，其他综合收益和其他所有者权益应全部结转。

合并方应在合并日按应享有被合并方所有者权益账面价值的份额，借记“长期股权投资”科目，按原持有的被合并方股权投资账面价值，贷记“长期股权投资”或“可供出售金融资产”等科目，按合并日取得进一步股份额支付的对价，贷记“银行存款”等科目，按其贷方差额，贷记“资本公积——资本溢价（或股本溢价）”科目。如为借方差额，借记“资本公积——资本溢价（或股本溢价）”科目，资本公积（资本溢价或股本溢价）不足冲减的，应依次借记“盈余公积”“利润分配——未分配利润”科目。

【例 5-3】威远公司和 C 公司为同一母公司所控制的两个子公司。2015 年 1 月 1 日，威远公司以 200 万元购入 C 公司 10%有表决权的股份，对 C 公司没有重大影响，威远公司将其作为可供出售金融资产。2015 年 12 月 31 日，该批股票的公允价值为 240 万元。2016 年 1 月 1 日，威远公司再次以 1 200 万元购入 C 公司 50%有表决权的股份。至此，威远公司已累计持有 C 公司 60%有表决权的股份，能对 C 公司实施控制。2016 年 1 月 1 日，C 公司所有者权益账面价值总额为 2 600 万元。上述交易不属于一揽子交易。不考虑相关税费等其他因素影响。威远公司账务处理如下。

2015 年 1 月 1 日，购入 C 公司 10%的股份。

借：可供出售金融资产——C 公司（成本）　　2 000 000
　　贷：银行存款　　2 000 000

2015 年 12 月 31 日，调整可供出售金融资产价值。

借：可供出售金融资产——C 公司（公允价值变动）　　400 000
　　贷：其他综合收益　　400 000

2016 年 1 月 1 日，再次购入 C 公司 50%的股份。

长期股权投资的初始投资成本＝2 600×60%＝1 560（万元）

合并对价的账面价值＝1 200＋240＝1 440（万元）

长期股权投资初始投资成本与合并对价的账面价值之间的差额为 120（1 560－1 440）万元。

借：长期股权投资——C 公司　　15 600 000
　　贷：可供出售金融资产——C 公司（成本）　　2 000 000
　　　　　　　　　　　　——C 公司（公允价值变动）　　400 000
　　　　银行存款　　12 000 000
　　　　资本公积——股本溢价　　1 200 000

2015 年计入其他综合收益的 40 万元，在合并日不进行会计处理，至处置该项投资时再转入当期损益。

合并方在按照合并日应享有被合并方净资产的账面价值的份额确定长期股权投资的初始投资成本时，前提是合并前合并方与被合并方采用的会计政策应当一致。企业合并前合并方与被合并方采用的会计政策不同的，应基于重要性原则，统一合并方与被合并方的会计政策。在按照合并方的会计政策对被合并方净资产的账面价值进行调整的基础上，计算确定长期股权投资的初始投资成本。如果被合并方编制合并财务报表则应当以合并日被合并方的合并财务报表为基础确认长期股权投资的初始投资成本。

（2）非同一控制下企业合并形成的长期股权投资。非同一控制下的企业合并，指参与合并的各方在合并前后不受同一方或相同的多方最终控制。非同一控制下的企业合并，在购买日取得对其他参与合并企业控制权的一方为购买方，参与合并的企业为被购买方。购买方应当按照《企业会计准则第 20 号——企业合并》确定的合并成本作为长期股权投资的初始投资成本。

① 购买方以支付现金、转让非现金资产、发生或承担债务等方式作为合并对价进行控股合并的，购买方应当按照付出的资产、发生或承担的债务等的公允价值之和作为长期股权投资的初始投资成本。购买方付出资产若为固定资产、无形资产的，其公允价值与账面价值的差额计入营业外收支；若付出的资产为金融资产的，其公允价值与账面价值的差额计入投资收益；若付出的资产为存货的，按公允价值确定收入，计入主营业务收入或其他业务收入，同时结转相关成本，如涉及增值税的，还要进行相应的处理。对于合并对价为可供出售的金融资产的，其在持有期间因公允价值变动而形成的其他综合收益应同时转出，计入当期投资收益；合并对价为投资性房地产的，以其公允价值确认其他业务收入，同时将其成本转入其他业务成本。

购买方为进行企业合并而发行债券支付的手续费、佣金等费用，应当计入所发行债券及其他债务的初始确认金额，不构成股权初始投资成本；购买方为进行企业合并而发生的各项直接相关费用，如审计费用、评估费用、法律服务费用等，应在其发生时计入当期管理费用。具体进行账务处理时，对于非同一控制下企业合并形成的长期股权投资，应在购买日按企业合并成本（不包含应自被投资单位收取的现金股利或利润），借记“长期股权投资”科目，按享有被投资单位已宣告但尚未发放的现金股利或利润，借记“应收股利”科目，按支付合并对价的账面价值，贷记有关资产科目，借贷方之间的差额，计入“营业外收入”（或“营业外支出”），或“投资收益”等科目。按发生的直接的相关费用，借记“管理费用”科目，贷记“银行存款”等科目。可供出售金融资产持有期间公允价值变动形成的其他综合收益一并转入投资收益，借记（或贷记）“其他综合收益”科目，贷记（或借记）“投资收益”科目。

【例 5-4】威远公司和 D 公司在合并前不存在任何关联关系。2015 年 3 月 31 日，威远公司取得 D 公司 70%的股权。为核实 D 公司的资产价值，威远公司聘请注册会计师对 D 公司资产进行评估，支付评估费用 100 万元。合并中，威远公司付出的有关资产在购买日的账面价值：银行存款 2 400 万元；土地使用权 4 000 万元，其中原始价值 5 500 万元，已摊销 1 500 万元；专利技术 2 000 万元，其中原始价值 3 100 万元，已摊销 1 100 万元。合并日无形资产的公允价值分别为：土地使用权 6 000 万元，专利技术 3 000 万元。威远公司账务处理如下。

初始投资成本＝6 000＋3 000＋2 400＝11 400（万元）

分录	借方	贷方
借：长期股权投资——D 公司	114 000 000	
累计摊销	26 000 000	
贷：无形资产——土地使用权		55 000 000
——专利技术		31 000 000
银行存款		24 000 000
营业外收入——非流动资产处置利得		30 000 000
借：管理费用	1 000 000	
贷：银行存款		1 000 000

② 购买方以发行权益性证券作为合并对价进行控股合并的，购买方应按发行的权益性证券的公允价值作为长期股权投资的初始投资成本。

购买方为发行权益性证券而支付的手续费、佣金等费用，应当冲减权益性证券的溢价收入，溢价收入不足冲减的，冲减留存收益，不构成股权初始投资成本。发生的其他直接相关费用，如审计费用、评估费用、法律服务费用等，计入当期管理费用。

具体进行会计处理时，按照发行权益性证券的公允价值（不包含应自被投资单位收取的现金股利或利润），借记“长期股权投资”，按享有被投资单位已宣告但尚未发放的现金股利或利润，借记“应收股利”科目，按发行权益性证券的面值总额，贷记“股本”科目，按其差额，贷记“资本公积——股本溢价”科目。发行权益性证券过程中支付的手续费、佣金等费用，借记“资本公积——股本溢价”科目，贷记“银行存款”等科目，溢价发行收入不足以冲减的，应依次借记“盈余公积”“利润分配——未分配利润”科目。发生的其他直接相关费用，借记“管理费用”科目，贷记“银行存款”等科目。

【例 5-5】威远公司和 E 公司合并前不存在任何关联方关系。2015 年 7 月 1 日，根据威远公司和 E 公司达成的合并协议，威远公司增发权益性证券作为合并对价，共增发 1 000 万股，每股面值 1 元，每股公允价值 3 元的普通股股票，取得 E 公司 80%的股权。威远公司增发股票发生的手续费和佣金等发行费用共 80 万元，另在与 E 公司的合并中，威远公司以银行存款支付审计费用、评估费用、法律服务费用等共计 60 万元。威远公司账务处理如下。

初始投资成本＝3×1 000＝3 000（万元）

借：长期股权投资——E 公司	30 000 000	
管理费用	600 000	
贷：股本		10 000 000
资本公积——股本溢价		19 200 000
银行存款		1 400 000

③ 通过多次交易分步实现非同一控制下企业合并的，在编制个别财务报表时，应当按照原持有的股权投资的账面价值加上新增投资成本之和，作为改按成本法核算的初始投资成本。

购买日之前持有的股权采用权益法核算的，相关其他综合收益应当在处置该项投资时采用与被投资单位直接处置相关资产或负债相同的基础进行会计处理，因被投资方除净损益、其他综合收益和利润分配以外的其他所有者权益变动而确认的所有者权益，应当在处置该项投资时相应转入处置期间的当期损益。其中，处置后的剩余股权根据本准则采用成本法或权益法核算的，其他综合收益和其他所有者权益应按比例结转，处置后的剩余股权改按金融工具确认和计量准则进行会计处理的，其他综合收益和其他所有者权益应全部结转。

购买日之前持有的股权投资，采用金融工具确认和计量准则进行会计处理的，应当将按照该准则确定的股权投资的公允价值加上新增投资成本之和，作为改按成本法核算的初始投资成本，原持有股权的公允价值与账面价值之间的差额以及原计入其他综合收益的累计公允价值变动应当全部转入改按成本法核算的当期投资收益。

【例 5-6】2014 年 4 月 1 日，威远公司以每股 5 元的价格购入上市公司 F 公司股票 100 万股，持股比例为 5%，威远公司将其划分为可供出售金融资产。威远公司与 F 公司不存在关联方关系。2016 年 1 月 1 日，威远公司再次以 7 000 万元作为对价，向 F 公司大股东收购 50%的股权，相关手续于当日完成，当日股价每股 7 元，F 公司可辨认净资产公允价值为 1.2 亿元。假定威远公司购买 F 公司 5%的股权和后续购买 50%的股权不构成一揽子交易。威远公司账务处理如下。

2014年4月1日，购入5%股权作为可供出售金融资产。

借：可供出售金融资产——F公司（成本）　　5 000 000

　贷：银行存款　　5 000 000

2014年和2015年末，调整可供出售金融资产价值共计2 000 000元。

借：可供出售金融资产——F公司（公允价值变动）　　2 000 000

　贷：其他综合收益　　2 000 000

2016年1月1日，再次购入F公司50%的股份。

长期股权投资的初始投资成本＝700＋7 000＝77 000（万元）

借：长期股权投资——F公司　　77 000 000

　贷：可供出售金融资产——F公司（成本）　　5 000 000

　　——F公司（公允价值变动）　　2 000 000

　　银行存款　　70 000 000

2014年和2015年计入其他综合收益的200万元，在合并日转入当期投资损益。

借：其他综合收益　　2 000 000

　贷：投资收益　　2 000 000

【例5-7】2014年1月1日，威远公司以现金3 000万元购入非关联方F公司20%有表决权的股份，能够对F公司施加重大影响。当日F公司可辨认净资产公允价值为1.4亿元。2016年7月1日，威远公司另支付现金8 000万元，自另一非关联方处取得F公司40%股权，并取得对F公司的控制权。购买日，威远公司原持有的对F公司的20%股权的公允价值为4 000万元，账面价值为3 500万元，威远公司确认与F公司权益法核算相关的累计其他综合收益为400万元，其他所有者权益变动100万元；F公司可辨认净资产公允价值为1.8亿元。假设威远公司购买F公司20%股权和后续购买40%的股权的交易不构成一揽子交易。以上交易的相关手续均于当日完成。不考虑相关税费等其他因素影响。威远公司账务处理如下。

购买日对子公司按成本法核算的初始投资成本＝3 500＋8 000＝11 500（万元）

借：长期股权投资——F公司　　115 000 000

　贷：长期股权投资——F公司（成本）　　30 000 000

　　——F公司（其他综合收益）　　4 000 000

　　——F公司（其他权益变动）　　1 000 000

　　银行存款　　80 000 000

购买日前威远公司原持有股权相关的其他综合收益400万元以及其他所有者权益变动100万元在购买日均不进行会计处理。

2. 非企业合并取得的长期股权投资

除企业合并方式取得的长期股权投资外，企业还有以支付现金、转让非现金资产、发行权益性证券等方式取得对被投资单位不具有控制的长期股权投资，如取得对合营企业、联营企业的权益性投资以及公允价值不能可靠计量的其他权益性投资。这些企业合并以外其他方式取得的长期股权投资初始投资成本按照投资方实际支付的价款、转让的非现金资产的公允价值、发行权益性证券的公允价值确定。

（1）以支付现金取得的长期股权投资，应当按照实际支付的购买价款作为长期股权投资的初始投资成本，包括购买过程中支付的手续费用等必要支出。但支付价款中包含的被投资单位已宣告但尚未发放的现金股利或利润应作为应收项目核算，不构成取得的长期股权投资的成本。

具体进行会计处理时，按确定的初始投资成本，借记“长期股权投资”科目，按应享有被投资单位已宣告但尚未发放的现金股利或利润，借记“应收股利”科目，按实际支付的价款及手续费等，贷记“银行存款”等科目。

【例 5-8】威远公司于 2015 年 12 月 1 日以 100 万元价款购入 G 公司 15%的股权，购买价款中含 G 公司已宣告但尚未发放的现金股利 10 万元，另威远公司在购买过程中支付手续费 5 万元。由于持股比例较高，可以对 G 公司施加重大影响。购买日威远公司账务处理如下。

① 长期股权投资初始投资成本＝100－10＋5＝95（万元）。

	借方	贷方
借：长期股权投资——G 公司	950 000	
应收股利	100 000	
贷：银行存款		1 050 000

② 威远公司收到现金股利。

	借方	贷方
借：银行存款	100 000	
贷：应收股利		100 000

（2）以发行权益性证券取得长期股权投资的，应当按照所发行证券的公允价值作为初始投资成本，但不包括应自被投资单位收取的已宣告但尚未发放的现金股利或利润。

投资方通过发行权益性证券（权益性工具）取得长期股权投资的，所发行工具的公允价值，应按《企业会计准则第 39 号——公允价值计量》（以下简称“公允价值计量准则”）等相关准则确定。为发行权益性工具支付给有关证券承销机构等的手续费、佣金等与工具发行直接相关的费用，不构成取得长期股权投资的成本。该部分费用应自所发行证券的溢价发行收入中扣除，溢价收入不足冲减的，应依次冲减盈余公积和未分配利润。

一般而言，投资者投入的长期股权投资应根据法律法规的要求进行评估作价，在公平交易当中，投资者投入的长期股权投资的公允价值，与所发行证券（工具）的公允价值不应存在重大差异。如有确凿证据表明，取得长期股权投资的公允价值比所发行证券（工具）的公允价值更加可靠的，以投资者投入的长期股权投资的公允价值为基础确定其初始投资成本。投资方通过发行债务性证券（债务性工具）取得长期股权投资的，比照通过发行权益性证券（权益性工具）处理。

具体进行会计处理时，按确定的长期股权投资初始投资成本，借记“长期股权投资”科目，按应享有被投资单位已宣告但尚未发放的现金股利或利润，借记“应收股利”科目，按发行的权益性证券的面值，贷记“股本”科目，按其差额，贷记“资本公积——股本溢价”科目。为发行权益性证券而发生的支付给有关证券承销机构的手续费、佣金等直接相关费用，借记“资本公积——股本溢价”科目，贷记“银行存款”等科目；溢价发行收入不足以冲减的，应依次借记“盈余公积”“利润分配——未分配利润”科目。

【例 5-9】威远公司于 2015 年 12 月 1 日通过增发 100 万股权益性证券作为对价取得 H 公司 20%的股权，该权益性证券为每股面值 1 元的普通股股票，其公允价值为 150 万元。为增发该股份，威远公司向证券承销机构共支付了 10 万元的手续费和佣金。威远公司取得该部分股权后，能够对 H 公司的财务和生产经营决策施加重大影响。威远公司账务处理如下。

	借方	贷方
借：长期股权投资——H 公司	1 500 000	

贷：股本　　1 000 000

　　资本公积——股本溢价　　500 000

借：资本公积——股本溢价　　100 000

　贷：银行存款　　100 000

（3）投资者投入的长期股权投资，是指投资者以其持有的对第三方的投资作为出资投入企业，其初始投资成本应按照投资合同或协议约定的价值确定，但合同或者协议约定的价值不公允的除外。合同或者协议约定的价值不公允的，应当按取得长期股权投资的公允价值作为其初始投资成本。

收到投资者投入的长期股权投资时，按照确定的初始投资成本，借记“长期股权投资”科目，按应享有被投资单位已宣告但尚未发放的现金股利或利润，借记“应收股利”科目，按照投资者出资占实收资本（或股本）的份额，贷记“实收资本”或“股本”科目，按其差额，贷记“资本公积”科目。

【例 5-10】假定威远公司为非上市企业。在成立时，H 公司以其持有的对 B 上市公司的长期股权投资作为出资投入威远公司。威远公司与 H 公司约定，作为出资的长期股权投资按该股票市场价格作价 4 000 万元。交易完成后，威远公司注册资本增加至 16 000 万元，其中 H 公司的表决权比例为 20%。威远公司取得该长期股权投资后能够对 B 公司施加重大影响。不考虑相关税费等其他因素影响。威远公司账务处理如下。

威远公司应采用 B 公司股权的公允价值确认长期股权投资的初始成本。并按照 H 公司享有的表决权比例确认实收资本，差额计入资本公积。

借：长期股权投资——B 公司（成本）　　40 000 000

　贷：实收资本——法人资本金（H 公司）　　32 000 000

　　资本公积——资本溢价　　8 000 000

（4）以债务重组、非货币性资产交换等方式取得的长期股权投资，其初始投资成本应按照《企业会计准则第 12 号——债务重组》和《企业会计准则第 7 号——非货币性资产交换》的规定确定。

（5）企业进行公司制改建。此时，对资产、负债的账面价值按照评估价值调整的，长期股权投资应以评估价值作为改制时的认定成本，评估值与原账面价值的差异应计入资本公积（资本溢价或股本溢价）。

5.2 长期股权投资的后续计量

企业在持有长期股权投资期间，应根据投资企业对被投资单位的影响程度分别采用成本法及权益法进行核算。

5.2.1 长期股权投资核算的成本法

成本法，是指投资发生时，按初始投资成本作为长期股权投资的入账价值，除追加或收回投资外，一般不对长期股权投资的账面价值进行调整的一种会计处理方法。

1. 成本法的适用范围

根据《企业会计准则第 2 号——长期股权投资》的规定，投资方持有的对子公司投资应当采用成本法核算，投资方为投资性主体且子公司不纳入其合并财务报表的除外。

2. 成本法的基本核算程序

（1）设置“长期股权投资”科目，反映长期股权投资的初始投资成本。除追加投资或收回投资外，无论被投资单位经营情况如何，净资产是否增减，投资企业一般不对股权投资的账面价值进行调整。

（2）在追加投资时，按照追加投资支付的成本的公允价值及发生的相关交易费用增加长期股权投资的账面价值。

（3）除取得投资时实际支付的价款或对价中包含的已宣告但尚未发放的现金股利或利润外，被投资单位宣告分派现金股利或利润的，投资企业根据应享有的部分确认当期投资收益；被投资单位宣告分派股票股利，投资企业应于除权日只做备忘记录，不做任何会计处理。

具体进行会计处理时，企业长期股权投资采用成本法核算时，应按享有被投资单位宣告发放的现金股利或利润的部分，借记“应收股利”科目，贷记“投资收益”科目。

【例 5-11】威远公司于 2015 年 4 月 1 日自非关联方处以 1 300 万元的价款（包含已宣告但尚未发放的现金股利 30 万元）购入 A 公司 60%的股份，相关手续于当日完成，并能够对 A 公司实施控制。2015 年 4 月 30 日，威远公司收到支付价款中包含的已宣告但尚未发放的现金股利。A 公司于 2016 年 2 月 1 日宣告分派 2015 年度利润，A 公司按其持股比例可取得 10 万元，A 公司于 2016 年 2 月 10 日支付利润。不考虑相关税费等其他因素影响。威远公司账务处理如下。

① 2015 年 4 月 1 日取得 A 公司股权。

借：长期股权投资——A 公司	12 700 000	
应收股利	300 000	
贷：银行存款		13 000 000

② 2015 年 4 月 30 日，收到 A 公司派发的现金股利。

借：银行存款	300 000	
贷：应收股利		300 000

③ 2016 年 2 月 1 日，A 公司宣告分派 2015 年度利润。

借：应收股利	100 000	
贷：投资收益		100 000

④ 2016 年 2 月 10 日，收到 A 公司派发的现金股利。

借：银行存款	100 000	
贷：应收股利		100 000

采用成本法核算，投资企业在确认自被投资单位应分得的现金股利或利润后，应考虑有关长期股权投资是否发生减值。在判断该类长期股权投资是否存在减值迹象时，应关注长期股权投资的账面价值是否大于享有被投资单位净资产（包括相关商誉）账面价值的份额等情况。出现类似情况时，企业应按照《企业会计准则第 8 号——资产减值》的规定对长期股权投资进行减值测试，可收回金额低于长期股权投资账面价值的，应当计提减值准备。

5.2.2 长期股权投资核算的权益法

权益法，是指投资以初始投资成本计量后，在投资持有期间根据投资企业享有被投资单位所有者权益的份额的变动，对长期股权投资的账面价值进行调整的一种会计处理方法。

1. 权益法的适用范围

（1）企业对被投资单位具有共同控制的长期股权投资，即企业对其合营企业的长期股权投资。

（2）企业对被投资单位具有重大影响的长期股权投资，即企业对其联营企业的长期股权投资。

2. 权益法的基本核算程序

采用权益法核算，在“长期股权投资”科目下除按被投资单位进行明细核算外，还应设置“成本”“损益调整”“其他综合收益”“其他权益变动”明细科目。其中，“成本”反映长期股权投资的初始投资成本，以及在长期股权投资的初始投资成本小于投资时应享有被投资单位可辨认净资产公允价值份额的情况下，按其差额调整初始投资成本后形成的账面价值；“损益调整”反映投资企业应享有或应分担的被投资单位实现的净损益的份额，以及被投资单位分派的现金股利或利润中投资企业应获得的份额；“其他综合收益”反映被投资单位其他综合收益发生变动的金额中应当归属于本企业的部分；“其他权益变动”反映被投资单位除净损益、其他综合收益以及利润分配以外所有者权益的其他变动中，投资企业应享有或承担的份额。

（1）初始投资成本的调整。投资企业取得对联营企业或合营企业的投资后，对于取得投资时投资成本与应享有被投资单位可辨认净资产公允价值份额之间的差额，应区别情况处理。

初始投资成本大于取得投资时应享有被投资单位可辨认净资产公允价值份额的，该部分差额是投资方在取得投资过程中通过作价体现出的与所取得股权份额相对应的商誉价值，这种情况下不要求对长期股权投资的成本进行调整。被投资单位可辨认净资产的公允价值，应当比照企业合并准则的有关规定确定。

初始投资成本小于取得投资时应享有被投资单位可辨认净资产公允价值份额的，两者之间的差额体现为双方在交易作价过程中转让方的让步，该部分经济利益流入应计入取得投资当期的营业外收入，同时调整增加长期股权投资的账面价值。

投资企业应享有被投资单位可辨认净资产公允价值份额＝投资时被投资单位可辨认净资产公允价值总额×投资企业持股比例。

【例5-12】威远公司于2016年1月1日支付5 500万元的价款取得B公司25%的股权，取得投资时B公司净资产账面价值为20 000万元（投资日被投资单位各项可辨认资产、负债的公允价值与其账面价值相同）。因威远公司能对B公司生产经营决策施加重大影响，威远公司对该项投资采用权益法核算。其账务处理如下。

长期股权投资初始投资成本＝5 500（万元）

投资企业应享有被投资单位可辨认净资产公允价值份额＝20 000×25%＝5 000（万元）

借：长期股权投资——B公司（成本）　　55 000 000

　贷：银行存款　　55 000 000

由于长期股权投资的初始投资成本5 500万元大于取得投资时应享有被投资单位可辨认净资产公允价值份额5 000万元，两者之间的差额不调整长期股权投资的账面价值。

假定本例中，取得投资时被投资单位可辨认净资产公允价值24 000万元，则初始投资成本5 500万元小于取得投资时应享有被投资单位可辨认净资产公允价值份额6 000（24 000×25%）万元，其差额500万元应计入取得投资当期的营业外收入，其账务处理如下。

借：长期股权投资——B公司（成本） 55 000 000
　贷：银行存款 55 000 000
借：长期股权投资——B公司（成本） 5 000 000
　贷：营业外收入 5 000 000

（2）投资损益的确认。投资企业取得长期股权投资后，应当按照应享有或应分担被投资单位实现净利润或发生净亏损的份额，确认当期投资损益，同时调整长期股权投资的账面价值。投资企业在确认投资损益时，应当在投资单位账面净利润基础上，考虑以下因素的影响进行适当调整，作为确认投资损益的依据。

一是被投资单位采用的会计政策及会计期间与投资企业不一致的，应当按投资企业的会计政策及会计期间对被投资单位的财务报表进行调整，在此基础上确定被投资单位的净损益。

二是以取得投资时被投资单位固定资产、无形资产等的公允价值为基础计提的折旧额或摊销额，以及有关资产减值准备金额等对被投资单位净利润的影响。

被投资单位利润表中的净利润是以其持有的资产、负债账面价值为基础持续计算的，而投资方在取得投资时，是以被投资单位有关资产、负债的公允价值为基础确定投资成本，取得投资后应确认的投资收益代表的是被投资单位资产、负债在公允价值计量的情况下在未来期间通过经营产生的损益中归属于投资方的部分。投资方取得投资时，被投资单位有关资产、负债的公允价值与其账面价值不同的，未来期间，在计算归属于投资方应享有的净利润或应承担的净亏损时，应考虑被投资单位计提的折旧额、摊销额以及资产减值准备金额等进行调整。

此外，如果被投资单位发行了分类为权益的可累积优先股等类似的权益工具，无论被投资单位是否宣告分配优先股股利，投资方计算应享有被投资单位的净利润时，均应将归属于其他投资方的累积优先股股利予以扣除。

【例5-13】威远公司于2015年1月10日购入C公司20%的股份，实际支付价款为2 000万元，并自取得投资之日起派人参与C公司的财务和生产经营决策，因此，威远公司对该项投资采用权益法核算。取得投资当日，C公司可辨认净资产的公允价值为10 000万元，除表5-1所列项目外，C公司其他资产、负债的公允价值与账面价值相同。

表5-1　资产公允价值与账面价值表

2015年1月1日

项目	入账成本（万元）	预计使用年限（年）	已使用年限（年）	账面价值（万元）	公允价值（万元）
存货	800	—	—	800	900
固定资产	2 000	20	5	1 500	1 800
无形资产	1 050	10	2	840	800
合计	3 850	—	—	3 140	3 500

C公司于2015年度实现净利润1 000万元，其中，在威远公司取得投资时的存货已有80%对外销售。固定资产、无形资产均按直线法提取折旧或摊销，预计净残值均为零。威远公司与C公司的会计年度及采用的会计政策相同，双方未发生任何内部交易。

威远公司在确定应享有的投资收益时，应在C公司实现净利润的基础上，根据取得投资时C公司有关资产的账面价值与其公允价值差额的影响进行调整（假定不考虑所得税影响）：

存货价值的差额应调增销售成本（调减利润）＝（900－800）×80%＝80（万元）

固定资产价值的差额调增折旧费（调减利润）＝1 800÷15－2 000÷20＝20（万元）

无形资产价值的差额调减摊销费（调增利润）＝1 050÷10－800÷8＝5（万元）

调整后的净利润＝1 000－80－20＋5＝905（万元）

威远公司应享有的收益份额＝905×20%＝181（万元）

威远公司确认投资收益的账务处理如下。

借：长期股权投资——C公司（损益调整） 1 810 000

贷：投资收益 1 810 000

三是对于投资方或纳入投资方合并财务报表范围的子公司与其联营企业及合营企业之间发生的未实现内部交易损益应予抵销。即投资方与联营企业及合营企业之间发生的未实现内部交易损益，按照应享有的比例计算归属于投资方的部分，应当予以抵销，在此基础上确认投资损益。投资方与被投资单位发生的内部交易损失，按照资产减值准则等规定属于资产减值损失的，应当全额确认。

投出或出售的资产不构成业务的，应当分别顺流交易和逆流交易进行会计处理。顺流交易是指投资方向其联营企业或合营企业投出或出售资产。逆流交易是指联营企业或合营企业向投资方出售资产。未实现内部交易损益体现在投资方或其联营企业、合营企业持有的资产账面价值中的，在计算确认投资损益时应予抵销。

对于顺流交易，在该交易存在未实现内部交易损益的情况下（即有关资产未对外部独立第三方出售或未被消耗），投资方在采用权益法计算确认应享有联营企业或合营企业的投资损益时，应抵销该未实现内部交易损益的影响，同时调整对联营企业或合营企业长期股权投资的账面价值；投资方因投出或出售资产给其联营企业或合营企业而产生的损益中，应仅限于确认归属于联营企业或合营企业其他投资方的部分。即在顺流交易中，投资方拨出资产或出售资产给其联营企业或合营企业产生的损益中，按照应享有比例计算确定归属于本企业的部分不予确认。对于逆流交易，比照上述顺流交易处理。

【例5-14】威远公司持有D公司25%有表决权的股份，能够对D公司的财务和生产经营决策施加重大影响，因此采用权益法核算。2015年7月，威远公司将其账面价值800万元的商品销售给D公司，售价1 000万元。至2015年资产负债表日，D公司购入的该批商品仍未对外部第三方出售。威远公司在取得该项长期股权投资时，D公司各项可辨认资产、负债的公允价值与账面价值相同，两公司在以前期间未发生过内部交易。D公司2015年实现净利润为2 200万元。假定不考虑所得税因素影响。

威远公司在该项交易中实现利润200万元，其中应确认的损益仅限于与D公司的其他投资者交易的部分150（200×75%）万元，其余50（200×25%）万元是针对本企业持有的对联营企业的权益份额，在采用权益法计算确认投资损益时应予以抵销，实际确认的投资损益为500[（2 200－200）×25%]万元，其确认投资收益的账务处理如下。

借：长期股权投资——D公司（损益调整） 5 000 000

贷：投资收益 5 000 000

【例 5-15】威远公司持有 D 公司 20%有表决权的股份，能够对 D 公司的财务和生产经营决策施加重大影响，因此采用权益法核算。2015 年 7 月，D 公司将其成本 600 万元的商品销售给威远公司，售价 1 000 万元。至 2015 年资产负债表日，威远公司购入的该批商品仍未对外部第三方出售。威远公司在取得该项长期股权投资时，D 公司各项可辨认资产、负债的公允价值与账面价值相同，两公司在以前期间未发生过内部交易。D 公司 2015 年实现净利润为 3 000 万元。假定不考虑所得税因素影响。威远公司按照权益法确认应享有 E 公司净损益份额时，应抵消未实现内部交易损益属于本企业的份额 80（400×20%）万元，能确认的投资收益 520[（3 000－400）×20%]万元，应进行如下账务处理。

借：长期股权投资——D 公司（损益调整）　　5 200 000

　　贷：投资收益　　5 200 000

值得注意的是，投资企业与其联营企业及合营企业之间，无论是顺流交易还是逆流交易，产生的未实现内部交易损失如果是属于转让资产发生的减值损失的，都应加以确认，不应抵销。

（3）取得现金股利或利润的处理。长期股权投资在权益法核算下，当被投资单位宣告分派现金股利或利润时，投资企业按获取的现金股利或利润一方面确认应收股利，另一方面抵减长期股权投资的账面价值。即按照被投资单位宣告分派现金股利或利润数额，借记“应收股利”科目，贷记“长期股权投资——损益调整”科目。

注意：被投资单位分派股票股利时，投资企业不进行任何账务处理，但应于除权日在备查簿中登记增加的股份。

（4）超额亏损的确认。长期股权投资在权益法核算下，当被投资单位发生亏损时，投资企业按持股比例确认应分担的亏损份额，原则上应当以长期股权投资的账面价值以及其他实质上构成对被投资单位净投资的长期权益减记至零为限，投资企业负有承担额外损失义务的除外。其中，“其他实质上构成对被投资单位净投资的长期权益”通常是指长期应收项目。例如，企业对被投资单位的长期债权，如果没有明确的清收计划且在可预见的未来不准备收回，那么该债权实质上就构成了对被投资单位的净投资，但该类长期权益不包括投资企业与被投资单位之间因销售商品、提供劳务等日常活动所产生的长期债权。

投资方在确认应分担被投资单位发生的亏损时，应将长期股权投资及其他实质上构成对被投资单位净投资的长期权益项目的账面价值综合起来考虑。在长期股权投资的账面价值减记至零的情况下，如果仍有未确认的投资损失，应以其他长期权益的账面价值为基础继续确认。另外，投资方在确认应分担被投资单位的净损失时，除应考虑长期股权投资及其他长期权益的账面价值以外，如果在投资合同或协议中约定将履行其他额外的损失补偿义务，还应按《企业会计准则第 13 号——或有事项》的规定确认预计将承担的损失金额。具体按照以下顺序进行处理。

首先，冲减长期股权投资的账面价值，借记“投资收益”科目，贷记“长期股权投资”科目。

其次，在长期股权投资的账面价值减至为零，还有未确认投资损失的情况下，如果企业账面上有其他实质上构成对被投资单位净投资的长期权益项目，应以其他长期权益的账面价值为限，继续确认投资损失，并冲减长期应收项目等的账面价值，借记“投资收益”科目，贷记“长期应收款”科目。

最后，在其他实质上构成对被投资单位净投资的长期权益的账面价值减至为零，还有未确认的投资损失的情况下，如果投资企业按照投资合同或协议约定，需要承担额外损失弥补等义务，应按预计将承担的义务金额确认预计负债，计入当期投资损失，借记“投资收益”科目，贷记“预计负债”科目。

如果经过上述顺序确认应分担的亏损额后，仍有未确认的亏损分担额，投资企业应在账外备查登记，待被投资单位以后年度实现盈利时，再按应享有的收益份额，按与上述相反的顺序进行处理，先扣除账外备查登记的金额，减记已确认的预计负债，恢复长期应收款账面价值，恢复长期股权投资账面价值，同时确认投资收益，即按顺序借记“预计负债”“长期应收款”“长期股权投资”等科目，贷记“投资收益”科目。

【例5-16】威远公司持有M公司40%的股权，能够对M公司施加重大影响。2012年12月31日，该项长期股权投资的账面价值为4 000万元。假定威远公司在取得该投资时，M公司各项可辨认资产、负债的公允价值与其账面价值相等，双方所采用的会计政策及会计期间也相同。威远公司账上有应收M公司的长期应收款600万元，该款项属于非商品购销等日常活动产生，从目前情况看，没有明确的清偿计划，且在可预见的未来期间不准备收回。在投资协议中没有约定其他额外的损失补偿义务。2013年，M公司由于一项主要经营业务市场条件发生变化，当年亏损6 000万元；2014年，M公司亏损额为5 000万元；2015年，M公司亏损额为2 000万元；2016年，由于市场条件发生有力变化，M公司当年实现盈利8 000万元。假定2012年到2016年期间，M公司除净损益外没有其他因素导致所有者权益发生变动，不考虑相关税费等其他因素影响。威远公司确认投资损失的会计处理如下。

2013年，威远公司按持股比例确认应分担的损失＝6 000×40%＝2 400（万元），未超过长期股权投资的账面价值4 000万元，应冲减长期股权投资的账面价值。会计分录如下。

借：投资收益　　24 000 000
　　贷：长期股权投资——M公司（损益调整）　　24 000 000

2014年，威公司按持股比例确认应分担的损失＝5 000×40%＝2 000（万元），长期股权投资的账面价值为1 600万元（4 000－2 400＝1 600），所以应冲减长期股权投资的账面价值1 600万元。剩余400万元应冲减长期应收款。会计分录如下。

借：投资收益　　20 000 000
　　贷：长期股权投资——M公司（损益调整）　　16 000 000
　　　　长期应收款——M公司　　4 000 000

2015年，威远公司按持股比例确认应分担的损失＝2 000×40%＝800（万元），长期股权投资的账面价值减记至零，长期应收款的账面价值为200（600－400）万元，所以应冲减长期应收款200万元。由于投资协议中没有约定其他额外的损失补偿义务，剩余600万元为确认的损失应在备查账中登记。会计分录如下。

借：投资收益　　2 000 000
　　贷：长期应收款　　2 000 000

2016年，威公司按持股比例确认应享有的收益＝8 000×40%＝3 200（万元），按相反的顺序，首先冲减备查账中未确认的投资损失600万元，然后恢复长期应收款的账面价值600万元，最后调增长期股权投资的账面价值2 000万元。会计分录如下。

借：长期应收款——M公司　　6 000 000
　　长期股权投资——M公司（损益调整）　　200 000 000
　　贷：投资收益　　26 000 000

（5）被投资单位其他综合收益变动的处理。被投资单位其他综合收益发生变动的，投资方应当按照归属于本企业的部分，相应调整长期股权投资的账面价值，同时增加或减少其他综合收益。

【例 5-17】威远公司持有 B 公司 30%的股份，能够对 B 公司施加重大影响。当期 B 公司因持有的可供出售金融资产公允价值的变动计入其他综合收益的金额为 1 200 万元。假定威远公司与 B 公司适用的会计政策、会计期间相同。不考虑所得税影响因素。威远公司确认应享有被投资单位其他综合收益变动的会计处理。

借：长期股权投资——B 公司（其他综合收益）　　3 600 000

　　贷：其他综合收益　　3 600 000

（6）被投资单位除净损益、其他综合收益以及利润分配以外的所有者权益的其他变动。

被投资单位除净损益、其他综合收益以及利润分配以外的所有者权益的其他变动的因素，主要包括被投资单位接受其他股东的资本性投入、被投资单位发行可分离交易的可转债中包含的权益成分、以权益结算的股份支付、其他股东对被投资单位增资导致投资方持股比例变动等。

投资方应按所持股权比例计算应享有的份额，调整长期股权投资的账面价值，同时计入资本公积（其他资本公积），并在备查簿中予以登记，投资方在后续处置股权投资但对剩余股权仍采用权益法核算时，应按处置比例将这部分资本公积转入当期投资收益：对剩余股权终止权益法核算时，将这部分资本公积全部转入当期投资收益。

【例 5-18】2014 年 1 月 18 日，威远公司、B 公司和 C 公司分别以现金 200 万元、400 万元和 400 万元出资设立 D 公司，分别持有 D 公司 20%、40%、40%的股权。威远公司对 D 公司具有重大影响，采用权益法对有关长期股权投资进行核算。D 公司自设立日起至 2016 年 1 月 1 日实现净损益 1 000 万元，除此以外，无其他影响净资产的事项。2016 年 1 月 1 日，B 公司与威远公司和 C 公司协商，计划对 D 公司增资 800 万元，增资后 D 公司净资产为 2 800 万元，威远公司、B 公司和 C 公司分别持有 D 公司 15%、50%、35%的股权，威远公司和 C 公司同意该项增资计划。相关手续于当日完成。假定威远公司与 D 公司适用的会计政策、会计期间相同，双方在当期及以前期间未发生其他内部交易。不考虑相关税费等其他因素影响。要求编制 B 公司增资后威远公司的会计处理。

2016 年 1 月 1 日增资前，D 公司的净资产账面价值为 2 000 万元（股本 1000 万元、留存收益 1 000 万元），威远公司应享有 D 公司权益的份额为 400（2 000×20%）万元。B 公司增资后，D 公司的净资产 2 800 万元，威远公司应享有 D 公司权益的份额为 420（2 800×15%）万元。因此，威远公司享有的权益变动 20（420－400）万元，会计分录如下。

借：长期股权投资——D 公司（其他权益变动）　　200 000

　　贷：资本公积——其他资本公积　　200 000

5.3 长期股权投资核算方法的转换

长期股权投资在持有期间，当发生追加投资或减少投资等情况时，投资企业对被投资单位的影响程度可能会发生变化，需要对长期股权投资的核算方法进行转换。

5.3.1 公允价值计量转权益法核算

原持有的对被投资单位的股权投资（不具有控制、共同控制或重大影响的），按照金融工具确认和计量准则进行会计处理的，因追加投资等原因导致持股比例上升，能够对被投资单位施加共同控制或重大影响的，应改按权益法进行核算。

在转按权益法核算时，投资方应当按照金融工具确认和计量准则确定的原股权投资在追加投资时的公允价值加上为取得新增投资而应支付对价的公允价值，作为改按权益法核算的初始投资成本。

原持有的股权投资分类为可供出售金融资产的，其追加投资时的公允价值与账面价值之间的差额，以及原计入其他综合收益的累计公允价值变动应转入改按权益法核算的当期损益。

然后，比较上述计算所得的初始投资成本，与按照追加投资后全新的持股比例计算确定的应享有被投资单位在追加投资日可辨认净资产公允价值份额之间的差额，前者大于后者的，不调整长期股权投资的账面价值；前者小于后者的，差额应调整长期股权投资的账面价值，并计入当期营业外收入。

【例 5-19】威远公司于 2014 年 1 月 1 日支付价款 800 万元取得 G 公司 10%的股权，根据金融工具确认和计量准则将其作为可供出售金融资产。2015 年 9 月 1 日，威远公司再次取得 G 公司 15%的股权，支付价款为 1 800 万元，当日 G 公司可辨认净资产公允价值总额为 15 000 万元。至此，威远公司已累计持有 G 公司 25%的股份，按照 G 公司章程规定，威远公司能够派人参与 G 公司的财务和生产经营决策，对该项股权投资转为采用权益法核算。威远公司持有的 G 公司 10%的股权在 2014 年 12 月 31 日的公允价值为 1 100 万元，2015 年 9 月 1 日的公允价值为 1 200 万元。威远公司在取得对 G 公司 10%的股权后，双方未发生任何内部交易。威远公司的账务处理如下。

① 2014 年 1 月 1 日，购入 G 公司 10%的股份。

借：可供出售金融资产——G 公司（成本）　　8 000 000
　贷：银行存款　　8 000 000

② 2014 年 12 月 31 日，调整可供出售金融资产的账面价值。

借：可供出售金融资产——G 公司（公允价值变动）　　3 000 000
　贷：其他综合收益　　3 000 000

③ 2015 年 9 月 1 日，再次购入 G 公司 15%的股份，改按权益法核算。

长期股权投资的初始投资成本＝1 200＋1 800＝3 000（万元）

借：长期股权投资——G 公司（成本）　　30 000 000
　贷：可供出售金融资产——G 公司（成本）　　8 000 000
　　——G 公司（公允价值变动）　　3 000 000
　　银行存款　　18 000 000
　　投资收益　　1 000 000

原计入其他综合收益的累计公允价值变动 300 万元转入当期损益。

借：其他综合收益　　3 000 000
　贷：投资收益　　3 000 000

追加投资后，按持股比例计算的应享有 G 公司可辨认净资产公允价值的份额为 3 750（15 000×25%）万元，大于初始投资成本 3 000 万元，差额 750 万元应调整长期股权投资的账面价值，并计入当期营业外收入。

借：长期股权投资——G 公司（成本）　　7 500 000
　贷：营业外收入　　7 500 000

5.3.2 公允价值计量或权益法核算转成本法核算

投资方原持有的对被投资单位不具有控制、共同控制或重大影响的按照金融工具确认和计量准则进行会计处理的权益性投资，或者原持有对联营企业、合营企业的长期股权投资，因追加投资等原因，能够对被投资单位实施控制的，应按“5.1.2 长期股权投资的初始计量”中企业通过多次交易分步取得被投资单位的股权，最终形成企业合并的规定进行会计处理。

5.3.3 权益法核算转公允价值计量

原持有的对被投资单位具有共同控制或重大影响的长期股权投资，因部分处置等原因导致持股比例下降，不能再对被投资单位实施共同控制或重大影响的，应改按金融工具确认和计量准则对剩余股权投资进行会计处理。

处置的股权，应将取得的处置价款计入银行存款等有关资产科目，并按处置比例冲减股权投资的账面价值，差额计入当期损益。

剩余的股权，按照丧失共同控制或重大影响之日的公允价值入账。在丧失共同控制或重大影响之日的公允价值与账面价值之间的差额计入当期损益。

原采用权益法核算的相关其他综合收益应当在终止采用权益法核算时，采用与被投资单位直接处置相关资产或负债相同的基础进行会计处理，因被投资方除净损益、其他综合收益和利润分配以外的其他所有者权益变动而确认的所有者权益，应当在终止采用权益法核算时全部转入当期损益。

【例 5-20】威远公司持有 J 公司 30%的有表决权的股份，由于能够对 J 公司施加重大影响，采用权益法核算。2016 年 3 月 1 日，威远公司将所持 J 公司股份的一半出售给无关联方关系的其他企业，收到出售价款 800 万元。出售该股份后，威远公司对 J 公司不再具有重大影响，因而对该项投资改为可供出售金融资产进行核算。出售股权时，该项长期股权投资的账面价值为 1 500 万元，其中，成本为 1 100 万元，损益调整为 200 万元，其他综合收益 80 万元，其他权益变动 120 万元。威远公司的账务处理如下。

① 2016 年 3 月 1 日，出售一半 J 公司股份。

出售股份的账面价值 750 万元（1 500×50%＝750），其中，成本 550 万元，损益调整 100 万元，其他综合收益 40 万元，其他权益变动 60 万元。出售损益为 50（800－750）万元计入投资收益。

借：银行存款	8 000 000
贷：长期股权投资——J 公司（成本）	5 500 000
——J 公司（损益调整）	1 000 000
——J 公司（其他综合收益）	400 000
——J 公司（其他权益变动）	600 000
投资收益	500 000

② 2016年3月1日，剩余股权投资按当日公允价值改为可供出售金融资产成本法核算。

借：可供出售金融资产——J公司（成本）　8 000 000
　贷：长期股权投资——J公司（成本）　5 500 000
　　　——J公司（损益调整）　1 000 000
　　　——J公司（其他综合收益）　400 000
　　　——J公司（其他权益变动）　600 000
　　投资收益　500 000

③ 原计入其他综合收益和其他权益变动的金额全部转入当期损益。

借：其他综合收益　800 000
　资本公积——其他资本公积　1 200 000
　贷：投资收益　2 000 000

5.3.4 成本法转权益法核算

因处置投资等原因导致对被投资单位由能够实施控制转为具有重大影响或者与其他投资方一起实施共同控制的，首先应按处置投资的比例结转应终止确认的长期股权投资成本。

然后，比较剩余长期股权投资的成本与按照剩余持股比例计算原投资时应享有被投资单位可辨认净资产公允价值的份额，前者大于后者的，属于投资作价中体现的商誉部分，不调整长期股权投资的账面价值；前者小于后者的，在调整长期股权投资成本的同时，调整留存收益。

对于原取得投资时至处置投资时（转为权益法核算）之间被投资单位实现净损益中投资方应享有的份额，一方面应当调整长期股权投资的账面价值，另一方面对于原取得投资时至处置投资当期期初被投资单位实现的净损益（扣除已宣告发放的现金股利和利润）中应享有的份额，调整留存收益；对于处置投资当期期初至处置投资之日被投资单位实现的净损益中享有的份额，调整当期损益。在被投资单位其他综合收益变动中应享有的份额，在调整长期股权投资账面价值的同时，应当计入其他综合收益。除净损益、其他综合收益和利润分配外的其他原因导致被投资单位其他所有者权益变动中应享有的份额，在调整长期股权投资账面价值的同时，应当计入资本公积（其他资本公积）。长期股权投资自成本法转为权益法后，未来期间应当按照长期股权投资准则规定计算确认应享有被投资单位实现的净损益、其他综合收益和所有者权益其他变动的份额。

【例5-21】威远公司2015年1月1日支付600万元取得H公司60%的股权，采用成本法核算。2016年1月10日，威远公司将持有H公司20%股权转让，收到转让价款300万元，转让后威远公司持有H公司40%的股份，能对其施加重大影响，长期股权核算方法转换为权益法。2015年1月1日至2015年12月31日，H公司实现净利润1 000万元，向投资者分派现金股利200万元，持有可供出售金融资产的公允价值增加 20 万元。威远公司按净利润 10%提取盈余公积。威远公司取得原60%的投资时，H公司可辨认净资产的公允价值为1 200万元，各项可辨认资产、负债的公允价值与账面价值相等，双方未发生任何内部交易，不考虑其他因素，威远公司的账务处理如下。

① 2015年1月1日，购入H公司60%的股份。

借：长期股权投资——H公司　6 000 000
　贷：银行存款　6 000 000

② 2016 年 1 月 10 日，转让 H 公司 20%的股份。

借：银行存款　　3 000 000
　　贷：长期股权投资——H 公司　　2 000 000
　　　　投资收益　　1 000 000

③ 2016 年 1 月 10 日，调整剩余长期股权投资的账面价值。

借：长期股权投资——H 公司（成本）　　4 800 000
　　贷：长期股权投资——H 公司　　4 000 000
　　　　盈余公积　　80 000
　　　　利润分配——未分配利润　　720 000
借：长期股权投资——H 公司（损益调整）　　3 200 000
　　贷：盈余公积　　320 000
　　　　利润分配——未分配利润　　2 880 000
借：长期股权投资——H 公司（其他综合收益）　　80 000
　　贷：其他综合收益　　80 000

5.3.5　成本法核算转公允价值计量

原持有的对被投资单位具有控制的长期股权投资，因部分处置等原因导致持股比例下降，不能再对被投资单位实施控制、共同控制或重大影响的，应改按金融工具确认和计量准则进行会计处理。

处置的股权，应按处置投资的比例结转应终止确认的长期股权投资成本。

剩余的股权，按照丧失控制之日的公允价值入账。公允价值与账面价值之间的差额计入当期投资收益。

【例 5-22】威远公司持有乙公司 60%的有表决权股份，能够对乙公司实施控制，对该股权投资采用成本法核算。2016 年 10 月，甲公司将该项投资中的 80%出售给非关联方，取得价款 8 000 万元。相关手续于当日完成。威远公司无法再对乙公司实施控制，也不能施加共同控制或重大影响，将剩余股权投资转为可供出售金融资产。出售时，该项长期股权投资的账面价值为 8 000 万元，剩余股权投资的公允价值为 2 000 万元。不考虑相关税费等其他因素影响。威远公司有关会计处理如下。

① 确认处置股权投资的损益。

借：银行存款　　80 000 000
　　贷：长期股权投资——乙公司　　64 000 000
　　　　投资收益　　16 000 000

② 剩余股权投资转为可供出售金融资产，当天公允价值为 2 000 万元，账面价值为 1 600 万元，两者差异应计入当期投资收益。

借：可供出售金融资产——乙公司（成本）　　20 000 000
　　贷：长期股权投资——乙公司　　16 000 000
　　　　投资收益　　4 000 000

5.4 长期股权投资的期末计价及处置

5.4.1 长期股权投资的期末计价

投资方应当关注长期股权投资的账面价值是否大于享有被投资单位所有者权益账面价值的份额等类似情况。出现类似情况时，投资方应当按照《企业会计准则第 8 号——资产减值》对长期股权投资进行减值测试，可收回金额低于长期股权投资账面价值的，应当计提减值准备。

在资产负债表日，投资企业对子公司、联营企业及合营企业的长期股权投资，其可收回金额低于账面价值的，应将其账面价值减至可收回金额，减记的金额确认为减值损失，计入当期损益。具体会计处理是：按应减记的金额，借记“资产减值损失——长期股权投资减值准备”科目，贷记“长期股权投资减值准备”科目。

【例 5-23】威远公司持有 A 公司 25%的股份，2015 年 12 月 31 日，A 公司发生火灾，威远公司对 A 公司的长期股权投资经过减值测试，预计可收回金额低于账面 20 万元。其账务处理如下。

借：资产减值损失——长期股权投资减值准备	200 000	
贷：长期股权投资减值准备		200 000

5.4.2 长期股权投资的处置

在某些情况下，企业可能部分或全部出售其持有的股权，企业在处置长期股权投资时，应相应结转与所处置部分相对应的长期股权投资的账面价值，处置所得价款与处置长期股权投资的账面价值之间的差额，确认为处置损益。对于已计提减值准备的长期股权投资，处置时还应将与处置长期股权投资相对应的减值准备金额转出。具体进行会计处理时，按实际收到的价款，借记“银行存款”科目，按已计提的减值准备，借记“长期股权投资减值准备”科目，按长期股权投资的账面余额，贷记“长期股权投资”科目，按已确认但尚未收到的现金股利，贷记“应收股利”科目，按上述借贷方差额，贷记（或借记）“投资收益”科目。

采用权益法核算的长期股权投资，原计入其他综合收益和资本公积的金额，在处置时还应转出，将与所处置长期股权投资相对应的部分在处置时从其他综合收益和资本公积转入当期损益。

【例 5-24】威远公司原持有 B 公司 30%的股份，采用权益法核算。2016 年 4 月 21 日，威远公司决定出售 10%的 B 公司股权，取得价款 600 万元，其中包含 B 公司已宣告但尚未发放的现金股利 50 万元，出售时威远公司该长期股权投资的构成为：投资成本 1 200 万元，损益调整（借方）180 万元，其他权益变动（借方）120 万元。2015 年 12 月 31 日，威远公司为该项股权投资计提了减值准备 30 万元。威远公司账务处理如下。

借：银行存款	6 000 000	
长期股权投资减值准备	300 000	
贷：长期股权投资——B 公司（成本）		4 000 000
——B 公司（损益调整）		600 000
——B 公司（其他权益变动）		400 000

应收股利　　500 000

投资收益　　800 000

借：资本公积——其他资本公积　　400 000

贷：投资收益　　400 000

关键术语

长期股权投资　同一控制　非同一控制　购买方　被购买方　被投资单位　投资企业

成本法　权益法　控股合并　吸收合并　新设合并

思考与练习

一、思考题

1．成本法与权益法在适用条件上有何区别？

2．同一控制下企业合并与非同一控制下企业合并形成的长期股权投资的初始投资成本分别如何确定？

3．在哪些情况下，长期股权投资核算方法需要转换？

4．在成本法下，长期股权投资在持有期间的投资收益如何计算确定？

二、练习题

1．2014 年 1 月 1 日，甲公司以银行存款 500 万元取得 A 公司 80%的股份。该项投资属于非同一控制下的企业合并。A 公司所有者权益的账面价值为 700 万元。2014 年 5 月 2 日，A 公司宣告分配 2013 年度的现金股利 100 万元，2013 年度 A 公司实现利润 200 万元。2015 年 5 月 2 日，A 公司宣告分配现金股利 300 万元，2014 年度 A 公司实现利润 300 万元。

要求：做出甲公司上述股权投资的会计处理。

2．2016 年 1 月 1 日，乙公司以 2 485 万元的价款取得 B 公司股票 1 600 万股作为长期股权投资，占 B 公司普通股股份的 25%，乙公司采用权益法核算。

要求：根据下列不同情况，编制乙公司取得长期股权投资的会计分录。

（1）若投资时，B 公司可辨认净资产公允价值为 9 000 万元。

（2）若投资时，B 公司可辨认净资产公允价值为 10 000 万元。

3．丙公司持有 C 公司 20%的股份，采用权益法核算。至 2015 年 12 月 31 日，该项股权投资的账面价值为 300 万元，其中，成本 200 万元，损益调整 100 万元（应享有 C 公司 2015 年度的收益份额已确认入账）。2016 年 1 月 1 日，丙公司以 160 万元的价格将持有的 C 公司股份转让了一半，丙公司对 C 公司的持股比例降至 10%，不具有重大影响，改为可供出售金融资产核算。

要求：编制丙公司转让股权和转换核算方法的会计分录。

4．丁公司 2013—2015 年发生下列与长期股权投资有关的经济业务。

（1）2013 年 3 月 1 日从证券市场上购入 D 公司发行在外的 30%的股份并准备长期持有，从而对 D 公司能够施加重大影响。丁公司实际支付款项 2 600 万元（含已宣告但尚未发放的现金股利 78 万元），另支付相关税费13万元。2013年3月1日，D公司可辨认净资产公允价值为8 580万元。

（2）2013年3月20日，丁公司收到现金股利。

（3）2013年12月31日，D公司可供出售金融资产的公允价值变动使D公司其他综合收益增加了260万元。

（4）2013年D公司实现净利润663万元，其中1月和2月共实现净利润130万元。假定D公司除一台设备外，其他资产的公允价值与账面价值相等。该设备在2013年3月1日的账面价值为520万元，公允价值为676万元，采用年限平均法计提折旧，预计尚可使用年限为10年。

（5）2014年3月10日，D公司宣告分派现金股利130万元。

（6）2014年3月25日，丁公司收到现金股利。

（7）2014年D公司实现净利润795.6万元。

（8）2015年1月5日，丁公司将持有D公司5%的股份对外转让，收到款项507万元存入银行。转让后持有D公司25%的股份，对D公司仍具有重大影响。

（9）2013年10月8日，丁公司向D公司销售一批商品，售价为260万元，成本为195万元，至2013年12月31日，D公司将上述商品对外销售80%，余下的商品在2014年全部对外出售。

假定无其他因素的影响。

要求：

（1）编制上述有关业务的会计分录。

（2）计算2015年1月5日出售部分股份后长期股权投资的账面价值。

第6章 固定资产

【学习目标】

固定资产是企业生产经营过程中的重要劳动资料，它能够长期发挥作用，对固定资产进行科学的管理和核算，有利于促进企业正确评估固定资产的整体情况，提高固定资产使用效率，保护固定资产的安全完整。通过本章的学习应做到以下几点：

- 了解固定资产的性质、分类、计量方法；
- 熟悉接受投资、接受捐赠的固定资产的核算，固定资产修理的核算，固定资产期末计价；
- 掌握固定资产购置、自行建造的核算，固定资产折旧的核算，固定资产改扩建的核算，固定资产清理的核算。

【知识导图】

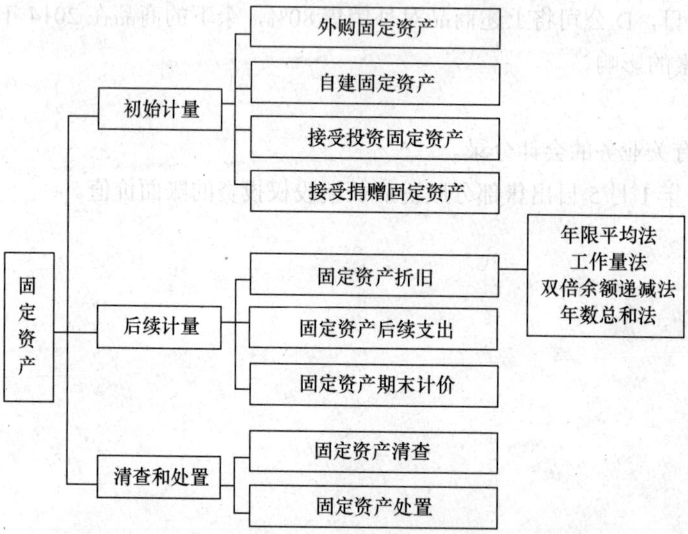

【引导案例】

经济观察研究院的研究员发现，宝山钢铁股份有限公司2003年年报有一些值得推敲的地方，而这些地方将对其公司价值评估产生重大影响。

宝钢股份自2003年1月1日起对运输类固定资产的折旧年限和折旧率进行了调整。按照年报披露，该项变更使得公司当年利润比“变更前减少19.06亿元”。宝钢股份“变更前年折旧率为9.6%～16%，全年折旧费用为4.87亿元；变更后年折旧率为9.6%～19.2%，应计入本年度的折旧费用为23.94亿元”。主动调高折旧率，使年度利润下降的情况，在中国的上市公司中并不常见。

《企业会计准则第4号——固定资产》中要求企业应当定期对固定资产的使用寿命进行复核。“如果固定资产使用寿命的预期数与原先的估计数有重大差异，则应当相应调整固定资产折旧年限。”正是基于此规定，宝钢股份对固定资产使用寿命进行了复核。

宝钢股份在年报中称：“发现部分固定资产（运输类固定资产）受公司产能不断扩大、国外同类设备更新加快导致进口运输设备维修备件短缺和排污控制标准提高等因素的影响，原预计使用年限与实际存在较大差异。经公司第二届董事会第一次会议决议审议通过，自2003年1月1日起对该部分固定资产的折旧年限和折旧率进行调整。”

年报披露，宝钢股份2003年1月1日运输类固定资产原值为93.6亿元，2003年12月31日原值为95.26亿元，据此粗略估算，2003年该类固定资产原值的平均数是94.43亿元。

6.1 固定资产概述

6.1.1 固定资产概念及特征

固定资产是指同时具有下列特征的有形资产：①为生产商品、提供劳务、出租或经营管理而持有；②使用寿命超过一个会计年度。

固定资产有以下特征。

（1）固定资产是有形资产。固定资产都是一些具体实物，看得见、摸得着，这与无形资产明显不同。无形资产虽也能为企业生产商品、提供劳务、出租经营而持有，同时使用寿命也超过一年，但由于没有实体性，故不能划分为固定资产。

（2）固定资产为生产商品、提供劳务、出租或经营管理而持有。固定资产是企业生产商品、提供劳务或经营管理的工具或手段，而不是用于出售的产品。值得注意的是，企业用于经营租赁方式出租的机器等生产工具才属于企业的固定资产，经营租赁方式出租的建筑物则属于投资性房地产。另外，融资租赁方式出租的固定资产，根据实质重于形式原则，不属于出租企业的固定资产。

（3）使用寿命超过一个会计年度。固定资产为非流动资产，随着使用和磨损，其价值逐渐转移到产品成本和每期损益中，这种磨损通常用折旧来表示，固定资产在使用过程中不改变其实物形态，这个特点有别于存货。

确认为固定资产必须同时满足以下两个条件。

（1）该固定资产包含的经济利益很可能流入企业。如果不能给企业带来经济利益的流入，即使花费了高昂的代价，也不能确认为企业的固定资产。

（2）固定资产的成本能够可靠地计量。

6.1.2 固定资产的分类

按照不同的标准，可以对固定资产进行不同的分类。

1. 固定资产按经济用途分类

固定资产按经济用途，可以分为房屋及建筑物、机器设备、运输设备、动力传导设备、工具器具和管理用具等。

2. 固定资产按使用情况分类

固定资产按使用情况分类，可以分为使用中的固定资产，即正在使用的各种固定资产；未使用的固定资产，即尚未投入使用或暂停使用的各种资产；不需用的固定资产，即不适合企业的需要，准备清理的各种固定资产。

3. 固定资产按所有权分类

固定资产按所有权分类，可以分为自有固定资产和融资租入固定资产。其中自有资产是指企业拥有所有权的各种固定资产，融资租入固定资产是指企业以融资租赁方式租入的固定资产，根据实质重于形式原则，企业虽对融资租入固定资产没有所有权，但仍将其划分为企业的固定资产。

4. 固定资产按照取得来源分类

固定资产按照取得来源，可以分为外购的固定资产、接受投资的固定资产、接受捐赠的固定资产、自行建造的固定资产和融资租入的固定资产等。

6.1.3 固定资产的计量方法

固定资产的计量方法一般有以下四种。

1. 原始价值

原始价值又称原值或原价，是指购建的固定资产在达到预定可使用状态之前所发生的全部耗费的货币表现。固定资产原始价值的具体构成内容，本书将在随后章节进行介绍。

2. 重置价值

重置价值是指企业在当前的条件下，重新购置同样或类似的固定资产所需的全部耗费的货币表现。重置价值的构成内容与原始价值的构成内容相同。

3. 净值

净值是指固定资产原值减去累计折旧后的余额，如果企业已为固定资产计提减值准备，则还需要减去固定资产减值准备。

4. 现值

现值是指固定资产在使用期间以及处置时产生的未来净现金流量的折现值。

6.2 固定资产的初始计量

不同方式取得的固定资产，其初始计量也有所区别，为了科学地对固定资产进行初始计量，需要设置“固定资产”科目、“在建工程”科目和“工程物资”科目。

6.2.1 外购的固定资产

外购是企业取得固定资产的主要方式。企业外购的固定资产，有些不需要安装即可投入使用，有些需要安装调试后方能投入使用。

1. 外购不需要安装的固定资产

企业购入不需要安装的固定资产，其成本包括购买价格、相关税费（不含增值税）以及使固定资产达到预定使用状态前所发生的可归属于该项资产的费用，如运输费、保险费、装卸费、包装费等。企业购入固定资产所发生的增值税进项税允许抵扣，不计入固定资产成本。

企业购入不需安装的固定资产时，按照成本借记“固定资产”科目，按照发生的增值税进项税额，借记“应交税费——应交增值税（进项税额）”，按照支付的价款和方式，贷记“银行存款”等科目。

【例 6-1】威远公司 2015 年 12 月购入一项不需要安装的固定资产，购买价格为 20 000 元，增值税率 17%，另发生运输费 500 元，增值税率 11%，装卸费 400 元，以上款项均以银行存款支付。根据资料，编制会计分录如下。

借：固定资产　20 900
　　应交税费——应交增值税（进项税额）　3 455
　　贷：银行存款　24 355

2. 外购的需要安装的固定资产

外购的需要安装的固定资产，在安装过程中发生的安装费，也需要计入固定资产的成本。购入的需要安装的固定资产，应根据购买价格、包装运杂费和安装费等，先借记“在建工程”科目，贷记“银行存款”等科目。安装完工，固定资产达到预定可使用状态时，根据该项固定资产的全部成本，借记“固定资产”科目，贷记“在建工程”科目。

【例 6-2】威远公司 2015 年 12 月 5 日购入一项需要安装的固定资产，购买价格为 30 000 元，增值税率 17%，发生装卸费 500 元，该项资产运抵企业后进行出包安装，共支付安装费用 2 000 元，2015 年 12 月 20 日该项资产安装完毕达到可使用状态，以上款项均以银行存款支付。根据资料编制会计分录如下。

2015 年 12 月 5 日购入固定资产时：

借：在建工程　30 500
　　应交税费——应交增值税（进项税额）　5 100
　　贷：银行存款　35 600

支付固定资产安装费用时：

借：在建工程　2 000
　　贷：银行存款　2 000

2015 年 12 月 20 日安装完毕达到可使用状态时：

借：固定资产　32 500
　　贷：在建工程　32 500

6.2.2 自建的固定资产

企业自行建造的固定资产成本，由建造该项固定资产达到预定可使用状态前所发生的全部支出构成。一般来说，包括工程物资成本、人工成本、资本化的借款费用、缴纳的相关税费等。企业自行建造固定资产的方式有两种：自营方式和出包方式。

1. 企业通过自营方式自行建造固定资产

企业以自营的方式自行建造固定资产，是指企业自行组织工程物资采购、自行组织施工人员从事工程施工。企业通过自营方式建造的固定资产，其入账价值应当按照该项资产在竣工决算前所发生的直接材料、直接人工、直接机械施工费等计量。

为了便于归集和计算固定资产的实际建造成本，企业应设置“在建工程”科目。将固定资产建造期间发生的各项工程支出均计入“在建工程”科目，待工程建造完工达到预定可使用状态时，将自营工程的实际成本，从“在建工程”科目转入“固定资产”科目。

【例 6-3】威远公司为一般纳税人，2015 年采用自营方式自行建造一台生产用机器设备，为建造该固定资产发生如下业务。

购入工程用材料一批，价款 300 000 元，增值税率 17%，以银行存款支付。

借：工程物资　300 000
　　应交税费——应交增值税（进项税额）　51 000
　　贷：银行存款　351 000

自营工程领用工程物资 300 000 元。

借：在建工程　300 000
　　贷：工程物资　300 000

自营工程结算在建工程工人工资 50 000 元。

借：在建工程　50 000
　　贷：应付职工薪酬——工资　50 000

自营工程应负担的长期借款利息 6 000 元。

借：在建工程　6 000
　　贷：长期借款——利息（或应付利息）　6 000

用银行存款支付自营工程其他费用 20 000 元。

借：在建工程　20 000
　　贷：银行存款　20 000

在建工程某一部件报废，残料计价 1 000 元作为原材料入库。

借：原材料　1 000
　　贷：在建工程　1 000

2015 年 12 月 1 日，该项固定资产建造完毕交付使用。

借：固定资产　375 000
　　贷：在建工程　375 000

2. 企业通过出包方式建造固定资产

在出包方式下，固定资产建造工程支出由建造商核算，出包企业只需要按出包合同规定向承包单位支付工程价款，固定资产的成本就是支付的全部工程价款。

企业按照进度支付工程款时，借记“在建工程”科目，贷记“银行存款”等科目。出包工程符合资本化条件的借款费用，借记“在建工程”科目，贷记“长期借款”或“应付利息”等科目。

【例 6-4】威远公司采用出包方式建造一栋办公楼，用银行存款预付工程款 300 000 元。

借：在建工程　300 000
　　贷：银行存款　300 000

计提出包工程长期借款利息 50 000 元。

借：在建工程　50 000
　　贷：长期借款——利息（或应付利息）　50 000

威远公司补付工程款1 000 000元。

借：在建工程 1 000 000

贷：银行存款 1 000 000

工程完工交付使用。

借：固定资产 1 350 000

贷：在建工程 1 350 000

6.2.3 接受投资的固定资产

企业接受投资形成的固定资产，应按照投资各方签订的协议约定的价值和相关税费，作为固定资产的入账价值。合同或协议约定的价值不公允的，应按照该项固定资产的公允价值入账。企业接受固定资产投资时，应借记“固定资产”科目，贷记“实收资本（股本）”科目。

【例6-5】威远公司接受投资方的一项固定资产作为投资，双方签订的协议约定该项固定资产的价值为100 000元。威远公司编制会计分录如下。

借：固定资产 100 000

贷：实收资本 100 000

6.2.4 接受捐赠的固定资产

企业接受捐赠的固定资产，应按以下规定确定其入账价值。

（1）捐赠方提供了有关凭证的，按凭证上标明的金额加上应支付的相关税费，作为入账价值。

（2）捐赠方没有提供有关凭据的，按以下顺序确定其入账价值。

同类或类似固定资产存在活跃市场的，按同类或类似固定资产的市场价格估计的金额，加上应支付的相关税费，作为入账价值；同类或类似固定资产不存在活跃市场的，按该接受捐赠的固定资产的预计未来现金流量现值，作为入账价值。

如受赠的系旧的固定资产，按照上述方法确认的价值，减去按该项资产的新旧程度估计的价值损耗后的余额，作为入账价值。

企业接受固定资产捐赠时，按照确定的价值，借记“固定资产”科目，贷记“营业外收入”科目。

【例6-6】新世纪公司给威远公司捐赠了一台机器，并提供了发票等有关单据，单据上注明该项机器的价格为200 000元。威远公司编制会计分录如下。

借：固定资产 200 000

贷：营业外收入 200 000

6.3 固定资产的后续计量

固定资产的后续计量是指固定资产在经过初始计量之后，在其后期存续过程中变化的价值金额以及最终价值额的确定。固定资产后续计量主要包括固定资产折旧的计提、固定资产的后续支出以及固定资产的期末计价。

6.3.1 固定资产的折旧

1. 固定资产折旧的定义

固定资产的折旧是指固定资产在使用过程中，由于使用和自然力的影响而发生的损耗，这种损耗是以折旧的形式逐渐计入产品成本或费用，并以取得相应的收入来补偿。

企业在对固定资产计提折旧时，应考虑下列因素。

（1）原始价值。原始价值指固定资产的实际取得成本，本书在前面已经叙述。

（2）预计净残值。预计净残值是指固定资产预计使用寿命已满并处于使用寿命终了时的预期状态，企业目前从该项资产处置中获得的扣除预计处置费用后的金额。

（3）预计使用年限。固定资产的预计使用年限是指固定资产预计的经济使用年限。固定资产的使用年限取决于固定资产的使用寿命。

2. 固定资产折旧范围

企业应当对所有的固定资产计提折旧，但是已提足折旧仍继续使用的固定资产和单独计价入账的土地不需要计提折旧，未提足折旧而提前报废的固定资产，也不补提折旧，而是将未提的折旧计入“营业外支出”科目。

固定资产应当按月计提折旧。当月增加的固定资产，当月不提折旧，从下月开始计提折旧；当月减少的固定资产，当月仍提折旧，下月开始不提折旧。

3. 固定资产的折旧方法

固定资产折旧的方法是将应提折旧总额在固定资产各使用期间进行分摊时所采用的计算方法，可以分为两类：直线法和加速折旧法，其中直线法包括年限平均法和工作量法，加速折旧法包括双倍余额递减法和年数总和法。

（1）直线法。直线法是指按照时间或完成的工作量平均计提折旧的方法，包括年限平均法和工作量法。

① 年限平均法。年限平均法是指将固定资产的应提折旧总额均衡地分摊到该项固定资产预计使用寿命内的一种方法，采用年限平均法计提折旧，每期折旧额均等。

年折旧率＝（1－预计净残值率）÷预计使用年限×100%

月折旧率＝年折旧率÷12

年折旧额＝固定资产原值×年折旧率

月折旧额＝固定资产原值×月折旧率＝年折旧额÷12

【例 6-7】假定威远公司对固定资产采用年限平均法计提折旧，其一台机器设备原值 200 万元，预计净残值率为 5%，预计使用年限为 10 年。

年折旧率＝（1－5%）÷10×100%＝9.5%

月折旧率＝9.5%÷12＝0.79%

年折旧额＝200×9.5%＝19（万元）

月折旧额＝19÷12＝1.58（万元）

年限平均法的折旧也可以采用下列公式计算。

年折旧额＝（固定资产原值－预计净残值）÷预计使用年限

月折旧额＝年折旧额÷12

【例 6-8】使用上例的数据。

年折旧额＝（200－200×5%）÷10＝19（万元）

月折旧额＝19÷12＝1.58（万元）

② 工作量法。工作量法是以固定资产预计可完成的工作总量作为分摊标准，然后根据各期实际工作量计算固定资产折旧的方法。

单位工作量折旧额＝（固定资产原值－预计净残值）÷预计总工作量

＝固定资产原值×（1－预计净残值率）÷预计总工作量

某项固定资产月折旧额＝该项固定资产当月实际工作量×单位工作量折旧额

【例 6-9】假定威远公司对其运输用的货车采用工作量法计提折旧，威远公司的一辆运输用货车，原值 300 000 元，预计净残值为 20 000 元，预计总工作量为 600 000 千米，本月行驶了 20000 千米。

每千米折旧额＝（300 000－20 000）÷600 000＝0.47（元）

本月折旧额＝0.47×20 000＝9 400（元）

（2）加速折旧法。企业采用加速折旧法对固定资产计提折旧，固定资产折旧费用在使用早期提得较多，使用年限越往后，折旧费用逐年抵减，故加速折旧法又称抵减折旧费用法。

① 双倍余额递减法。双倍余额递减法的年折旧额为固定资产期初净值与不考虑净残值情况下双倍年限平均法折旧率的乘积。

双倍年限平均法折旧率＝2÷预计使用年限×100%

固定资产年折旧额＝固定资产期初净值×双倍直线折旧率

固定资产月折旧额＝固定资产年折旧÷12

采用双倍余额递减法计提折旧，不考虑固定资产的净残值，为了防止固定资产的账面折余价值低于预计净残值，实行双倍余额抵减法计提折旧的固定资产，应在折旧年限的最后两年，改用年限平均法计提折旧。

【例 6-10】假定威远公司对其固定资产采用双倍余额抵减法计提折旧。其一台机器设备原值 100 000 元，预计使用年限为 5 年，预计净残值为 5 000 元。

双倍年限平均法折旧率＝2/5×100%＝40%

第一年折旧额＝100 000×40%＝40 000（元）

第二年折旧额＝（100 000－40 000）×40%＝60 000×40%＝24 000（元）

第三年折旧额＝（60 000－24 000）×40%＝36 000×40%＝14 400（元）

从第四年开始改为年限平均法。

第四年折旧额＝（36 000－14 400－5 000）÷2＝8 300（元）

第五年折旧额与第四年折旧额相等。

② 年数总和法。采用年数总和法计提固定资产折旧，其年折旧率以固定资产尚可使用年限为分子，以固定资产预计使用年限总和（使用寿命逐年数字之和）作为分母。

年折旧率＝固定资产尚可使用年限/固定资产使用寿命年数总和×100%

年折旧额＝（固定资产原值－预计净残值）×年折旧率

月折旧额＝年折旧额/12

【例 6-11】假定威远公司对其固定资产采用年数总和法计提折旧，威远公司的一台固定资产，原值 100 000 元，预计净残值为 3 000 元。年折旧额计算如表 6-1 所示。

表 6-1　　固定资产折旧计算表

年份	应提折旧总额（元）	年折旧率	年折旧额（元）	累计折旧（元）
1	100 000－3 000＝97 000	5/15	32 333.33	32 333.33
2	97 000	4/15	25 866.67	58 200
3	97 000	3/15	19 400	77 600
4	97 000	2/15	12 933.33	90 533.33
5	97 000	1/15	6 466.67	97 000

4. 直线法与加速折旧法的比较

采用直线法或加速折旧法对固定资产计提折旧，各有优缺点。

采用直线法计提折旧，其优点是使用方便，便于理解和操作。其缺点是，这种方法没有考虑固定资产使用情况，也使得固定资产各年使用成本不均衡，随着固定资产使用时间的推移，其维修成本或维护成本必定逐年增加，而固定资产的年折旧额保持不变。

采用双倍余额抵减法计提折旧，克服了直线法的不足，在固定资产维修维护费用逐年递增的情况下，固定资产折旧额逐年抵减，使得固定资产各年使用成本趋于平均。但是这种方法计算相对复杂。

企业应该根据具体情况来选择固定资产的折旧方法，但是根据可比性原则的要求，固定资产折旧方法一经选定不得随意变更，以保证会计核算方法的前后一致。如果企业确实需要改变固定资产的折旧方法，必须作为会计估计变更的处理，并在会计报表附注中予以披露。

5. 固定资产折旧的会计核算

为了对固定资产进行会计核算，需要设置“累计折旧”科目。“累计折旧”是固定资产的抵减科目，贷方登记计提的固定资产折旧，借方登记减少的旧的固定资产的累计折旧，贷方余额表示固定资产已提折旧的累计数。

企业在计提固定资产折旧时，按照用途，分别借记“制造费用”科目、“管理费用”科目、“销售费用”科目、“其他业务成本”科目等，贷记“累计折旧”科目。

【例 6-12】威远公司 2015 年 12 月 31 日计提本月固定资产折旧，其中生产机器折旧 50 000 元，管理用固定资产折旧 20 000 元，销售部门固定资产折旧 15 000 元。

借：制造费用	50 000	
管理费用	20 000	
销售费用	15 000	
贷：累计折旧		85 000

6.3.2 固定资产的后续支出

固定资产的后续支出，是指固定资产在投入使用以后对其进行修理、改良、改扩建等支出。

1. 固定资产的修理

固定资产在使用过程中，由于自然侵蚀、自然损耗、意外事故等原因，往往会发生某些零部件甚至比较大程度的损坏，为了使固定资产保持正常运转，企业需要对固定资产进行修理。固定资产修理的主要目的是恢复固定资产的使用价值，无论是日常修理还是大修理，均不会造成固定资产性能或价值的提升。固定资产日常修理范围小、成本支出少、修理次数多、间隔时间短；固定资产大修理修理范围大、成本支出多、修理次数少、间隔时间长。

在实际工作中，企业对固定资产日常修理和大修理不加以区分，不能将其资本化，发生的修理支出计入“管理费用”科目，按照耗费的对象，贷记“银行存款”“原材料”等科目。

【例 6-13】威远公司对其所拥有的部分固定资产进行维修，其中车间的生产机器共发生维修支出 20 000 元，管理部门的固定资产发生维修支出 10 000 元，均以银行存款支付。

借：管理费用	30 000	
贷：银行存款		30 000

2. 固定资产的改扩建

固定资产改扩建是对原有固定资产进行改良或扩充。经过改扩建，固定资产往往会得到质量的提高。例如，预计使用寿命得到延长，预计净残值得到提升，生产能力得到提高，能耗得到减少等，其价值也随之得到提高。固定资产改扩建也可分为自营方式和出包方式。

企业在对固定资产进行改扩建时，由于在一段时期内暂停使用，故应先将改扩建前的净值转入“在建工程”科目，改扩建过程中发生的一切与该项资产有关的支出，均通过“在建工程”科目归集，改扩建结束，固定资产达到预定可使用状态时，再将“在建工程”的余额转入“固定资产”科目。

企业对固定资产进行改扩建后，以后各期的固定资产折旧额应做相应调整。

【例 6-14】威远公司 2015 年 1 月 20 日开始对一项生产用的机器设备进行改扩建，该项固定资产原值 3 000 万元，预计净残值为 100 万元，预计使用年限为 10 年，采用年限平均法计提折旧，已使用了 4 年，已计提减值准备 40 万元。改扩建过程中，领用工程物资 500 万元，领用原材料 300 万元，改扩建过程共发生工人工资 300 万元，用银行存款支付其他费用 200 万元。2012 年 12 月该项固定资产达到预定可使用状态，预计尚可使用 8 年，预计净残值为 200 万元，仍采用年限平均法计提折旧。根据资料编制如下会计分录。

将固定资产净值转入在建工程。

固定资产账面价值＝3000－（3000－100）/10×4－40＝1800（万元）

借：在建工程	1 800	
累计折旧	1 160	
固定资产减值准备	40	
贷：固定资产		3 000

改扩建领用工程物资。

借：在建工程	500	
贷：工程物资		500

领用原材料。

借：在建工程	300	
贷：原材料		300

结算改扩建工人工资。

借：在建工程	300	
贷：应付职工薪酬		300

用银行存款支付其他费用。

借：在建工程　　　　　　　　　　　　　　　　　　200

　　贷：银行存款　　　　　　　　　　　　　　　　　　200

2015 年 12 月固定资产达到预定可使用状态。

借：固定资产　　　　　　　　　　　　　　　　　　3 100

　　贷：在建工程　　　　　　　　　　　　　　　　　3 100

2016 年，计提该项固定资产年折旧额。

（3 100－200）/8＝362.5（万元）

借：制造费用　　　　　　　　　　　　　　　　　　362.5

　　贷：累计折旧　　　　　　　　　　　　　　　　　362.5

6.3.3 固定资产的期末计价

1. 固定资产的减值迹象

企业至少应于每年年末对固定资产的账面价值进行检查，以分析判断有无发生减值损失。如果出现下列情况之一的，则说明固定资产已经出现减值迹象，应对固定资产的可收回金额进行估计。

（1）固定资产的市价当期大幅下跌，其跌幅明显高于因时间的推移或者正常使用而预计的下跌。

（2）企业经营所处的经济、技术或者法律等环境以及固定资产所处的市场在当期或者将在近期发生重大变化，从而对企业产生不利的影响。

（3）市场利率或者其他市场投资报酬率在当期已经提高，从而影响计算固定资产预计未来现金流量现值的折现率，导致固定资产可收回金额大幅度降低。

（4）有证据表明固定资产已经陈旧过时。

（5）固定资产已经或者将被闲置、终止使用或者计划提前处置。

（6）企业内部报告的证据表明固定资产的经济绩效已经低于或者将低于预期，如固定资产所创造的净现金流量或者实现的净利润（或者亏损）远远低于（或者高于）预计金额等。

（7）其他表明固定资产可能已经发生减值的迹象。

2. 固定资产减值损失的确定

判断固定资产是否发生减值，应当以固定资产的账面价值与固定资产的可收回金额进行比较，固定资产的可收回金额应当根据固定资产的公允价值减去处置费用后的净额与固定资产预计未来现金流量的现值两者之间较高者确定。如果固定资产可收回金额低于账面价值，则该项固定资产发生了减值损失，企业应当将固定资产账面价值减至可收回金额，按照账面价值与可收回金额的差额，借记“资产减值损失”科目，贷记“固定资产减值准备”科目。

固定资产计提减值准备后，其折旧费用在未来年间应做相应调整。固定资产减值损失一经确认，在以后会计期间不得转回。

【例 6-15】威远公司 2010 年 12 月 31 日购入一台固定资产，原值 300 000 元，预计使用年限为 10 年，预计净残值为 5 000 元，采用年限平均法计提折旧。2015 年 12 月 31 日威远公司对该固定资产进行减值测试，公允价值减去处置费用后的净额为 110 000 元，预计未来现金流量现值为 120 000

元，预计剩余使用年限为 3 年，预计净残值为 3 000 元。

① 计算 2015 年 12 月 31 日该固定资产净值。

年折旧额＝（300 000－5 000）÷10＝29 500（元）

累计折旧＝29 500×5＝147 500（元）

账面净值＝300 000－147 500＝152 500（元）

② 可收回金额的确定。

选取公允价值减去处置费用后的净额与未来现金流量现值两者的较高者 120 000 元。

③ 计提减值准备 152 500－120 000＝32 500（元）。

借：资产减值损失　　　　32 500

　　贷：固定资产减值准备　　　　32 500

④ 2016 年起的年折旧额。

（120 000－3 000）÷3＝39 000（元）

6.4 固定资产的清查及处置

6.4.1 固定资产清查

固定资产是单位价值较高，使用期限较长的有形资产。为了加强固定资产的管理，保证固定资产的安全完整，企业至少于每个会计年度终了时，对固定资产清查盘点。

1. 固定资产的盘盈

在清查过程中，如果发现有的固定资产在账面上没有记录，则为固定资产的盘盈。盘盈的固定资产实为以前年度的记账差错，应通过“以前年度损益调整”科目进行核算。对于发现盘盈的固定资产，如果存在同类或类似固定资产存在活跃市场的，应按同类或类似固定资产的市场价格，减去按照该项资产新旧程度估计价值损耗的余额，作为该项固定资产的入账价值。如果同类或类似的固定资产不存在活跃市场的，应按盘盈固定资产的预计未来现金流量的现值计价入账。

【例 6-16】威远公司在固定资产清查中，发现了一台计算机在账簿上没有记录。该计算机当前市场价格为 5 000 元，根据新旧程度估计折旧 1 000 元。

借：固定资产　　　　4 000

　　贷：以前年度损益调整　　　　4 000

2. 固定资产的盘亏

企业盘亏的固定资产，通过“待处理财产损溢——待处理非流动资产损溢”科目核算，盘亏造成的损失，应通过“营业外支出”科目核算。企业盘亏固定资产时，借记“待处理财产损溢——待处理非流动资产损溢”科目，按照固定资产的累计折旧借记“累计折旧”科目，按照固定资产的账面余额，贷记“固定资产”科目。经管理层批准后，计入“营业外支出”科目。

【例 6-17】威远公司在对固定资产的定期清查中，发现少了一台机器，该机器原值 10 000 元，累计折旧 3 000 元。

发现少了机器，未报经批准前。

借：待处理财产损溢——待处理非流动资产损溢　　7 000
　　累计折旧　　3 000
　　贷：固定资产　　10 000

经批准，盘亏机器净值转入营业外支出。

借：营业外支出　　7 000
　　贷：待处理财产损溢——待处理非流动资产损溢　　7 000

6.4.2 固定资产处置

1. 固定资产终止确认的条件

固定资产满足下列条件之一的，应当予以终止确认。

（1）该固定资产处于处置状态，固定资产的处置包括固定资产的出售、转让、报废或毁损、对外投资等，处于处置状态的固定资产不再为企业所用，应予以终止确认。

（2）该固定资产预期通过使用或处置不能产生利益。

2. 固定资产处置的会计核算

为了对企业进行的固定资产处置进行合理的核算，需要设置“固定资产清理”科目。“固定资产清理”科目用于核算固定资产的处置，包括出售、报废、毁损、对外投资等。

企业在处置固定资产时，应将固定资产转入清理，按固定资产的账面价值借记“固定资产清理”科目，按照已提的折旧和借记“累计折旧”科目，如过已计提减值准备，还需借记“固定资产减值准备”科目，按照固定资产的账面余额，贷记“固定资产”科目。

发生处置费用和相关税费时，借记“固定资产清理”科目，贷记“银行存款”“应交税费”等科目。

取得出售收入和残料收入时，借记“银行存款”“原材料”等科目，贷记“固定资产清理”科目。计算保险公司或责任人赔偿金额时，借记“其他应收款”科目，贷记“固定资产清理”科目。

固定资产清理完成后，如果发生净损失，借记“营业外支出”科目，贷记“固定资产清理”科目；如果得到净收益，借记“固定资产清理”科目，贷记“营业外收入”科目。

【例 6-18】威远公司 2015 年 12 月出售一台机器设备，该设备 2009 年 6 月购入，预计使用年限 10 年，原值 60 000 元，累计折旧 40 000 元，已计提减值准备 5 000 元，取得出售价款 30 000 元存入银行，适用的增值税税率 2%，清理过程发生清理费用 500 元。根据以上资料，编制会计分录如下。

注销机器设备原值、累计折旧和固定资产减值准备。

借：固定资产清理　　15 000
　　累计折旧　　40 000
　　固定资产减值准备　　5 000
　　贷：固定资产　　60 000

借：银行存款　　30 600
　　贷：固定资产清理　　30 000
　　　　应交税费——应交增值税（销项税额）　　600

借：固定资产清理　　500
　　贷：银行存款　　500

借：固定资产清理　　　　　　　　　　　　　　　　14 500

　　贷：营业外收入——非流动资产处置利得　　　　　　14 500

【例 6-19】威远公司的一辆运输用卡车因交通事故于 2015 年 10 月 20 日报废，该卡车 2010 年 10 月 31 日购入，原值 200 000 万元，预计使用年限 10 年，预计净残值 10 000 元，采用年限平均法计提折旧，报废过程发生清理费用 2 000 元，卡车废料变价收入 10 000 元。根据以上资料编制会计分录如下。

注销卡车原值和累计折旧。

卡车账面净值＝200 000－（200 000－10 000）÷10×5＝105 000（元）

借：固定资产清理　　　　　　　　　　　　　　　　105 000

　　累计折旧　　　　　　　　　　　　　　　　　　95 000

　　贷：固定资产　　　　　　　　　　　　　　　　　200 000

报废发生清理费用。

借：固定资产清理　　　　　　　　　　　　　　　　2 000

　　贷：银行存款　　　　　　　　　　　　　　　　　2 000

卡车变价收入。

借：银行存款　　　　　　　　　　　　　　　　　　10 000

　　贷：固定资产清理　　　　　　　　　　　　　　　10 000

结算固定资产报废净损益。

借：营业外支出——非流动资产处置损失　　　　　　97 000

　　贷：固定资产清理　　　　　　　　　　　　　　　97 000

关键术语

固定资产　自营　出包　折旧　后续支出　固定资产减值准备　固定资产清理

思考与练习

一、思考题

1．简要概括固定资产的特征。

2．外购固定资产的成本如何确定？

3．自行建造固定资产的成本如何确定？

4．固定资产的折旧方法有哪几种？分别如何计算？

5．固定资产改扩建应如何核算？

6．如何判断固定资产是否发生减值？固定资产减值应如何进行会计处理？

7．固定资产的出售和报废应如何进行会计处理？

二、练习题

1．2015 年 2 月 1 日，甲公司对其拥有的一台机器设备进行改良，该设备原值 210 000 元，已提折旧90 000元，已提减值准备5 000元；改良机器设备期间领用原材料实际成本为15 000元，结算工人工资8 000元，用银行存款支付其他费用2 000元；2012年10月31日改良完成，该机器设备达到预定可使用状态，预计尚可使用5年，预计净残值为5 000元，采用双倍余额递减法计提折旧。

要求：（1）根据上述经济业务编制甲公司改良机器设备的会计分录。

（2）计算改扩建完成后2012年和2013年的折旧额。

2．2010年12月31日乙公司购入一台不需安装的固定资产，购买价格为30 000元，增值税率17%，以银行存款支付；该项资产预计使用年限为10年，预计净残值为3 000元，采用年限平均法计提折旧；2013年12月31日该项资产的可收回金额为20 000元，预计使用年限为5年，预计净残值为2 000元；2015年12月10日，乙公司出售该资产，出售价款15 000元（不含税），用现金支付清理费用500元。

要求：根据上述经济业务编制乙公司与该项固定资产相关的会计分录。

3.（1）丙公司2011年10月10日购进一台需要安装的设备，取得的增值税专用发票上注明设备价款585万元，增值税99.45万元，另发生保险费2万元，款项以银行存款支付。设备安装时，领用原材料一批，价值10万元，增值税进项税额1.7万元，支付安装人员工资11.3万元，该设备于2011年12月10日达到预定可使用状态并投入管理部门使用，预计使用年限为10年，预计净残值为10万元，采用年限平均法计提折旧。

（2）2012年12月31日，丙公司对该设备进行减值测试发现其已经减值，预计可收回金额为460万元，计提减值准备后，该设备预计使用年限、预计净残值、折旧方法保持不变。

（3）2013年9月30日，丙公司决定采用出包方式对该设备进行改良，改良工程款于工程验收合格后支付，该设备当时停止使用，开始进行改良。

（4）2014年3月15日，改良完成并验收合格，丙公司以银行存款支付工程价款62.5万元，当日投入使用，预计使用年限为8年，采用年限平均法计提折旧，预计净残值5万元，改良后该设备的可收回金额为500万元。

（5）2015年10月10日，该设备因遭受自然灾害发生严重毁损，丙公司决定进行处置，取得残料变价收入10万元，保险公司赔偿款30万元，发生清理费用5万元，款项均以银行存款支付。

要求：编制丙公司与该项固定资产有关的会计分录。（单位：万元）

4．甲部分生产用固定资产明细分类账户的资料如下。

固定资产名称	使用部门	单位	数量	原始价值	预计使用年限	预计净残值
叉车	车间	台	1	50 000	5	2 000
计算机	行政管理部门	台	1	12 000	4	400

要求：

（1）分别用年数总和法和双倍余额递减法计算上述各项固定资产每年的折旧额。

（2）按年数总和法计算的折旧额编制第一年计提折旧的会计分录。

5．乙企业于2012年9月5日对一固定资产进行改扩建，改扩建前该固定资产的原价为2 000万元，已提折旧400万元，已提减值准备200万元。在改扩建过程中，领用工程物资300万元，领用生产用的原材料100万元，原材料的进项税额为17万元。发生改扩建人员工资150万元，用银行存款支付其他费用33万元。该固定资产于2012年12月20日达到预定可使用状态，并投入生产部门使用。该企业对改扩建后的固定资产采用年限平均法计提折旧，预计尚可使用年限为10年，预计净残值为 100 万元。

2013 年 12 月 31 日该固定资产的公允价值减去处置费用后的净额为 1 602 万元，预计未来现金流量现值为 1 693 万元。

2014 年 12 月 31 日该固定资产的公允价值减去处置费用后的净额为 1 580 万元，预计未来现金流量现值为 1 600 万元。

2015 年 12 月 31 日该固定资产的公允价值减去处置费用后的净额为 1 340 万元，预计未来现金流量现值为 1 350 万元。

2016 年 12 月 31 日该固定资产的公允价值减去处置费用后的净额为 1 080 万元，预计未来现金流量现值为 1 100 万元。

假定固定资产计提减值准备不影响固定资产的预计使用年限和预计净残值。

要求：

（1）编制上述与固定资产改扩建有关业务的会计分录；计算改扩建后固定资产的入账价值。

（2）计算改扩建后的固定资产 2006 年计提的折旧额并编制固定资产计提折旧的会计分录。

（3）计算该固定资产 2006 年 12 月 31 日应计提的减值准备并编制相关会计分录。

（4）计算该固定资产 2007 年计提的折旧额并编制固定资产计提折旧的会计分录。

（5）计算该固定资产 2007 年 12 月 31 日应计提的减值准备并编制相关会计分录。

（6）计算该固定资产 2008 年计提的折旧额并编制固定资产计提折旧的会计分录。

第7章 无形资产及其他资产

【学习目标】

科技进步是当今世界发展的主流，要加强我国企业自主创新的能力，就需要强化无形资产的核算与管理。通过本章的学习应当掌握以下问题：

- 了解无形资产的性质、内容；投资性房地产的性质和分类；
- 理解接受投资、非货币性交易、债务重组方式取得无形资产的核算，无形资产的期末计价；长期待摊费用的核算；
- 掌握购入、自行研究开发无形资产的核算，无形资产摊销的核算，无形资产处置的核算；投资性房地产后续计量的核算，投资性房地产转换的核算。

【知识导图】

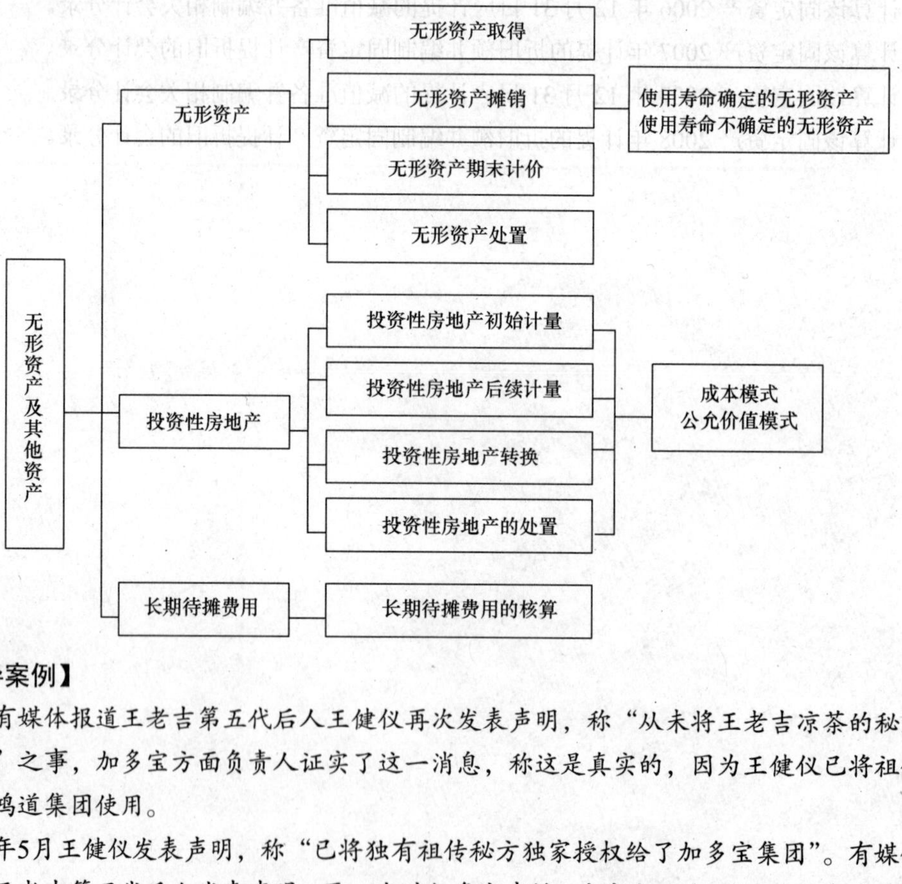

【引导案例】

针对有媒体报道王老吉第五代后人王健仪再次发表声明，称"从未将王老吉凉茶的秘方传授给广药集团"之事，加多宝方面负责人证实了这一消息，称这是真实的，因为王健仪已将祖传秘方独家授权给鸿道集团使用。

2012年5月王健仪发表声明，称"已将独有祖传秘方独家授权给了加多宝集团"。有媒体报道，王健仪等王老吉第五代后人发表声明，再一次对加多宝声援，内容大致为："王健仪在香港仍然按照祖制方式继续制作凉茶，王老吉后人从未将王老吉凉茶的秘方传授给广药集团。"

有业内人士指出，随着红罐凉茶之争愈演愈烈，这场争夺战已从商标蔓延到凉茶秘方、销售渠道，甚至红罐包装、广告语等。除了秘方外，目前双方争夺的胶着点，主要是红罐包装装潢权。对于红罐包装是否属于王老吉商标的一部分，在法律业界有争议。随着加多宝与广药关于红罐包装装潢侵权诉讼临近开庭，红罐之争也引发了法律界权威人士的深入探讨。

北京大学国际知识产权研究中心主任郑胜利教授表示：商标、知名商品的特有包装装潢、外观设计是相互独立的，不能混在一起。浙江大学法学院李永明教授认为，按照竞争法的规定，包装装潢归属于经营者，从这个角度看，包装装潢的权利应该属于加多宝，而根本无关“王老吉”商标使用权的归属问题。不过，也有业内人士表示，红罐包装最终花落谁家，还是要待法院的最终判决结果。

7.1 无形资产

7.1.1 无形资产的概念及特点

无形资产，是指企业拥有或控制的没有实物形态的可辨认非货币资产。相对其他资产，无形资产有以下特征。

1. 无形资产不具有实物形态

无形资产通常表现为某种权利、某种技术或是某种获得超额利润的综合能力，它们看不见、摸不着，相对固定资产而言，不具有实物形态。常见的无形资产有：专利权、土地使用权、商标权等。无形资产为企业带来经济利益的方式与固定资产不同，固定资产通过实物价值的转移来为企业带来未来经济利益，而无形资产很大程度上是通过自身所具有的技术等优势来为企业带来未来经济利益。需要指出的是，并非所有不具实物形态的资产均为无形资产。如企业的应收账款、长期股权投资等资产就不属于无形资产。

2. 无形资产为企业带来多少未来经济利益具有较大的不确定性

当今科技飞速发展，使得许多无形资产的寿命难以准确估计，因而无形资产究竟能为企业带来多少未来经济利益也难以准确估计。

3. 无形资产具有可辨认性

无形资产的定义指出了无形资产必须具有可辨认性，以便与商誉区分开来。企业持有的各种无形资产如专利权、商标权、特许经营权、土地使用权等，都必须能够区别于其他资产。商誉是企业合并成本大于合并中取得的各项可辨认资产、负债公允价值份额的差额，其存在无法与企业自身区分开来，不具有可辨认性，所以商誉也是不具实物形态的非货币性资产，但不确认为无形资产。

符合以下条件之一的，应当认定为其具有可辨认性。

（1）能够从企业中分离或者划分出来，并能单独用于出售或转让等，而不需要同时处置在同一获利活动中的其他资产。某些情况下无形资产可能需要与有关的合同一起用于出售转让等，这种情况下也视为可辨认无形资产。

（2）产生于合同性权利或其他法定权利，无论这些权利是否可以从企业或其他权利和义务中转移或分离。如一方通过与另一方签订特许权合同而获得的特许使用权、通过法律程序申请获得的商标权等。

4. 无形资产属于非货币性资产

非货币性资产，是指企业持有的货币资金和将以固定或可确定的金额收取的资产以外的其他资产。无形资产由于没有发达的交易市场，一般不容易转化成现金，在持有过程中为企业带来未来经济利益情况不确定，不属于以固定或可确定的金额收取的资产。

货币性资产主要有现金、银行存款、应收账款、应收票据和短期有价证券等，它们的共同特点是直接表现为固定的货币数额，或在将来收到一定货币数额的权利。

7.1.2 无形资产的内容

无形资产通常包括专利权、非专利技术、商标权、著作权、特许权、土地使用权等。

1. 专利权

专利权，是指国家专利主管机关依法授予发明创造专利申请人、对其发明创造在法定期限内所享有的专有权利，包括发明专利权、实用新型专利权和外观设计专利权。发明，是指对产品、方法或者其改进所提出的新的技术方案。实用新型，是指对产品的形状、构造或者其结合所提出的适于实际应用的新的技术方案。外观设计，是指对产品的形状、图案或者其结合以及色彩与形状、图案的结合所做出的富有美感并适用于工业应用的新设计。发明专利权的期限为20年，实用新型专利权和外观设计专利权的期限为10年，均自申请日起计算。

2. 非专利技术

非专利技术，也称专有技术。它是指不为外界所知、在生产经营活动中已采用了的、不享有法律保护的、可以带来经济利益的各种技术和诀窍。非专利技术一般包括工业专有技术、商业贸易专有技术、管理专有技术等。非专利技术并不是专利法的保护对象，非专利技术用自我保密的方式来维持其独占性，具有经济性、机密性和动态性等特点。

3. 商标权

商标是用来辨认特定的商品或劳务的标记。商标权指专门在某类指定的商标或产品上使用特定的名称或图案的权利。经商标局核准注册的商标为注册商标，包括商品商标、服务商标和集体商标、证明商标；商标注册人享有商标专用权，受法律保护。

4. 著作权

著作权又称版权，指作者对其创作的文学、科学和艺术作品依法享有的某些特殊权利。著作权包括作品署名权、发表权、修改权和保护作品完整权，还包括复制权、发行权、出租权、展览权、表演权、放映权、广播权、信息网络传播权、摄制权、改编权、翻译权、汇编权以及应当由著作权人享有的其他权利。

5. 特许权

特许权，又称经营特许权、专营权，指企业在某一地区经营或销售某种特定商品的权利，或是一家企业接受另一家企业使用其商标、商号、技术秘密等的权利。通常有两种形式：一种是由政府机构授权，准许企业使用或在一定地区享有经营某种业务的特权，如烟草专卖权；另一种指企业间依照签订的合同，有期限或无期限使用另一家企业的某些权利，如连锁分店使用总店的名称。

6. 土地使用权

土地使用权，指国家准许某企业在一定期间内对国有土地享有开发、利用、经营的权利。根据我国《土地管理法》的规定，我国土地实行公有制，任何单位和个人不得侵占、买卖或者以其他方式非法转让。企业取得土地使用权的方式大致有行政划拨取得、外购取得以及投资者投资取得几种。

7.1.3 无形资产取得的核算

无形资产应当同时满足下列条件，才能予以确认。

第一，与该资产相关的预计未来经济利益很可能流入企业。企业在判断无形资产产生的经济利益是否很可能流入时，应对无形资产在预计使用年限内可能存在的各种经济因素做出合理估计，并且应当有明确证据支持。

第二，该无形资产的成本能够可靠计量。在理解无形资产的成本时，要明确企业内部研究开发项目的支出，应当区分研究阶段支出与开发阶段支出，并分别按照准则规定处理。

无形资产通常是按实际成本计量，不同来源取得的无形资产的初始成本构成不尽相同，我们应当加以区分。企业取得的无形资产，通常有以下几种方式。

1. 外购的无形资产

外购是企业取得无形资产的主要途径。外购无形资产的成本，包括购买价款、进口关税和其他税费以及直接归属于该项资产达到预定用途所发生的其他支出。其中其他支出包括与购买该无形资产相关的借款费用、所发生的专业服务费用、测试无形资产是否能够正常发挥作用的费用等。但不包括：为引入新产品进行宣传发生的广告费、管理费用及其他间接费用；无形资产已达到预定用途以后发生的费用。

企业应当根据购入无形资产的实际成本，借记“无形资产”科目，贷记“银行存款”科目。购买无形资产的价款超过正常信用条件延期支付价款，实质上具有融资性质的，应按所取得无形资产购买价款的现值作为其成本，现值与应付价款之间的差额作为未确认的融资费用，在付款期间内按照实际利率法确认为利息费用。

【例 7-1】2015 年 12 月 5 日，威远有限责任公司支付 200 万元购买了一项专利权，另付咨询费 5 000 元和法律服务费 1 万元，款项均以通过银行存款支付。根据资料，编制会计分录如下。

借：无形资产——专利权	2 015 000	
贷：银行存款		2 015 000

2. 接受投资的无形资产

投资者投入的无形资产，应当按照投资合同或协议约定的价值作为无形资产的入账价值。如果合同或协议约定的价值不公允，就应按无形资产的公允价值入账。

企业接受无形资产作为投资时，应借记“无形资产”科目，贷记“实收资本”等科目。

【例 7-2】2015 年 12 月，投资者将其商标权投资于威远公司，双方协议的价格为 300 万元。根据资料，编制会计分录如下：

借：无形资产——商标权	3 000 000	
贷：实收资本		3 000 000

3. 企业自行研究开发的无形资产

企业自行研究开发无形资产的过程，应当分为研究阶段和开发阶段两部分，在实务工作中，如何划分研究阶段和开发阶段，以及是否符合资本化条件，应当根据企业的实际情况予以判断。

（1）研究阶段和开发阶段的划分。企业内部研究开发项目的支出，应当区分研究阶段支出和开发阶段支出。

研究是指为获取并理解新的科学或技术知识而进行的独创性的有计划调查。研究阶段是一个探索性的过程，是为了进一步的开发活动进行资料等相关方面的准备。如：意于获取知识而进行的活动，研究成果或其他知识的应用研究、评价和最终选择，材料、设备、产品、工序、系统或服务替代品的研究，新的或经改进的材料、设备、产品、工序、系统或服务的可能替代品的配制、设计、评价和最终选择。研究阶段将来能否进入开发阶段，开发后能否形成一项无形资产具有较大的不确定性。因此，研究阶段的支出一律予以费用化。

开发是指在进行商业性生产或使用前，将研究成果或其他知识应用于某项计划或设计，以生产出新的或具有实质性改进的材料、装置、产品等。如：生产前或使用前的原型和模型的设计、建造和测试，含新技术的工具、夹具、模具和冲模的设计，不具有商业性生产经济规模的试生产设施的设计、建造和运营，新的或经改造的材料、设备、产品、工序、系统或服务所选定的替代品的设计、建造和测试等活动。开发阶段具有针对性和形成成果的可能性较大的特点。

（2）开发阶段有关支出资本化的条件。开发阶段相对研究阶段而言，很大程度上形成一项无形资产的条件已经具备，然而开发阶段也并非全部支出一律资本化。判断开发阶段支出能够资本化的条件如下。

① 完成该无形资产以使其能够使用或出售在技术上具有可行性。企业应以目前阶段的成果为基础来判断是否满足此条件，说明在此基础上进一步进行开发所需的技术条件等已经具备，基本上不存在技术上的障碍或其他不确定性。企业在判断时，应提供相关的证据和材料。

② 具有完成该无形资产并使用或出售的意图。开发某项产品或专利技术产品等，通常是根据管理层决定该项研发活动的目的或者意图所决定的。研发项目形成成果以后，是为出售，还是为自己使用并从中获得经济利益，应当依管理当局的意图而定。因此，企业的管理当局应能够说明其持有拟开发无形资产的目的，并具有完成该项无形资产开发并使其能够使用或出售的可能性。

③ 无形资产产生经济利益的方式，包括能够证明运用该无形资产生产的产品存在市场或无形资产自身存在市场。无形资产将在内部使用的，应当证明其有用性。

④ 有足够的技术、财务资源和其他资源支持，以完成该无形资产的开发，并有能力使用或出售该无形资产。这个条件包括：a. 为完成该项无形资产开发具有技术上的可靠性；b. 财务资源和其他资源支持；c. 能够证明企业在开发过程中所需的技术、财务和其他资源，以及企业获得这些资源的相关计划等；d. 有能力使用或出售该无形资产以取得收益。

⑤ 归属于该无形资产开发阶段的支出能够可靠地计量。企业对于开发活动发生的支出应单独核算，如发生的开发人员的工资、材料费等，在企业同时从事多项开发活动的情况下，所发生的支出同时用于支持多项开发活动的，应按照一定的标准在各项开发活动之间进行分配，无法明确分配的，应予以费用化计入当期损益，不计入开发活动的成本。

自行开发活动形成的无形资产，其成本由可直接归属于该资产的创造、生产并使该资产能够以管理层预定的方式运作的所有必要支出组成。包括：开发该无形资产时所耗费的材料、劳务成本、注册费、在开发该无形资产过程中使用的其他专利权和特许权摊销、相关符合规定的资本化利息支出，以及为使该无形资产达到预定用途前所发生的其他费用。

在开发无形资产过程中发生的除上述可直接归属于无形资产开发活动的其他销售费用、管理费用等间接费用、无形资产达到预定用途发生的可辨认的无效和初始运作损失、为运行该无形资产发生的培训支出等，不构成无形资产的开发成本。

值得强调的是，内部开发无形资产的成本仅包括在满足资本化条件的时点至无形达到预定用途前发生的支出总额，无形资产达到预定用途后所发生的支出，不构成无形资产的成本，应于发生时计入当期损益。

（3）企业自行研究开发无形资产的账务处理。企业自行研究开发无形资产，研究阶段的支出全部费用化，计入当期损益（管理费用）；开发阶段符合条件的支出予以资本化，不符合资本化条件的支出计入当期损益（管理费用）。如果实在无法区分研究阶段的支出和开发阶段的支出的，应将其所发生的研发支出全部费用化。

为了正确地对企业研发无形资产的过程进行会计核算，需要设置“研发支出”科目来反映企业在研究和开发无形资产过程中所发生的支出。“研发支出”科目开设“费用化支出”和“资本化支出”明细科目，相应地来进行费用化支出和资本化支出的核算。企业在无形资产的研究阶段的支出，以及在开发阶段不符合资本化条件的支出，应当借记“研发支出——费用化支出”科目，开发阶段满足资本化条件的，应当借记“研发支出——资本化支出”科目。根据所耗用的物资不同，贷记“原材料”“银行存款”“应付职工薪酬”等科目。

自行开发项目形成无形资产的，应借记“无形资产”科目，贷记“研发支出——资本化支出”科目。期末应将“研发支出——费用化支出”科目汇集的费用化支出转入“管理费用”科目。

【例 7-3】威远公司自行研发一项专利技术，在研究阶段发生材料费 300 000 元，人工费 100 000 元，以银行存款支付其他费用 50 000 元；开发阶段阶段发生材料费 500 000 元，人工费 150 000 元，以银行存款支付其他费用 20 000 元，全部符合资本化条件。2015 年 12 月，该项专利技术已达到预定用途。根据资料，编制如下会计分录。

① 发生研发支出时：

借：研发支出——费用化支出	450 000
——资本化支出	670 000
贷：原材料	800 000
应付职工薪酬	250 000
银行存款	70 000

② 2015 年 12 月无形资产达到预定用途时：

借：管理费用	450 000
无形资产	670 000
贷：研发支出——费用化支出	450 000
——资本化支出	670 000

4. 通过非货币性资产交换取得的无形资产

非货币性资产交换同时满足下列两个条件时，应当以公允价值和支付的相关税费作为换入资产的成本，公允价值与换出资产账面价值的差额计入当期损益。①该项交换具有商业实质；②换入资产或换出资产的公允价值能够可靠地计量。非货币性资产交换同时满足此条件的，应当以换出资产的公允价值和支付的相关税费作为换入无形资产的成本。如果发生补价的，支付补价方应当在换出资产公允价值和相关税费的基础上，加上支付的补价，作为换入无形资产的成本。收到补价方，应当以换入无形资产的公允价值（或换出资产的公允价值减去补价）和应支付的相关税费，作为换入无形资产的成本。

非货币性资产交货如果不具有商业实质或交换涉及资产的公允价值均不能可靠计量的非货币性

资产交换，应当按照换出资产的账面价值和应支付的相关税费，作为换入无形资产的成本。

5. 通过债务重组取得的无形资产

债务重组，是指在债务人发生财务困难的情况下，债权人按照其与债务人达成的协议或法院的裁定做出让步的事项。以资产清偿债务是债务重组的方式之一。企业通过债务重组取得的无形资产成本，应当以其公允价值入账。重组债权账面余额与受让的无形资产公允价值之间的差额作为债务重组损失，计入“营业外支出”。如果债权人已经对债权计提减值准备的，应当先将该差额冲减减值准备，减值准备不足以冲减部分，计入营业外支出。如果减值准备冲减该差额后仍有余额，应该转回并抵减当期资产减值损失。

7.1.4 无形资产的摊销

1. 无形资产使用寿命的估计

企业应当于取得无形资产时分析判断其使用寿命。使用寿命如为有限的，应当估计该使用寿命的年限或者构成使用寿命的产量等类似计量单位数量；无法预见无形资产为企业带来未来经济利益的期限的，应当视为使用寿命不确定的无形资产。对无形资产的使用寿命进行分析和判断时，应当考虑以下因素。

（1）该资产通常的产品寿命周期、可获得的类似资产使用寿命的信息。

（2）技术、工艺等方面的现阶段情况及对为未来发展趋势的估计。

（3）以该资产生产的产品或服务的市场需求情况。

（4）现在或潜在的竞争者预期采取的行动。

（5）为维持该资产产生未来经济利益能力的预期维护支出，以及企业预计支付有关支出的能力。

（6）对该资产的控制期限，使用的法律或类似限制，如特许使用期间、租赁期间等。

（7）与企业持有的其他资产使用寿命的关联性。

使用寿命有限的无形资产，其应摊销金额应当在使用寿命内合理地摊销。无法预见无形资产为企业带来经济利益期限的，应当视为使用寿命不确定的无形资产。使用寿命不确定的无形资产，不需要对其进行摊销。

2. 无形资产的摊销方法

无形资产的摊销方法可参照固定资产的折旧方法，有直线法、双倍余额递减法和年数总和法等。但目前普遍采用的主要为直线法。

无形资产的应摊销金额为其成本扣除预计残值后的金额。除下列两种情况外，无形资产的残值一般为零：①有第三方承诺在无形资产使用寿命结束时购买该项无形资产；②可以根据活跃市场得到无形资产预计残值信息，并且该市场在该项无形资产使用寿命结束时可能存在。

为了对无形资产摊销进行核算，应设置“累计摊销”科目。“累计摊销”科目属于“无形资产”的抵减科目，该科目贷方登记计提的无形资产摊销，借方登记减少的无形资产已摊销的金额。企业摊销无形资产时，应借记“管理费用”“制造费用”等科目，贷记“累计摊销”科目。

【例 7-4】威远公司 2012 年 12 月购入一项非专利技术用于改进产品生产，支付价款 2 000 000 元，同时还购入了一项土地使用权，支付价款 5 000 000 元。非专利技术估计使用寿命为 10 年，合同规定土地使用权的有效年限为 20 年，这两项无形资产残值均为零，按照直线法摊销。根据资料，编制会计分录如下。

借：制造费用　　200 000
　　管理费用　　250 000
　　贷：累计摊销　　450 000

7.1.5 无形资产的期末计价

企业至少应在每年年度终了对无形资产进行减值测试，以判断无形资产是否发生减值。如果无形资产发生减值，企业应对其计提减值准备。无形资产是否发生减值，需要用无形资产的账面价值与无形资产的可收回金额进行对比，如果无形资产的可收回金额低于其账面价值，说明无形资产发生了减值，此时需要为无形资产计提减值准备。无形资产的可收回金额应当根据无形资产的公允价值减去处置费用后的净额与无形资产预计未来现金流量的现值两者之间较高者确定。

无形资产发生减值损失，应当借记“资产减值损失”科目，贷记“无形资产减值准备”科目。无形资产减值损失确定后，无形资产的账面价值减至可收回金额，其未来期间的摊销费用应作相应调整。

值得注意的是，无形资产减值损失一经确认，在以后会计期间不得转回。

【例7-5】威远公司于2011年1月购入一项商标权，实际支付价款为800 000元，预计使用年限为10年。2015年12月31日，该项商标权公允价值减去处置费用后的净额为300 000元，预计未来现金流量现值为280 000元。该项商标权发生减值后，预计使用年限为3年。根据资料，威远公司应做如下会计处理。

① 2015年12月31日该项商标权账面余额为800 000－（800 000÷10×5）＝400 000（元）。

② 可收回金额为300 000元，应计提减值准备100 000元。

借：资产减值损失　　100 000
　　贷：无形资产减值准备　　100 000

③ 计算剩余使用年限的年摊销额：300 000÷3＝100 000（元）。

7.1.6 无形资产的处置

无形资产的处置，主要是指无形资产出售、对外出租以及报废。

1. 无形资产的出售

企业出售无形资产，意味着放弃了无形资产的所有权。企业出售无形资产，应当将取得的价款与该无形资产账面价值的差额计入当期损益（营业外收支）。

企业出售无形资产，按照所得价款，借记“银行存款”科目，按照无形资产的原值贷记“无形资产”科目，应按已计提的累计摊销借记“累计摊销”科目，如已计提减值准备，应按计提的减值准备借记“无形资产减值准备”科目，按缴纳的税费贷记“应交税费”科目，最后按借贷方差额，若为净收益则贷记“营业外收入”科目，若为净损失则借记“营业外支出”科目。

【例7-6】2016年8月1日，威远公司拥有某项专利技术的成本为1 000万元，已摊销金额为500万元，已计提的减值准备为20万元。该公司将该项专利技术出售给甲公司，取得的销售收入为

600 万元，应缴纳的增值税为 36 万元。根据资料，编制如下会计分录。

借：银行存款 6 000 000
　　累计摊销 5 000 000
　　无形资产减值准备 200 000
　　贷：无形资产 10 000 000
　　　　应交税费——应交增值税（销项税额） 360 000
　　　　营业外收入——非流动资产处置利得 840 000

2. 无形资产对外出租

无形资产的出租，是指将无形资产的使用权让渡给他人并收取租金，无形资产的所有权没有发生改变。在满足收入确认的条件下，应确认相关的收入和成本。企业出租无形资产并收取租金时，应借记“银行存款”等科目，贷记“其他业务收入”科目；摊销出租无形资产成本并发生与转让有关的各种费用支出时，应借记“其他业务成本”科目，贷记“累计摊销”科目。

【例 7-7】威远公司将其所有的一项专利权出租给全德公司使用，摊销期限为 10 年，该项专利权账面余额为 6 000 000 元，出租合同规定全德公司每年应支付租金 1 000 000 元。根据资料，威远公司编制如下会计分录。

借：银行存款 1 000 000
　　贷：其他业务收入 1 000 000
借：其他业务成本 600 000
　　贷：累计摊销 600 000

3. 无形资产的报废

当无形资产预期不能为企业带来未来经济利益时，应将其报废或转销。例如：该无形资产已经被其他新技术所替代，不能为企业带来经济利益；或者该无形资产超过法律保护期，不能为企业带来经济利益。报废无形资产时，应按已计提的累计摊销借记“累计摊销”科目，如已计提减值准备，应按计提的减值准备借记“无形资产减值准备”科目，按其账面余额贷记“无形资产”，借贷方的差额，计入“营业外支出”科目。

【例 7-8】2015 年 12 月，威远公司所拥有的一项非专利技术被新的技术所取代，已经不能为威远公司带来经济利益，威远公司将其转销。该项技术账面余额 500 000 元，摊销期限 10 年，采用直线法摊销，已摊销 8 年。根据资料，编制如下会计分录。

借：累计摊销 400 000
　　营业外支出——非流动资产处置损失 100 000
　　贷：无形资产——非专利技术 500 000

7.2 投资性房地产

7.2.1 投资性房地产概述

在我国，土地归国家或集体所有，企业只能取得土地使用权，房地产中的土地是指土地使用权。

随着经济的发展，出现了将房地产用于赚取租金或增值收益的活动。投资性房地产，是指为赚取租金或资本增值，或者两者兼有而持有的房地产。投资性房地产主要包括：已出租的土地使用权、持有并准备增值后转让的土地使用权以及已出租的建筑物。

1. 已出租的土地使用权

已出租的土地使用权，是指企业通过出让或转让方式取得的、以经营租赁方式出租的土地使用权。企业取得的土地使用权包括在一级市场上以缴纳土地出让金的方式取得的土地使用权，也包括在二级市场上接受其他单位转让取得的土地使用权。企业通过上述方式取得的土地使用权以经营租赁方式出租给其他单位使用的，可以将其确认为投资性房地产。值得注意的是，企业将其以经营租赁方式租入的土地使用权再转租给其他单位的，不能确认为投资性房地产。

例如：甲公司与乙公司签订租赁合同，合同约定甲公司将其拥有的 1 000 平方米的土地使用权以经营租赁的方式出租给乙公司使用，自合同约定的租赁期开始之日起，该土地使用权属于甲公司的投资性房地产；如果乙公司将此项土地使用权以经营租赁的方式转租给丙公司，该项土地使用权不属于乙公司的投资性房地产。

2. 持有并准备增值后转让的土地使用权

持有并准备增值后转让的土地使用权，是指企业取得的、准备增值后转让的土地使用权。这类土地使用权很可能给企业带来资本增值收益，符合投资性房地产的定义。

例如：企业厂址搬迁，部分土地使用权停止自用，而管理层决定继续持有这部分土地使用权，待其增值后转让以赚取增值收益。企业依法取得土地使用权后，应当按照国家土地有偿使用合同或建设用地批准书规定的期限动工开发建设，未经原批准用地的人民政府同意，超过规定的期限未动工开发建设的建设用地属于闲置土地。按照国家有关规定认定的闲置土地，不属于持有并准备增值后转让的土地使用权，也就不属于投资性房地产。

3. 已出租的建筑物

已出租的建筑物是指企业拥有产权的、以经营租赁方式出租的建筑物，包括自行建造或开发活动完成后用于出租的建筑物。例如，甲企业将其拥有的一栋写字楼出租给乙公司，自租赁开始日起，这栋写字楼就属于甲企业的投资性房地产。企业在判断和确认已出租的建筑物，应当把握以下要点。

（1）用于出租的建筑物是指企业拥有产权的建筑物。

（2）已出租的建筑物是企业已经与其他方签订了租赁协议，约定以经营租赁方式出租的建筑物。

（3）企业将建筑物出租，按租赁协议向承租人提供的相关辅助服务在整个协议中不重大的，应当将该建筑物确认为投资性房地产。

下列两个项目不属于投资性房地产。

（1）自用房地产。自用房地产是指为生产产品、提供劳务或者经营管理而持有的房地产。

（2）作为存货的房地产。作为存货的房地产通常是指房地产开发企业在正常经营过程中销售的或为销售而正在开发的商品房和土地。

从事房地产经营开发的企业依法取得的，用于开发后出售的土地使用权，属于房地产开发企业的存货，即使房地产开发企业决定待增值后再转让其开发的土地，也不得将其确认为投资性房地产。

7.2.2 投资性房地产的初始计量

投资性房地产只有在符合定义的前提下，同时满足下列条件，才能予以确认：①与该房地产有关的经济利益很可能流入企业；②该投资性房地产的成本能够可靠地计量。对已出租的土地使用权、已出租的建筑物，其作为投资性房地产的确认时点为租赁开始日，即土地使用权、建筑物进入出租状态、开始赚取租金的日期。对持有并准备增值后转让的土地使用权，其作为投资性房地产的确认时点为企业将自用土地使用权停止自用，准备增值后转让的日期。投资性房地产应当按照成本进行初始计量。

投资性房地产有两种后续计量模式——成本模式和公允价值模式。企业通常应当采用成本模式对投资性房地产进行后续计量，只有在满足条件的情况下（有确凿证据表明其所有投资性房地产的公允价值能够持续可靠取得的），也可以采用公允价值模式进行后续计量。但是同一企业只能采用一种模式对所有投资性房地产进行后续计量，不得同时采用两种计量模式。

1. 外购的投资性房地产的初始计量

外购投资性房地产的成本，应当包括购买价格、相关税费和可直接归属于该资产的其他支出。外购的房地产，只有在购入的同时开始出租，才能直接作为投资性房地产。如果购买的房地产过了一定时间才开始出租，只能将其先确认为固定资产，直到租赁开始日才能从固定资产转为投资性房地产。

外购的投资性房地产在采用成本模式计量下，按照取得时的实际成本，借记“投资性房地产”科目，贷记“银行存款”等科目。

在采用公允价值模式计量下，企业应当在“投资性房地产”科目下开设“成本”和“公允价值变动”明细科目，按购买投资性房地产的实际成本，借记“投资性房地产——成本”科目，贷记“银行存款”等科目。

【例 7-9】威远公司与绿岛公司签订了一项租赁协议，约定威远公司在购入一栋写字楼的同时将其出租给绿岛公司，威远公司于 2014 年 12 月 5 日购入该栋写字楼时，购买价格为 10 000 000 元，另发生相关税费 500 000 元，均以银行存款支付，威远公司对投资性房地产采用成本模式计量。根据资料，威远公司编制会计分录如下。

借：投资性房地产　　10 500 000
　　贷：银行存款　　10 500 000

【例 7-10】威远公司与紫光公司签订了一项租赁协议，约定威远公司在购入一项土地使用权的同时将其出租给紫光公司，威远公司于 2015 年 5 月 10 日购入该土地使用权时，购买价格为 20 000 000 元，另发生相关税费 800 000 元，均以银行存款支付，威远公司对投资性房地产采用公允价值模式计量。

借：投资性房地产——成本　　20 800 000
　　贷：银行存款　　20 800 000

2. 自行建造投资性房地产的初始计量

自行建造投资性房地产的成本，由建造该项资产达到预定使用状态前所发生的必要支出构成。包括：土地开发费、建筑成本、安装成本、应予资本化的借款费用、支付的其他费用和分摊的间接费用等。建造过程中发生的非正常性损失，直接计入当期损益，而不计入投资性房地产的建造成本。

企业自行开发建造的房地产，只有在开发或建造完毕的同时开始出租，才能将该房地产确认为投资性房地产。如果房地产竣工后过了一段时间才开始出租，则该项房地产应先确认为固定资产或开发商品，待租赁开始日才能确认为投资性房地产。

企业采用成本模式计量的，应按照发生的成本，借记“投资性房地产”科目，贷记“在建工程”科目或者“开发产品”科目。

企业采用公允价值模式计量的，应按照实际发生的成本，借记“投资性房地产——成本”科目，贷记“在建工程”科目或者“开发产品”科目。

7.2.3 投资性房地产的后续计量

1. 采用成本模式进行后续计量的投资性房地产

企业采用成本模式对投资性房地产进行后续计量的，就应当按照准则有关规定，对所有的投资性房地产按期（月）计提折旧或摊销，借记“其他业务成本”等科目，贷记“投资性房地产累计折旧（摊销）”科目。取得的租金收入，作为其他业务收入。

投资性房地产如有减值迹象，应按照有关规定计提减值准备，借记“资产减值损失”科目，贷记“投资性房地产减值准备”科目。值得注意的是，投资性房地产的减值准备一经计提，在以后会计期间不得转回。

【例 7-11】续【例 7-9】，威远公司的该栋写字楼预计使用年限为 50 年，预计净残值为 500 000 元，采用年限平均法计提折旧。2015 年 12 月 31 日威远公司做如下会计处理。

该栋写字楼的年折旧额＝（10 500 000－500 000）÷50＝200 000（元）

借：其他业务成本　　200 000

　　贷：投资性房地产累计折旧　　200 000

2. 采用公允价值模式进行后续计量的投资性房地产

企业有确凿证据表明其投资性房地产的公允价值能够持续可靠取得的，可以对投资性房地产采用公允价值模式进行后续计量。对投资性房地产采用公允价值模式进行计量，必须同时满足以下两个条件：①投资性房地产所在地有活跃的房地产交易市场。②企业能够从活跃的房地产交易市场上取得同类或类似房地产的市场价格及其他相关信息，从而对投资性房地产的公允价值做出合理的估计。

企业对投资性房地产采用公允价值模式进行后续计量的，不计提折旧或摊销，应当在资产负债表日记录投资性房地产公允价值变动的情况。资产负债表日，按投资性房地产公允价值高于其账面价值的余额，借记“投资性房地产——公允价值变动”科目，贷记“公允价值变动损益”科目，反之，则做相反分录。

【例 7-12】续【例 7-10】，2015 年 12 月 31 日，威远公司的该项土地使用权公允价值为 21 000 000 元，威远公司编制会计分录如下。

借：投资性房地产——公允价值变动　　200 000

　　贷：公允价值变动损益　　200 000

3. 投资性房地产后续计量模式的变更

根据可比性原则，企业对投资性房地产的计量模式一经选定，不得随意变更。如果存在确凿证据表明投资性房地产的公允价值能够持续可靠取得且能够满足采用公允价值模式条件的情况下，才允许企业对投资性房地产从成本模式计量变更为公允价值模式计量。这种情况作为会计政策变更处理，应当将计量模式变更时公允价值与账面价值的差额，调整期初留存收益。已采用公允价值模式计量的投资性房地产，不得从公允价值模式变更为成本模式。企业对投资性房地产的计量模式进行变更，按照该投资性房地产在变更日的公允价值作为投资性房地产的入账价值，同时注销该投资性房地产原按成本模式计量的账面价值，按照公允价值和账面价值的余额调整留存收益。

【例 7-13】2012 年威远公司将一栋写字楼对外出租，采用成本模式。2015 年 2 月 1 日，假设威远持有的投资性房地产满足采用公允价值模式条件，威远公司决定采用公允模式对该写字楼进行后续计量。2015 年 2 月 1 日，该写字楼原价 9 000 万元，累计折旧 270 万元，公允价值为 9 500 万元。假定该公司按 10%计其盈余公积。威远公司做如下会计处理。

借：投资性房地产——成本	95 000 000	
投资性房地产累计折旧	2 700 000	
贷：投资性房地产		90 000 000
利润分配		6 930 000
盈余公积		770 000

4. 投资性房地产的后续支出

投资性房地产后续支出，是指企业在确认投资性房地产后，在持有期间发生的与投资性房地产使用效能直接相关的各项支出，如修理支出、改扩建支出。

如果企业为维护或恢复投资性房地产原有的使用效能而发生的日常维护或修理支出，应当将其费用化，计入当期损益。

有时企业为了提高投资性房地产的使用效能，会对投资性房地产进行改扩建或者装修，改扩建或装修满足资本化条件的，应予以资本化。

采用成本模式计量的，投资性房地产进入改扩建或装修阶段时，应将其账面价值转入“投资性房地产（在建）”科目，发生资本化支出时，一律通过“投资性房地产（在建）”科目汇集，待改扩建或装修完毕时，再将“投资性房地产（在建）”科目转入“投资性房地产”科目。

采用公允价值模式计量的，投资性房地产进入改扩建或装修阶段时，应借记“投资性房地产（在建）”科目，贷记“投资性房地产——成本/公允价值变动”等科目，改扩建或装修完毕时，借记“投资性房地产——成本”科目，贷记“投资性房地产（在建）”科目。

【例 7-14】威远公司对其拥有的一项投资性房地产进行改扩建，该项房地产原值 1 790 万元，已提折旧 350 万元。改扩建过程中领用原材料 200 万元，用银行存款支付各种费用 250 万元，2015 年 12 月 31 日该项投资性房地产达到预定可使用状态，继续由原承租企业承租。威远公司对投资性房地产采用成本模式进行计量。

① 将投资性房地产转入在建工程。

借：投资性房地产（在建）	14 400 000	
投资性房地产累计折旧	3 500 000	
贷：投资性房地产		17 900 000

② 发生改扩建支出。

借：投资性房地产（在建）	4 840 000	
贷：原材料		2 000 000
应交税费——应交增值税（进项税转出）		340 000
银行存款		2 500 000

③ 2012年12月31日改扩建完工。

借：投资性房地产　　　　　　　　　　　　　　　　19 240 000

　　贷：投资性房地产（在建）　　　　　　　　　　　19 240 000

【例7-15】威远公司对其拥有的一项投资性房地产进行改扩建，改扩建前该项房地产账面价值为2 000万元，其中成本1 800万元，公允价值累计增加200万元。改扩建过程中领用原材料200万元，用银行存款支付各种费用250万元，2015年12月31日该项投资性房地产达到预定可使用状态，继续由原承租企业承租。威远公司对投资性房地产采用公允价值模式进行计量。

① 将投资性房地产转入在建工程。

借：投资性房地产（在建）　　　　　　　　　　　　20 000 000

　　贷：投资性房地产——成本　　　　　　　　　　　　18 000 000

　　　　　　　　　　——公允价值变动　　　　　　　　　2 000 000

② 发生改扩建支出。

借：投资性房地产（在建）　　　　　　　　　　　　4 840 000

　　贷：原材料　　　　　　　　　　　　　　　　　　　2 000 000

　　　　应交税费——应交增值税（进项税额转出）　　　　340 000

　　　　银行存款　　　　　　　　　　　　　　　　　　2 500 000

③ 2015年12月31日改扩建完工。

借：投资性房地产——成本　　　　　　　　　　　　24 840 000

　　贷：投资性房地产（在建）　　　　　　　　　　　24 840 000

7.2.4 投资性房地产转换

1. 投资性房地产转换的形式

房地产的转换，是因房地产用途发生改变而对房地产进行的重新分类。企业必须有确凿证据证明房地产用途发生改变，才能将投资性房地产转换为非投资性房地产，或者相反。确凿的证据包括：一是企业管理当局应当就改变房地产用途形成正式的书面决议；二是房地产因用途改变而发生实际状态上的变化。投资性房地产的转换包括以下几种形式。

（1）投资性房地产开始自用，比如企业原来出租给外单位的土地使用权或房屋，现停止出租，改为企业的厂房、办公楼。

（2）作为存货的房地产改为出租，比如企业原来开发建设完成待售的商品房，改为出租给外单位。

（3）自用土地使用权停止自用，用于赚取租金或资本增值。

（4）自用建筑物停止自用，改为出租。

2. 投资性房地产转换日的确定

转换日是指房地产的用途发生改变、状态相应发生改变的日期。转换日的确定标准如下。

（1）投资性房地产开始自用，转换日是指房地产达到自用状态，企业开始将房地产用于生产产品、提供劳务或经营管理的日期。

（2）存货、自用建筑物或自用土地使用权改为出租，转换日为租赁开始日。

（3）自用土地使用权改为用于资本增值，转换日是指企业停止该项土地使用权的使用，且管理当局做出房地产转换决议的日期。

3. 投资性房地产转换为自用房地产

（1）采用成本模式进行后续计量的投资性房地产转换为自用房地产。企业将投资性房地产转换为自用房地产，应当按该项投资性房地产在转换日的账面余额、累计折旧（摊销）、减值准备分别转入“固定资产（无形资产）”“累计折旧（摊销）”和“固定资产（无形资产）减值准备”科目。

【例 7-16】威远公司将原出租给绿岛公司的一栋写字楼收回，改为办公楼。该栋写字楼原值10 500 000元，已提折旧1 000 000元，已计提减值准备500 000元，威远公司对投资性房地产采用成本模式计量。根据资料，编制会计分录如下。

借：固定资产　10 500 000
　　投资性房地产累计折旧　1 000 000
　　投资性房地产减值准备　500 000
　　贷：投资性房地产　10 500 000
　　　　累计折旧　1 000 000
　　　　固定资产减值准备　500 000

（2）采用公允模式进行后续计量的投资性房地产转换为自用房地产。企业应以其转换日的公允价值作为自用房地产的账面价值，公允价值与原账面价值的差额计入当期损益。转换日，企业按该项投资性房地产的公允价值，借记“固定资产（无形资产）”科目，按该项投资性房地产的成本，贷记“投资性房地产——成本”科目，按该项投资性房地产的累计公允价值变动，借记或贷记“投资性房地产——公允价值变动”科目，借贷方的差额计入“公允价值变动损益”科目。

【例 7-17】威远公司2015年12月1日将原出租给紫光公司的一项土地使用权收回改为自用，转换当日该项土地使用权的公允价值为21 500 000元，账面价值为21 300 000元，其中成本为20 800 000元，累计公允价值增加500 000元，威远公司对投资性房地产采用公允价值模式计量。根据资料，编制会计分录如下。

借：无形资产　21 500 000
　　贷：投资性房地产——成本　20 800 000
　　　　　　　　　　——公允价值变动　500 000
　　　　公允价值变动损益　200 000

4. 作为存货的房地产转换为投资性房地产

（1）采用成本模式计量的存货房地产转换为投资性房地产。企业应当在转换日，按该项存货的账面价值，借记“投资性房地产”科目，如原已计提跌价准备的，借记“存货跌价准备”科目，按其账面余额，贷记“开发产品”科目。

【例 7-18】威远公司为房地产开发企业，2015年12月2日威远公司将其开发的一栋楼房出租给甲公司使用，该栋楼房的建造成本为5 000 000元，威远公司对投资性房地产采用成本模式计量。

借：投资性房地产　5 000 000
　　贷：开发产品　5 000 000

（2）采用公允价值模式计量的存货房地产转换为投资性房地产。企业应按该项房地产在转换日的公允价值，借记“投资性房地产——成本”科目，如原已计提跌价准备的，借记“存货跌价准备”

科目，按其账面余额，贷记“开发产品”科目。值得注意的是，转换日公允价值小于账面价值的，按其差额，借记“公允价值变动损益”科目；反之，按其差额贷记“其他综合收益”科目。

【例 7-19】威远公司为房地产开发企业，2015 年 11 月 1 日公司将其开发的一栋商品房出租给乙公司使用，该栋商品房的开发成本为 700 000 元，出租日该栋商品房的公允价值为 1 200 000 元，威远公司对投资性房地产采用公允价值模式计量。根据资料，编制会计分录如下。

借：投资性房地产——成本	1 200 000	
贷：开发产品		700 000
其他综合收益		500 000

5. 自用房地产转换为投资性房地产

（1）采用成本模式计量的自用房地产转换为投资性房地产。企业应当按该项房地产在转换日的原价、累计折旧（摊销）、减值准备分别转入“投资性房地产”“投资性房地产累计折旧（累计摊销）”“投资性房地产减值准备”科目。

【例 7-20】2015 年 12 月 1 日威远公司将其办公楼出租给乙公司，该栋办公楼原值 8 000 000 元，已提折旧 1 000 000 元，威远公司对投资性房地产采用成本模式计量。根据资料，威远公司编制如下会计分录。

借：投资性房地产	8 000 000	
累计折旧	1 000 000	
贷：固定资产		8 000 000
投资性房地产累计折旧		1 000 000

（2）采用公允价值模式计量的自用房地产转换为投资性房地产。企业应按该项房地产在转换日的公允价值，借记“投资性房地产——成本”科目，如原已计提的累计折旧（摊销），借记“累计折旧（摊销）”科目，如原已计提跌价准备的，借记“固定资产（无形资产）减值准备”科目，按其账面余额，贷记“固定资产（无形资产）”科目。值得注意的是，转换日公允价值小于账面价值的，按其差额，借记“公允价值变动损益”科目；反之，按其差额贷记“其他综合收益”科目。

【例 7-21】威远公司 2015 年 12 月 1 日将其自用的一栋办公楼出租给紫光公司，该栋办公楼原值 7 000 000 元，累计折旧 2 000 000 元，转换当日该栋办公楼的公允价值为 8 000 000 元，威远公司对投资性房地产采用公允价值模式计量。根据资料，编制如下会计分录。

借：投资性房地产——成本	8 000 000	
累计折旧	2 000 000	
贷：固定资产		7 000 000
其他综合收益		3 000 000

【例 7-22】如果【例 7-21】转换当日该栋办公楼的公允价值为 4 000 000 元，其他条件不变，威远公司编制会计分录如下。

借：投资性房地产——成本	4 000 000	
累计折旧	2 000 000	
公允价值变动损益	1 000 000	
贷：固定资产		7 000 000

7.2.5 投资性房地产的处置

当投资性房地产被处置，或者永久性退出使用且预计不能从其处置中取得经济利益时，应当终止确认该项房地产。投资性房地产的处置主要指投资性房地产的出售、报废和毁损，也包括对外投资、非货币性交换或债务重组等原因转出投资性房地产的情形。

1. 采用成本模式计量的投资性房地产的处置

企业在出售、转让投资性房地产时，应按实际收到的价款，借记“银行存款”等科目，贷记“其他业务收入”科目；按该项房地产的账面价值，借记“其他业务成本”科目，按投资性房地产的原值，贷记“投资性房地产”科目。如原已计提累计折旧或摊销，借记“投资性房地产累计折旧（摊销）”科目，如原已计提减值准备的，借记“投资性房地产减值准备”科目。

【例 7-23】2012 年威远公司将一栋房屋出租给小叶公司，2015 年 11 月 30 日租赁合同到期，威远公司将该栋房屋转让给大东公司，取得转让收入 8 000 000 元。该栋房屋原值 6 000 000 元，已计提折旧 500 000 元，根据资料，威远公司编制如下会计分录。

借：银行存款　　8 000 000
　　贷：其他业务收入　　8 000 000
借：其他业务成本　　5 500 000
　　投资性房地产累计折旧　　500 000
　　贷：投资性房地产　　6 000 000

2. 采用公允模式计量的投资性房地产的处置

企业应当按照实际收到的价款，借记“银行存款”等科目，贷记“其他业务收入”科目；按该项房地产的账面价值，借记“其他业务成本”科目，按其成本，贷记“投资性房地产——成本”科目，按其累计的公允价值变动损益，转入“其他业务成本”科目。若存在原转换日计入资本公积的金额，也需要一并转入“其他业务成本”科目。

【例 7-24】威远公司为一家房地产开发企业，2014 年 3 月 10 日，威远公司与丙企业签订了租赁协议，将其开发的一栋写字楼出租给乙企业，租赁开始日为 2014 年 4 月 10 日。当日该写字楼的开发成本为 44 800 万元，公允价值为 46 000 万元。2014 年 12 月 31 日，该投资性房地产公允价值为 48 000 万元。2015 年 6 月租赁期满，威远企业收回写字楼，并以 53 000 万元出售，价款已收到。威远公司对投资性房地产采用公允价值模式计量。

① 2014 年 4 月 10 日：

借：投资性房地产——成本　　460 000 000
　　贷：开发产品　　448 000 000
　　　　其他综合收益　　12 000 000

② 2014 年 12 月 31 日：

借：投资性房地产——公允价值变动　　20 000 000
　　贷：公允价值变动损益　　20 000 000

③ 2015 年 6 月：

借：银行存款　　53 000 000
　　贷：其他业务收入　　53 000 000

借：其他业务成本　48 000 000
　贷：投资性房地产——成本　460 000 000
　　　——公允价值变动　20 000 000
借：公允价值变动损益　20 000 000
　贷：其他业务成本　20 000 000
借：其他综合收益　12 000 000
　贷：其他业务成本　12 000 000

7.3 长期待摊费用

7.3.1 长期待摊费用概述

长期待摊费用是指企业当期发生的、应在 1 年以上的期间内分期摊销计入产品成本或期间费用的支出，包括：已提足折旧的固定资产的改建支出、经营租入固定资产的改建支出、固定资产大修理支出和其他长期待摊费用等。

7.3.2 长期待摊费用核算

长期待摊费用应在其摊销期限内进行摊销，具体规定如下。

（1）已提足折旧的固定资产改建支出，按照固定资产尚可使用年限分期摊销。

（2）经营租入固定资产的改建支出，按照合同约定的剩余租赁期限分期摊销。

（3）固定资产的大修理支出，按照固定资产尚可使用年限分期摊销。

（4）其他长期待摊费用，自支出发生月份的下月起分期摊销，摊销期不得低于 3 年。

发生长期待摊费用时，应借记“长期待摊费用”科目，贷记“银行存款”等科目。摊销长期待摊费用时，应按其受益对象，借记“制造费用”“管理费用”等科目，贷记“长期待摊费用”科目。

【例 7-25】威远公司对一条生产线进行大修理，大修理过程中发生材料费 50 000 元，人工费 10 000 元，其他费用 12 000 元，大修理于 2015 年 12 月完毕，大修理后该生产线尚可使用 10 年。不考虑其他因素，威远公司应编制如下会计分录。

① 对生产线进行大修理时。

借：长期待摊费用　72 000
　贷：原材料　50 000
　　　应付职工薪酬　10 000
　　　银行存款　12 000

② 每月应摊销长期待摊费用 600（72 000÷10÷12）元。

借：制造费用　600
　贷：长期待摊费用　600

关键术语

无形资产　研究开发　投资性房地产　成本模式　公允价值模式　转换

思考与练习

一、思考题

1．简述无形资产的概念和特征。

2．自行研究开发无形资产应如何进行会计核算？

3．投资性房地产的计量模式有哪些？分别如何核算？

4．投资性房地产的转换形式有几种？分别如何核算？

二、练习题

1．甲公司在2009年自行研究开发一项专利技术，研究阶段领用原材料50 000元，应付研究人员工资200 000元，开发阶段领用原材料200 000元，应付相关人员工资300 000元，用银行存款支付其他费用100 000元，开发阶段有70 000元不符合资本化条件；2010年1月1日该专利技术开发成功，申请专利发生咨询费等费用10 000元。该项专利权预计使用寿命为9年，预计净残值为零，采用直线法进行摊销。2012年12月31日该项专利权可收回金额为300 000元，预计使用年限不变。2015年1月甲公司转让该项专利权，收取价款220 000元，适用的增值税税率为6%。

要求：根据上述经济业务编制甲公司与该项专利权相关的会计分录。

2．乙公司对投资性房地产采用公允价值模式计量。2013年1月1日，乙公司将其生产厂房对外出租，每年租金为25 000元，该厂房原值300 000元，已提折旧150 000元，该厂房公允价值为180 000元；2013年12月31日该厂房的公允价值为200 000元；2014年12月31日该厂房公允价值为220 000元；2015年9月30日租赁合约到期，乙公司将该厂房出售给丙公司，收取价款250 000元。

要求：根据上述经济业务编制乙公司的相关会计分录。

3．丙公司于2015年1月30日将采用公允价值模式计量的投资性房地产转为行政管理部门使用，该建筑物2014年12月31日公允价值3 000万元（成本2 800万元，公允价值变动200万元），2015年1月30日公允价值为3 050万元，转换日该建筑物的尚可使用年限为15年，采用年限平均法计提折旧，无残值。

要求：编制丙公司与该投资性房地产相关的会计分录。

4．2009年12月31日，甲公司与乙公司签订了租赁协议，将该办公大楼经营租赁给乙公司，租赁期为5年，年租金为260万元，租金每隔6个月收一次。2010年6月30日收取第一次租金，租赁期开始日为2010年1月1日。出租时该办公楼的成本为1 800万元，已提折旧300万元，减值准备100万元，公允价值2 200万元。假定投资性房地产满足公允价值计量的条件，甲企业决定对投资性房地产采用公允价值模式计量。2010年6月30日，该办公楼的公允价值为2 300万元。2010年12月31日，该办公楼的公允价值为2 250万元。2011年1月1日，由于甲公司资金紧张，与乙公司协商后决定，将该办公楼出售给乙公司，售价为2 100万元，款项已收取。假设不考虑相关税费。

要求：编制甲公司投资性房地产相关业务的会计分录。

负债　第8章

【学习目标】

负债是企业资金来源之一，本章主要介绍负债的内容及会计处理。通过本章学习，应做到以下几点要求：

- 了解负债的概念及特点；
- 掌握流动负债包括短期借款、应付票据、应付账款、应付职工薪酬、应交税费和其他应付款业务的核算；
- 掌握非流动负债包括长期借款、应付债券、长期应付款、预计负债业务核算；
- 掌握债务重组业务的核算。

【知识导图】

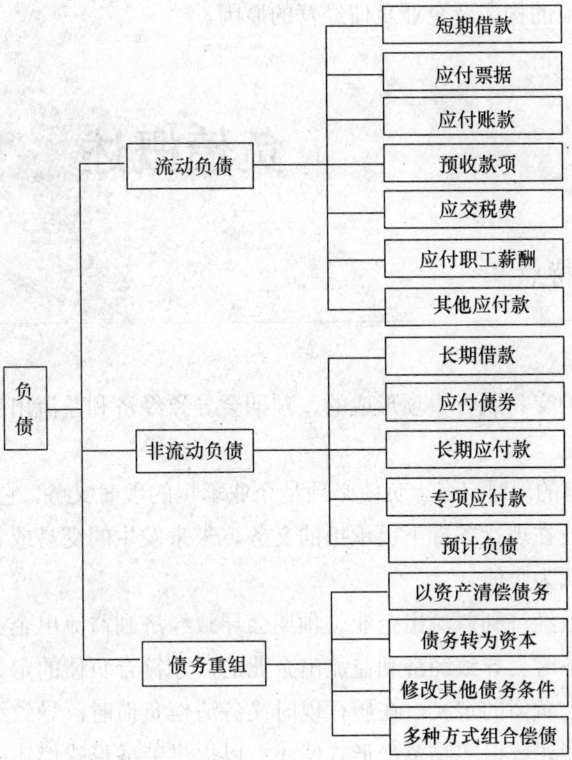

【引导案例】

TCL集团股份有限公司创立于1981年，是中国最大的、全球性规模经营的消费类电子企业集团之一，旗下拥有三家上市公司：TCL集团、TCL多媒体科技、TCL通讯科技。下表为TCL集团2006—2010年部分财务指标，从表中看出，TCL集团的资产负债率一直维持在较高位置，在2006年甚至达到80%，远高于行业公认的70%的临界点。在2004年并购汤姆逊之后，由于整合不利，TCL集团的欧洲区业务出现巨额亏损，受此影响TCL集团在2005年、2006年连续两年巨额亏损，亏损金额分别为14.6亿元和35.7亿元。连年的亏损是造成2006年集团资产负债率高达80%的原因，随着集团对汤姆逊公司彩电业务的剥离，经过艰难的资源整合、提升经营效率，在2007年TCL集团终于实现了扭亏为盈，并且伴随着企业经营状况的好转，集团得以通过配股、增发等资本市场融资手段来改善负债状况，资产负债率也随之不断下降。

TCL 集团主要财务指标

指标项	2006 年	2007 年	2008 年	2009 年	2010 年
总资产报酬率（%）	-16.25	2.19	2.84	3.22	1.13
销售净利率（%）	-4.12	0.86	1.18	1.64	0.91
总资产周转率（次）	1.80	1.70	1.83	1.61	1.24
资产负债比率（%）	79.69	72.65	73.22	72.12	66.17
流动比率（%）	97.38	122.09	109.53	126.69	145.91
销售增长率（%）	-9.33	-19.81	-1.66	15.29	17.09
总资产增长率（%）	-26.90	-6.31	12.26	30.36	76.88

数据来源：巨潮网。

通过此案例了解负债的构成及企业负债经营的原因。

8.1 负债概述

8.1.1 负债概念及特点

1. 负债的定义

负债是指企业过去的交易或者事项形成的，预期会导致经济利益流出企业的现时义务。负债具有以下几个方面的特征。

（1）负债是企业承担的现时义务。负债必须是企业承担的现时义务，它是负债的一个基本特征。其中，现时义务是指企业在现行条件下已承担的义务。未来发生的交易或者事项形成的义务，不属于现时义务，不应当确认为负债。

（2）负债预期会导致经济利益流出企业。预期会导致经济利益流出企业也是负债的一个本质特征，只有企业在履行义务时会导致经济利益流出企业的，才符合负债的定义，如果不会导致企业经济利益流出的，就不符合负债的定义。在履行现时义务清偿负债时，导致经济利益流出企业的形式多种多样，例如用现金偿还或以实物资产形式偿还；以提供劳务形式偿还；部分转移资产、部分提供劳务形式偿还；将负债转为资本等。

（3）负债是由企业过去的交易或者事项形成的。负债应当由企业过去的交易或者事项所形成。换句话说，只有过去的交易或者事项才形成负债，企业将在未来发生的承诺、签订的合同等交易或者事项，不形成负债。

2. 负债的确认条件

将一项现时义务确认为负债，需要符合负债的定义，还需要同时满足以下两个条件。

（1）与该义务有关的经济利益很可能流出企业。

（2）未来流出的经济利益的金额能够可靠地计量。

8.1.2 负债的分类

负债按偿还期的长短分类，可分为流动负债和非流动负债。流动负债是指将在 1 年内或超过 1 年的一个营业周期内偿还的债务；非流动负债是指偿还期在 1 年以上或超过 1 年的一个营业周期以上的债务。

8.2 流动负债

流动负债是指预计将在一个正常营业周期中清偿或者主要为交易目的而持有或者自资产负债表日起 1 年内（含 1 年）偿还的债务。流动负债主要包括短期借款、应付票据、应付账款、预收账款、应付职工薪酬、应交税费、应付利息、应付股利、其他应付款等。

各项流动负债，应按实际发生额入账。短期借款、带息应付票据、短期应付债券应当按照借款本金或债券面值入账，按照确定的利率分期计提利息，计入损益。

确认流动负债的目的主要是将其与企业的流动资产进行比较，了解企业的财务状况，评价企业的偿债能力。

8.2.1 流动负债的特点

流动负债有三个主要特点：①偿还期短；②举借流动负债的目的主要是满足经营资金周转的需要；③到期必须用企业资产、提供劳务或举借新的负债来偿还。

8.2.2 短期借款

短期借款是指企业从银行或其他金融机构借入的偿还期在 1 年以内（含 1 年）的各种借款。短期借款一般是企业为维持正常的生产经营活动所需的资金而借入的，或是为了归还某项债务而临时借入的并能在 1 年内或一个营业周期内归还的款项。

企业应通过“短期借款”科目核算短期借款的取得及偿还情况。该科目贷方登记取得借款的本金数额，借方登记偿还借款的本金数额，余额在贷方，表明尚未偿还的短期借款本金。短期借款核算主要涉及三个方面：取得借款、计算利息、归还借款。

1. 短期借款取得的处理

借：银行存款

　　贷：短期借款

2. 短期借款利息的处理

短期借款利息属于筹资费用，应记入“财务费用”科目，并区分不同情况做出账务处理。

（1）如果借款是按月支付利息的，或利息是在借款到期时连同本金一并偿还，而且数额不大的，可在支付时直接记入当期损益。

借：财务费用

　　贷：银行存款

（2）如果借款利息是按期支付的，或利息是在借款到期时连同本金一并偿还，且数额较大的，利息费用按月预提记入“财务费用”。

借：财务费用

　　贷：应付利息

实际支付利息时：

借：应付利息（已提利息）

　　财务费用（本期利息）

　　贷：银行存款

3. 归还短期借款本金的处理

借：短期借款

　　贷：银行存款

【例 8-1】威远有限责任公司 2015 年 7 月 1 日从银行取得短期借款 1 000 000 元，期限为 6 个月，年利率为 8.4%，到期一次性归还本金，利息按季支付。编制会计分录如下。

① 7 月 1 日取得借款。

	借方	贷方
借：银行存款	1 000 000	
贷：短期借款		1 000 000

② 7 月末、8 月末，每月分别预提利息费用 7 000 元。

	借方	贷方
借：财务费用	7 000	
贷：应付利息		7 000

③ 9 月末实际支付第一季度借款利息 21 000 元时。

	借方	贷方
借：财务费用	7 000	
应付利息	14 000	
贷：银行存款		21 000

第二季度利息的会计处理同上。

④ 2015 年 12 月 31 日还本付息。

	借方	贷方
借：短期借款	1 000 000	
财务费用	7 000	
应付利息	14 000	
贷：银行存款		1 021 000

8.2.3 应付及预收款项

1. 应付票据

应付票据是企业在购货过程中由于采用商业汇票结算方式延期付款而形成的流动负债。在我国，应付票据主要指短期应付票据，即商业汇票，其付款期限最长为 6 个月。应付票据的核算应通过“应付票据”科目，核算应付票据的发生、偿付等情况。该科目贷方登记开出、承兑汇票的面值及带息票据的预提利息，借方登记支付票据的金额，余额在贷方，表示企业尚未到期的商业汇票的票面金额。应付票据按承兑人不同分为商业承兑汇票和银行承兑汇票，按是否带息分为带息票据和不带息票据。

（1）带息应付票据的核算。带息应付票据是指票面上注明利息率的应付票据，这种票据到期时，除支付票面金额外，还要按票面利率支付利息。对于带息票据，企业应按照票据的存续期间和票面利率计算应付利息，并相应增加应付票据的账面价值，期末计算应付利息，借记“财务费用”科目，贷记“应付票据”科目；票据到期支付利息时，按票据账面余额，借记“应付票据”，按未计的利息，借记“财务费用”科目，按实际支付的金额，贷记“银行存款”科目。在存续期间内何时计算应付利息并入账，由企业自行决定，但在中期期末和年度终了时，企业必须计算带息票据的利息，并计入当期损益。如果票据期限较短，利息金额不大，为了简化核算手续，可以于票据到期支付票据利息时，一次记入“财务费用”科目。到期不能支付的带息应付票据期末不再计提利息。

【例 8-2】威远有限责任公司于 2015 年 9 月 1 日开出一张期限为 6 个月，面值为 234 000 元，利率为 8.4%的带息商业汇票，用以采购一批材料。增值税专用发票上注明的材料价款为 200 000 元，增值税额为 34 000 元。编制会计分录如下。

① 2015 年 9 月 1 日购入商品开出票据时。

借：材料采购	200 000	
应交税费——应交增值税（进项税额）	34 000	
贷：应付票据		234 000

② 2015 年 12 月 31 日计算 4 个月的应付利息 6 552（234 000×8.4%÷12×4）元时。

借：财务费用	6 552	
贷：应付票据		6 552

③ 2016 年 3 月 1 日到期付款时。

借：应付票据	240 552	
财务费用	3 276	
贷：银行存款		243 828

（2）不带息应付票据的核算。不带息应付票据是指票面上未注明利率的应付票据，这种票据到期时，只需按面值偿付。

【例 8-3】威远有限责任公司 2015 年 12 月 1 日购入原材料一批，买价为 10 000 元，增值税额 1 700 元，共计 11 700 元，原材料已验收入库，采用商业汇票结算方式进行结算。该企业签付一张不带息的商业承兑汇票，付款期限为 3 个月。2016 年 3 月 1 日，用银行存款支付票据款 11 700 元。编制会计分录如下。

① 2015 年 12 月 1 日签付商业承兑汇票 11 700 元时。

借：原材料	10 000	
应交税费——应交增值税（进项税额）	1 700	
贷：应付票据		11 700

② 2016 年 3 月 1 日支付票据款 11 700 元时。

借：应付票据	11 700	
贷：银行存款		11 700

（3）应付票据到期的核算。企业签发的商业汇票到期时，应无条件支付票据款。由于企业筹集付款资金的方法和能力有所不同，到期时可能会出现有能力支付票据款和无能力支付票据款两种情况。

① 有能力支付票据款。在商业汇票到期时，如果企业有能力支付票据款，则企业的开户银行在收到商业汇票付款通知时，无条件支付票据款。企业在收到开户银行的付款通知时，核销应付票据。

② 无能力支付票据款。在商业汇票到期时，如果企业无能力支付票据款，则应根据不同承兑人进行承兑的汇票做不同处理。

采用商业承兑汇票进行核算，承兑人即为付款人。如果付款人无能力支付票据款，银行将把商业承兑汇票退还给收款人，由收付款双方协商解决。由于商业汇票已经失效，付款人应将应付票据转为应付账款，应付的利息也应计入应付账款。如果是不带息的商业汇票，企业应按票面价值，借记"应付票据"科目，贷记"应付账款"科目；如果是带息的商业汇票，企业应按票面价值，借记"应付票据"科目，按应付的利息，借记"财务费用"科目，按到期价值，贷记"应付账款"科目。

采用银行承兑汇票进行结算时，承兑人为承兑银行。如果付款人无力支付票据款，承兑银行将代为支付票据款，并将其转为对付款人的逾期贷款。由于商业汇票已经失效，付款人应将应付票据转为短期借款，应付的利息也应计入短期借款。如果是不带息的商业汇票，企业应按票面价值，借记"应付票据"科目，贷记"短期借款"科目；如果是带息的商业汇票，企业应按票面价值，借记"应付票据"科目；按应付的利息，借记"应付利息""财务费用"科目，按到期价值，贷记"短期借款"科目。企业支付的罚息，应计入"财务费用"科目。

企业应当设置"应付票据备查簿"，详细登记商业汇票的种类、号数、签发日期、到期日、票据金额、票面利率、交易合同号、收款人姓名或单位名称，以及付款日期和金额等资料。应付款票据到期结清时，应当在备查簿内逐笔注销。

2. 应付账款的核算

应付账款是指企业在正常的生产经营过程中因购买材料、商品或接受劳务供应等应偿付的款项，属于流动负债。这是一种最常见、最普通的负债，主要是由于企业取得资产的时间与结算付款的时间不一致而形成的。应付账款与前述应付票据不同，虽然两者都是由交易引起、都属于流动负债，但应付账款属于尚未结清的债务，而应付票据是一种期票，是延期付款、承诺付款的证明。票据到期时，企业负有无条件支付票据款的责任。

企业应通过"应付账款"科目，核算应付账款的发生、偿还、转销等情况。该科目贷方登记企业购买材料、商品和接受劳务等而发生的应付账款，借方登记偿还的应付账款，或开出商业承兑汇票抵付应付账款的款项，或已冲销的无法支付的应付账款，余额一般在贷方，表示企业尚未支付的应付账款余额。本科目一般应按照债权人设置明细科目进行明细核算。

应付账款核算的主要内容：一是入账时间的确定；二是入账价值的确定。

（1）应付账款入账时间应以所购买物资的所有权已转移或接受劳务已发生为标志，即在企业取得所购物资的所有权或已接受劳务时确定应付账款。

① 在货物和发票账单同时到达的情况下，应付账款一般等货物验收入库后，才按发票账单登记入账。这主要是为了确认所购入的物资无论从质量上还是数量上或品种上都与合同上订明条件相符，以避免发生入账后在验收入库时发现购入货物错、漏、破损等问题再进行调账的情况。

② 在物资和发票账单不是同时到达的情况下，由于应付账款要根据发票账单入账，有时候物资已到而发票账单在月末仍未到达，由于这笔负债已经成立，应作为一项负债反映。企业应对其进行估价，从而在资产负债表上客观地反映企业所拥有的资产和承担的债务，但为了规范实际支付款项时的核算方法，应在下月初编制红字记账凭证予以冲销。

（2）应付账款入账价值的确定。一般来说，应付账款不再单独计算利息，因为应付账款的偿付期限较短，往往在月内能够付款。为了简化核算工作，业务发生时的金额即为未来应付的金额，延期付款期间的利息已经包含在业务发生时的金额之内，按照重要性原则，应付账款一般按照业务发生时的金额即未来应付的金额入账。企业确认应付账款时，借记有关科目，贷记“应付账款”科目；在偿还应付账款时，借记“应付账款”科目，贷记“银行存款”等科目。

如果应付账款中含有现金折扣，应按照扣除现金折扣前的应付款总额入账。因在折扣期限内付款而获得的现金折扣，应在偿付应付款时冲减财务费用。

【例 8-4】威远有限责任公司 2015 年 12 月 6 日，从 A 企业购入一批材料，货款 30 000 元，增值税 5 100 元，材料已运到并验收入库，款项尚未支付。威远有限责任公司的有关会计分录如下。

借：原材料　　30 000
　　应交税费——应交增值税（进项税额）　　5 100
　　贷：应付账款——A 企业　　35 100

3. 预收账款的核算

预收账款是企业按照合同规定向购货单位预收的款项，它是买卖双方协议商定，由购货方预先支付一部分货款给供应方而发生的一项负债。与应付账款不同，预收账款所形成的负债不是以货币偿付，而是要用以后的商品或劳务等偿付。

为了核算预收账款业务，应设置“预收账款”科目，预收账款不多的企业，也可以不设置“预收账款”科目，所发生的预收账款业务，可通过“应收账款”科目核算。

企业应通过“预收账款”科目，核算预收账款的取得、偿付等情况。该科目贷方登记发生的预收账款的数额和购货单位补付账款的数额，借方登记企业向购货方发货后冲销的预收账款数额和退回购货方多付款项的数额，余额一般在贷方，反映企业向购货单位预收款项但尚未向购货方发货的数额，如为借方余额，反映企业尚未转销的款项。企业应当按照购货单位设置明细科目进行明细核算。

单独设置“预收账款”科目的企业，自购货单位预收款项时，借记“银行存款”科目，贷记“预收账款”科目；销售货物或提供劳务实现时，借记“预收账款”科目，贷记“主营业务收入”“应交税费——应交增值税（销项税额）”等科目。退还多收的货款时，借记“预收账款”科目，贷记“银行存款”科目；收到购货单位补付的货款时，借记“银行存款”科目，贷记“预收账款”科目。

【例 8-5】威远有限责任公司 2015 年 12 月 8 日与 D 公司签订一批订货合同，按合同规定，货款金额总计为 300 000 元，预计 6 个月完成。订货方预付货款 40%，另 60%待完工发货后再支付。该物资的增值税税率为 17%。编制会计分录如下。

① 2015 年 12 月 8 日收到预付的货款时：

借：银行存款　　120 000
　　贷：预收账款——D 公司　　120 000

② 6个月后产品发出后收到剩余货款时：

借：预收账款——D公司　　351 000

　　贷：主营业务收入　　300 000

　　　　应交税费——应交增值税（销项税额）　　51 000

借：银行存款　　231 000

　　贷：预收账款——D公司　　231 000

8.2.4 应交税费

应交税费核算企业按照税法等规定向国家缴纳的各种税金和其他相关费用，这些应交的税费在尚未缴纳之前暂时停留在企业，形成一项负债。

企业应缴纳的税金按照征税对象可分为三类：流转税、所得税和其他税种。流转税是指对从事商品生产、销售及提供劳务的企业，按照商品和劳务的流转额来计算征税的税，包括增值税、消费税等。所得税是指对纳税人在一定期间内获得的各种所得征收的一类税种，包括企业所得税和个人所得税。其他税种包括：①资源、土地税类，包括资源税、土地使用税、土地增值税等；②行为税类，包括印花税、车船使用税、城市维护建设税等；③财产税类，主要包括房产税和契税等。

企业应交的以上各类税金除了印花税、耕地占用税以及其他不需要预计应交税的税金直接以货币资金支付外，其他必须通过"应交税费"科目核算。

企业应通过"应交税费"科目，总括反映各种税费的缴纳情况，并按照应交税费的种类进行明细核算。该科目贷方登记应缴纳的各种税费等，借方登记实际缴纳的各种税费；期末余额一般在贷方，反映企业尚未缴纳的税费，期末余额如在借方，反映企业多交或尚未抵扣的税费。企业缴纳的印花税、耕地占用税等不需要预计应交数的税金，不通过"应交税费"科目核算。

1. 应交增值税

增值税是就货物和应税劳务的增值部分征收的一种流转税。增值税的纳税人是在我国境内销售货物、进口货物、提供建筑安装、各类服务、加工、修理修配劳务的单位和个人。按照纳税人经营规模及会计核算的健全程度，增值税纳税人分为一般纳税人和小规模纳税人。一般纳税人应纳增值税额，根据当期销项税额减去当期进项税额计算确定；小规模纳税人应纳增值税额，按照销售额和规定的征收率计算确定。

（1）增值税的征税范围。现行增值税的征收范围一般包括：①销售或者进口的货物，货物是指有形动产，包括房屋、电力、热力、气体在内。销售货物，是指有偿转让货物的所有权；②交通运输服务，包括：陆路、水路、航空、铁路、管道运输服务；③提供现代服务，包括研发和技术服务、信息技术服务、文化创意服务、物流辅助服务、有形动产租赁服务等；④邮政服务，包括邮政普遍服务、邮政特殊服务和其他邮政服务；⑤建筑服务，包括工程服务、安装服务、修缮服务、装饰服务和其他建筑服务；⑥金融服务，包括金融和保险服务；⑦提供生活服务，包括文化体育服务、教育医疗服务、旅游娱乐服务、餐饮住宿服务、居民日常服务和其他生活服务。⑧提供的加工、修理修配劳务。加工是指受托加工货物；修理修配是指受托对损伤和丧失功能的货物进行修复。

（2）一般纳税企业的核算。为了核算企业应交增值税的发生、抵扣、缴纳、退税及转出等情况，应在"应交税费"科目下设置"应交增值税"明细科目核算，"应交税费——应交增值税"明细科目的借方发生额，反映企业购进或接受应税劳务支付的进项税、实际已缴纳的增值税、减免的增值税、转出未交增值税等，贷方发生额反映销售货物或提供劳务应收取的销项税额、出口货物退税、转出多交增值税等，期末余额一般在贷方，反映企业尚未缴纳的税费，期末余额如在借方，反映企业尚未抵扣的增值税。因此，在“应交税费——应交增值税”明细账内设以下专栏。

①“进项税额”，反映企业购入货物或接受劳务而支付的，准予从销项税额中抵扣的增值税额，企业购进或接受应税劳务支付的进项税额，用蓝字登记；退回所购货物冲销的进项税额，用红字登记。

②“已交税金”，反映企业已缴纳的增值税额。

③“销项税额”，反映企业销售货物或提供劳务应收取的销项税额，企业销售货物或提供劳务应收取的销项税额，用蓝字登记，退回销售货物应冲销的销项税额，用红字登记。

④“出口退税”，反映出口货物向海关办理出口手续后，凭出口报关单等有关凭证，向税务机关办理出口退税而收到退回的税款，出口货物退回的增值税，用蓝字登记，出口货物办理退税后发生退货或者退关而补交已退税款，用红字登记。

⑤“进项税额转出”，反映企业的购进货物、在产品、库存商品等发生非正常损失以及其他原因而不应从销项税额中抵扣，按规定应予以转出的进项税额。

⑥“转出多交增值税”，反映企业月度终了转出多交的增值税。

⑦“转出未交增值税”，反映企业月度终了转出应交而未交的增值税。

⑧“减免税款”，反映企业按规定减免的增值税。

⑨“出口抵减内销产品应纳税额”，反映企业按规定计算的出口货物的进项税额抵减内销产品的应纳税额。

为了核实一般纳税企业在月终时，有当月应交未交的增值税或多交的增值税，在“应交税费”科目下还应设置“未交增值税”明细科目，该明细科目的贷方登记自“应交增值税”明细科目转出的未交增值税，借方登记自“应交增值税”明细科目转出的多交增值税和本月实际缴纳的以前月份尚未缴纳的增值税；期末贷方余额反映未交的增值税，若为借方余额，则反映多交的增值税。

具体账务处理如下。

① 采购物资和接受应税劳务。企业从国内通过各种方式取得物资或接受应税劳务等，根据增值税专用发票上记载的应计入采购成本或应计入加工、修理修配劳务等物资成本的金额，借记“材料采购”“在途物资”“原材料”“库存商品”“生产成本”“制造费用”“委托加工物资”“管理费用”等科目，根据增值税专用发票上注明的可以抵扣的增值税额，借记“应交税费——应交增值税（进项税额）”科目，按照应付或实际支付的总额，贷记“应付账款”“应付票据”“银行存款”等科目。购入货物发生退货，做相反的会计分录。

【例 8-6】2015 年 12 月 1 日，威远有限责任公司购入原材料一批，增值税专用发票上注明货款 20 000 元，增值税额 3 400 元，货物已验收入库，货款和进项税额已支付。该公司有关的会计处理如下。

借：原材料　20 000

　　应交税费——应交增值税（进项税额）　3 400

　贷：银行存款　23 400

按照增值税暂行条例，企业购入免征增值税货物，一般不能够抵扣增值税销项税额。但是对于购进免税农业产品，可以按照买价和规定的扣除率计算进项税额，并准予从企业的销项税额中抵扣。企业购入免税农产品，按买价和规定税率计算的可抵扣增值税，借记“应交税费——应交增值税（进项税额）”科目，按买价扣除按规定计算的进项税额后的差额，借记“材料采购”“原材料”“库存商品”等科目，按应付或实际支出的价款，贷记“应付账款”“银行存款”“库存现金”等科目。

【例 8-7】某公司收购免税农业产品作为原材料，实际支付款项 100 000 元，产品已验收入库，款项已支付。假定甲公司采用实际成本进行材料日常核算，该产品准予扣除的进项税额按买价的 13%计算确定。甲公司的账务处理如下。

免税农业产品的增值税进项税额＝100 000×13%＝13 000（元）

借：原材料	87 000
应交税费——应交增值税（进项税额）	13 000
贷：银行存款	100 000

企业购进的货物用于非应税项目，其所支付的增值税额应计入购入货物的成本。

② 进项税额转出。企业购进的货物发生非常损失，以及将购进货物改变用途（如用于非应税项目、集体福利或个人消费等），其进项税额应通过“应交税费——应交增值税（进项税额转出）”科目转入有关科目，借记“待处理财产损溢”“在建工程”“应付职工薪酬”等科目，贷记“应交税费——应交增值税（进项税额转出）”科目；属于转作待处理财产损失的进项税额，应与遭受非正常损失的购进货物、在产品或库存商品的成本一并处理。

购进货物改变用途通常是指购进的货物在没有经过任何加工的情况下，对内改变用途的行为，如在建工程领用原材料、企业下属医务室等福利部门领用原材料等。

【例 8-8】2016 年 12 月 10 日，威远有限责任公司因意外火灾毁损库存材料一批，其实际成本为 50 000 元，增值税额 8 500 元。公司有关的会计处理如下。

借：待处理财产损溢——待处理流动资产损溢	58 500
贷：原材料	50 000
应交税费——应交增值税（进项税额转出）	8 500

③ 销售货物或者提供应税劳务。企业销售货物或者提供应税劳务，按照营业收入和应收取的增值税税额，借记“应收账款”“应收票据”“银行存款”等科目，按增值税专用发票上注明的增值税税额，贷记“应交税费——应交增值税（销项税额）”科目，按照实现的营业收入，贷记“主营业务收入”“其他业务收入”等科目。企业发生的销售退回，做相反的会计分录。

【例 8-9】2016 年 12 月 20 日，威远有限责任公司销售货物一批，专用发票上的不含税价款为 800 000 元，增值税率 17%，货款和税款均已收到。威远公司有关的会计处理如下。

借：银行存款	936 000
贷：主营业务收入	800 000
应交税费——应交增值税（销项税额）	136 000

④ 视同销售行为。企业有些交易或事项从会计角度看不属于销售行为，但是按照税法规定，应视同对外销售处理，计算应交增值税。根据《增值税暂行条例实施细则》的规定，企业将货物交付他人代销；销售代销货物；将自产或委托加工的货物用于非应税项目；将自产、委托加工或购买的货物作为投资，提供给其他单位或个体经营者；将自产、委托加工或购买的货物分配给股东或投资者；将自产、委托加工的货物用于集体福利或个人消费，将自产、委托加工或购买的货物无偿赠送

他人等行为，视同销售货物，需要缴纳增值税。企业应按相关资产成本或确认的营业收入和增值税额，借记“在建工程”“长期股权投资”“应付职工薪酬”“营业外支出”等科目，按相关资产的成本冲减存货，或按确认的营业收入，贷记“主营业务收入”“其他业务收入”等科目，按增值税专用发票上注明的增值税额，贷记“应交税费——应交增值税（销项税额）”科目。

【例 8-10】威远有限责任公司 2016 年 12 月 10 日将账面价值为 200 000 元的库存商品对外投资，投资额以公允价值计量，该批产品的计税价格（公允价值）为 300 000 元，适用的增值税税率为 17%。公司编制会计分录如下。

借：长期股权投资　　351 000
　贷：主营业务收入　　300 000
　　　应交税费——应交增值税（销项税额）　　51 000
借：主营业务成本　　200 000
　贷：库存商品　　200 000

⑤ 出口退税。企业出口产品按规定退税的，按应收的出口退税额，借记“其他应收款”科目，贷记“应交税费——应交增值税（出口退税）”科目。

⑥ 缴纳增值税与月末结转。企业当月缴纳的增值税，借记“应交税费——应交增值税（已交税金）”科目，贷记“银行存款”科目。如果缴纳上月的增值税，应借记“应交税费——未交增值税”科目，贷记“银行存款”科目。

期末应将本期应交未交或多交的增值税转到“应交税费——未交增值税”科目，对于企业期末应交未交的增值税，应借记“应交税费——应交增值税（转出未交增值税）”科目，贷记“应交税费——未交增值税”科目；对于企业期末多交的增值税，应借记“应交税费——未交增值税”，贷记“应交税费——应交增值税（转出多交增值税）”，“应交税费——未交增值税”科目余额如在贷方，反映企业尚未缴纳的增值税；余额如在借方，反映企业本月多交的增值税。

（3）小规模纳税企业的核算。小规模纳税人是指年销售额在规定标准以下，而且会计核算不健全，不能按规定报送有关税务资料的增值税纳税人。

小规模纳税企业应当按照不含税销售额和规定的增值税征收率计算缴纳增值税，销售货物或提供应税劳务时只能开具普通发票，不能开具增值税专用发票。小规模纳税企业不享有进项税额的抵扣权，其购进货物或接受应税劳务支付的增值税直接计入有关货物或劳务的成本。因此，小规模纳税企业只需在“应交税费”科目下设置“应交增值税”明细科目，不需要在“应交增值税”明细科目中设置专栏，“应交税费——应交增值税”科目贷方登记应缴纳的增值税，借方登记已缴纳的增值税；期末贷方余额表示企业尚未缴纳的增值税，借方余额为多缴纳的增值税。

【例 8-11】某小规模纳税企业购入材料一批，取得的专用发票中注明货款 20 000 元，增值税 3 400 元，款项以银行存款支付，材料已验收入库。该企业的有关会计分录如下。

借：原材料　　23 400
　贷：银行存款　　23 400

【例 8-12】某小规模纳税企业销售产品一批，所开出的普通发票中注明货款（含税）20 600 元，增值税征收率为 3%，款项已存入银行。该企业的有关会计分录如下。

不含税销售额＝含税销售额÷（1＋征收率）＝20 600÷（1＋3%）＝20 000（元）

应纳增值税＝不含税销售额×征收率＝20 000×3%＝600（元）

借：银行存款 20 600

　　贷：主营业务收入 20 000

　　　　应交税费——应交增值税 600

2. 应交消费税

为了正确引导消费方向，国家在普遍征收增值税的基础上，选择部分消费品，再征收一道消费税。消费税的征收方法采取从价定率和从量定额两种方法。实行从价定率办法计征的应纳税额的税基为销售额，如果企业应税消费品的销售额中未扣除增值税税款，或者因不能开具增值税专用发票而发生价款和增值税税款合并收取的，在计算消费税时，按公式“应税消费品的销售额＝含增值税的销售额÷（1＋增值税税率或征收率）”换算为不含增值税税款的销售额。实行从量定额办法计征的应纳税额的销售数量是指应税消费品的数量；属于销售应税消费品的，为应税消费品的销售数量；属于自产自用应税消费品的，为应税消费品的移送使用数量；属于委托加工应税消费品的，为纳税人收回的应税消费品数量；进口的应税消费品，为海关核定的应税消费品进口征税数量。

（1）科目设置。企业按规定应交的消费税，在“应交税费”科目下设置“应交消费税”明细科目核算。“应交消费税”明细科目的借方发生额，反映实际缴纳的消费税和待扣的消费税；贷方发生额，反映按规定应缴纳的消费税；期末贷方余额，反映尚未缴纳的消费税；期末借方余额，反映多交或待扣的消费税。

（2）产品销售的会计处理。企业销售产品时应缴纳的消费税，应分情况进行处理：企业将生产的产品直接对外销售的，对外销售产品应缴纳的消费税，通过“营业税金及附加”科目核算；企业按规定计算出应交的消费税，借记“营业税金及附加”科目，贷记“应交税费——应交消费税”科目。

【例 8-13】威远有限责任公司 2015 年 12 月 12 日，销售其生产的应纳消费税产品，应纳消费税产品的不含增值税售价为 20 万元，产品成本为 15 万元。该产品的消费税税率为 10%。产品已经发出，符合收入确认条件；款项尚未收到。威远公司账务处理如下。

① 应向购买者收取的增值税税额＝200 000×17%＝34 000（元）。

② 应交的消费税＝200 000×10%＝20 000（元）。

借：应收账款 234 000

　　贷：主营业务收入 200 000

　　　　应交税费——应交增值税（销项税额） 34 000

借：营业税金及附加 20 000

　　贷：应交税费——应交消费税 20 000

借：主营业务成本 150 000

　　贷：库存商品 150 000

企业用应税消费品用于在建工程、非生产机构等其他方面，按规定应缴纳的消费税，应计入有关的成本。例如，企业以应税消费品用于在建工程项目，应交的消费税计入在建工程成本。

（3）委托加工应税消费品的会计处理。按照税法规定，企业委托加工的应税消费品，由受托方在向委托方交货时代扣代缴税款（除受托加工或翻新改制金银首饰按规定由受托方缴纳消费税外）。委托加工的应税消费品，委托方用于连续生产应税消费品的，所纳税款准予按规定抵扣。这里的委托加工应税消费品，是指由委托方提供原料和主要材料，受托方只收取加工费和代垫部分辅助材料加工的应税消费品，对于由受托方提供原材料生产的应税消费品，或者受托方先将原材料卖给委托方，然后再接受加工的应税消费品，以及由受托方以委托方名义购进原材料生产的应税消费品，都不作为委托加工应税消费品，而应当按照销售自制应税消费品缴纳消费税。委托加工的应税消费品直接出售的，不再征收消费税。在会计处理时，需要缴纳消费税的委托加工应税消费品，于委托方提货时，由受托方代收代缴税款。受托方按应扣税款金额，借记“应收账款”“银行存款”等科目，贷记“应交税费——应交消费税”科目。委托加工应税消费品收回后，直接用于销售的，委托方应将代收代缴的消费税计入委托加工的应税消费品成本，借记“委托加工物资”“生产成本”等科目，贷记“应付账款”“银行存款”等科目，待委托加工应税消费品销售时，不需要再缴纳消费税；委托加工的应税消费品收回后用于连续生产应税消费品，按规定准予抵扣的，委托方应按代收代缴的消费税款，借记“应交税费——应交消费税”科目，贷记“应付账款”“银行存款”等科目，待用委托加工的应税消费品生产出应纳消费税的产品销售时，再缴纳消费税。

【例 8-14】威远有限责任公司 2015 年 12 月 12 日委托 B 企业加工材料一批（非金银首饰）。原材料成本为 40 000 元，支付的加工费为 5 000 元（不含增值税），消费税税率为 5%，材料加工完毕验收入库，加工费用等尚未支付。公司加工收回后还要进一步用于继续生产应税消费品。双方适用的增值税率均为 17%。威远公司的有关会计处理如下。

① 发出委托加工材料。

借：委托加工物资　　40 000

　　贷：原材料　　40 000

② 支付加工费用。

消费税的组成计税价格＝（40 000＋5 000）÷（1－5%）＝47 368.42（元）

（受托方）代扣代缴的消费税＝47 368.42×5%＝2 368.42（元）

应纳增值税＝5 000×17%＝850（元）

借：委托加工物资　　5 000

　　应交税费——应交增值税（进项税额）　　850

　　　　　　——应交消费税　　2 368.42

　　贷：应付账款　　8 218.42

③ 加工完成收回委托加工品。

借：原材料　　45 000

　　贷：委托加工物资　　45 000

④ 若威远公司收回加工后的材料直接用于销售，则在结算加工费用及代缴的消费税时。

借：委托加工物资　　7 368.42

　　应交税费——应交增值税（进项税额）　　850

　　贷：应付账款　　8 218.42

回收加工品时，加工后的成本则为 47 368.42 元。

借：原材料　　47 368.42

　　贷：委托加工物资　　47 368.42

（4）进出口产品的会计处理。需要缴纳消费税的进口消费品，其缴纳的消费税应计入该进口消费品的成本，借记“固定资产”“材料采购”等科目，贷记“银行存款”等科目。免征消费税的出口应税消费品分不同情况进行账务处理：属于生产企业直接出口应税消费品或通过外贸企业出口应税消费品，按规定直接予以免税的，可以不计算应交消费税；属于委托外贸企业代理出口应税消费品的生产企业，应在计算消费税时，按应交消费税税额，借记“应收账款”科目，贷记“应交税费——应交消费税”科目。应税消费品出口收到外贸企业退回的税金时，借记“银行存款”科目，贷记“应收账款”科目。发生退关、退货而补交已退的消费税，做相反的会计分录。

3. 其他应交税费

其他应交税费是指除上述应交税费以外的应交税费，包括应交资源费、应交城市维护建设税、应交土地增值税、应交所得税、应交房产税、应交土地使用税、应交车船使用税、应交教育费附加、应交矿产资源补偿费、应交个人所得税等。企业应在“应交税费”科目下设置相应的明细科目进行核算，贷方登记应缴纳的有关税费，借方登记已缴纳的有关税费，期末余额为尚未缴纳的有关税费。

企业转让土地使用权应交的土地增值税，土地使用权与地上建筑物及其附着物一并在“固定资产”等科目下核算的，借记“固定资产清理”等科目，贷记“应交税费——应交土地增值税”科目，土地使用权在“无形资产”科目核算的，按实际收到的金额，借记“银行存款”科目，按摊销的无形资产金额，借记“累计摊销”科目，按已计提的无形资产减值准备，借记“无形资产减值准备”科目，按无形资产账面余额，贷记“无形资产”科目，按应交的土地增值税，贷记“应交税费——应交土地增值税”科目，按其差额，借记“营业外支出”科目或贷记“营业外收入”科目。

企业按规定计算应交的房产税、土地使用税、车船税、矿产资源补偿费，借记“管理费用”科目，贷记“应交税费”科目。

8.2.5 应付职工薪酬

1. 应付职工薪酬核算的内容

职工薪酬，是指企业为获得职工提供的服务或解除劳动关系而给予的各种形式的报酬或补偿。这里所称“职工”比较宽泛，包括三类人员：一是与企业订立劳动合同的所有人员，含全职、兼职和临时职工；二是未与企业订立劳动合同、但由企业正式任命的企业治理层和管理层人员，如董事会成员、监事会成员等，尽管有些董事会、监事会成员不是本企业员工，未与企业订立劳动合同，但对其发放的津贴、补贴等仍属于职工薪酬；三是在企业的计划和控制下，虽未与企业订立劳动合同或未由其正式任命，但为其提供与职工类似服务的人员，如通过中介机构签订用工合同，为企业提供与本企业职工类似服务的人员。

职工薪酬包括短期薪酬、离职后福利、辞退福利、其他长期职工福利。

（1）短期薪酬。短期薪酬是指企业在职工提供相关服务的年度报告期结束后十二个月内需要全部支付的职工薪酬，短期薪酬具体包括：职工工资、奖金、津贴和补贴，职工福利，医疗保险费、养老保险金、失业保险金、工伤保险费和生育保险费，住房公积金，工会经费和职工教育经费，短期带薪缺勤，短期利润分享计划，非货币性福利及其他短期薪酬。

（2）离职后福利。离职后福利是指企业为获得职工提供的服务而在职工退休或与企业解除劳动关系后，提供的各种形式的报酬和福利。

（3）辞退福利。辞退福利是指企业在职工劳动合同到期之前解除与职工的劳动关系，或者为鼓励职工自愿接受裁减而给予职工的补偿。

（4）其他长期职工福利。其他长期职工福利是指除短期薪酬、离职后福利、辞退福利之外所有的职工薪酬，包括长期带薪缺勤、长期残疾福利、长期利润分享计划等。

企业应当通过“应付职工薪酬”科目，核算应付职工薪酬的结算、提取、使用等情况。该科目贷方登记已分配计入有关成本费用项目的职工薪酬的数额。借方登记实际发放职工薪酬的数额；该科目期末贷方余额，反映企业应付未付的职工薪酬。“应付职工薪酬”科目应当按照“工资”“社会保险费”“住房公积金”“工会经费”“职工教育经费”“非货币性福利”等应付职工薪酬项目设置明细科目，进行明细核算。

2. 应付短期薪酬

（1）应付货币性薪酬。应付工资总额是指按照国家统计局规定的口径，企业在一定时期内实际支付给职工的工资总数。企业的工资总额一般由计时工资、计件工资、奖金、津贴和补贴、加班加点工资和特殊情况下支付的工资六个部分组成。

除工资外，企业还需要支付给职工或为职工支付职工福利，医疗保险费、养老保险金、失业保险金、工伤保险费和生育保险费，住房公积金，工会经费和职工教育经费等。

企业应当在职工为其提供服务的会计期间，将应付的职工薪酬确认为负债，应当根据职工提供服务的受益对象，分下列情况处理。

① 应由生产产品、提供劳务负担的职工薪酬，计入产品成本或劳务成本。生产产品、提供劳务中的直接生产人员和直接提供劳务人员发生的职工薪酬，计入存货成本，但非正常消耗的直接生产人员和直接提供劳务人员的职工薪酬，应当在发生时确认为当期损益。

② 应由在建工程、无形资产负担的职工薪酬，计入建造固定资产或无形资产成本。自行建造固定资产和自行研究开发无形资产过程中发生的职工薪酬，能否计入固定资产或无形资产成本，取决于相关资产的成本确定原则。比如企业在研究阶段发生的职工薪酬不能计入自行开发无形资产的成本，在开发阶段发生的职工薪酬，符合无形资产资本化条件的，应当计入自行开发无形资产的成本。

③ 上述两项之外的其他职工薪酬，计入当期损益。除直接生产人员、直接提供劳务人员、符合准则规定条件的建造固定资产人员、开发无形资产人员以外的职工，包括公司总部管理人员、董事会成员、监事会成员等人员相关的职工薪酬，因难以确定直接对应的受益对象，均应当在发生时计入当期损益。

对于货币性薪酬，企业一般应当根据职工提供服务情况和职工货币薪酬的标准，计算应计入职工薪酬的金额，按照受益对象计入相关成本或当期费用，借记“生产成本”“管理费用”等科目，贷记“应付职工薪酬”科目，发放时，借记“应付职工薪酬”科目，贷记“银行存款”等科目。在确定应付职工薪酬和应当计入成本费用的职工薪酬金额时，企业还应考虑以下特殊情况：对于国务院有关部门、省、自治区、直辖市人民政府或经批准的企业年金计划规定了计提基础和计提比例的职工薪酬项目，企业应当按照规定的计提标准，计量企业承担的职工薪酬、义务和计入成本费用的职工薪酬。对于“五险一金”中的医疗保险费、养老保险费、失业保险费、工伤保险费、生育保险费和住房公积金，企业应当按照国务院、所在地政府或企业年金计划规定的标准计量应付职工薪酬义务和应相应计入成本费用的薪酬金额。对于工会经费和职工教育经费，企业应当按照国家相关规定，分别按照职工工资总额的 2%和 1.5%计提，计入成本费用；从业人员技术要求高、培训任务重、经济效益好的企业，可根据国家相关规定，按照职工工资总额的 2.5%计量应计入成本费用的职工教育经费。按照明确标准计算确定应承担的职工薪酬义务后，再根据受益对象计入相关资产的成本或当期费用。

【例 8-15】威远有限责任公司 2015 年 12 月工资结算汇总表如表 8-1 所示，公司委托银行发放工资。公司发放工资、分配工资、结转代扣款项的账务处理如下。

表 8-1　　工资结算汇总表　　单位：元

项目	工资总额	代扣房租水电	代扣个人所得税	实发工资
生产人员	124 000	2 100	1 250	120 650
车间管理人员	12 200	650	150	11 400
公司管理人员	36 000	540	860	34 600
在建工程人员	46 000	486	230	45 284
合计	218 200	3 776	2 490	211 934

① 分配工资。

借：生产成本　　124 000

　　制造费用　　12 200

　　管理费用　　36 000

　　在建工程　　46 000

　　贷：应付职工薪酬——工资　　218 200

② 委托银行发放工资。

借：应付职工薪酬——工资　　211 934

　　贷：银行存款　　211 934

③ 结转代扣款项。

借：应付职工薪酬——工资　　6 266

　　贷：其他应收款——房租水电费　　3 776

　　　　应交税费——个人所得税　　2 490

【例 8-16】接【例 8-15】，分别按照职工工资总额的 10%、12%、2%、10%、2%和 1.5%计提医疗保险费、养老保险费、失业保险费、住房公积金、工会经费和职工教育经费，具体计算如表 8-2 所示。

表 8-2　　保险费、住房公积金等薪酬计算表　　单位：元

项目	工资总额	医疗保险	养老保险	失业保险	住房公积金	工会经费	职工教育经费	合计
生产人员	124 000	12 400	14 880	2 480	12 400	2 480	1 860	46 500
车间管理人员	12 200	1 220	1 464	244	1 220	244	183	4 575
公司管理人员	36 000	3 600	4 320	720	3 600	720	540	13 500
在建工程人员	46 000	4 600	5 520	920	4 600	920	690	17 250
合计	218 200	21 820	26 184	4 364	21 820	4 364	3 273	81 825

借：生产成本　　46 500
　　制造费用　　4 575
　　管理费用　　13 500
　　在建工程　　17 250
　　贷：应付职工薪酬——社会保险费（医疗保险）　　21 820
　　　　——社会保险费（养老保险）　　26 184
　　　　——社会保险费（失业保险）　　4 364
　　　　——住房公积金　　21 820
　　　　——工会经费　　4 364
　　　　——职工教育经费　　3 273

（2）应付非货币性福利。企业以其自产产品作为非货币性福利发放给职工的，应当根据受益对象，按照该产品的公允价值，计入相关资产成本或当期损益，同时确认应付职工薪酬，借记“生产成本”“制造费用”“管理费用”等科目，贷记“应付职工薪酬——非货币性福利”科目。

企业将拥有的房屋等资产无偿提供给职工使用的，应当根据受益对象，将该住房每期应计提的折旧计入相关资产成本或当期损益，同时确认应付职工薪酬，借记“生产成本”“制造费用”“管理费用”等科目，贷记“应付职工薪酬——非货币性福利”科目，并且同时借记“应付职工薪酬——非货币性福利”科目，贷记“累计折旧”科目。

租赁住房等资产供职工无偿使用的，应当根据受益对象，将每期应付的租金计入相关资产成本或当期损益，并确认应付职工薪酬，借记“生产成本”“制造费用”“管理费用”等科目，贷记“应付职工薪酬——非货币性福利”科目，并且同时借记“应付职工薪酬——非货币性福利”科目，贷记“银行存款”科目。

难以认定受益对象的非货币性福利，直接计入当期损益和应付职工薪酬。

【例 8-17】H 公司是一家小家电生产企业，有职工 100 名，其中一线生产工人为 85 名，总部管理人员为 15 名。2015 年 12 月，H 公司决定以其生产的电磁炉作为春节福利发放给职工。该电磁炉单位成本为 200 元，单位计税价格（公允价值）为 300 元，适用的增值税税率为 17%。H 公司的会计处理如下。

① H 公司决定发放非货币性福利时。

应确认的职工薪酬为：100×300×（1＋17%）＝35 100（元）

其中：应计入“生产成本”的金额为：85×300×（1＋17%）＝29 835（元）

应计入“管理费用”的金额为：15×300×（1＋17%）＝5 265（元）

借：生产成本　　29 835
　　管理费用　　5 265
　　贷：应付职工薪酬——非货币性福利　　35 100

② 实际发放电磁炉时。

借：应付职工薪酬——非货币性福利　　35 100
　　贷：主营业务收入　　30 000
　　　　应交税费——应交增值税（销项税额）　　5 100
借：主营业务成本　　20 000
　　贷：库存商品　　20 000

【例 8-18】威远有限责任公司决定为每位部门经理提供轿车免费使用，同时为每位副总经理租赁一套住房免费使用。公司部门经理共有 10 名，每人提供一辆桑塔纳汽车免费使用，假定每辆轿车月折旧额为 1 000 元；副总经理共有 4 名，公司为其每人租赁一套公寓，每套住房月租金为 2 000 元。公司的账务处理如下。

① 计提轿车折旧。

借：管理费用　　10 000

　　贷：应付职工薪酬——非货币性福利　　10 000

借：应付职工薪酬——非货币性福利　　10 000

　　贷：累计折旧　　10 000

② 确认住房租金费用。

借：管理费用　　8 000

　　贷：应付职工薪酬——非货币性福利　　8 000

借：应付职工薪酬——非货币性福利　　8 000

　　贷：银行存款　　8 000

（3）应付短期带薪缺勤。短期带薪缺勤是指企业支付工资或提供补偿的职工缺勤，包括年休假、病假、短期伤残、婚假、产假、丧假、探亲假等。短期带薪缺勤分为累积带薪缺勤和非累积带薪缺勤。

累积带薪缺勤是指带薪缺勤权利可以结转下期的带薪缺勤，本期尚未用完的带薪缺勤权利可以在未来期间使用。企业应当在职工提供服务从而增加了其未来享有的带薪缺勤权利时，确认与累积带薪缺勤相关的职工薪酬，并以累积未行使权利而增加的预期支付金额计量。

【例 8-19】威远有限责任公司累积带薪缺勤制度规定：每个职工每年可享受 5 个工作日带薪假，未使用的假只能向后结转一个日历年度，超过 1 年未使用的权利作废，不能在职工离开公司时获得现金支付；职工休假以后进先出为基础，即首先从当年可享受的权利中扣除，再从上年结转的带薪假余额中扣除。2014 年 12 月 31 日，每个职工当年平均未使用带薪假为 2 天。公司 1 000 名职工预计 2014 年有 950 名职工将享受不超过 5 天的带薪假，不需要考虑带薪缺勤。剩余 50 名职工每人将平均享受 6 天半假，假定这 50 名职工全部为总部各部门经理，平均每名职工每个工作日工资为 300 元。2014 年 12 月 31 账务处理如下。

预计带薪缺勤薪酬＝50×（6.5－5）×300＝22 500（元）

借：管理费用　　22 500

　　贷：应付职工薪酬——累积带薪缺勤　　22 500

【例 8-20】接【例 8-19】，假定 2015 年 12 月 31 日，上述 50 名部门经理中有 40 名享受了 6 天半假，并随同正常工资以银行存款支付。另有 10 名只享受了 5 天。2015 年账务处理如下。

已享有的带薪缺勤薪酬＝40×1.5×300＝18 000（元）

借：应付职工薪酬——累积带薪缺勤　　18 000

　　贷：银行存款　　18 000

未享有的带薪假，冲回管理费用。

借：应付职工薪酬——累积带薪缺勤　　4 500

　　贷：管理费用　　4 500

非累积带薪缺勤，是指带薪缺勤权利不能结转下期的带薪缺勤，本期尚未用完的带薪缺勤权利将予以取消，并且职工离开企业时也无权获得现金支付。我国企业职工休婚丧假、产假、探亲假、病假等通常属于非累积带薪缺勤。企业应当在职工实际发生缺勤的会计期间确认与非累积带薪缺勤相关的职工薪酬。

（4）应付利润分享计划。利润分享计划是指因职工提供服务而与职工达成的基于利润或其他经营成果提供薪酬的协议。利润分享计划的基本思想是按照一定比例将公司利润分配给雇员。

利润分享计划同时满足下列条件的，企业应当确认相关的应付职工薪酬。

① 企业因过去事项导致现在具有支付职工薪酬的法定义务或推定义务。

② 因利润分享计划所产生的应付职工薪酬义务金额能够可靠估计。

具体做法有多种。

① 按照职员绩效评价的结果来分配年度总利润。

② 每隔一定时期向职员发放固定数额的反映企业利润的奖金。

③ 按预先规定的比例把一部分利润存入职工科目，职工退休后可以领取这部分收入，并可享受较低的税率。

【例8-21】威远有限责任公司于2015年初制订和实施了一项短期利润分享计划，以对公司管理层进行激励。该计划规定，公司全年的净利润指标为1 000万元，如果在公司管理层的努力下完成的净利润超过1 000万元，公司管理层将可以分享超过1 000万元净利润部分的10%作为额外报酬。假定至2015年12月31日，该公司全年实际完成净利润1 500万元。不考虑离职等其他因素，则该公司管理层按照利润分享计划可以分享利润50[（1 500－1 000）×10%]万元作为其额外的薪酬。

2015年12月31日的相关账务处理如下。

借：管理费用	500 000	
贷：应付职工薪酬——利润分享计划		500 00

3. 应付离职后福利

离职后福利是指企业为获得职工提供的服务而在职工退休或与企业解除劳动关系后，提供的各种形式的报酬和福利，短期薪酬和辞退福利除外。企业应当将离职后福利计划分类为设定提存计划和设定受益计划。

设定提存计划是指向独立的基金缴存固定费用后，企业不再承担进一步支付义务的离职后福利计划，在设定提存计划下，企业根据事先确定的缴费水平向一个独立实体（养老基金）支付确定数额的提存金，职工退休时所能获得的养老金数额取决于所缴提存金及其投资收益在职工退休时的累积额，与基金资产相关的风险完全由职工个人承担。

根据我国养老保险制度相关文件的规定，职工的基本养老保险待遇即受益水平与企业在职工提供服务各期的缴费水平不直接挂钩，企业承担的义务仅限于按照规定标准提存的金额，属于设定提存计划，其会计核算方法与前述的养老保险、医疗保险等社会保险核算方法相同，这里不再赘述。

设定受益计划是指除设定提存计划以外的离职后福利计划，是在企业根据一定的标准（职工服务年限、工资水平等）确定每个职工离职后每期的年金收益水平，由此倒算出企业每期应为职工缴费的金额。

企业确认设定受益计划产生的应付职工薪酬，应借记“生产成本”等科目，贷记“应付职工薪酬——设定受益计划”科目，并与年末确认相关的利息费用，借记“财务费用”等科目，贷记“应付职工薪酬——设定受益计划”科目。

如果职工离职后将长期享有设定受益计划，企业应采用保险精算的方法对设定受益计划的应付职工薪酬进行重新计量，企业重新计量设定受益计划应付职工薪酬所产生变动的金额，应计入其他综合收益，借记（或贷记）“应付职工薪酬——设定受益计划”科目，贷记（或借记）“其他综合收益”。

企业实际支付设定受益计划职工薪酬时，应借记“应付职工薪酬——设定受益计划”科目，贷记“银行存款”等科目，企业在某一职工的设定受益计划结束时，应对进行设定受益计划结算，确认一项利得或损失，借记（或贷记）“应付职工薪酬——设定受益计划”科目，贷记“营业外收入”科目或借记“营业外支出”科目。同时将原确认的其他综合收益转为期初留存受益，借记（或贷记）“其他综合收益”科目，贷记（或借记）“盈余公积”“利润分配——未分配利润”科目。

4. 应付辞退福利

辞退福利是指企业在职工劳动合同到期之前解除与职工的劳动关系，或者为鼓励职工自愿接受裁减而给予职工的补偿。

辞退福利通常采取解除劳动关系时一次性支付补偿的方式，企业应当按照辞退计划条款的规定，合理预计并确认辞退福利产生的应付职工薪酬，计入当期损益。由于辞退职工不再给企业带来任何经济利益，企业应当根据已确认的辞退福利，借记“管理费用”科目，贷记“应付职工薪酬——辞退福利”科目，企业实际支付辞退福利时，应借记“应付职工薪酬——辞退福利”科目，贷记“银行存款”科目。

5. 应付其他长期职工福利

其他长期职工福利是指除短期薪酬、离职后福利、辞退福利之外所有的职工薪酬，包括长期带薪缺勤、长期残疾福利、长期利润分享计划等。

企业其他长期职工福利的提取，企业确认的长期带薪缺勤，长期利润分享计划，参照前述带薪缺勤和利润分享计划的有关规定进行账务处理。

长期残疾福利水平取决于职工提供服务期间长短的，企业应当在职工提供服务的期间确认应付长期残疾福利义务，计量时应当考虑长期残疾福利支付的可能性和预期支付的期限；长期残疾福利与职工提供服务期间长短无关的，企业应当在导致职工长期残疾的事件发生的当期确认应付长期残疾福利义务。

一般来说，企业确认的应付其他长期职工福利，偿付期在一年以上的，应按照一定的折现率折现，借记有关成本费用科目，贷记“应付职工薪酬——其他长期职工福利”科目，并与年末确认相关的利息费用，借记“财务费用”等科目，贷记“应付职工薪酬——其他长期职工福利”科目。企业实际支付长期职工福利时，应借记“应付职工薪酬——其他长期职工福利”科目，贷记“银行存款”等科目。

8.2.6 其他应付款

其他应付款的核算内容

其他应付款是指企业除了短期借款、应付票据、应付账款、预收账款、应付职工薪酬、应交税费以及应付股利等流动负债以外，发生的其他各种应付、暂收单位或个人的款项，如应付经营租入固定资产和包装物的租金、存入保证金等。

由于其他应付款的数额一般能够直接确定，为了总括反映其他应付款的经济业务，在我国会计实务中，设置"其他应付款"科目，用来核算企业其他应付款的增减变动及其结存情况，并按款项类别和单位或个人设置明细科目进行明细分类核算。该科目贷方登记发生的各种应付、暂收款项，借方登记偿还或转销的各种应付、暂收款项；余额在贷方，表示尚未支付或归还的各种应付和暂收款项的实有数。

通常情况下，有关其他应付款的账务处理如下。

企业采用经营性租赁方式租入固定资产应支付的租金费用，借记"制造费用""管理费用"等科目，贷记"其他应付款"科目；实际支付时，借记"其他应付款"科目，贷记"银行存款"；企业发生的应付未付的租金和其他款项，收取出租包装物押金及其他各种暂收款项时，借记有关科目，贷记"其他应付款"科目。上交、偿还或转销这些款项时，借记"其他应付款"科目，贷记"银行存款"等科目。

【例 8-22】威远有限责任公司从 2015 年 1 月 1 日起，以经营租赁方式租入生产用设备一批，每月租金 6 000 元，按季支付。3 月 31 日，威远公司以银行存款支付应付租金。威远公司的有关会计分录如下。

① 1 月 31 日计提应付经营租入固定资产租金。

借：制造费用	6 000	
贷：其他应付款		6 000

2 月末会计分录同上。

② 3 月 31 日支付租金。

借：其他应付款	12 000	
制造费用	6 000	
贷：银行存款		18 000

8.3 非流动负债

8.3.1 非流动负债的特点

非流动负债是相对于流动负债而言的，它主要是指偿还期在 1 年以上或超过 1 年的一个营业周期以上的债务，主要包括长期借款、应付债券、长期应付款等。

8.3.2 长期借款

1. 长期借款概述

长期借款，是指企业从银行或其他金融机构借入的期限在 1 年以上（不含 1 年）的各种借款。一般用于固定资产的购建、改扩建工程、大修理工程、对外投资以及为了保持长期经营能力等方面。

它是企业长期负债的重要组成部分，必须加强管理与核算。

2. 长期借款的核算

企业应通过“长期借款”科目，核算长期借款的借入、归还等情况。该科目可按照贷款单位和贷款种类设置明细账，分“本金”“利息调整”等进行明细核算。

（1）取得长期借款。企业借入各种长期借款，按实际收到的款项，借记“银行存款”科目，按借款本金，贷记“长期借款——本金”科目，按借贷双方之间的差额，借记“长期借款——利息调整”科目。

（2）长期借款的利息。长期借款利息费用应当在资产负债表日按照实际利率法计算确定，实际利率与合同利率差异较小的，也可以采用合同利率计算确定。长期借款计算确定的利息费用，应当按以下原则计入有关成本费用：属于筹建期间的，计入管理费用；属于生产经营期间的，计入财务费用。如果长期借款用于购建固定资产的，在固定资产尚未达到预定可使用状态前，所发生的应当资本化的利息支出数，计入在建工程成本；固定资产达到预定可使用状态后发生的利息支出，以及按规定不予以资本化的利息支出，计入财务费用。资产负债表日，企业应按长期借款的摊余成本和实际利率计算确定的利息费用，借记“在建工程”“财务费用”“制造费用”等科目，按借款本金和合同利率计算确定的应付未付利息，贷记“应付利息”或“长期借款——利息”科目，按其差额，贷记“长期借款——利息调整”科目。

（3）归还长期借款。企业归还长期借款，按归还的借款本金，借记“长期借款——本金”科目，按已提未付的利息，借记“应付利息”或“长期借款——利息”科目，按转销的利息调整金额，贷记“长期借款——利息调整”科目，按实际归还款项，贷记“银行存款”科目，按借贷双方之间的差额，借记“在建工程”“财务费用”“制造费用”等科目。

【例 8-23】威远有限责任公司为建造一幢厂房，从 2014 年 1 月 1 日借入期限为两年的长期专门借款 1 000 000 元。借款利率按市场利率确定为 8%，每年付息一次，期满后一次还清本金。2014 年初，以银行存款支付工程价款共计 800 000 元，2014 年 7 月初又以银行存款支付工程费用 200 000 元。该厂房于 2015 年 6 月底完工，达到预定可使用状态。假定不考虑闲置专门借款资金存款的利息收入或者投资收益。根据上述业务，企业应做如下账务处理。

① 2014 年 1 月 1 日，取得借款时。

借：银行存款　　1 000 000

　　贷：长期借款　　1 000 000

② 2014 年初，支付工程款时。

借：在建工程　　800 000

　　贷：银行存款　　800 000

③ 2014 年 7 月初支付工程款时。

借：在建工程　　200 000

　　贷：银行存积　　200 000

④ 2014 年 12 月 31 日，计算当年应计入工程成本的利息时。

借款利息＝1 000 000×8%＝80 000（元）

借：在建工程　　80 000

　　贷：应付利息　　80 000

⑤ 2014 年 12 月 31 日支付借款利息时。

借：应付利息 80 000

贷：银行存款 80 000

⑥ 2015 年 6 月底工程达到预定可使用状态，该期应计入工程成本的利息

=（1 000 000×8%÷12）×6=40 000（元）。

借：在建工程 40 000

贷：应付利息 40 000

同时：

借：固定资产 1 120 000

贷：在建工程 1 120 000

⑦ 2015 年 12 月 31 日，计算当年 7~12 月应计入财务费用的利息

=（1 000 000×8%÷12）×6=40 000（元）。

借：财务费用 40 000

贷：应付利息 40 000

⑧ 2015 年 12 月 31 日归还本金及最后一年的利息时。

借：应付利息 80 000

长期借款 1 000 000

贷：银行存款 1 080 000

8.3.3 应付债券

1. 应付债券概述

应付债券是指企业为筹集（长期）资金而发行的债券。企业发行的超过一年期以上的债券，构成了企业的长期负债。公司债券的发行方式有三种，即面值发行、溢价发行、折价发行。假设其他条件不变，债券的票面利率高于同期银行存款利率时，可按超过债券面值的价格发行，称为溢价发行。溢价是企业以后各期多付利息而事先得到补偿。如果债券的票面利率低于同期银行存款利率时，可按低于债券面值的价格发行，称为折价发行。折价是企业以后各期少付利息而预先给投资者的补偿。如果债券的票面利率与同期银行存款利率相同时，可按票面价格发行，称为面值发行。溢价或折价是发行债券企业在债券存续期内对利息费用的一种调整。

企业发行债券时，如果发行费用大于发行期间冻结资金所产生的利息收入，按发行费用减去发行期间冻结资金所产生的利息收入后的差额，根据发行债券所筹集资金的用途，分别计入财务费用或相关资产成本。如果发行费用少于发行期间冻结资金所产生的利息收入。按发行期间冻结资金所产生的利息收入减去发行费用后的差额，视同发行债券的溢价收入，在债券存续期间于计提利息时摊销，分别计入财务费用或相关资产成本。

2. 应付债券的核算

企业应设置“应付债券”科目，并在该科目下设置“面值”“利息调整”“应计利息”等明细科目，核算应付债券发行、计提利息、还本付息等情况。该科目贷方登记应付债券的本金和利息，借方登记归还的债券本金和利息，期末贷方余额表示企业尚未偿还的长期债券。

（1）发行债券。无论是按面值发行，还是溢价发行或折价发行，均按债券面值记入“应付债券”科目的“面值”明细科目，实际收到的款项与面值的差额，记入“利息调整”明细科目。企业发行债券时，按实际收到的款项，记入“银行存款”“库存现金”等科目，按债券面值价值，贷记“应付债券——面值”科目，按实际收到的款项与票面价值之间的差额，贷记（或借记）“应付债券——利息调整”科目。

（2）利息调整的摊销。利息调整应在债券存续期间内采用实际利率法进行摊销。实际利率法，是指按照应付债券的实际利率计算其摊余成本及各期利息费用的方法；实际利率，是指将应付债券在债券存续期间的未来现金流量，折现为该债券当前账面所使用的利率。

资产负债表日，对于分期付息、一次还本的债券，企业应按应付债券的摊余成本和实际利率计算确认的债券利息费用，借记“在建工程”“制造费用”“财务费用”等科目，按票面利率计算确认的应付未付利息，贷记“应付利息”科目，按其差额，借记或贷记“应付债券——利息调整”科目。对于一次还本付息的债券，应于资产负债表日按摊余成本和实际利率计算确认的债券利息费用，借记“在建工程”“制造费用”“财务费用”等科目，按票面利率计算确认的应付未付利息，贷记“应付债券——应计利息”科目，按其差额，借记或贷记“应付债券——利息调整”科目。

（3）债券的偿还。企业发行的债券通常分为到期一次还本付息或一次还本、分期付息两种。采用一次还本付息方式的，企业应于债券到期支付债券本息时，借记“应付债券——面值”“应付利息”科目，贷记“银行存款”科目。采用一次还本、分期付息方式的，在每期支付利息时，借记“应付利息”科目，贷记“银行存款”科目；债券到期偿还本金并支付最后一期利息时，借记“应付债券——面值”“在建工程”“财务费用”“制造费用”等科目，贷记“银行存款”科目，按借贷双方之间的差额，借记或贷记“应付债券——利息调整”科目。

【例 8-24】为扩大生产经营规模，威远有限责任公司于 2012 年 1 月 1 日经批准发行 5 年期一次还本、分期付息的公司债券 10 000 000 元，债券利息在每年 1 月 1 日支付，票面利率为年利率 10%。假定债券发行时市场利率为 8%。

该公司该批债券发行价格为：

10 000 000×0.68058＋10 000 000×10%×3.992 71＝10 798 510（元）

该公司根据上述资料，采用实际利率法和摊余成本计算确定的利息费用，如表 8-3 所示。

表 8-3　实际利息计算表　单位：元

项目 日期	应付利息	利息费用	摊销的利息	尚未摊销的利息	债券的摊余成本
	①＝面值×票面利率	②＝上期末⑤×实际利率	③＝①－②	④＝上期末④－③	⑤＝上期末⑤－③
2012.1.1				798 510	10 798 510
2012.12.31	1 000 000	863 881*	136 119	662 391	10 662 391
2013.12.31	1 000 000	852 991*	147 009	515 382	10 515 382
2014.12.31	1 000 000	841 231*	158 769	356 613	10 356 613
2015.12.31	1 000 000	828 529*	171 471	185 142	10 185 142
2016.12.31	1 000 000	814 858**	185 142		10 000 000
合计	5 000 000	4 201 490	798 510		

注：*：四舍五入。

**：尾数调整。

根据表8-3的资料，威远公司的会计分录如下。

① 2012年1月1日发行债券。

借：银行存款	10 798 510
贷：应付债券——面值	10 000 000
——利息调整	798 510

② 2012年12月31日计算利息费用。

借：财务费用	863 881
应付债券——利息调整	136 119
贷：应付利息	1 000 000

2013年、2014年、2015年、2016年确认利息费用的会计分录同2012年。

③ 2013年1月1日支付2012年利息。

借：应付利息	1 000 000
贷：银行存款	1 000 000

2014年、2015年、2016年1月1日支付利息的会计分录同2013年1月1日。

④ 2017年1月1日归还债券本金及最后一期利息费用。

借：应付利息	814 858
应付债券——面值	10 000 000
贷：银行存款	11 000 000

3. 可转换公司债券

可转换公司债券是指发行人依照法定程序发行，在一定期间内依据约定的条件可以转换成股份的公司债券，“约定条件”是指发行者在债券发行期内与投资者约定的转换时间与转换比例，“可转换”是指债券投资者可以按照是否对自己最有利来决定是否转换，可转换公司债券具有债权性证券和权益性证券的双重性质，常被称为混合性证券。

我国发行可转换公司债券采取记名式无纸化发行方式。企业发行的可转换公司债券在“应付债券”科目下设置“可转换公司债券”明细科目核算。企业发行的可转换公司债券，应当在初始确认时将其包含的负债成分和权益成分进行分拆，将负债成分确认为应付债券，将权益成分确认为资本公积。在进行分拆时，应当先对负债成分的未来现金流量进行折现，确定负债成分的初始确认金额，再按发行价格总额扣除负债成分初始确认金额后的金额确定权益成分的初始确认金额。发行可转换公司债券发生的交易费用，应当在负债成分和权益成分之间按照各自的相对公允价值进行分摊。企业应按实际收到的款项，借记“银行存款”等科目，按可转换公司债券包含的负债成分面值，贷记“应付债券——可转换公司债券（面值）”科目，按权益成分的公允价值，贷记“资本公积——其他资本公积”科目，按借贷双方之间的差额，借记或贷记“应付债券——可转换公司债券（利息调整）”科目。

8.3.4 长期应付款

1. 长期应付款概述

长期应付款是指企业除长期借款和应付债券以外的其他各种长期应付款项，主要包括融资租入固定资产应付租赁款和以分期付款方式购入固定资产发生的应付款项等。为了核算企业各种长期应付款，应设置“长期应付款”科目，该科目应按其种类和债权人进行明细核算。该科目期末贷方余额反映企业尚未支付的各种长期应付款。

2. 应付融资租入固定资产的租赁费

企业采用融资租赁方式租入的固定资产，应在租赁期开始日，将租赁开始日租赁资产公允价值与最低租赁付款额现值两者中较低者，加上初始直接费用，作为租入资产的入账价值，借记“固定资产”等科目，按最低租赁付款额，贷记“长期应付款”科目，按发生的初始直接费用，贷记“银行存款”等科目，按其差额，借记“未确认融资费用”科目。

企业在计算最低租赁付款额的现值时，能够取得出租人租赁内含利率的，应当采用租赁内含利率作为折现率；否则，应当采用租赁合同规定的利率作为折现率。企业无法取得出租人的租赁内含利率且租赁合同没有规定利率的，应当采用同期银行贷款利率作为折现率。租赁内含利率，在指在租赁开始日，使最低租赁收款额的现值与未担保值的现值之和等于租赁资产公允价值与出租人的初始直接费用之和的折现率。

未确认融资费用应当在租赁期内各个期间进行分摊，企业应当采用实际利率法计算确认当期的融资费用。

【例 8-25】威远有限责任公司 2012 年 1 月 1 日从安泰公司租入精密机床一台，总价款为 60 万元，租赁期为 2012 年 1 月 1 日至 2015 年 12 月 31 日，于每年年末支付 15 万元，租赁工程中发生的律师费等 1 000 元，以现金支付，假设银行同期贷款利率为 7%。根据上述经济业务，公司应做如下会计处理。

（1）计算租赁期开始日最低租赁付款额的现值：

＝150 000×（P/A，7%，4）＝508 080＞公允价值 501 000。

（2）确定租入资产的入账价值 501 000。

（3）计算未确认融资费用：

未确认融资费用＝600 000－500 000＝100 000（元）。

（4）确定融资费用分摊率：

用插值法计算实际利率 r＝7.72%。

未确认的融资费用摊销如表 8-4 所示。

表 8-4　　未确认融资费用摊销表

日期	租金	确认的融资费用	应付本金减少额	应付本金余额
①	②	③＝期初⑤×7.72%	④＝②－③	期末⑤＝⑤－④
				500 000
2012.12.31	150 000	38 600	111 400	388 600
2013.12.31	150 000	30 000	120 000	268 600
2014.12.31	150 000	20 736	129 264	139 336
2015.12.31	150 000	10 664	139 336	
合计	600 000	100 000	500 000	

编制会计分录如下。

① 2012 年 1 月 1 日租入机床时。

借：固定资产——融资租入固定资产　　501 000
　　未确认融资费用　　100 000
　贷：长期应付款——应付融资租赁款　　600 000
　　　库存现金　　1 000

② 分期支付价款、分期确认融资费用。

2012年12月31日，支付第一期长期应付款并摊销当年融资费用。

借：长期应付款　　150 000
　　贷：银行存款　　150 000
借：财务费用　　38 600
　　贷：未确认融资费用　　38 600

2013—2015年的会计分录同2012年。

3. 分期付款方式购入固定资产和无形资产

企业购买资产有可能延期支付有关价款。如果延期支付的购买价款超过正常信用条件，实质上具有融资性质的，所购资产的成本应当以延期支付购买价款的现值为基础确定。实际支付的价款与购买价款的现值之间的差额，应当在信用期间内采用实际利率法进行摊销，计入相关资产成本或当期损益。具体来说，企业购入资产超过正常信用条件延期付款实质上具有融资性质时，应按购买价款的现值，借记"固定资产""在建工程"等科目，按支付的价款总额，贷记"长期应付款"科目，按其差额，借记"未确认融资费用"科目。

按期支付价款时，借记"长期应付款"科目，贷记"银行存款"科目。同时，企业应当采用实际利率法计算确定当期的利息费用，借记"财务费用""在建工程""研发支出"科目，贷记"未确认融资费用"科目。

8.3.5 专项应付款

专项应付款是企业接受国家拨入的具有专门用途的款项所形成的不需要以资产或增加其他负债偿还的负债。

专项应付款是指企业接受国家拨入的具有专门用途的拨款，如新产品试制费拨款、中间试验费拨款和重要科学研究补助费拨款等科技三项拨款等。

应设置"专项应付款"科目核算企业接受国家拨入的具有专门用途的拨款，如专项用于技术改造、技术研究等，以及从其他来源取得的款项。在"专项应付款"科目下，应按专项应付款种类设置明细账，进行明细核算。

企业收到或应收的资本性拨款，借记"银行存款"等科目，贷记本科目。将专项或特定用途的拨款用于工程项目，借记"在建工程"等科目，贷记"银行存款""应付职工薪酬"等科目。期末贷方余额，反映企业尚未转销的专项应付款。

工程项目完工形成长期资产的部分，借记本科目，贷记"资本公积——资本溢价"科目；对未形成长期资产需要核销的部分，借记本科目，贷记"在建工程"等科目；拨款结余需要返还的，借记本科目，贷记"银行存款"科目。

上述资本溢价转增实收资本或股本，借记"资本公积——资本溢价或股本溢价"科目，贷记"实收资本"或"股本"科目。

8.3.6 预计负债

预计负债是因或有事项可能产生的负债。根据或有事项准则的规定，与或有事项相关的义务同时符合以下三个条件的，企业应将其确认为负债：①该义务是企业承担的现时义务；②该义务的履行很可能导致经济利益流出企业，这里的“很可能”指发生的可能性为“大于 50%，但小于或等于 95%”；③该义务的金额能够可靠地计量。

为了正确核算预计负债，并与其他负债项目相区别，企业应设置“预计负债”科目，该科目核算各项预计的负债，包括对外提供担保、产品质量保证、未决诉讼等很可能产生的负债。按规定的预计项目和预计金额确认预计负债时，借记“管理费用”“营业外支出”等科目，贷记该科目；实际偿付负债时，借记该科目，贷记“银行存款”等科目。该科目应按预计负债项目设置明细科目，进行明细核算。该科目期末贷方余额，反映已预计尚未支付的债务。

根据或有事项准则确认的由对外提供担保、未决诉讼、重组义务产生的预计负债，应按确定的金额，借记“营业外支出”科目，贷记本科目（预计担保损失、预计未决诉讼损失、预计重组损失）。根据或有事项准则确认的由产品质量保证产生的预计负债，应按确定的金额，借记“销售费用”科目，贷记本科目（预计产品质量保证损失）。

根据固定资产准则或石油天然气开采准则确认的由弃置义务产生的预计负债，应按确定的金额，借记“固定资产”或“油气资产”科目，贷记本科目（预计弃置费用）。在固定资产或油气资产的使用寿命内，按弃置费用计算确定各期应负担的利息费用，借记“财务费用”科目，贷记本科目（预计弃置费用）。

【例 8-26】威远有限责任公司 2015 年第一季度销售产品 3 000 台，每台售价为 2 000 元。该公司对购买其产品的消费者做出如下承诺：售出后一年内，如发生非意外事件造成的故障和质量问题，公司免费负责保修。根据近年来的经验，发生的保修费通常在销售额的 1.5%，假定公司本年第一季度实际支付产品维修费 85 000 元。

本例中，公司因产品而承担了现时义务，该义务的履行很可能导致经济利益流出公司，且该义务的金额能够可靠地计量，则公司在每季末应确认一项负债。

① 第一季度实际支付维修费时。

借：预计负债——产品质量保证	85 000	
贷：银行存款		85 000

② 第一季度末确认的产品质量保证负债金额为 90 000（3 000×2 000×1.5%）元。

借：销售费用——产品质量保证	90 000	
贷：预计负债——产品质量保证		90 000

8.4 债务重组

8.4.1 债务重组的概念及特点

在市场经济激烈竞争的条件下，一些企业可能因经营管理不善或受外部环境的影响，出现盈利能力下降或发生经营亏损，可能出现一些暂时性或严重的财务困难，致使资金周转不灵，难以按期偿还债务。在此情况下，作为债权人，一种方式是可以通过法律程序，要求债务人破产，以清偿债务；另一种方式，可以互相协商，通过债务重组的方式，债权人做出某些让步，使债务人减轻负担，渡过难关。

债务重组，是指在债务人发生财务困难的情况下，债权人按照其与债务人达成的协议或法院的裁定做出让步的事项。债务重组定义中的“债务人发生财务困难”，是指债务人出现资金周转困难或经营陷入困境，导致其无法或者没有能力按原定条件偿还债务；“债权人做出让步”，是指债权人同意发生财务困难的债务人现在或者将来以低于重组债务账面价值的金额或者价值偿还债务。“债权人做出让步”的情形主要包括债权人减免债务人部分债务本金或者利息、降低债务人应付债务的利率等。债务人发生财务困难，是债务重组的前提条件，而债权人做出让步是债务重组的必要条件。

8.4.2 债务重组的方式

债务重组主要有以下几种方式。

1. 以资产清偿债务

此方式是指债务人转让其资产给债权人以清偿债务的债务重组方式。债务人通常用于偿债的资产主要有现金、存货、金融资产、固定资产、无形资产等。这里的现金，是指货币资金，即库存现金、银行存款和其他货币资金，在债务重组的情况下，以现金清偿债务，通常是指以低于债务的账面价值的现金清偿债务，如果以等量的现金偿还所欠债务，则不属于本章所指的债务重组。

2. 债务转为资本

此方式是指债务人将债务转为资本，同时债权人将债权转为股权的债务重组方式。但债务人根据转换协议，将应付可转换公司债券转为资本的，则属于正常情况下的债务转资本，不能作为债务重组处理。债务转为资本时，对股份有限公司而言为将债务转为股本；对其他企业而言，是将债务转为实收资本。债务转为资本的结果是，债务人因此而增加股本（或实收资本），债权人因此而增加股权。

3. 修改其他债务条件

修改其他债务条件是指修改不包括上述第一、第二种情形在内的债务条件进行债务重组的方式，如减少债务本金、降低利率、免去应付未付的利息等。

4. 以上三种方式的组合

此方式是指采用以上三种方法共同清偿债务的债务重组形式。例如，以转让资产清偿某项债务的一部分，另一部分债务通过修改其他债务条件进行债务重组，主要包括以下可能的方式。

（1）债务的一部分以资产清偿，另一部分则转为资本。

（2）债务的一部分以资产清偿，另一部分则修改其他债务条件。

（3）债务的一部分转为资本，另一部分则修改其他债务条件。

（4）债务的一部分以资产清偿，一部分转为资本，另一部分则修改其他债务条件。

8.4.3 债务重组的会计处理

1. 以资产清偿债务

在债务重组中，企业以资产清偿债务的，通常包括以现金清偿债务和以非现金资产清偿债务等方式。

（1）以现金清偿债务。债务人以现金清偿债务的，债务人应当将重组债务的账面价值与支付的现金之间的差额确认为债务重组利得，作为营业外收入，计入当期损益，其中，相关重组债务应当在满足金融负债终止确认条件时予以终止确认。债务人以现金清偿债务的，债权人应当将重组债权的账面余额与收到的现金之间的差额确认为债务重组损失，作为营业外支出，计入当期损益，其中，相关重组债权应当在满足金融资产终止确认条件时予以终止确认。重组债权已经计提减值准备的，应当先将上述差额冲减已计提的减值准备，冲减后仍有损失的，计入营业外支出（债务重组损失）；冲减后减值准备仍有余额的，应予转回并抵减当期资产减值损失。

（2）以非现金资产清偿某项债务。债务人以非现金资产清偿某项债务的，债务人应当将重组债务的账面价值与转让的非现金资产的公允价值之间的差额确认为债务重组利得，作为营业外收入，计入当期损益，转让的非现金资产的公允价值与其账面价值的差额作为转让资产损益，计入当期损益。债务人在转让非现金资产的过程中发生的一些税费，如资产评估费、运杂费等，直接计入转让资产损益。债务人以非现金资产清偿某项债务的，债权人应当对受让的非现金资产按其公允价值入账，重组债权的账面余额与受让的非现金资产的公允价值之间的差额，确认为债务重组损失，作为营业外支出，计入当期损益。重组债权已经计提减值准备的，应当先将上述差额冲减已计提的减值准备，冲减后仍有损失的，计入营业外支出（债务重组损失）；冲减后减值准备仍有余额的，应予转回并抵减当期资产减值损失。债权人收到非现金资产时发生的有关运杂费等，应当计入相关资产的价值。

以库存材料、商品产品抵偿债务。债务人以库存材料、商品产品抵偿债务，应视同销售进行核算。企业可将该项业务分为两部分：一是将库存材料、商品产品出售给债权人，取得货款。出售库存材料、商品产品业务与企业正常的销售业务处理相同，其发生的损益计入当期损益。二是以取得的货币清偿债务。当然，在这项业务中，实际上并没有发生相应的货币流入与流出。

【例 8-27】威远有限责任公司应收甲公司货款 450 000 元。于 2014 年 12 月 31 日到期，由于甲公司财务发生困难，短期内不能支付已到期的货款。2015 年 7 月 1 日，经双方协商，威远公司同意甲公司以其生产的产品偿还债务。该产品的公允价值为 300 000 元，实际成本为 180 000 元。甲公司为增值税一般纳税人，适用的增值税税率为 17%。威远有限责任公司于 2015 年 8 月 10 日收到甲公司抵债的产品，并作为库存商品入库；威远公司对该项应收账款计提了 10 000 元的坏账准备。

① 甲公司的账务处理。

a．计算债务重组利得。

应付账款的账面余额	450 000
减：所转让产品的公允价值	300 000
增值税销项税额	51 000（300 000×17%）
债务重组利得	99 000

b．做会计分录如下。

	借方	贷方
借：应付账款——威远有限责任公司	450 000	
贷：主营业务收入		300 000
应交税费——应交增值税（销项税额）		51 000
营业外收入——债务重组利得		99 000
借：主营业务成本	180 000	
贷：库存商品		180 000

在本例中，甲公司销售产品取得的利润体现在营业利润中，债务重组利得作为营业外收入处理。

② 威远公司的账务处理。

a. 计算债务重组损失。

应收账款账面余额	450 000
减：受让资产的公允价值	300 000
增值税进项税额	51 000
差额	99 000
减：已计提坏账准备	10 000
债务重组损失	89 000

b. 应做会计分录。

借：库存商品　　300 000
　　应交税费——应交增值税（进项税额）　　51 000
　　坏账准备　　10 000
　　营业外支出——债务重组损失　　89 000
　　贷：应收账款——甲公司　　450 000

以固定资产抵偿债务。债务人以固定资产抵偿债务，应将固定资产的公允价值与该项固定资产账面价值和清理费用的差额作为转让固定资产的损益处理。同时，将固定资产的公允价值与应付债务的账面价值的差额，作为债务重组利得，计入营业外收入。债权人收到的固定资产应按公允价值计量。

【例 8-28】接【例 8-27】，威远有限责任公司应收甲公司货款 450 000 元。于 2014 年 12 月 31 日到期，由于甲公司财务发生困难，短期内不能支付已到期的货款。2015 年 7 月 1 日，假定威远公司同意甲公司以一台设备偿还债务。该设备的账面价值为 350 000 元，已计提折旧 80 000 元，该设备的公允价值为 300 000 元，威远有限责任公司于 2015 年 8 月 10 日收到甲公司抵债的设备，威远公司对该项应收账款计提了 10 000 元的坏账准备（假定甲企业转让该项设备不需要缴纳增值税）。

① 甲公司的账务处理。

计算债务重组利得：

应付账款的账面余额	450 000
减：所转让产品的公允价值	300 000
债务重组利得	150 000

将抵债资产的账面价值转入固定资产清理：

借：固定资产清理　　270 000
　　累计折旧　　80 000
　　贷：固定资产　　350 000

确认债务重组利得：

借：应付账款——威远有限责任公司　　450 000
　　贷：固定资产清理　　300 000
　　　　营业外收入——债务重组利得　　150 000

确认固定资产处置利得：

借：固定资产清理　　30 000
　　贷：营业外收入——非流动资产处置利得　　30 000

② 威远公司的账务处理。

a. 计算债务重组损失。

应收账款账面余额	450 000
减：受让资产的公允价值	300 000
差额	150 000
减：已计提坏账准备	10 000
债务重组损失	140 000

b. 应做会计分录如下。

借：固定资产　300 000
　　坏账准备　10 000
　　营业外支出——债务重组损失　140 000
　　贷：应收账款——甲公司　450 000

2. 债务转为资本

以债务转为资本方式进行债务重组的，应分以下情况处理。

（1）债务人为股份有限公司时，债务人应将债权人因放弃债权而享有股份的面值总额确认为股本；股份的公允价值总额与股本之间的差额确认为资本公积。重组债务的账面价值与股份的公允价值总额之间的差额确认为债务重组利得，计入当期损益。债务人为其他企业时，债务人应将债权人因放弃债权而享有的股权份额确认为实收资本；股权的公允价值与实收资本之间的差额确认为资本公积。重组债务的账面价值与股权的公允价值之间的差额作为债务重组利得，计入当期损益。

（2）债务人将债务转为资本，即债权人将债权转为股权。在这种方式下，债权人应将重组债权的账面余额与因放弃债权而享有的股权的公允价值之间的差额，先冲减已提取的减值准备，减值准备不足冲减的部分，或未提取减值准备的，将该差额确认为债务重组损失。同时，债权人应将因放弃债权而享有的股权按公允价值计量。发生的相关税费，分别按照长期股权投资或者金融工具确认和计量等准则的规定进行处理。

【例 8-29】威远有限责任公司应收乙公司货款 800 000 元，由于乙公司发生财务困难，无法偿付应付账款。经双方协商同意，采取将乙公司所欠债务转为乙公司股本的方式进行债务重组，假定乙公司普通股的面值为 1 元，乙公司以 300 000 股抵偿该项债务，股票每股市价为 2.5 元。威远公司对该项应收账款计提了坏账准备 20 000 元。股票登记手续已办理完毕，威远公司对其作为长期股权投资处理。

① 乙公司的账务处理。

a. 计算应计入资本公积的金额。

股票的公允价值	750 000
减：股票的面值总额	300 000
应计入资本公积	450 000

b. 计算应确认的债务重组利得。

债务账面价值	800 000
减：股票的公允价值	750 000
债务重组利得	50 000

做会计分录如下。

借：应付账款——威远有限责任公司　　800 000

　贷：股本　　300 000

　　资本公积——股本溢价　　450 000

　　营业外收入——债务重组利得　　50 000

② 威远的账务处理。

a. 计算债务重组损失。

应收账款账面余额	800 000
减：所转股权的公允价值	750 000
差额	50 000
减：已计提坏账准备	20 000
债务重组损失	30 000

b. 应做会计分录如下。

借：长期股权投资　　750 000

　营业外支出——债务重组损失　　30 000

　坏账准备　　20 000

　贷：应收账款——乙公司　　800 000

3. 修改其他债务条件

以修改其他债务条件进行债务重组的，首先应判断是否涉及或有应付（应收）金额，或有应付（应收）金额，是指需要依据未来某种事情的出现而发生的应付（或应收）金额，而且未来事项的出现具有不确定性。

（1）不涉及或有条件的债务重组。不涉及或有条件的债务重组，是指在债务重组中不存在或有应付（或应收）金额，不附或有条件的债务重组，债务人应将修改其他债务条件后债务的公允价值作为重组后债务的入账价值。重组债务的账面价值与重组后债务的入账价值之间的差额计入损益。

以修改其他债务条件进行债务重组，如修改后的债务条款不涉及或有应收金额，则债权人应当将修改其他债务条件后债权的公允价值作为重组后债权的账面价值，重组债权的账面余额与重组后债权账面价值之间的差额确认为债务重组损失，计入当期损益。如果债权人已对该项债权计提了减值准备，应当首先冲减已计提的减值准备，减值准备不足以冲减的部分，作为债务重组损失，计入营业外支出。

【例 8-30】威远有限责任公司持有 H 公司的一张商业汇票 200 000 元，至 2015 年 6 月底到期时的累计利息为 8 000 元，因 H 公司财务困难，经协商于 2015 年 12 月进行债务重组，威远公司同意将 H 公司的票据期限延长 1 年，并减少本金 50 000 元，票据延长期间不计息，重组前，两公司已将应收、应付票据转换为应收、应付账款。

① 债务人 H 公司的账务处理。

计算应确认的债务重组利得：

债务账面价值	208 000
减：重组后债务的公允价值	158 000
债务重组利得	50 000

借：应付账款——威远有限责任公司　　　　208 000
　　贷：应付账款——威远有限责任公司（债务重组）　　　　158 000
　　　　营业外收入——债务重组利得　　　　50 000

② 威远公司的账务处理。

计算债务重组损失：

应收账款账面余额	208 000
减：重组后债权的公允价值	158 000
债务重组损失	50 000

借：应收账款——H 公司（债务重组）　　　　158 000
　　营业外支出——债务重组损失　　　　50 000
　　贷：应收账款——债务重组（H 公司）　　　　208 000

（2）涉及或有条件的债务重组。涉及或有条件的债务重组，是指在债务重组协议中附有或有应付条件的重组。或有应付金额，是指依未来某种事项出现而发生的支出，未来事项的出现具有不确定性。

附有或有条件的债务重组，对于债务人而言，以修改其他债务条件进行的债务重组，修改后的债务条款如涉及或有应付金额，且该或有应付金额符合或有事项中有关预计负债确认条件的，债务人应当将该或有应付金额确认为预计负债。重组债务的账面价值与重组后债务的入账价值和预计负债金额之和的差额，作为债务重组利得，计入营业外收入。需要说明的是，在附有或有支出的债务重组方式下，债务人应当在每期末，按照或有事项确认和计量要求，确定其最佳估计数，期末所确定的最佳估计数与原预计数的差额，计入当期损益。对债权人而言，以修改其他债务条件进行债务重组，修改后的债务条款中涉及或有应收金额的，不应当确认或有应收金额，不得将其计入重组后债权的账面价值。或有应收金额属于或有资产，或有资产不予确认。只有在或有应收金额实际发生时，才计入当期损益。

关键术语

负债　流动负债　短期借款　应付票据　应付账款　应交税费　应付职工薪酬
预计负债　非流动负债　长期借款　应付债券　溢价发行　折价发行　可转换公司债券
长期应付款　债务重组

思考与练习

一、思考题

1．试说明举债经营对企业的利与弊，何谓“适度举债”？

2．一般纳税人和小规模纳税人如何划分，两者在增值税的处理上有什么区别？

3．分析发行溢价债券和折价债券的原因。

4．分别就投资者和发行者而言，分析可转换公司债券的优缺点。

二、练习题

1．甲公司购入材料一批，价款40 000元，增值税率17%，付款条件为2/10，*N*/30。材料已验收入库，货款暂欠。

要求：编制甲公司购买材料及10天内付款的会计分录（假定计算现金折扣时增值税不予折扣）。

2．威远公司2016年3月31日，有关账户余额如下。

“应交税费——应交增值税”的三级明细分类账户余额为：

进项税额 63 410元　　转出未交增值税 26 180元　　销项税额 101 320元

“主营业务收入”明细分类账户3月销售如下。

薯类白酒16吨 @4 800元 计76 800元 黄酒30吨 @4 000元 计120 000元

“其他业务收入”明细分类账户3月情况如下。

出租固定资产租金收入 86 000元

接着又发生下列经济业务。

（1）3月31日，因遭受火灾，材料仓库转来存货毁损报废报告单，计毁损材料18 000元，购进时支付进项税额3 060元，予以转账。

（2）3月31日，将材料仓库内维修用材料一批，金额2 200元，拨付建造成品仓库使用，该批材料购进时支付进项税额374元，予以转账。

（3）3月31日，计提出租固定资产的增值税。

（4）3月31日，将本月应交未交的增值税予以转账。

（5）3月31日，计提本月应纳消费税（薯类白酒消费税率15%，黄酒每吨应纳消费税260元）。

（6）3月31日，根据本月增值税和消费税按7%的税率计算城市维护建设税。

（7）3月31日，根据本月增值税和消费税按3%的附加率计算教育费附加税。

（8）4月10日，签发转账支票缴纳3月增值税、消费税、城建税及教育费附加税。

要求：编制相关业务的会计分录。

3．甲公司本月应付职工薪酬总额为195 000元，其中车间生产工人工资150 000元，车间管理人员工资20 000元，厂部行政管理人员工资15 000元，从事专项工程人员工资10 000元。并按照工资总额的10%、12%、2%、10%、2%和1.5%分别计提医疗保险费、养老保险费、失业保险费、住房公积金、工会经费和职工教育经费。

要求：编制甲公司分配工资及计提各项保险费、住房公积金、工会经费和职工教育经费的会计分录。

4．甲公司为一家彩电生产企业，共有职工200名，2015年3月，公司以其生产的每台成本为10 000元的液晶彩电作为福利发放给公司每名职工。该型号液晶彩电的售价为每台14 000元，适用增值税率为17%。假定公司职工中170名为直接参加生产的人员，30名为总部管理人员。

要求：编制甲公司相关的会计分录。

5．甲公司为生产需要于2013年1月1日发行5年期债券，债券票面利率为10%，每年付息一次，到期还本的企业债券10 000份，每份面值100元。发行时债券市场利率为8%，债券发行总金额为1 079 870元，已收存银行。

要求：编制发行债券，每年计算利息和还本付息的会计分录。

6．为扩大生产经营规模，B企业发行面值300 000元的债券，债券票面利率为8%，期限2年，每年付息一次。发行时市场利率为10%，债券于2006年1月1日发行完毕，收到折价发行债券全部款项存入银行。

要求：

（1）计算债券的发行价格（计算结果保留到整数）。

（2）编制发行债券的会计分录。

（3）债券利息按年计提，计算债券每年溢价摊销额（计算结果保留到整数），编制相应会计分录。

（4）编制还本付息的会计分录。

7．甲企业发生下列预计负债。

（1）12月31日，甲企业生产的新产品侵犯了东风工厂的专利权而涉及一项诉讼案。根据法律顾问判断，最终的判决很可能对甲企业不利，但至今尚未收到法院的判决书。据专业人士估计，赔偿金额可能为90 000元～100 000元，估计诉讼费用约10 000元。

（2）12月31日，本月共销售仪表4 000台，每台1 400元。该厂商品质量保证条款规定，售出仪表发生质量问题将负责免费修理。根据以往经验，如果出现较小的质量问题，发生的修理费为销售额的1%，如果出现较大的质量问题，发生的修理费为销售额的2.5%。据预测，在一年已售的商品中有10%将发生较小的质量问题，有4%将发生较大的质量问题。计提本月因商品保修而发生的负债。

要求：编制预计负债有关的会计分录。

8．2015年1月1日，甲公司销售一批商品给乙公司，含税价格为105 000元。2015年7月1日，乙公司发生财务困难，无法按合同规定偿还债务，经双方协商，甲公司同意乙公司用产品抵偿该应收账款。该产品成本为70 000元，市价为80 000元，增值税税率17%。乙公司为转让的产品计提了存货跌价准备1 000元，甲公司将收到的乙公司产品作为材料进行核算，并已为该债权计提了坏账准备500元。在债务重组中未发生其他相关税费。

要求：分别编制甲公司和乙公司关于债务重组的会计分录。

9．2015年2月10日，甲公司销售一批商品给乙公司，同时收到乙公司签发并承兑的一张面值100 000元的不带息商业承兑汇票。2015年8月10日，乙公司发生财务困难，无法兑现票据，经双方协商，甲公司同意乙公司用一台设备抵偿该应收票据。该设备累计折旧为30 000元，发生清理费用1 000元，用银行存款支付，计提的减值准备为9 000元。甲公司未对债权计提坏账准备。在债务重组中未发生其他相关税费。该设备公允价值为90 000元，甲公司将收到的设备作为固定资产核算。

要求：

（1）若该设备的账面原值为120 000元，分别编制甲公司和乙公司关于债务重组的会计分录。

（2）若该设备的账面原值为150 000元，分别编制甲公司和乙公司关于债务重组的会计分录。

10．2015年2月10日，甲公司销售一批商品给乙公司（该公司为股份有限公司），同时收到乙公司签发并承兑的一张面值100 000元的不带息商业承兑汇票。2015年8月10日，乙公司发生财务困难，无法兑现票据，经双方协商，甲公司同意乙公司以其普通股抵偿该应收票据，并作为可供出售金融资产进行核算。乙公司用于抵债的普通股为10 000股，股票面值为每股2元，市价为每股6.6元。假定不考虑相关税费。

要求：分别编制甲公司和乙公司关于账务重组的会计分录。

所有者权益　第9章

【学习目标】

本章主要阐述所有者权益的内容和会计处理。通过本章的学习，应做到以下几点：

- 掌握所有者权益的含义和公司制所有者权益的内容；
- 了解盈余公积的计提方法；
- 掌握实收资本（或股本）、资本公积、盈余公积和未分配利润的会计处理。

【知识导图】

所有者权益

- 实收资本或股本：投资者投入企业的资本
- 资本公积：包括资本（或股本）溢价和直接计入所有者权益的利得或损失
- 其他综合收益：企业与非所有者方面进行交易或发生其他事项或情况产生的、当前不确认为损益，但未来影响损益的各项利得和损失
- 盈余公积：按照一定比例从净利润中提取的积累
- 未分配利润：未指定用途的留存于企业的利润

【引导案例】

2001年年初，ST郑百文和PT渝钛白先后发布公告称，拟用资本公积弥补亏损。ST郑百文董事会决定，拟用2.5亿元资本公积金和182.17万元盈余公积金弥补亏损，然后再将三联豁免的14.47亿元债权形成资本公积，并用该资本公积冲抵累计亏损，从而使累计亏损减少到零。PT渝钦白公司董事会也拟以资本公积金弥补以前年度累计亏损。具体金额将待2000年审计报告出具后另行公告。此举引起市场广泛关注。业界有评论提出，财政部2001年年初新修订的《债务重组》准则使一大批欲通过债务重组调节利润的上市公司希望落空，但如果上述两公司的方案通过，是否意味着这些公司又有了扭亏的新出路？此前，用资本公积弥补亏损的做法较为少见，业界也少有议论。只有PT北旅1996年曾用资本公积金和盈余公积金弥补了亏损，使公司避免了两连亏。

通过本章学习，你将知道：所有者权益包括哪些内容？所有者权益各组成部分的来源及用途。

9.1 所有者权益概述

9.1.1 企业组织形式

根据市场经济的要求，现代企业的组织形式按照财产的组织形式和所承担的法律责任划分。国际上通常分类为：独资型企业、合伙型企业和公司型企业。

1. 独资型企业

独资型企业也称业主制企业。它是由个人出资创办的，是最简单、最原始的企业组织形式。企业全部财产为投资人个人所有，投资人独享企业的利润，同时投资人以其个人财产对企业债务承担无限责任，独自承担企业风险。从法律上看，个人独资企业不具有法人资格。我国的个体户和私营企业很多属于此类企业。

2. 合伙型企业

合伙型企业是由两个或两个以上的合伙人按照协议共同出资、共同承担企业经营风险，并且对企业债务承担连带责任的企业。它不同于所有权和经营权分离的公司企业，它通常是依合同或协议组织起来的，结构较不稳定。合伙人对整个合伙企业的债务负有无限的责任。合伙企业不如独资企业自由，决策通常要合伙人集体做出，但它具有一定的规模优势。同样，合伙企业也不具备法人资格。

3. 公司制企业

公司是依据我国有关法律申请登记设立，并以盈利为目的的具有法人资格的经济组织。其特征是有独立的财产，独立地承担经济责任，所有权和管理权分离，出资者按出资额对公司承担有限责任等。公司制企业主要包括有限责任公司和股份有限公司。

有限责任公司指不通过对外发行股票，而由为数不多的股东集资组建的公司（一般由 2 人以上 50 人以下股东共同出资设立），其资本无需划分为等额股份，股东只有一份表示股份份额的股权证书，股东在出让股权时受到一定的限制，如需转让，在征得其他股东同意的条件下方可进行。在有限责任公司中，董事和高层经理人员往往具有股东身份，使所有权和管理权的分离程度不如股份有限公司那样高。有限责任公司的财务状况不必向社会披露，公司的设立和解散程序比较简单，管理机构也比较简单，比较适合中小型企业。

股份有限公司是全部注册资本由等额股份构成并通过公开发行股票（或股权证）筹集资本，公司以其全部资产对公司债务承担有限责任的企业法人（应当有 2 人以上 200 以下为发起人，注册资本的最低限额为人民币 500 万元）。其主要特征是：公司的资本总额平分为金额相等的股份；股东以其所认购股份对公司承担有限责任，公司以其全部资产对公司债务承担责任；每一股有一表决权，股东以其持有的股份，享受权利，承担义务。

9.1.2 公司制企业所有者权益

《企业会计准则——基本准则》规定："所有者权益是指企业资产扣去负债后，由所有者享有的剩余权益。"公司制企业所有者权益又称股东权益。所有者权益是股东对公司资产的剩余索取权，也就是对净资产的要求权，它是公司资产中扣去债权人权益后应由股东享有的部分，既反映投资者投入资本的保值增值情况，又体现保护债权人权益的观念。

我国《企业会计准则》规定，所有者权益的来源包括所有者投入的资本、直接计入所有者权益的利得和损失、留存收益，根据其核算的内容和要求可分为：实收资本（股本）、资本公积、其他综合收益、盈余公积和未分配利润等部分。

所有者投入的资本是指所有者投入企业的资本部分，投资者设立企业首先必须投入资本。它既包含股本部分的金额，又包括投入资本超过股本部分的金额，即资本（或股本）溢价。

直接计入所有者权益的利得，是指不应计入当期损益、会导致所有者权益发生增加、与所有者投入资本或向所有者分配利润无关的经济利益流入。直接计入所有者权益的损失，是指不应计入当期损益、会导致所有者权益发生减少、与所有者投入资本或向所有者分配利润无关的经济利益流出。根据财务报表列报的特点，利得与损失分为两种，其中一种是在利润表项目列报并最终形成净利润进而影响所有者权益，例如固定资产清理损失、罚款及滞纳金支出、债务重组收益等各项利润表上的营业外收入、营业外支出项目；另一种则是直接计入所有者权益的利得和损失，即已经确认但未实现的利得与损失为其他综合收益，此类事项不通过利润表列报，直接通过资产负债表的所有者权益项目列报。

留存收益是企业历年实现的净利润留存于企业的部分，主要包括累计计提的盈余公积和未分配利润。

9.2 投入资本

9.2.1 实收资本或股本

1. 实收资本的含义

按照我国有关法律规定，投资者设立企业先要投入资本，它包括实收资本（股本）和资本公积。实收资本是指企业按照章程规定或合同、协议约定，接受投资者投入企业的资本。一般情况下，企业无需偿还投资者其投入的资本，可以长期周转使用。实收资本（或股本）的构成比例，即投资者的出资比例或股东的股份比例，通常是确定所有者在企业所有者权益中所占的份额和参与企业财务经营决策的基础，也是企业进行利润分配或股利分配的依据，同时还是企业清算时确定所有者对净资产的要求权的依据。

2. 实收资本确认和计量的基本要求

一般企业核算投资者投入的实收资本，应设置“实收资本”科目，股份有限公司通过设置“股本”科目核算，本科目可按投资者进行明细核算。投资者投入企业的资产可以是现金，也可以是其他有形资产，甚至还可以是符合国家规定比例的无形资产。根据我国相关法律规定，对于有限责任公司，各投资者按照合同、协议或公司章程的规定投入企业资本，投资者以非货币财产作价出资的，应按合同或协议等评估作价，不得高估或低估作价，法律对评估作价另有规定的除外，且全体股东的货币出资额不得低于有限责任公司注册资本的30%；对于有限责任公司，企业通过发行股票筹集资本，根据公司设立方式不同分为发起式和募集式，发起式设立的特点是公司的股份全部由发起人认购，不对外募集股份，募集式设立的特点是公司除发起认购外，还向社会公众发行股票进行资本募集，我国《公司法》规定不允许公司折价发行股票。

3. 实收资本的会计处理

有限责任公司股东认缴新增资本和股份有限公司股东认购新股增加公司注册资本，应当分别依据《公司法》设立有限责任公司缴纳出资和设立股份有限公司缴纳股款的有关规定执行；公司法定公积金转增注册资本，验资证明应当载明留存的该项公积金不少于转增前公司注册资本的25%；公司减少注册资本，应自公告之日起45日后申请变更登记，减资后公司的注册资本不得少于法定的最低限额；公司变更实收资本，应提交依法设立的验资机构出具的验资证明，公司应自足额缴纳出资或股款之日起30日内申请变更登记。

（1）实收资本增加的会计处理。企业实收资本增加的方式主要有以下几种情况。

① 投资者投入。对于非股份制公司，企业接受投资者投入资本，应做如下会计处理：投资者以现金投入或支付银行存款的，企业按实际收到的金额，借记“库存现金”“银行存款”科目；以实物资产作价投资的，应在办理实物产权转移手续时，借记有关资产科目；以无形资产投资的，应按合同、协议或公司章程规定移交有关凭证时，借记“无形资产”科目；按投资者在注册资本或股本中所占的份额，贷记“实收资本”科目，按其差额，贷记“资本公积——资本溢价”科目。对于股份制公司，由于其资本划分若干等额股份，公司通过发行股票方式来筹资，因此需单独设置“股本”科目来核算，并按股票的种类及股东名称进行明细核算。公司发行股票的价格通常与股票面值不一致，可以按票面金额或超过票面金额来发行，但我国相关法律规定公司不允许低于票面金额发行。在发行时，按收到的价款，借记“银行存款”科目，按发行股票的票面金额，贷记“股本——普通股”科目，按发行价格超过面值的溢价部分，贷记“资本公积——股本溢价”科目。

【例9-1】威远公司有限责任公司收到A企业投入100万元资金及一项专利权，该无形资产双方协议作价80万元（公允价值），A企业共取得在威远公司有限责任公司注册资本中所占的份额为150万元。已办妥相关手续，威远公司账务处理如下。

借：银行存款	1 000 000
无形资产	800 000
贷：实收资本——法人资本金（A企业）	1 500 000
资本公积——资本溢价	300 000

【例9-2】威远公司发行普通股100万股，其每股面值1元，发行价格1.3元，扣除发行费用等相关费用1万元，实际收到发行收入129万元。收到发行款时账务处理。

借：银行存款	1 290 000
贷：股本——普通股	1 000 000
资本公积——股本溢价	290 000

② 公积金转增。按《公司法》的规定，经股东大会或类似机构决议，法定公积金（资本公积和盈余公积）转增资本时，所留存的该项公积金不得少于转增前公司注册资本的25%。将资本公积转增实收资本或股本，应做如下会计处理：借记“资本公积——资本溢价”科目或“资本公积——股本溢价”科目，贷记“实收资本”或“股本”科目。企业将盈余公积转增实收资本或股本，会计上应借记“盈余公积”科目，贷记“实收资本”或“股本”科目，对于股份有限公司或有限责任公司，应按原投资者所持股份同比例增加各股东的股权。

③ 发放股票股利。若经过股东大会批准利润分配方案中采用发放股票股利增资，应按股东原持有的股份数进行分配，如果股东所持有股份按比例分配的股利不足一股时，公司可以将不足一股的股票股利改为现金股利，用现金支付，或由股东相互转让，凑成整数股。股东大会批准的利润分配方案采用股票股利的，应在公司办理好增资手续后，借记“利润分配”科目，贷记“股本”科目。

④ 公司将重组债务转为资本。企业进行债务重组，使得债务转化为资本的，应按重组债务的账面余额，借记“应付账款”等科目，按债权人因放弃债权而取得本企业的股份面值总额，贷记“实

收资本”或“股本”科目，按股份的公允价值总额与相应的实收资本或股本之间的差额，借记或贷记“资本公积——资本溢价”科目或“资本公积——股本溢价”科目，按以上差额，贷记“营业外收入——债务重组利得”科目。

除以上能形成企业的实收资本情况之外，可转换公司债券持有人行使转换权利、企业以权益结算的股份支付的行权，都可以增加企业的实收资本或股本。若债券持有人行使转换权利，将债券转换为股票，按可转换公司债券的余额，借记“应付债券——可转换公司债券（面值、利息调整）”科目，按其权益份额，借记“资本公积——其他资本公积”科目，按股票面值和转换的股份数计算的股票面值总额，贷记“股本”，按其差额，贷记“资本公积——股本溢价”科目，如有现金支付不可转换股票，还应贷记“银行存款”等科目。若以权益结算的股份支付换取职工或其他方提供服务的，应在行权日，按根据实际行权情况确定的金额，借记“资本公积——其他资本公积”科目，贷记“实收资本”或“股本”科目，按其差额，贷记“资本公积——资本溢价（或股本溢价）”科目。

（2）实收资本减少的会计处理。企业因资本过剩或发生重大亏损需要减少注册资本，应按法定程序报经批准减少注册资本。有限责任公司或一般企业因资本过剩发还投资，会计处理时借记“实收资本”科目，贷记“库存现金”“银行存款”等科目。股份有限公司由于是通过发行股票方式筹集股本的，发还股款时，需要回购发行的股票，回购股票的价格可能与发行价格不同，若溢价回购（回购价格高于回购股份所对应的股本），回购股票会计处理时，按因减少注册资本而回购公司股份实际支付的价款，借记“库存股”科目，贷记“银行存款”等科目。注销库存股会计处理时，按注销的库存股的账面价值总额，借记“股本”科目，按其账面余额，贷记“库存股”科目，按其差额，冲减股票发行时原记入资本公积的溢价部分，借记“资本公积——股本溢价”科目，不足冲减的，应依次冲减“盈余公积”“利润分配——未分配利润”等科目；若折价回购，会计处理时，按所冲减股本面值与注销库存股的账面余额的差额作为增加股本溢价处理，按回购股份所对应的股本面值，借记“股本”科目，按注销库存股的账面余额，贷记“库存股”科目，按其差额，贷记“资本公积——股本溢价”科目。

9.2.2 资本公积

1. 资本公积的含义

资本公积是企业收到的投资者超出其在企业注册资本（或股本）中所占份额的投资，以及直接计入所有者权益的利得和损失等。因此，资本公积包括资本（或股本）溢价和直接计入所有者权益的利得和损失等。其中，资本（或股本）溢价是指企业收到投资者的超出其在企业注册资本（或股本）中所占份额的投资，其来源有企业溢价发行股票、投资者超额缴入资本等；直接计入所有者权益的利得和损失是指不应计入当期损益、会导致所有者权益发生增减变动的、与所有者投入资本或向所有者分配利润无关的利得或损失。核算资本公积时，企业应设置“资本公积”科目，并分别设置“资本（或股本）溢价”和“其他资本公积”两个明细科目。

2. 资本公积的会计处理

（1）资本溢价。对于非股份制公司，投资者依其出资额对企业经营决策享有表决权，依其所认缴的出资额对企业承担有限责任。企业需设置“实收资本”科目，核算投资者按规定实际缴付的出资额。在企业创立时，出资者认缴的出资额全部计入“实收资本”科目。在企业重组并有新的投资者加入时，新加入的投资者的出资额并不一定全部作为实收资本处理。这是因为，在企业正常经营过程中投入的资金虽然与企业创立时投入的资金在数量上一致，但获利能力却不一致。一般情况下，创立时，资金的回收期长，投资风险高，资本利润率低，等到企业进行正常生产经营后，资本利润率要高于初创阶段。而这高于初创阶段的资本利润率是初创时必要的垫支资本带来的，企业创办者为此付出了代价。因此，为了维护原投资者的权益，新加入的投资者要付出大于原有投资者的出资额，才能取得与原投资者相同的投资比例。另外，不仅原投资者原有投资从质量上发生了变化，从数量上也可能发生了变化，这是因为企业经营过程中实现利润的一部分留存企业，形成了留存收益，而留存收益也属于投资者权益，但其并未转入实收资本。新加入的投资者如与原投资者共享这部分留存收益，也要求其付出大于原有投资者的出资额，才能取得与原投资者相同的投资比例。投资者投入的资本按其出资比例计算的出资额，计入“实收资本”科目，大于部分应计入“资本公积”科目。

（2）股本溢价。股份有限公司采用发行股票的方式筹集股本，股票是企业签发的证明股东按其所持有股份享有权利和承担义务的书面证明。根据《公司法》的规定，实收资本总额应与注册资本相等。在采用溢价发行股票的方式下，企业发行股票取得的收入，按相当于股票面值部分计入“股本”科目，超出股票面值的溢价部分计入“资本公积——股本溢价”科目。委托证券商代理发行股票而支付的手续费、佣金等，应从溢价发行收入中扣去，企业应按扣去手续费用、佣金后的数额记入“资本公积——股本溢价”科目。

（3）其他资本公积。其他资本公积，是指除资本（或股本）溢价项目以外所形成的资本公积，主要包括以下几个方面。

① 股份支付形成的所有者权益变动。企业根据以权益结算的股份支付授予职工或其他方的权益工具，应按确定的金额借记“管理费用”等科目，贷记“资本公积——其他资本公积”科目。在行权日，按实际行权的权益工具数量计算确定的金额，借记“资本公积——其他资本公积”科目，贷记“实收资本”或“股本”科目，按其差额，贷记“资本公积——资本溢价（或股本溢价）”科目。

② 企业发行可转换债券形成的所有者权益变动。企业发行的可转换公司债券，先将其中的负债部分和权益部分进行分拆，负债部分计入“应付债券”科目，权益部分计入“资本公积——其他资本公积”科目。行权日，原计入“资本公积——其他资本公积”科目的金额转入“资本公积——资本溢价（或股本溢价）”。

③ 采用权益法核算的长期股权投资形成的所有者权益变动长期股权投资采用权益法核算的，在持股比例不变的情况下，被投资单位除其他综合收益以外所有者权益的其他变动，投资企业按持股比例计算应享有的份额，如果是利得，则借记“长期股权投资”科目，同时贷记“资本公积——其他资本公积”科目；如果是损失，则做相反的会计分录。当处置采用权益法核算的长期股权投资时，应借记或贷记“资本公积——其他资本公积”科目，贷记或借记“投资收益”科目。

9.3 其他综合收益

9.3.1 其他综合收益定义

其他综合收益，是指在报告期内满足所有者权益确认和计量条件、能引起所有者权益发生增加或减少变动、由企业与非所有者方面进行交易或发生其他事项或情况产生的、当前不确认为损益，但未来影响损益的各项利得和损失。

9.3.2 其他综合收益会计处理

其他综合收益项目主要分为两类，应当分别下列情况处理。

1. 以后会计期间能重分类计入损益的其他综合收益项目

（1）权益法下，被投资单位产生除净损益、利润分配以外的可重分类进损益的其他综合收益发生变动中企业应享有的份额。企业按持股比例计算应享有或应负担的被投资单位其他综合收益的份额，借记或贷记“长期股权投资——其他综合收益”科目，贷记或借记“其他综合收益”科目。投资单位在确定应享有或负担的被投资单位其他综合收益份额时，该份额的性质取决于被投资单位的其他综合收益的性质，即如果被投资单位的其他综合收益属于“以后会计期间不能重分类进损益”类别，则投资方确认的份额也属于“以后会计期间不能重分类进损益”类别，如果被投资单位的其他综合收益属于“以后会计期间能重分类进损益”类别，则投资方确认的份额也属于“以后会计期间能重分类进损益”类别。同样，在处置长期股权投资时，也应当采用与被投资单位直接处置相关资产或负债相同的基础，对相关的其他综合收益进行会计处理，按结转的长期股权投资成本比例结转原计入“其他综合收益”科目的金额，借记或贷记“其他综合收益”科目，贷记或借记“投资收益”科目。同时还应按结转长期股权投资的投资成本比例结转原计入“资本公积——其他资本公积”科目的金额，借记或贷记“资本公积——其他资本公积”科目，贷记或借记“长期股权投资——投资成本”科目。

（2）可供出售金融资产公允价值变动形成的利得或损失、持有至到期投资重分类为可供出售金融资产形成的利得或损失。根据会计准则规定，可供出售金融资产公允价值的变动形成的利得或损失，除减值损失和外币货币性金融资产形成的汇兑差额外，应计入所有者权益（其他综合收益）。如果是利得，则借记“可供出售金融资产——公允价值变动”科目，同时贷记“其他综合收益”科目，如果是损失，则做相反的会计分录，待该金融资产终值确认时，需将原计入“其他综合收益”科目金额转出，计入当期损益，即借记或贷记“其他综合收益”科目，贷记或借记“投资收益”科目。持有至到期投资重分类为可供出售金融资产时，该投资的账面价值与公允价值之间的差额计入其他综合收益，待该可供出售金融资产发生减值或终值确认时转出，计入当期损益。

（3）现金流量套期工具中有效套期部分的利得或损失。根据《企业会计准则第24号——套期保值》规定，现金流量套期利得或损失中属于有效套期的部分，应当直接确认为所有者权益，计入其他综合收益；属于无效套期的部分，应当计入当期损益。在一定条件下，若将原计入其他综合收益转出，计入当期损益。

（4）外币财务报表折算差额。根据《企业会计准则第19号——外币折算》规定，企业对境外经营的财务报表进行折算时，应当将外币财务报表折算差额在资产负债表中所有者权益项目下单独列示为其他综合收益；待企业处置境外经营时，应当将与境外经营有关的外币报表折算差额，从其他综合收益转入当期损益。

（5）根据相关会计准则规定，自用房地产或作为存货的房地产转换为以公允价值计量的投资性房地产，转换日公允价值大于账面价值的差额计入其他综合收益；待该投资性房地产处置时，将该部分转入当期损益。

2. 以后会计期间不能重分类计入损益的其他综合收益项目

① 重新计量设定收益计划净资产或净负债导致的变动。根据《企业会计准则第 9 号——职工薪酬》规定，有设定收益计划形式离职后福利的企业应当将重新计量设定收益计划净资产或净负债导致的变动计入其他综合收益，并且在后续会计期间不允许转回至损益，但企业可以在权益范围内转移这些在其他综合收益中确认的金额。

② 按权益法核算被投资单位属于以后期间不能重分类进损益的其他综合收益变动所享有的份额。根据《企业会计准则第 2 号——长期股权投资》，投资方取得长期股权投资后，应当按照应享有或应分担的被投资单位其他综合收益的份额，确认其他投资收益，同时调整长期股权投资的账面价值。

9.4 留存收益

9.4.1 留存收益内容

留存收益是股东权益的一个重要项目，是企业历年剩余的净收益累积而形成的资本。留存收益包括法定盈余公积、任意盈余公积和未分配利润。其中，法定盈余公积是指企业按规定从净利润中依一定的比例提取的积累资金，提取法定盈余公积具有强制性；任意盈余公积是企业出于实际需要或采取审慎经营策略，从税后利润中提取的一部分留存利润，企业在支付了优先股股利之后，可以出于自愿原则提取；未分配利润是企业留待以后年度进行分配的结存利润，相对于股东权益其他部分来说，企业对于未分配利润的使用分配具有较大的自主权。

9.4.2 盈余公积

1. 盈余公积的有关规定

根据《公司法》等有关法规的规定，企业当年实现的净利润，一般按照以下顺序进行分配。

（1）提取法定公积金。《公司法》规定，公司制企业按照当年税后利润的10%的比例提取法定公积金（非公司制企业可按超过 10%的比例提取），法定公积金累计额达到公司注册资本的 50%时，可以不再提取。

（2）提取任意盈余公积。在提取法定公积金后，经股东大会决议，公司还可以从税后利润中按一定比例提取任意公积金。非公司制企业经类似的权利机构批准，也可以提取任意盈余公积。

（3）分配利润或股利。公司在弥补亏损和提取公积金后所余税后利润，有限责任公司按股东出资比例分红，股份有限公司按股东持有的股份比例分配。

2. 盈余公积的用途

（1）弥补亏损。企业发生亏损时，可以采用以下方式弥补亏损：一是用以后连续五年内实现的税前利润弥补。二是用以后年度税后利润弥补。若企业发生的亏损经过五年期间仍未补足，尚未弥补的亏损可以用税后的利润弥补。三是用盈余公积弥补。

（2）转增资本。经股东大会决议批准，企业可以将盈余公积转增资本，原股东按持股比例增加。企业提取的盈余公积，无论是用于弥补亏损，还是用于转增资本，只改变企业所有者权益内部结构，不会引起所有者权益总额的变动。

3. 盈余公积的会计处理

为了反映盈余公积的形成和使用情况，企业应设置“盈余公积”科目，并按种类设置明细科目。企业提取盈余公积时，借记“利润分配——提取法定盈余公积”“利润分配——提取任意盈余公积”科目，贷记“盈余公积——法定盈余公积”“盈余公积——任意盈余公积”科目。企业用盈余公积弥补亏损或转增资本时，借记“盈余公积”科目，贷记“利润分配——盈余公积补亏”“实收资本”或“股本”科目。

【例 9-3】威远公司 2015 年实现净利润 3 000 000 元，按 10%提取法定盈余公积，其账务处理如下。

借：利润分配——提取法定盈余公积　　　300 000
　　贷：盈余公积——法定盈余公积　　　　　300 000

9.4.3 未分配利润

未分配利润是企业留待以后年度进行分配的结存利润，也是企业所有者权益的组成部分。从数量上来说，未分配利润是期初未分配利润，加上本期实现的净利润，减去提取的各种盈余公积和分配利润后的余额。

1. 未分配利润的会计处理

企业核算未分配利润需设置“利润分配——未分配利润”科目。企业在期末结转利润时，应将在生产经营过程中取得的收入和发生的成本费用转入“本年利润”科目进行归集，计算出当期盈利或亏损额，若结转后“本年利润”科目为贷方余额，则为当期实现的净利润；若为借方余额，则为未弥补亏损。年度终了，将“利润分配”科目所属的其他明细科目（如提取法定盈余公积、提取任意盈余公积、盈余公积补亏等）的余额，转入“未分配利润”明细科目。结转后，“未分配利润”明细科目的贷方余额，就是未分配利润的金额；若为借方余额，则表示未弥补亏损额。

2. 弥补亏损的会计处理

企业在生产经营过程中可能发生盈利，也有可能出现亏损。企业在当年发生亏损的情况下，与实现利润的情况相同，应将本年发生的亏损从“本年利润”科目，转入“利润分配——未分配利润”科目，借记“利润分配——未分配利润”科目，贷记“本年利润”科目，结转后“利润分配”科目的借方余额，即为未弥补亏损额。然后通过“利润分配”科目核算有关亏损的弥补情况。

企业发生的亏损有的以次年实现的税前利润弥补，有的须用税后利润弥补。以当年实现的利润弥补以前年度结转的未弥补亏损，都不需要进行专门的账务处理。企业应将当年实现的利润从“本年利润”科目，转入“利润分配——未分配利润”科目的贷方，其贷方发生额与“利润分配——未分配利润”的借方余额自然抵补。税前利润和税后利润弥补亏损，其会计处理方法相同，不同的是两者计算缴纳所得税时的会计处理方法不一样。在以税前利润弥补亏损的情况下，其弥补的数额可以抵减企业当期应纳税所得额，而以税后利润弥补的数额，则不能作为纳税所得扣除处理。

【例 9-4】威远股份有限公司 2010 年发生亏损 1 000 000 元，2011—2015 年每年实现的税前利润 150 000 元，2016 年实现税前利润 800 000 元，该企业适用所得税税率为 25%。则各年账务处理如下。

① 2010 年年底，结转发生的亏损。

借：利润分配——未分配利润　　1 000 000

　　贷：本年利润　　1 000 000

② 2011—2015 年均可用税前利润弥补亏损。

借：本年利润　　150 000

　　贷：利润分配——未分配利润　　150 000

③ 2016 年只能用税后利润弥补以前年度亏损，计算应缴纳所得税。

2016 年应交所得税＝800 000×25%＝200 000（元）

借：所得税费用　　200 000

　　贷：应交税费——应交所得税　　200 000

借：本年利润　　200 000

　　贷：所得税费用　　200 000

④ 结转本年利润。

借：本年利润　　600 000

　　贷：利润分配——未分配利润　　600 000

2016 年“利润分配——未分配利润”科目期末贷方余额为 350 000 元。

关键术语

所有者权益　留存收益　投入资本　实收资本　资本公积　盈余公积　未分配利润
股本　股利

思考与练习

一、思考题

1．所有者权益与负债有哪些区别？

2．所有者权益来源有哪些渠道？

3．留存收益包括哪些内容？

4．什么是其他资本公积？其他资本公积与其他综合收益主要有哪些区别？

5．减少实收资本的原因有哪些？

6．如何进行未分配利润的会计处理？

二、练习题

2007 年 1 月 1 日，甲股份有限公司股东权益总额为 45 500 万元，其中：股本总额为 9 000 万元，每股面值 1 元；资本公积为 30 000 万元；盈余公积为 6 000 万元；未分配利润为 500 万元。2008 年至 2016 年该公司有关业务资料如下。

（1）2008年1月1日，甲公司接收某投资者投入一项专利技术，协议价值为1 200万元，折合本公司普通股1 000万股，每股面值为1元。

（2）2008年甲公司实现净利润400万元。

（3）2009年3月1日，甲公司按2008年实现净利润的10%提取法定盈余公积金。

（4）2009年5月5日，甲公司宣告分派现金股利300万元。

（5）2009年6月10日，甲公司股东大会决定以2008年12月31日的股本总额为基数，以资本公积（股本溢价）转增资本，每10股转增4股。甲公司办妥相关手续。

（6）2009年度，甲公司发生净亏损3 200万元。

（7）2010年至2015年度，甲公司分别实现利润总额200万元、300万元、400万元、500万元、600万元和800万元。2009年发生的亏损可用以后5年内事项的税前利润弥补，除上述事项外，

不考虑其他因素。甲公司适用所得税税率为25%。

（8）2016年5月9日，甲公司股东大会决定以法定盈余公积弥补2015年12月31日账面累计未弥补亏损。

要求：编制甲公司上述业务相关的会计分录。

第10章 收入

【学习目标】

收入是日常活动带来的经济利益的总流入，是利润形成的基础。本章主要介绍收入的确认、计量和核算。通过学习本章，应做到以下几点：

- 熟悉收入的概念和分类；
- 重点掌握销售商品收入的确认和计量及账务处理；
- 掌握提供劳务收入的确认和计量及账务处理，让渡资产使用权收入的确认和计量及账务处理；
- 了解建造合同收入的确认和计量。

【知识导图】

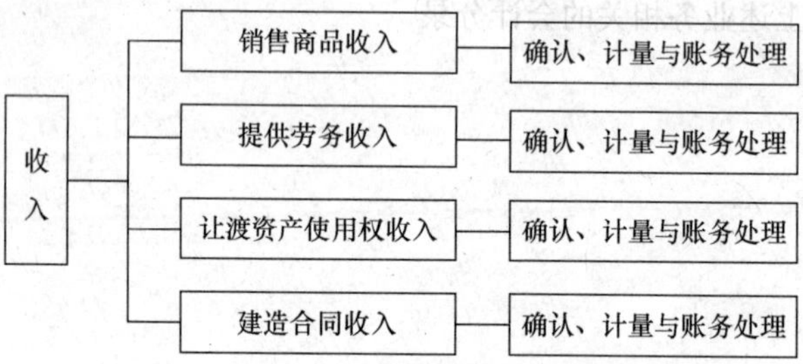

【引导案例】

中国重汽年报显示，其账面存货余额由2009年年末的29.73亿元上升至2010年年末的74.42亿元，当年存货增加额高达44.69亿元、增幅高达150.3%!

中国重汽多年来产销量数据与其实际控制人——重汽集团的产销量数据相背离，中国重汽在发布 其产销数据时，也同时披露了重汽集团同期的产销数据。根据其发布的数据，自2008年以来中国重汽历年来产销量总体显示供大于求，2008年至2011年1季度的三年又一季度期间，其累计产量大于销量34 101辆；但重汽集团的产销数据则显示，总体供不应求：2008年至2011年1季度的三年又一季度期间，其累计产量小于销量10 225辆。可见，中国重汽历年来产销数据与重汽集团产销数据存在明显的背离：中国重汽产销量明显供大于求，重汽集团则供不应求。

将重汽集团不含中国重汽的其他企业称为“集团非股份企业”，对其分析得出一个更加令人震惊的数据：集团非股份企业自2008年以来历年产量均明显小于销量，2008年至2011年1季度的三年又一季度期间，其累计产量小于销量44 325辆，产销缺口相当于其2009年产量的1.2倍，相当于其2010年产量的0.7倍，可见，集团非股份企业的卡车产销量处于严重供不应求的状态。中国重汽作为重汽集团主要卡车生产企业，其2010年产量占重汽集团产量的67.7%。同为重汽集团的子公司，中国重汽历年产销量处于明显供大于求的状态，而集团中非股份企业的产销量却处于严重供不应求的状态。

资料来源：证券市场红周刊。

通过学习本章内容，分析该公司上述情况是否存在关联交易，隐瞒巨额销售收入情况。

10.1 收入概述

10.1.1 收入定义及特点

1. 收入的概念

收入是指企业在日常活动中形成的、会导致所有者权益增加的、与所有者投入资本无关的经济利益的总流入。其中，日常活动是指企业为完成其经营目标所从事的经常性活动以及与之相关的其他活动。

2. 收入的特点

（1）收入是从企业的日常活动中形成的经济利益的总流入，如工商企业销售商品、提供劳务的收入等。有些交易或事项也能为企业带来经济利益，但不属于企业的日常活动，其流入的经济利益是利得，而不是收入。例如出售固定资产，因固定资产是为使用而不是为出售而购入的，将固定资产出售并不是企业的经营目标，也不属于企业的日常经营活动，因而出售固定资产取得的收入不能作为收入核算。

（2）收入能导致企业所有者权益的增加。收入可能表现为企业资产的增加，如增加银行存款、应收账款等；也可能表现为企业负债的减少，如以商品或劳务抵偿债务；或者二者兼而有之，例如，商品销售的货款中部分抵偿债务，部分收取现金。因此根据"资产－负债＝所有者权益"的公式，企业取得收入一定能增加所有者权益。但收入扣除相关成本费用后的净额，则可能增加所有者权益，也可能减少所有者权益。这里仅指收入本身导致的所有者权益的增加，而不是指收入扣除相关成本费用后的毛利对所有者权益的影响。收入只包括本企业经济利益的流入，不包括为第三方或客户代收的款项，如增值税销项税额、代收利息等。代收的款项，一方面增加企业的资产，一方面增加企业的负债，因此不增加企业的所有者权益，也不属于本企业的经济利益，不能作为本企业的收入。

（3）收入与所有者投入资本无关。所有者投入资本主要是为了谋求享有企业资产的剩余权益，由此形成的经济利益的总流入不构成收入，而应确认为企业所有者权益的组成部分。

收入准则中的收入包括销售商品收入、提供劳务收入、让渡资产使用权收入。

长期股权投资、建造合同、租赁、原保险合同、再保险合同等形成的收入，适用其他相关会计准则。

10.1.2 收入的分类

1. 按照企业从事日常活动的性质分类

按照企业从事日常活动的性质，可将收入分为销售商品收入、提供劳务收入、让渡资产使用权收入等。其中，销售商品收入是指企业通过销售商品实现的收入，如工业企业制造并销售产品、商业企业销售商品等实现的收入。提供劳务收入是指企业通过提供劳务实现的收入，如咨询公司提供咨询服务、软件开发企业为客户开发软件、安装公司提供安装服务等实现的收入。让渡资产使用权收入是指企业通过让渡资产使用权实现的收入，如商业银行对外贷款、租赁公司出租资产等实现的收入。

2. 按照企业从事日常活动在企业的重要性分类

按照企业从事日常活动在企业的重要性，可将收入分为主营业务收入、其他业务收入等。其中，主营业务收入是指企业为完成其经营目标从事的经常性活动实现的收入，如工业企业制造并销售产品、商业企业销售商品、保险公司签发保单、咨询公司提供咨询服务、软件开发企业为客户开发软件、安装公司提供安装服务、商业银行对外贷款、租赁公司出租资产等实现的收入。这些活动形成的经济利益的总流入构成收入，属于企业的主营业务收入，根据其性质的不同，分别通过“主营业务收入”“利息收入”“保费收入”等科目进行核算。其他业务收入是指与企业为完成其经营目标所从事的经常性活动相关的活动实现的收入。例如，工业企业对外出售不需用的原材料、对外转让无形资产使用权等。这些活动形成的经济利益的总流入也构成收入，属于企业的其他业务收入，应当通过“其他业务收入”科目进行核算。

本章主要涉及销售商品、提供劳务、让渡资产使用权、建造合同等的收入确认和计量，不涉及长期股权投资、租赁、原保险合同、再保险合同等形成的收入确认和计量。

10.2 销售商品收入

10.2.1 销售商品收入确认条件

商品包括企业为销售而生产的产品和为转售而购进的商品，如工业企业生产的产品、商业企业购进的商品等；企业销售的其他存货，如原材料、包装物等，也视同企业的商品。

销售商品收入同时满足下列 5 个条件时才能予以确认：①企业已将商品所有权上的主要风险和报酬转移给购货方；②企业既没有保留通常与所有权相联系的继续管理权，也没有对已售出的商品实施有效控制；③收入的金额能够可靠地计量；④相关的经济利益很可能流入企业；⑤相关的已发生或将发生的成本能够可靠地计量。

具体分述如下。

1. 企业已将商品所有权上的主要风险和报酬转移给购货方

企业已将商品所有权上的主要风险和报酬转移给购货方，是指与商品所有权有关的主要风险和报酬同时转移给了购货方。其中，与商品所有权有关的风险，是指商品可能发生减值或毁损等形成的损失；与商品所有权有关的报酬，是指商品价值增值或通过使用商品等形成的经济利益。

判断企业是否已将商品所有权上的主要风险和报酬转移给购货方，应当关注交易的实质，而不是形式，并结合所有权凭证的转移或实物的交付进行判断。如果与商品所有权有关的任何损失均不需要销货方承担，与商品所有权有关的任何经济利益也不归销货方所有，就意味着商品所有权上的主要风险和报酬转移给了购货方。商品所有权上的主要风险和报酬转移与商品所有权凭证的转移或交付实物后并不完全一致，有以下几种情况。

（1）一般情况下，转移商品所有权凭证并交付实物后，商品所有权上的所有风险和报酬随之转移，如不附加其他条件的、付款与提货同时进行的商品销售。

（2）某些情况下，转移商品所有权凭证或交付实物后，商品所有权上的主要风险和报酬并未随之转移。

① 企业销售的商品在质量、品种、规格等方面不符合合同或协议要求，又未根据正常的保证条款予以弥补，这种情况下出售方仍负有责任。

② 企业销售商品的收入是否能够取得，取决于购买方是否已将商品销售出去。如采用支付手续费方式委托代销商品等。

支付手续费方式委托代销商品，是指委托方和受托方签订合同或协议，委托方根据代销商品金额或数量向受托方支付手续费的销售方式。在这种方式下，委托方发出商品时，商品所有权上的主要风险和报酬并未转移给受托方，委托方在发出商品时通常不应确认销售商品收入，通常可在收到受托方开出的代销清单时确认销售商品收入；受托方应在商品销售后，按合同或协议约定的方法计算确定的手续费确认收入。

③ 企业尚未完成售出商品的安装或检验工作，且安装或检验工作是销售合同或协议的重要组成部分。

④ 销售合同或协议中规定了买方由于特定原因有权退货的条款，且企业又不能确定退货的可能性。

（3）某些情况下，商品所有权凭证转移，实物未转移，企业只保留商品所有权上的次要风险和报酬，如交款提货方式销售商品。在这种情形下，应当视同商品所有权上的所有风险和报酬已经转移给购货方。

（4）企业既没有保留通常与所有权相联系的继续管理权，也没有对已售出的商品实施有效控制

通常情况下，企业售出商品后不再保留与商品所有权相联系的继续管理权，也不再对售出商品实施有效控制，商品所有权上的主要风险和报酬已经转移给购货方，通常应在发出商品时确认收入。

2. 收入的金额能够可靠地计量

收入的金额能够可靠地计量，是指收入的金额能够合理地估计。如果收入的金额不能够合理地估计，则无法确认收入。通常情况下，企业在销售商品时，商品销售价格已经确定，企业应当按照从购货方已收或应收的合同或协议价款确定收入金额。如果销售商品涉及现金折扣、商业折扣、销售折让等因素，还应当在考虑这些因素后确定销售商品收入金额。如果企业从购货方应收的合同或协议价款延期收取具有融资性质，企业应按应收的合同或协议价款的公允价值确定销售商品收入金额。有时由于销售商品过程中某些不确定因素的影响，也有可能存在商品销售价格发生变动的情况，如附有销售退回条件的商品销售。如果企业不能合理估计退货的可能性，就不能够合理地估计收入的金额，不应在发出商品时确认收入，而应当在售出商品退货期满、销售商品收入金额能够可靠计量时确认收入。企业从购货方已收或应收的合同协议价款不公允的，企业应按公允的交易价格确定收入金额，不公允的价款不应确定为收入金额。

3. 相关的经济利益很可能流入企业

相关的经济利益很可能流入企业，是指销售商品价款收回的可能性大于不能收回的可能性，即销售商品价款收回的可能性超过50%。企业在确定销售商品价款收回的可能性时，应当结合以前和买方交往的直接经验、政府有关政策、其他方面取得信息等因素进行综合分析。企业销售的商品符合合同或协议要求，已将发票账单交付买方，买方承诺付款，通常表明满足本确认条件（相关的经济利益很可能流入企业）。如果企业根据以前与买方交往的直接经验判断买方信誉较差，或销售时得知买方在另一项交易中发生了巨额亏损，资金周转十分困难，或在出口商品时不能肯定进口企业所在国政府是否允许将款项汇出等，就可能会出现与销售商品相关的经济利益不能流入企业的情况，不应确认收入。如果企业判断销售商品收入满足确认条件确认了一笔应收债权，以后由于购货方资金周转困难无法收回该债权时，不应调整原确认的收入，而应对该债权计提坏账准备、确认坏账损失。

4. 相关的已发生或将发生的成本能够可靠地计量

通常情况下，销售商品相关的已发生或将发生的成本能够合理地估计，如库存商品的成本等。如果库存商品是本企业生产的，其生产成本能够可靠计量；如果是外购的，购买成本能够可靠计量。有时，销售商品相关的已发生或将发生的成本不能够合理地估计，此时企业不应确认收入，已收到的价款应确认为负债。

10.2.2 销售商品收入计量

企业销售商品满足收入确认条件时，企业应当按照从购货方已收或应收的合同或协议价款确定销售商品收入金额，从购货方已收或应收的合同或协议价款通常为公允价值，但已收或应收的合同或协议价款显失公允的除外。

销售合同或协议价款的收取采用递延方式，实质上具有融资性质的，应当按照应收的合同或协议价款的公允价值确定销售商品收入金额。应收的合同或协议价款与其公允价值之间的差额，应当在合同或协议期间内采用实际利率法进行摊销，计入当期损益。

10.2.3 销售商品收入的账务处理

1. 一般销售的核算

一般情况下，企业应当按照从购货方已收或应收的合同或协议价款确定销售商品收入金额，但已收或应收的合同或协议价款不公允的除外。

若一项销售符合收入确认条件，应根据销售合同约定的结算方式及收款情况，借记“银行存款”“应收账款”“应收票据”“预收账款”等科目，贷记“主营业务收入”“应交税费——应交增值税（销项税额）”科目，同时结转销售成本，借记“主营业务成本”科目，贷记“库存商品”科目。

【例 10-1】2015 年 12 月 30 日威远有限责任公司销售一批产品，增值税发票上注明售价 200 000 元，增值税 34 000 元，款项尚未收到，该批产品的生产成本为 150 000 元。该项销售已符合销售收入确认的五个条件，应确认为收入，确认时应做会计分录如下。

借：应收账款	234 000	
贷：主营业务收入		200 000
应交税费——应交增值税（销项税额）		34 000
借：主营业务成本	150 000	
贷：库存商品		150 000

2. 涉及现金折扣、商业折扣、销售折让和销售退回的核算

现金折扣是指债权人为鼓励债务人在规定的期限内付款而向债务人提供的债务扣除。销售商品涉及现金折扣的，应当按照扣除现金折扣前的金额确定销售商品收入金额。现金折扣在实际发生时计入当期损益。

商业折扣是指企业为促进商品销售而在商品标价上给予的价格扣除。销售商品涉及商业折扣的，应当按照扣除商业折扣后的金额确定销售商品收入金额。

销售折让是指企业因售出商品的质量不合格等原因而在售价上给予的减让。企业已经确认销售

商品收入的售出商品发生销售折让的，应当在发生时冲减当期销售商品收入。但属于资产负债表日后事项的销售折让除外。

销售退回是指企业售出的商品由于质量、品种不符合要求等原因而发生的退货。企业已经确认销售商品收入的售出商品发生销售退回的，应当在发生时冲减当期销售商品收入。但属于资产负债表日后事项的销售退回除外。

【例 10-2】2012 年 12 月 30 日威远有限责任公司销售一批产品，现售价 2 400 000 元，双方签订协议约定采用分期收款方式销售，从第二年开始分 3 年于每年 12 月 30 日收回 900 000 元，折现率为 6.13%。公司发出商品时开出增值税发票，并于当天收到增值税额 459 000 元，来实现融资收益各年摊销额计算，如表 10-1 所示。

表 10-1 财务费用和已收本金计算表

日期	未收本金 A=期初 $A-C$	未实现融资收益摊销额 $B=A\times 6.13\%$	已收本金 $C=D-B$	收现总额 D
2012 年 12 月 30 日	2 400 000			
2013 年 12 月 30 日	2 400 000	147 120	752 880	900 000
2014 年 12 月 30 日	1 647 120	100 968	799 032	900 000
2015 年 12 月 30 日	848 088	51 912	848 088	900 000
总计		300 000	2 400 000	2 700 000

根据表 10-1 的计算结果，威远公司各期的会计分录如下。

① 2012 年 12 月 30 日。

借：长期应收款　　2 700 000
　　银行存款　　459 000
　贷：主营业务收入　　2 400 000
　　　未实现融资收益　　300 000
　　　应交税费——应交增值税（销项税额）　　459 000

② 2013 年 12 月 30 日。

借：银行存款　　900 000
　贷：长期应收款　　900 000
借：未实现融资收益　　147 120
　贷：财务费用　　147 120

③ 2014 年 12 月 30 日。

借：银行存款　　900 000
　贷：长期应收款　　900 000
借：未实现融资收益　　100 968
　贷：财务费用　　100 968

④ 2015 年 12 月 30 日。

借：银行存款　　900 000
　贷：长期应收款　　900 000
借：未实现融资收益　　51 912
　贷：财务费用　　51 912

3. 分期收款销售的核算

销售合同或协议价款的收取采用递延方式，实质上具有融资性质的，应当按照应收的合同或协议价款的公允价值确定销售商品收入金额。应收的合同或协议价款与其公允价值之间的差额，应当在合同或协议期间内采用实际利率法进行摊销，计入当期损益。销售时按应收合同或协议价款，借记“长期应收款”科目，按应收合同或协议价款的公允价值或现值，贷记“主营业务收入”科目，按两者之间的差额，贷记“未实现融资收益”，同时还应结转销售成本。

【例 10-3】2015 年 12 月 1 日威远有限责任公司销售一批产品给甲公司，增值税发票上注明的价款为 500 000 元，增值税额 85 000 元。企业为了及早收回货款而在合同中规定符合现金折扣的条件为：2/10，1/20，*N*/30。假定计算折扣时不考虑增值税。

现金折扣本质是企业为了尽快回款而发生的理财费用。因此，现金折扣应于实际发生时计入财务费用。据此，威远公司应做会计分录如下。

① 12 月 1 日销售实现时，应按总售价做收入。

借：应收账款——甲公司　　585 000
　　贷：主营业务收入　　500 000
　　　　应交税费——应交增值税（销项税额）　　85 000

② 如 12 月 8 日购货方付清货款，则发生 10 000（500 000×%）元的现金折扣，应做会计分录如下。

借：银行存款　　575 000
　　财务费用　　10 000
　　贷：应收账款——甲公司　　585 000

③ 如 12 月 18 日买方付清货款，则应享受的现金折扣为 5 000（500 000×1%）元，应做会计分录如下。

借：银行存款　　580 000
　　财务费用　　5 000
　　贷：应收账款——甲公司　　585 000

④ 如买方在 12 月底才付款，则应按全额付款，应做会计分录如下。

借：银行存款　　585 000
　　贷：应收账款——甲公司　　585 000

【例 10-4】2015 年 12 月 5 日威远有限责任公司销售一批产品给 M 公司，增值税发票上的售价 300 000 元，增值税额 51 000 元，货到后买方发现商品质量不合格，要求在价格上给予 10%的折让。

① 销售实现时。

借：应收账款——M 公司　　351 000
　　贷：主营业务收入　　300 000
　　　　应交税费——应交增值税（销项税额）　　51 000

② 发生销售折让时。

借：主营业务收入　　30 000
　　应交税费——应交增值税（销项税额）　　5 100
　　贷：应收账款——M 公司　　35 100

③ 实际收到款项时。

借：银行存款　　315 900

　　贷：应收账款——M 公司　　315 900

【例 10-5】2015 年 11 月 25 日威远有限责任公司销售一批产品给 A 公司，售价 50 000 元，增值税额 8 500 元，成本 30 000 元。款未收，2015 年 12 月 2 日该批产品因质量严重不合格被退回。威远公司做会计分录如下。

① 2015 年 11 月 25 日，确认实现销售商品收入时。

借：应收账款——A 公司　　58 500

　　贷：主营业务收入　　50 000

　　　　应交税费——应交增值税（销项税额）　　8 500

借：主营业务成本　　30 000

　　贷：库存商品　　30 000

② 2015 年 12 月 2 日销售退回时。

借：主营业务收入　　50 000

　　应交税费——应交增值税（销项税额）　　8 500

　　贷：应收账款——A 公司　　58 500

借：库存商品　　30 000

　　贷：主营业务成本　　30 000

4. 代销业务的核算

（1）视同买断方式，即由委托方和受托方签订协议，委托方按协议价收取所代销的货款，实际售价可由受托方自定，实际售价与协议价之间的差额归受托方所有的销售方式。如果委托方和受托方之间的协议明确标明，受托方在取得代销商品后，无论是否能够卖出、是否获利，均与委托方无关，那么，委托方和受托方之间的代销商品交易，与委托方直接销售商品给受托方没有实质区别，在符合销售商品收入确认条件时，委托方应确认相关销售商品收入。如果委托方和受托方之间的协议明确标明，将来受托方没有将商品售出时可以将商品退回给委托方，或受托方因代销商品出现亏损时可以要求委托方补偿，那么，委托方在交付商品时通常不确认收入，受托方也不做购进商品处理，受托方将商品销售后，按实际售价确认销售收入，并向委托方开具代销清单，委托方收到代销清单时，再确认本企业的销售收入。

【例 10-6】2015 年 10 月 20 日威远有限责任公司委托 A 公司销售商品 500 件，协议价为 400 元/件，该商品成本 260 元/件，增值税率 17%。2015 年 12 月 10 日威远公司收到 A 公司开来的代销清单时开具增值税发票，发票上注明：售价 200 000 元，增值税 34 000 元。A 公司实际销售时开具的增值税发票上注明：售价 220 000 元，增值税为 37 400 元。

威远公司的账务处理如下。

① 2015 年 10 月 20 日将商品交付给 A 公司时。

借：发出商品　　130 000

　　贷：库存商品　　130 000

② 2015 年 12 月 10 日威远公司收到 A 公司代销清单时。

借：应收账款——A 公司　　234 000

　　贷：主营业务收入　　200 000

　　　　应交税费——应交增值税（销项税额）　　34 000

借：主营业务成本　　130 000
　　贷：发出商品　　130 000

③ 收到A公司汇来的款项234 000元时。

借：银行存款　　234 000
　　贷：应收账款——A公司　　234 000

A公司账务处理如下。

① 收到商品时。

借：受托代销商品　　200 000
　　贷：受托代销商品款　　200 000

② 实际销售时。

借：银行存款　　257 400
　　贷：主营业务收入　　220 000
　　　　应交税费——应交增值税（销项税额）　　37 400
借：主营业务成本　　200 000
　　贷：受托代销商品　　200 000
借：受托代销商品款　　200 000
　　贷：应付账款——威远有限责任公司　　200 000

③ 按合同协议价将款项付给威远公司时。

借：应付账款——威远有限责任公司　　200 000
　　应交税费——应交增值税（进项税额）　　34 000
　　贷：银行存款　　234 000

（2）收取手续费方式，即受托方根据所代销的商品数量向委托方收取手续费的销售方式。对受托方来说，收取的手续费实际上是一种劳务收入。这种代销方式的主要特点是，受托方通常应按照委托方规定的价格销售。在收取手续费代销方式下，委托方应在受托方已将商品售出，并向委托方开具代销清单时，确认收入；受托方在商品销售后，按应收取的手续费确认收入。

【例10-7】在【例10-6】中，假定代销合同规定，A公司按每件440元售给顾客，威远公司按售价的10%支付A公司手续费。A公司实际销售时，即向买方开一张增值税专用发票，售价220 000元，增值税为37 400元，威远公司在收到A公司交来的代销清单时，向A公司开具一张相同金额的增值税发票。

威远公司应做会计处理如下。

① 2015年10月20日将商品交付给甲公司时。

借：发出商品　　130 000
　　贷：库存商品　　130 000

② 2015年12月10日威远公司收到A公司代销清单时。

借：应收账款——A公司　　257 400
　　贷：主营业务收入　　220 000
　　　　应交税费——应交增值税（销项税额）　　37 400
借：主营业务成本　　130 000
　　贷：发出商品　　130 000

③ 收到A公司汇来的款项235 400元时。

借：银行存款　　235 400
　　销售费用　　22 000
　　贷：应收账款——A公司　　257 400

A公司应做会计分录如下。

① 收到商品时。

借：受托代销商品　　220 000
　　贷：受托代销商品款　　220 000

② 实际销售时。

借：银行存款　　257 400
　　贷：应付账款——威远公司　　220 000
　　　　应交税费——应交增值税（销项税额）　　37 400

借：受托代销商品款　　220 000
　　贷：受托代销商品　　220 000

③ 收到威远公司开来的发票时。

借：应交税费——应交增值税（进项税额）　　37 400
　　贷：应付账款——威远公司　　37 400

④ 归还威远公司货款并计算代销手续费时。

借：应付账款——威远公司　　257 400
　　贷：银行存款　　235 400
　　　　主营业务收入/其他业务收入　　22 000

5. 销售回购业务的核算

销售回购，是指在销售商品的同时，卖方同意日后再将同样的商品购回的销售方式。销售回购交易本质上属于融资交易。因此，在销售回购情况下，企业不能确认收入。回购价格大于原售价的，通过“其他应付款”科目核算，在销售与回购期内按期计提利息费用，计提的利息费用直接计入当期财务费用。计提利息费用时，借记“财务费用”科目，贷记“其他应付款”科目。

【例10-8】2015年8月1日，威远有限责任公司与乙公司签订协议，向乙公司销售一批商品，增值税专用发票上注明销售价格为1 000 000元，增值税为170 000元。协议规定，威远公司应在12月30日将所售商品购回，回购价为1 100 000元（不含增值税额）。商品已发出，货款已收到。假定：①该批商品的实际成本为800 000元；②除增值税外不考虑其他相关税费。

威远有限责任公司会计处理如下。

① 发出商品时。

借：银行存款　　1 170 000
　　贷：其他应付款——乙公司　　1 000 000
　　　　应交税费——应交增值税（销项税额）　　170 000

借：发出商品　　800 000
　　贷：库存商品　　800 000

② 由于回购价大于原售价的差额，应在回购期间按期计提利息费用，计入当期财务费用。由于回购期间为 5 个月，货币时间价值影响不大，采用直线法计提利息费用，8～11 月每月计提利息费用为 20 000（100 000÷5）元。

借：财务费用　　20 000
　　贷：其他应付款——乙公司　　20 000

③ 12 月 30 日，甲企业购回 8 月 1 日销售的商品，增值税专用发票上注明的商品价款 1 100 000 元，增值税额为 187 000 万元。

借：其他应付款　　1 080 000
　　财务费用　　20 000
　　应交税费——应交增值税（进项税额）　　187 000
　　贷：银行存款　　1 287 000
借：库存商品　　800 000
　　贷：发出商品　　800 000

6. 销售商品不符合收入确认条件的会计处理

如果销售商品没有同时满足收入确认的五项条件，则不应确认收入，已经发出的商品应通过“发出商品”科目进行核算。

【例 10-9】威远有限责任公司 2015 年 8 月 2 日以托收承付方式向丙公司销售一批商品，成本为 160 000 元，增值税发票上注明售价 200 000 元，增值税 34 000 元。威远有限责任公司在销售后得知丙公司遭遇洪灾，资金周转发生暂时困难，但为了减少存货积压，同时也为了维持与丙公司长期以来建立的商业关系，决定仍将商品留存于丙公司。该批商品已经发出，并已向银行办妥托收手续。假定威远公司销售该批商品的纳税义务已经发生。

在本例中，由于购货方资金周转存在暂时困难，因而威远公司在货款回收方面存在不确定性。根据销售商品收入的确认条件，威远公司在销售时不能确认收入。为此，应将已发出的商品成本通过“发出商品”科目反映。会计分录如下。

借：发出商品　　160 000
　　贷：库存商品　　160 000

同时，将增值税发票上注明的增值税额转入应收账款：

借：应收账款——丙公司　　34 000
　　贷：应交税费——应交增值税（销项税额）　　34 000

（注：如果销售该商品的纳税义务尚未发生，则不做这笔分录，待纳税义务发生时再做应交增值税的分录。）

威远公司以后得知丙公司经营情况逐渐好转并承诺付款时，可以确认收入：

借：应收账款——丙公司　　200 000
　　贷：主营业务收入　　200 000

同时结转成本：

借：主营业务成本　　160 000
　　贷：发出商品　　160 000

10.3 提供劳务收入

劳务通常是指其结果不形成有形资产的服务，一个企业为其他企业提供劳务的种类很多，如旅游、运输（包括交通运输、民航运输等）、饮食、广告、理发、照相、洗染、咨询、代理、培训、产品安装等，完成劳务的时间也长短不一。有的劳务在很短的时间内就能完成，且一般均为现金交易，如饮食、理发、照相等；有的劳务需要花较长时间才能完成，如安装、旅游、培训、远洋运输等；有的劳务在一个会计年度内完成，有的劳务却要跨年度才能完成。对于在很短的时间内就能完成的劳务收入，其确认方法比较简单，在劳务完成时即确认收入。而对于需要较长的时间才能完成的劳务，可能会存在跨越一个会计年度的情况，为了准确确定每一会计年度的收入及相关的成本费用，提供劳务取得的收入应按下列情况分别进行确认和计量。

10.3.1 提供劳务收入的确认

1. 提供劳务交易结果能够可靠估计

企业在资产负债表日提供劳务交易的结果能够可靠估计的，应当采用完工百分比法确认提供劳务收入。

提供劳务交易的结果能够可靠估计，是指同时满足下列条件。

（1）收入的金额能够可靠地计量，是指提供劳务收入的总额能够合理的估计。通常情况下，企业应当按照从接受劳务方已收或应收的合同或协议价款确定提供劳务收入总额。随着劳务的不断提供，可能会根据实际情况增加或减少已收或应收的合同或协议价款，此时，企业应及时调整提供劳务收入总额。

（2）相关的经济利益很可能流入企业，是指提供劳务收入总额收回的可能性大于不能收回的可能性。企业在确定提供劳务收入总额能否收回时，应当结合接受劳务方的信誉、以前的经验以及双方就结算方式和期限达成的合同或协议条款等因素，综合进行判断。企业在确定提供劳务收入总额收回的可能性时，应当进行定性分析。如果确定提供劳务收入总额收回的可能性大于不能收回的可能性，即可认为提供劳务收入总额很可能流入企业。通常情况下，企业提供的劳务符合合同或协议要求，接受劳务方承诺付款，就表明提供劳务收入总额收回的可能性大于不能收回的可能性。如果企业判断提供劳务收入总额不是很可能流入企业，应当提供确凿证据。

（3）交易的完工进度能够可靠地确定，是指交易的完工进度能够合理地估计。企业确定提供劳务交易的完工进度，可以选用下列方法。

① 已完工作的测量。这是一种比较专业的测量方法，由专业测量师对已经提供的劳务进行测量，并按一定方法计算确定提供劳务交易的完工程度。

② 已经提供的劳务占应提供劳务总量的比例。这种方法主要以劳务量为标准确定提供劳务交易的完工程度。

③ 已经发生的成本占估计总成本的比例。这种方法主要以成本为标准确定提供劳务交易的完工程度。只有反映已提供劳务的成本才能包括在已经发生的成本中，只有反映已提供或将提供劳务的成本才能包括在估计总成本中。

（4）交易中已发生和将发生的成本能够可靠地计量，是指交易中已经发生和将要发生的成本能够合理地估计。企业应当建立完善的内部成本核算制度和有效的内部财务预算及报告制度，准确地提供每期发生的成本，并对完成剩余劳务将要发生的成本做出科学、合理的估计。同时应随着劳务的不断提供或外部情况的不断变化，随时对将要发生的成本进行修订。

2. 提供劳务交易结果不能可靠估计

企业在资产负债表日提供劳务交易结果不能够可靠估计的，即不能同时满足上述四个条件时，企业不能采用完工百分比法确认提供劳务收入。此时，企业应正确预计已经发生的劳务成本能够得到补偿和不能得到补偿，并分别进行会计处理：①已经发生的劳务成本预计能够得到补偿的，应按已收或预计能够收回的金额确认提供劳务收入，并结转已经发生的劳务成本。②已经发生的劳务成本预计全部不能得到补偿的，应将已经发生的劳务成本计入当期损益，不确认提供劳务收入。

10.3.2 提供劳务收入的计量与账务处理

1. 在同一会计年度内开始并完成的劳务收入的计量与账务处理

在同一会计年度内开始并完成的劳务，应在劳务完成时确认收入，确认的金额为合同或协议总金额，确认方法可参照商品销售收入的确认原则。

企业对外提供劳务取得的收入一般先通过"主营业务收入""其他业务收入"等科目归集；企业对外提供劳务发生的支出一般先通过"劳务成本"科目归集，等到确认为费用时，再转入"主营业务成本"或"其他业务成本"科目。

【例 10-10】2015 年 1 月 10 日，H 公司接受 M 公司委托为其培训一批学员，培训期为 6 个月，培训协议约定，培训总费用为 120 000 元，增值税税率 6%，全部款项分两次等额收取，第一次在 1 月 20 日开学时收到，第二次在培训结束后收到。培训期间共发生培训成本 8 万元（假定全部为培训人员薪酬）。

H 公司的账务处理如下。

① 2015 年 1 月 20 日收到预付培训费。

	借方	贷方
借：银行存款	63 600	
贷：预收账款——M 公司		63 600

② 发生培训费。

	借方	贷方
借：劳务成本	80 000	
贷：应付职工薪酬		80 000

③ 2015 年 7 月 25 日收到培训费，确认收入和成本。

	借方	贷方
借：银行存款	63 600	
预收账款——M 公司	63 600	
贷：主营业务收入		120 000
应交税费——应交增值税（销项税额）		7 200
借：主营业务成本	80 000	
贷：劳务成本		80 000

2. 跨会计年度完成的劳务收入的确认与计量

（1）资产负债表日提供劳务交易的结果能够可靠估计的处理

企业在资产负债表日提供劳务交易的结果能够可靠估计的，应当采用完工百分比法确认提供劳务收入。

完工百分比法，是指按照提供劳务交易的完工进度确认收入与费用的方法。

完工进度的确定方法，可以选用下列方法：第一，已完工作的测量；第二，已经提供的劳务占应提供劳务总量的比例；第三，已经发生的成本占估计总成本的比例。

劳务收入和劳务成本的计量，企业应当按照从接受劳务方已收或应收的合同或协议价款确定提供劳务收入总额，但已收或应收的合同或协议价款不公允的除外。

企业应当在资产负债表日按照提供劳务收入总额乘以完工进度扣除以前会计期间累计已确认提供劳务收入后的金额，确认当期提供劳务收入；同时，按照提供劳务估计总成本乘以完工进度扣除以前会计期间累计已确认劳务成本后的金额，结转当期劳务成本。用公式表示如下：

本年确认的收入＝劳务总收入×本年末止劳务的完工进度－以前年度已确认的收入

本年确认的费用＝劳务总成本×本年末止劳务的完工进度－以前年度已确认的成本

在采用完工百分比法确认劳务收入的情况下，提供劳务收入确认时，应按确定的收入金额，借记“应收账款”“银行存款”等科目，贷记“主营业务收入”科目。结转成本时，借记“主营 业务成本”科目，贷记“劳务成本”科目。

【例 10-11】威远有限责任公司于 2015 年 11 月 1 日与伟宏公司签订了一项设备安装劳务合同，工期大约 5 个月，合同总收入 3 000 000 元，至 2015 年 12 月 31 日已发生成本 1 000 000 元（假定均为开发人员的工资），预收账款 1 500 000 元。预计开发完整个安装工程还将发生成本 1 400 000 元。2015 年 12 月 31 日经专业测量师测量，设备安装的完工进度为 40%。该设备安装工程于 2016 年 3 月 20 日完成，收回安装款 1 500 000 元，发生安装成本 1 420 000 元。

2015 年确认收入＝劳务总收入×劳务的完工进度－以前年度已确认的收入
＝3 000 000×40%＝1 200 000

2015 年确认费用＝劳务总成本×劳务的完工进度－以前年度已确认的成本
＝（1 000 000＋1 400 000）×40%＝960 000（元）

威远公司该应做会计处理如下。

① 发生成本时。

借：劳务成本　　1 000 000
　　贷：应付职工薪酬　　1 000 000

② 预收款项时。

借：银行存款　　1 500 000
　　贷：预收账款——伟宏公司　　1 500 000

③ 确认收入。

借：预收账款——伟宏公司　　1 200 000
　　贷：主营业务收入　　1 200 000

④ 结转成本。

借：主营业务成本　　960 000
　　贷：劳务成本　　960 000

2016 年确认收入＝3 000 000－1 200 000＝1 800 000（元）

2016 年确认费用＝2 420 000－960 000＝1 460 000（元）

⑤ 发生成本时。

借：劳务成本　　　　1 420 000

　　贷：应付职工薪酬　　　　1 420 000

⑥ 确认收入。

借：预收账款　　　　300 000

　　银行存款　　　　1 500 000

　　贷：主营业务收入　　　　1 800 000

⑦ 结转成本。

借：主营业务成本　　　　1 460 000

　　贷：劳务成本　　　　1 460 000

（2）资产负债表日提供劳务交易的结果不能可靠估计的处理

提供劳务交易的结果不能可靠估计，是指不能同时满足提供劳务交易的结果能够可靠估计的四项条件。此时，应当分别按下列情况处理确认劳务收入和劳务成本。

① 已经发生的劳务成本预计能够得到补偿的，按照已经发生的劳务成本金额确认提供劳务收入，并按相同金额结转劳务成本。

② 已经发生的劳务成本预计不能够得到补偿的，应当将已经发生的劳务成本计入当期损益，不确认提供劳务收入。

【例 10-12】惠好公司于 2015 年 7 月 1 日，受托为利安公司开发一项管理软件，开发期为 6 个月，双方签订的协议注明，利安公司应支付开发费总额为 600 000 元，分两次等额支付，第一次在合同订立时即 2015 年 7 月 1 日支付，第二次在开发完成交付软件时，利安公司已在 7 月 1 日预付第一期款项 300 000 元。2015 年 10 月得知利安公司经营发生困难，资金紧缺，表示近期无法支付软件开发费用。2015 年 10 月已经发生的开发成本 450 000 元（假定均为开发人员薪酬）。

该项业务中发生的 450 000 元成本只有 300 000 能够得到补偿，将其确认为收入，并将发生的 450 000 元成本全部确认为当年费用。惠好公司应做会计分录如下。

① 2015 年 7 月 1 日，收到利安公司预付款时。

借：银行存款　　　　300 000

　　贷：预收账款——利安公司　　　　300 000

② 发生成本时。

借：劳务成本　　　　450 000

　　贷：应付职工薪酬　　　　450 000

③ 2015 年 10 月 30 日，确认收入。

借：预收账款　　　　300 000

　　贷：主营业务收入　　　　300 000

借：主营业务成本　　　　450 000

　　贷：劳务成本　　　　450 000

10.3.3 销售商品和提供劳务混合业务的处理

企业与其他企业签订的合同或协议包括销售商品和提供劳务时，销售商品部分和提供劳务部分能够区分且能够单独计量的，应当将销售商品的部分作为销售商品处理，将提供劳务的部分作为提供劳务处理。

销售商品部分和提供劳务部分不能够区分，或虽能区分但不能够单独计量的，应当将销售商品部分和提供劳务部分全部作为销售商品处理。

10.3.4 特殊劳务交易的处理

1. 安装费收入

如果安装费是与商品销售分开的，则应在年度终了时根据安装的完工程度确认收入；如果安装费是销售商品收入的一部分，则应与所销售的商品同时确认收入。

2. 广告费收入

宣传媒介的佣金收入应在相关的广告或商业行为开始出现于公众面前时予以确认。广告的制作佣金收入则应在年度终了时根据项目的完成程度确认。

3. 入场费收入

因艺术表演、招待宴会以及其他特殊活动而产生的收入，应在这些活动发生时予以确认。如果是一笔预收几项活动的费用，则这笔预收款应合理分配给每项活动。

4. 申请入会费和会员费收入

这方面的收入确认应以所提供服务的性质为依据。如果所收费用只允许取得会籍，而所有其他服务或商品都要另行收费，则在款项收回不存在任何不确定性时确认为收入。如果所收费用能使会员在会员期内得到各种服务或出版物，或者以低于非会员所负担的价格购买商品或劳务，则该项收费应在整个受益期内分期确认收入。

5. 特许权费收入

特许权费收入包括提供初始及后续服务、设备和其他有形资产及专门技术等方面的收入。其中属于提供设备和其他有形资产的部分，应在这些资产的所有权转移时，确认为收入；属于提供初始及后续服务的部分，在提供服务时确认为收入。

6. 订制软件收入

订制软件主要是指为特定客户开发软件，不包括开发通用软件。订制软件收入应在资产负债表日根据开发的完工程度确认收入。

7. 定期收费

有的企业与客户签订合同，长期为客户提供某一种或几种重复的劳务，客户按期支付劳务 费。这种情况下，企业应在合同约定的收款日期确认收入。

10.4 让渡资产使用权收入

10.4.1 让渡资产使用权收入的确认

让渡资产使用权收入包括利息收入、使用费收入等。前者是指金融企业对外贷款和同业之间发生往来形成的利息收入，后者是指企业转让无形资产等资产的使用权形成的使用费收入。

企业对外出租资产收取的租金、进行债权投资收取的利息、进行股权投资收取的股利，也属于让渡资产使用权收入，可参考租赁、金融工具确认和计量、长期股权投资等具体会计准则。

让渡资产使用权收入同时满足下列条件的，才能予以确认。

（1）相关的经济利益很可能流入企业。

（2）收入的金额能够可靠地计量。

10.4.2　让渡资产使用权收入的计量与账务处理

1. 利息收入

企业应在资产负债表日确认利息收入金额。利息收入金额按照他人使用本企业货币资金的时间和实际利率计算确定。

按规定计算应确认的利息收入，借记“应收利息”“贷款”“银行存款”等科目，贷记“利息收入”“其他业务收入”等科目。

【例 10-13】某银行于 2015 年 1 月 1 日向某企业贷款 10 000 000 元，贷款期 1 年，年利率为 6%。该贷款的合同利率与实际利率相同。假定该银行按季对外报送财务报告，则应在每季终了按该笔存款的本金、已存期限和利率计算并确认利息收入。

① 2015 年 1 月 1 日贷出款项时。

借：贷款　　10 000 000

　　贷：吸收存款　　10 000 000

② 每季末应确认利息收入＝10 000 000×6%×3÷12＝150 000 元，编制会计分录。

借：应收利息　　150 000

　　贷：利息收入　　150 000

③ 2016 年 1 月 1 日到期收到贷款时，应做会计分录如下。

借：吸收存款　　10 600 000

　　贷：贷款　　10 000 000

　　　　应收利息　　600 000

2. 使用费收入

使用费收入金额，按照有关合同或协议约定的收费时间和方法计算确定。不同的使用费收入，其收费时间和收费方法各不相同，有一次性收回一笔固定的金额，如一次收取 10 年的场地使用费；有在协议规定的有效期内分期等额收回的，例如合同规定在使用期内每期收取一笔固定的金额；有分期不等额收回的，例如合同规定按资产使用方每期销售额的百分比收取使用费等。

如果合同、协议规定使用费一次支付，且不提供后期服务的，应视同该项资产的销售一次确认收入；如提供后期服务的，应在合同、协议规定的有效期内分期确认收入。如合同规定分期支付使用费的，应按合同规定的收款时间和金额或合同规定的收费方法计算的金额分期确认收入。

【例 10-14】甲企业向乙企业转让某项软件的使用权，一次性收费 200 000 元，不提供后续服务。甲企业的账务处理如下。

借：银行存款　　200 000

　　贷：主营业务收入　　200 000

【例 10-15】甲企业向乙企业转让其商品的商标使用权，合同规定乙企业每年年末按年销售收入的 10%支付甲企业使用费，使用期 10 年。假定第一年乙企业销售收入 9 000 000 元，第二年销售收入 12 000 000 元，这两年的使用费按期支付。

则甲企业应按下列方法确认收入：

第一年年末应确认使用费收入＝9 000 000×10%＝900 000（元）

借：银行存款　　900 000

　　贷：其他业务收入　　900 000

第二年年末应确认使用费收入＝12 000 000×10%＝1 200 000（元）

借：银行存款　　1 200 000

　　贷：其他业务收入　　1 200 000

10.5 建造合同收入

10.5.1 建造合同的概念及类型

建造合同，是指为建造一项或数项在设计、技术、功能、最终用途等方面密切相关的资产而订立的合同。这里所讲的资产，是指房屋、道路、桥梁、水坝等建筑物以及船舶、飞机、大型机械设备等。所建造的资产从其功能和最终用途看，可分为两类：一类是建成后就可投入使用和单独发挥作用的单项工程，如房屋、桥梁、船舶等；另一类是在设计、技术、功能和最终用途等方面密切相关的由数项资产构成的建设项目，只有这些资产全部建成投入使用时，才能整体发挥效益。如承建一个发电厂，该项目由锅炉房、发电室、冷却塔等几个单项工程构成，只有各单项工程全部建成投入使用时，发电厂才能正常运转和发电。

建造合同属于经济合同范畴，但它不同于一般的材料采购合同和劳务合同，而有其自身的特征，主要表现在：①先有买主（即客户），后有标底（即资产）。建造资产的造价在签订合同时已经确定；②资产的建设期长，一般都要跨越一个会计年度，有的长达数年；③所建造的资产体积大，造价高；④建造合同一般为不可取消的合同。

建造合同分为固定造价合同和成本加成合同。固定造价合同，是指按照固定的合同价或固定单价确定工程价款的建造合同。成本加成合同，是指以合同约定或其他方式议定的成本为基础，加上该成本的一定比例或定额费用确定工程价款的建造合同。

10.5.2 建造合同收入和成本的内容

1. 建造合同收入

建造合同收入包括合同规定的初始收入及因合同变更、索赔、奖励等形成的收入。

合同变更，是指客户为改变合同规定的作业内容而提出的调整。合同变更款同时满足下列条件的，才能构成合同收入：第一，客户能够认可因变更而增加的收入；第二，该收入能够可靠地计量。

索赔款，是指因客户或第三方的原因造成的、向客户或第三方收取的、用以补偿不包括在合同造价中成本的款项。索赔款同时满足下列条件的，才能构成合同收入：第一，根据谈判情况，预计对方能够同意该项索赔；第二，对方同意接受的金额能够可靠地计量。

奖励款，是指工程达到或超过规定的标准，客户同意支付的额外款项。奖励款同时满足下列条件的，才能构成合同收入：第一，根据合同目前完成情况，足以判断工程进度和工程质量能够达到或超过规定的标准；第二，奖励金额能够可靠地计量。

【例 10-16】某建造承包商与一客户签订了一份金额为 4 000 万元的固定造价合同，建造一座办公楼，合同规定的建设期为两年。第二年，客户改变部分设计，并同意增加变更收入 50 万元。

本例中，该项建造合同的初始收入为 4 000 万元。变更收入 50 万元，符合上述两个条件，建造承包商应在第二年将因合同变更而增加的收入 50 万元确认为合同收入的组成部分。第二年的合同总收入应为 4 000＋50＝4 050（万元）。

2. 建造合同成本

建造合同成本应当包括从合同签订开始至合同完成止所发生的、与执行合同有关的直接费用和间接费用。

直接费用应当包括下列内容：耗用的材料费用、耗用的人工费用、耗用的机械使用费、其他直接费用（其他可以直接计入合同成本的费用）。直接费用在发生时直接计入合同成本。

间接费用是企业下属的施工单位或生产单位为组织和管理施工生产活动所发生的费用。间接费用在资产负债表日按照系统、合理的方法分摊计入合同成本。合同完成后处置残余物资取得的收益等与合同有关的零星收益，应当冲减合同成本。合同成本不包括应当计入当期损益的管理费用、销售费用和财务费用。因订立合同而发生的有关费用，应当直接计入当期损益。

10.5.3 建造合同收入与合同费用的确认、计量与账务处理

1. 建造合同的结果能够可靠估计时合同收入与合同费用的确认与计量

在资产负债表日，建造合同的结果能够可靠估计的，应当根据完工百分比法确认合同收入和合同费用。

（1）建造合同的结果能够可靠估计的条件

① 固定造价合同的结果能够可靠估计，是指同时满足下列条件：第一，合同总收入能够可靠地计量；第二，与合同相关的经济利益很可能流入企业；第三，实际发生的合同成本能够清楚地区分和可靠地计量；第四，合同完工进度和为完成合同尚需发生的成本能够可靠地确定。

② 成本加成合同的结果能够可靠估计，是指同时满足下列条件：第一，与合同相关的经济利益很可能流入企业；第二，实际发生的合同成本能够清楚地区分和可靠地计量。

（2）完工百分比法的应用

① 完工百分比法的含义。完工百分比法，是指根据合同完工进度确认收入与费用的方法。

② 合同完工进度的确定方法。企业确定合同完工进度可以选用下列方法：第一，累计实际发生的合同成本占合同预计总成本的比例；第二，已经完成的合同工作量占合同预计总工作量的比例；第三，实际测定的完工进度。

采用累计实际发生的合同成本占合同预计总成本的比例确定合同完工进度的，累计实际发生的合同成本不包括下列内容：一是施工中尚未安装或使用的材料成本等与合同未来活动相关的合同成

本；二是在分包工程的工作量完成之前预付给分包单位的款项。

③ 合同收入和合同成本的确定。在资产负债表日，应当按照合同总收入乘以完工进度扣除以前会计期间累计已确认收入后的金额，确认为当期合同收入；同时，按照合同预计总成本乘以完工进度扣除以前会计期间累计已确认费用后的金额，确认为当期合同费用。

当期完成的建造合同，应当按照实际合同总收入扣除以前会计期间累计已确认收入后的金额，确认为当期合同收入；同时，按照累计实际发生的合同成本扣除以前会计期间累计已确认费用后的金额，确认为当期合同费用。

2. 建造合同的结果不能可靠估计时合同收入与合同费用的确认与计量

建造合同的结果不能可靠估计的，应当分别按下列情况处理。

（1）合同成本能够收回的，合同收入根据能够收回的实际合同成本予以确认，合同成本在其发生的当期确认为合同费用。

（2）合同成本不可能收回的，在发生时立即确认为合同费用，不确认合同收入。使建造合同的结果不能可靠估计的不确定因素不复存在的，应当按照规定确认与建造合同有关的收入和费用。合同预计总成本超过合同总收入的，应当将预计损失确认为当期费用。

【例 10-17】某建筑公司与客户签订了一项合同总金额为 12 000 万元的固定造价合同。合同规定的工期为三年。假定经计算第一年完工进度为 30%，第二年完工进度已达 80%，经测定前两年的合同预计总成本均为 9 000 万元。第三年工程全部完成，累计实际发生合同成本 8 800 万元。根据上述资料计算各期确认的合同收入和费用如下。

第一年确认的合同收入＝12 000×30%＝3 600（万元）

第一年确认的合同毛利＝（12 000－9 000）×30%＝900（万元）

第一年确认的合同费用＝3 600－900＝2 700（万元）

其账务处理是：

借：主营业务成本　　27 000 000

　　工程施工——合同毛利　　9 000 000

　　贷：主营业务收入　　36 000 000

第二年确认的合同收入＝（12 000×80%）－3 600＝6 000（万元）

第二年确认的合同毛利＝（12 000－9 000）×80%－900＝1 500（万元）

第二年确认的合同费用＝6 000－1 500＝45 000（万元）

其账务处理是：

借：主营业务成本　　45 000 000

　　工程施工——合同毛利　　15 000 000

　　贷：主营业务收入　　60 000 000

第三年确认的合同收入＝12 000－（3 600＋6 000）＝2 400（万元）

第三年确认的合同毛利＝（12 000－8 800）－（900＋1 500）＝800（万元）

第三年确认的合同费用＝2 400-800＝1 600（万元）

其账务处理是：

借：主营业务成本　　16 000 000

　　工程施工——合同毛利　　8 000 000

　　贷：主营业务收入　　24 000 000

关键术语

收入　确认　计量　销售商品　现金折扣　销售折让　销售退回　分期收款销售　提供劳务完工百分比　让渡资产使用权　建造合同收入

思考与练习

一、思考题

1. 收入和利得有何区别和联系？

2. 确认销售商品收入的条件是什么？

3. 如何确认企业提供劳务收入？

二、练习题

1. 蓝天股份有限公司（以下简称蓝天公司）为增值税一般纳税企业，适用的增值税税率为17%。商品销售价格均不含增值税额，所有劳务均属于工业性劳务。销售实现时结转销售成本。2015年3月，蓝天公司销售商品和提供劳务的资料如下。

（1）3月1日，对A公司销售商品一批，增值税专用发票上注明销售价格为200万元，增值税额为34万元。提货单和增值税专用发票已交A公司，A公司已承诺付款。为及时收回货款，给予A公司的现金折扣条件如下：2/10，1/20，*N*/30（假定计算现金折扣时不考虑增值税因素）。该批商品的实际成本为150万元。3月18日，收到A公司支付的、扣除所享受现金折扣金额后的款项，并存入银行。

（2）3月2日，收到B公司来函，要求对当年2月8日所购商品在价格上给予10%的折让（蓝天公司在该批商品售出时，已确认销售收入400万元，并收到款项）。经查核，该批商品外观存在质量问题。蓝天公司同意了B公司提出的折让要求。当日，收到B公司交来的税务机关开具的索取折让证明单，并开具红字增值税专用发票和支付折让款项。

（3）3月10日，与D公司签订合同，以分期收款方式向D公司销售商品一批。该批商品的现销价格为520万元，实际成本为400万元，提货单已交D公司。该合同规定，该商品价款分4次等额收取。每次收回货款150万元，第一笔货款及全部增值税款项已于当日收到，存入银行。剩下的款项收款日期分别为往后连续3年的3月10日收取。

（4）3月10日，与E公司签订一项设备维修合同。该合同规定，该设备维修总价款为50万元（不含增值税额），于维修任务完成并验收合格后一次结清。3月31日，该设备维修任务完成并经E公司验收合格。蓝天公司实际发生的维修费用为26万元（均为修理人员工资）。3月31日，鉴于E公司发生重大财务困难，蓝天公司预计很可能收到的维修款为23.4万元（含增值税额）。

（5）3月31日，收到A公司退回的当月1日所购全部商品。经查核，该批商品存在质量问题，蓝天公司同意了A公司的退货要求。当日，收到A公司交来的税务机关开具的进货退出证明单，并开具红字增值税专用发票和支付退货款项。

要求：编制蓝天公司3月份发生的上述经济业务的会计分录（“应交税费”科目要求写出明细科

目，答案中的金额单位为万元）。

2．蓝天公司委托 A 单位代销一批商品，该批产品的销售价格为 500 000 元（不含增值税），成本为 380 000 元。月末时收到代销清单且代销的商品全部售出，代销手续费为商品销售价格（不含增值税）的 8%。该批商品的增值税率为 17%，代销款已收到。

要求：分别做出蓝天公司和 A 企业委托代销的账务处理。

3．甲公司在 2015 年 7 月 12 日向乙公司销售一批商品，开出的增值税专用发票上注明的销售价格为 200 000 元，增值税税额为 34 000 元，款项尚未收到；该批商品成本为 120 000 元，甲公司在销售时已知乙公司资金周转发生困难，但为了减少存货积压，同时也为了维持与乙公司长期建立的商业合作关系，甲公司仍将商品发往乙公司且办妥托收手续。假定甲公司发出该批商品时其增值税纳税义务已经发生。

要求：编制甲公司销售商品的会计分录。

4．甲公司委托乙公司销售某批商品 200 件，协议价为 100 元/件，该商品成本为 60 元/件，增值税税率为 17%。假定商品已经发出，根据代销协议，乙公司不能将没有代销出去的商品退回甲公司；甲公司将该批商品交付乙公司时发生增值税纳税义务，金额为 3 400 元。

要求：分别编制甲公司和乙公司有关代销的会计分录。

5．甲企业于 2015 年 3 月 1 日为某公司研制开发 A 产品，合同规定的研制开发期为 15 个月，合同总收入 1 600 000 元，至 2015 年 12 月 31 日已发生费用 640 000 元（假定均用银行存款支付），预收研制开发款 1 000 000 元。预计整个研制开发工程完工的总成本为 1 000 000 元。此外，经专业测量师测量，至 2015 年 12 月 31 日，研制开发工作的完工程度为 70%。

要求：（1）编制甲企业预收研制开发款与支付研制开发费用的会计分录。

（2）分别采用以下方法确定 2015 年的劳务收入与成本，并编制有关会计分录。

① 按已提供的劳务量占应提供劳务总量的百分比确定该劳务的完成程度（假定研制开发期内劳动量均衡发生）。

② 按已发生的成本占估计总成本的百分比确定该劳务的完成程度。

第11章 费用

【学习目标】

费用是日常活动中发生的耗费，本章主要介绍费用的分类以及生产成本和期间费用的会计处理。通过本章的学习，应做到以下几点：

- 理解费用的含义、特征、内容及分类；
- 熟悉产品成本计算的一般程序、生产费用归集和分配；
- 掌握期间费用的内容和具体核算方法。

【知识导图】

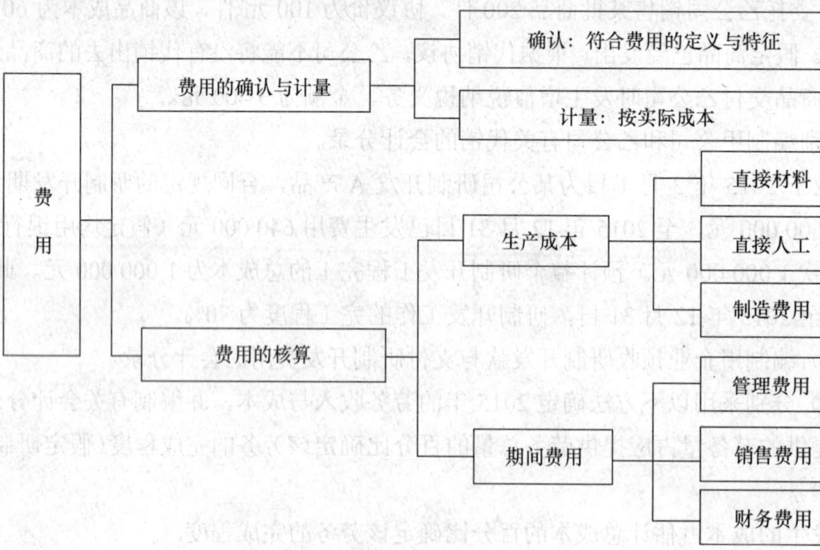

【引导案例】

长春迪瑞医疗科技股份有限公司（以下简称迪瑞医疗）于2012年获得通过创业板首发申请。然而有专业人士查阅其招股书发现，迪瑞医疗成本明显低于同行平均水平，其管理及销售费用均不合常理，公司可能涉嫌隐瞒支出虚增利润。

2011年度，销售人员奖金只有102万元，与2010年相比下降了58%，而2011年销售人均创收实现了38%的同比增长率，为何出现业绩增长而待遇下降？摊到每人手里只有3 000元，这是年终奖还是过节费？

与同行业企业相比，其管理费用占营业收入比重明显偏低，2009—2011年度，行业平均水平分别为19.23%、19.41%及19.07%，而迪瑞医疗管理费用率仅为16.03%、12.71%及11.71%，对此，发行人称，医疗器械及相关业务管理费用占营业收入比重逐年下降的主要原因是：①公司2010—2011年医疗器械及相关业务营业收入增长幅度分别为93.45%、75.80%，业务收入规模快速增长，远远高于管理费用的增幅；②公司成本控制越来越趋于成熟，公司运用了业内领先的物流和信息管理系统，提高了经营管理效率，减少了公司的管理成本。但在研发费用的支出上，发行人存在明显疑问。公司截至2011年年末研发人员有312人，但该公司2011年研发费用只有2 500万元，基本只够人头开支，该公司在销售费用中披露了销售人员薪酬详细情况，但在管理费用中却没有披露研发人员薪酬明细情况，发行人可能存在表外支出。基于以上两点分析，迪瑞医疗极有可能人为隐瞒、降低运营成本，进而虚增利润。

资料来源：投资时报。

11.1 费用概述

11.1.1 费用的概念及特征

1. 费用的概念

费用是指企业在日常活动中发生的、会导致所有者权益减少的、与向所有者分配利润无关的经济利益的总流出。费用与收入存在因果关系，对一个持续经营的企业来说，为了取得一定的收入，必须会发生相应的耗费（费用），企业只有用尽可能少的耗费取得尽可能多地收入，才能获得最大的经营成果。

2. 费用的特征

根据费用的定义，费用具有以下特征。

（1）费用是在日常活动中发生的。费用应当是企业在日常活动中所发生的，这些日常活动的界定与收入定义中涉及的日常活动相一致。日常活动中所产生的费用通常包括销售成本、职工薪酬、折旧费、无形资产摊销费等。将费用界定为日常活动中所形成的，目的是为了将其与损失相区分，因企业非日常活动所形成的经济利益的流出不能确认为费用，应当计入当期损失。

（2）费用会导致经济利益的流出。费用应当会导致经济利益的流出，从而导致资产的减少或者负债的增加。其表现形式包括：现金或现金等价物的流出，存货、固定资产和无形资产等的流出或者消耗等。企业向所有者分配利润也会导致经济利益的流出，而该经济利益的流出属于所有者权益的抵减项目，因而不确认为费用，应当将其排除在费用之外。

（3）费用最终会使企业所有者权益减少。与费用相关的经济利益的流出最终应当会导致所有者权益的减少，不会导致所有者权益减少的经济利益的流出不符合费用的定义，不应确认为费用。

3. 费用与成本和损失的联系与区别

（1）费用与成本。费用与成本既有区别也有联系，虽然两者都是对资产的耗费，但就某一会计期间来说，成本不等于费用，费用是相对收入而言的，但这些资产的耗费与当期的收入相配比时，才成为当期的费用，费用与一定的期间相联系，成本与一定的成本计算对象联系，是为特定对象而发生的耗费，当期发生的成本不一定是当期的费用，例如，产品的生产成本在生产产品的报告期内不能确认为费用，也就是说，产品的生产成本在产品没有出售之前，只是一种资产，表现为在产品或产成品，只有在产品出售后才能作为产品销售成本转作当期费用，与哪一期发生的无关。

（2）费用与损失。费用与损失，从广义上看，费用包括了损失，费用和损失都是经济利益的减少；但从狭义上讲，费用与损失是有区别的，费用是相对收入而言的，与收入存在因果关系，而损失与利得是相对应的，但两者不存在因果关系。我国企业会计准则对损失的表述为：损失是指由企业非日常活动所发生的、会导致所有者权益减少的、与向所有者分配利润无关的经济利益的流出。也就是说，损失是除费用和向业主分配利润之外的一些边缘性的或偶发性的支出。

11.1.2 费用的分类

为了便于合理、准确地确认和计量费用，正确地计算产品成本，我们可以按不同的分类依据对费用进行分类。

1. 按费用的经济内容分类

费用按经济内容分类，就是将企业在生产经营过程中发生的各种费用，按照它们的原始形态进行归类。费用按其经济内容，可以分为以下费用要素。

外购材料，是指企业为进行生产经营而耗用的从外部购入的原料及主要材料、半成品、辅助材料、包装物、修理用备件和低值易耗品等。

外购燃料，是指企业为进行生产经营而耗用的从外部购进的各种燃料，包括固体、液体和气体燃料。

外购动力，是指企业为进行生产经营而耗用的从外部购入的各种动力，如热力、电力和蒸汽等。

职工薪酬，是指企业职工的工资、经常性奖金、津贴和补贴，缴纳的各项保险支出、住房公积金、非货币性福利、职工教育经费、工会经费、辞退福利等方面的支出。

折旧费，是指企业按照选定的折旧方法计算提取的折旧费。

利息支出，是指企业为筹集生产经营资金而发生的利息净支出（即利息支出减利息收入后的余额）。

税金，是指企业应计入成本费用的各种税金，包括房产税、车船使用税、土地使用税和印花税等。

其他费用，是指不属于以上各费用要素的费用项目。

费用按其经济性质进行分类，可以说明企业在一定时期内进行生产经营活动发生了哪些耗费，数额各是多少，以便于分析企业各个时期各种费用占整个费用的比重，进而分析企业各个时期各种要素费用的支出水平，有利于考核费用计划的执行情况。

2. 按费用的经济用途分类

按照费用的经济用途，可以将费用分为生产成本和期间费用两大类。

（1）生产成本。企业为生产某种产品而发生的费用就是该产品的生产成本，包括直接材料、直接人工和制造费用。直接材料是指企业在生产产品和提供劳务过程中所消耗的，直接用于产品生产，构成产品实体的原料及主要材料、外购半成品、修理用备件、包装物、辅助材料以及其他直接材料。直接人工是指企业在生产产品和提供劳务过程中，直接从事产品生产的工人工资及福利费。制造费用是指企业为生产产品和提供劳务而发生的各项间接费用，包括生产车间管理人员工资和福利费、折旧费、修理费、办公费、水电费、机物料消耗、劳动保护费以及其他制造费用。

（2）期间费用。期间费用是指企业在行政管理、筹集资金和销售商品过程中所发生的应直接计入当期损益的各种费用。期间费用按其具体内容又分为以下三类。

① 销售费用。销售费用是指企业为销售商品、提供劳务而发生的各种费用。

② 管理费用。管理费用是指企业行政管理部门为组织和管理生产经营活动而发生的各种费用。

③ 财务费用。财务费用是指企业为筹集生产经营所需资金等而发生的各种费用，包括利息支出、汇兑损失以及相关的金融机构手续费等。

11.2 生产成本

11.2.1 生产成本的构成

生产成本，是指一定期间生产产品所发生的直接费用和间接费用的总和。成本是对象化的费用，生产成本是相对一定的产品而言所发生的费用，它是按照产品品种等成本计算对象对当期发生的费用进行归集所形成的。在按照费用的经济用途分类中，企业一定期间发生的直接费用和间接费用总和构成一定期间的产品的生产成本。费用的发生过程同时也就是产品成本的形成过程。成本与费用是相互转化的。企业在一定期间发生的直接费用按照成本计算对象进行归集；间接费用则通过分配计入各成本计算对象，使本期发生的费用予以对象化，转化为成本。

企业的产品成本项目可以根据企业的具体情况自行设定。一般为直接材料、直接人工和制造费用等。其中直接材料、直接人工都可以直接对象化于某类产品的成本；而制造费用由于其费用可能是为生产几种产品共同发生的，一般不易直接对象化于某类产品的成本，通常将一定期间的制造费用归集起来，然后在期末按照一定的方法合理分摊计入产品成本。

11.2.2 产品成本核算应划分的费用界限

产品成本核算就是正确划分各种费用界限的过程。在这一过程中，应按受益大小、受益的时间合理地分摊费用。

1. 正确划分应计入生产成本和不计入生产成本的费用界限

企业经济活动多种多样，各种支出的用途不同，要正确计算产品成本，必须首先划清哪些支出应计入生产成本，哪些支出应分期计入生产成本，哪些支出不应计入生产成本。如购建固定资产、无形资产等资本性支出应计入相关资产的价值；而用于产品生产的生产性支出如直接材料、直接人工、制造费用等应在发生当期直接或间接计入生产成本；而企业发生的期间费用如管理费用、销售费用、财务费用等则不应计入生产成本，而是直接计入当期损益；除此之外，与企业生产经营无关的营业外支出，以及分配给投资者的利润均不能计入生产成本。因此，区别不同性质的支出是正确计算产品成本的前提条件。否则，会出现少计利润或者多计利润的现象，影响企业生产经营的顺利进行。

2. 正确划分本期生产费用和非本期生产费用的界限

根据权责发生制核算基础，在产品成本核算过程中，还应正确划分各月份的费用界限。应由本月产品成本负担的费用，应全部计入本月生产费用；不应由本月产品成本负担的费用，不能计入当期生产费用，而应计入受益月份的生产费用。

3. 正确划分各种产品成本的界限

一个企业往往同时生产多种产品，因此，企业必须将当期生产费用在各种产品之间进行正确划分。要按照谁受益谁负担的原则，凡可以直接分清哪种产品负担的费用，如直接材料费用是按产品领用发生的材料消耗，可直接计入生产成本；凡不能直接分清应由哪种产品负担的费用，如生产单位为组织和管理产品生产发生的间接材料费用（如一般机物料消耗等），应采取适当的方法分配计入各种产品的成本。

4. 正确划分完工产品成本与在产品成本的界限

企业在将生产费用计入各种产品成本后，如果某种产品既有当期完工产品又有期末在产品，那么这种产品所负担的全部生产费用，还应采用适当的分配方法，在当期完工产品和期末在产品之间进行分配，从而计算出当期完工产品成本和期末在产品成本。

11.2.3 生产成本核算应设置的科目

企业为了核算各种产品所发生的各项生产费用，应设置“生产成本”科目和“制造费用”科目进行核算。

1.“生产成本”科目

“生产成本”科目是用来核算企业进行工业性生产所发生的各项生产费用，包括生产各种产成品、自制半成品、提供劳务、自制材料等所发生的各项费用。该科目的性质属于成本类，借方登记本期发生的各项生产费用，包括直接材料、直接人工和制造费用。贷方登记完工入库产品的成本，期末借方余额，表示期末尚未加工完成的在产品制造成本。该科目应按基本生产车间和成本计算对象设置明细账，并按成本项目设置专栏，进行明细核算。

2.“制造费用”科目

为了核算企业为生产产品和提供劳务而发生的各项间接费用，企业应设置“制造费用”科目。该科目的性质属于成本类，其借方登记企业发生的制造费用，包括生产车间管理人员工资和福利费、折旧费、办公费、水电费等；贷方登记按规定分配计入有关成本核算对象的制造费用；月末分配结转后该科目无余额。该科目应按不同的车间、部门设置明细账，并按费用项目设置专栏，进行明细核算。

11.2.4 生产费用的归集和分配

1. 材料费用的归集和分配

一般情况下，产品的材料费用包括产品生产中耗费的原料、主要材料、辅助材料和外购半成品等，材料费用的归集和分配，是指财会部门在月份终了时，将当月发生的应计入成本的全部领料单、退料单，编制发料凭证汇总表，分别产品加以归集，直接计入各种产品生产成本；对于几种产品共同耗用的材料费用，则应采用适当的标准在各有关产品间进行分配，计入各有关产品生产成本。通常可采用的分配标准有重量、体积和消耗定额等。

【例 11-1】2015 年 12 月 30 日威远有限责任公司发料凭证汇总表如表 11-1 所示。

表 11-1 发料凭证汇总表

2015 年 12 月 30 日

单位：元

领料部门＼原材料		A 材料	B 材料	合计
一车间	甲产品	200 000	60 000	260 000
	乙产品	150 000	40 000	190 000

续表

原材料 领料部门		A 材料	B 材料	合计
二车间	甲产品	180 000	80 000	260 000
	乙产品	160 000	50 000	210 000
机修车间		20 000		20 000
厂部		14 000		14 000
合计		724 000	230 000	954 000

根据表 11-1 编制会计分录。

借：生产成本——基本生产成本（甲产品）　520 000
　　　　　　——基本生产成本（乙产品）　400 000
　　　　　　——辅助生产成本（机修车间）　20 000
　　管理费用——材料费　14 000
　　贷：原材料——A 材料　724 000
　　　　　　　——B 材料　230 000

2. 工资费用的归集和分配

职工薪酬是指企业为获得职工提供的服务而给予各种形式的报酬以及其他相关支出，职工薪酬的组成内容在《企业会计准则第九号——职工薪酬》中做了规定。

企业生产产品、提供劳务负担的职工薪酬，应计入产品或劳务成本，借记“生产成本”或“劳务成本”，贷记“应付职工薪酬”，具体分配和归集方法见第 8 章“负债”。

3. 辅助生产费用的归集和分配

辅助生产是指为基本生产车间、企业各管理部门服务而进行产品生产和劳务的供应。对于辅助生产车间所发生的各种费用是通过“生产成本——辅助生产成本”科目进行归集和分配的。具体做法是：先将辅助生产车间发生的费用归集在“生产成本——辅助生产成本”科目借方，期末根据为基本生产车间、企业管理部门所提供的产品及劳务按一定标准分配给受益对象，并据以将“生产成本——辅助生产成本”科目借方金额结转到“生产成本——基本生产成本”“管理费用”“制造费用”等科目。在分配辅助生产费用时，还存在某些辅助生产单位之间交互分配的问题。企业通常采用直接分配法、交互分配法、计划成本分配法等。具体内容将在“成本会计”课程中学习。

【例 11-2】威远有限责任公司的机修车间，为基本生产车间和管理部门提供修理服务，根据 2015 年 12 月发生的费用和提供的修理工时，编制辅助生产费用分配表，如表 11-2 所示。

表 11-2　生产费用分配表

2015 年 12 月 31 日

服务项目	修理工时（小时）	分配率（元/小时）	分配费用（元）
一车间	1 560	15	23 400
二车间	1 250	15	18 750
厂部	300	15	4 500
合计	3 110		46 650

根据表 11-2 编制会计分录。

借：制造费用——一车间（修理费）　　23 400
　　　　　　——二车间（修理费）　　18 750
　　管理费用——修理费　　4 500
　　贷：生产成本——辅助生产成本（机修车间）　　46 650

4. 制造费用的归集和分配

制造费用是企业为组织和管理生产所发生的各项费用。主要包括：企业各个生产单位为组织和管理生产所发生的生产单位管理人员薪酬、生产单位房屋建筑物、机器设备等的折旧费、修理费、机物料消耗、低值易耗品、水电费、办公费、劳动保护费、季节性、修理期间的停工损失以及其他制造费用。这些费用是由于管理和组织生产而发生的间接费用，不是生产产品的直接费用，所以，这些费用在发生时，不能直接计入产品成本，需要通过“制造费用”科目进行归集，分配计入各种产品成本。费用发生时，根据有关的凭证和各种费用分配表（原材料费用分配表，工资分配表等），借记“制造费用”，贷记“原材料”“应付职工薪酬”“累计折旧”“银行存款”等。归集的制造费用在期末按一定标准分配计入其产品成本。在生产多种产品的车间中，则要采用既合理又简便的分配方法，将制造费用分配计入各种产品成本。常用的分配方法有：按生产工时、定额工时、机器工时、生产工人工资等比例分配的方法。

【例 11-3】威远有限责任公司 2015 年 12 月 15 日，以银行存款支付第一车间电费 12 600 元。

借：制造费用——水电费　　12 600
　　贷：银行存款　　12 600

【例 11-4】威远有限责任公司 2015 年 12 月 31 日，计提第一车间生产用固定资产折旧费 16 800 元。

借：制造费用——折旧费　　16 800
　　贷：累计折旧　　16 800

【例 11-5】威远有限责任公司 2015 年 12 月第一车间共发生制造费用 248 608 元，该车间生产甲、乙两种产品，其中甲产品生产工时为 8 014 小时，乙产品生产工时为 7 524 小时，按工时分配制造费用。

借：生产成本——基本生产成本（甲产品）　　128 224
　　　　　　——基本生产成本（乙产品）　　120 384
　　贷：制造费用　　248 608

5. 生产费用在完工产品与在产品之间的分配

通过上述各项费用的归集和分配，基本生产车间在生产过程中发生的各项费用，已经归集在“生产成本——基本生产成本”科目及“产品成本计算单”中，如果月初、月末都没有在产品，那么本月发生的成本就是本月完工产品成本；如果月初、月末都有在产品，本月发生的生产费用加上月初在产品成本之后的合计数，还要在本月完工产品和在产品之间进行分配，计算完工产品成本。完工产品成本一般按下列公式计算。

完工产品成本＝月初在产品成本＋本月发生成本－月末在产品成本

【例 11-6】威远有限责任公司 2015 年 12 月“产品成本计算单”如表 11-3 所示，要求根据产品成本计算单结转完工产品成本。

表 11-3 产品成本计算单

单位：一车间 产品：甲成本 单位：元

摘要	原材料	人工	制造费用	合计
期初在产品成本	128 600	98 750	23 580	250 930
材料费	520 000			520 000
工资费		356 000		356 000
制造费用			128 224	128 224
生产费用合计	648 600	454 750	151 804	1 255 154
完工产品成本	454 020	318 325	106 262.80	878 607.80
期末在产品成本	194 580	136 425	45 541.20	376 546.20

借：库存商品——甲产品 878 607.80

贷：生产成本——基本生产成本（甲产品） 878 607.80

11.3 期间费用

期间费用是指不能直接归属于某个特定产品成本或劳务项目的费用。期间费用是为生产产品提供正常条件或加强对生产经营和销售的管理而发生的，与当期生产管理和产品销售直接相关，而与产品的产量、产品的制造过程无直接关系，即容易确定其发生的期间，而难以判别其应归属的产品，因而不能列入产品制造成本；而应在发生的当期直接计入当期损益。期间费用主要包括销售费用、管理费用和财务费用。

11.3.1 销售费用

1. 销售费用的内容

销售费用是指企业在销售商品和材料、提供劳务过程中发生的各项费用，包括在销售商品过程中负担的包装费、运输费、装卸费、保险费、展览费、广告费、经营租赁费、销售服务费等，以及为销售本企业商品而专设的销售机构的职工薪酬、业务费、折旧费等费用。

2. 销售费用的核算

企业应设置“销售费用”科目，核算销售费用的发生和结转情况。该科目借方登记企业所发生的各种销售费用，贷方登记期末结转入“本年利润”科目的销售费用，结转后该科目应无余额。该科目应按销售费用的费用项目进行明细核算。

企业在销售过程中发生的各项费用及专设销售机构发生的费用，应借记“销售费用”科目，并根据费用内容贷记有关科目（支付的运输、装卸、展览、广告等费用），应贷记“库存现金”“银行存款”等科目；专设销售机构职工工资及福利费等，应贷记“应付职工薪酬”科目。月终，将借方归集的销售费用全部由本科目的贷方转入“本年利润”科目的借方，结转后“销售费用”科目期末无余额。

【例 11-7】威远有限责任公司 2015 年 12 月发生下列销售费用。

① 以银行存款支付由本企业负担的销售商品运输费 3 000 元，装卸费 1 000 元，保险费 600 元。

应根据有关收费票证和银行结算凭证，做会计分录如下。

借：销售费用　　4 600

　　贷：银行存款　　4 600

② 开出转账支票一张，以银行存款支付某电视台广告 10 000 元。应根据支票存根和电视台开出的收据，做会计分录如下。

借：销售费用　　10 000

　　贷：银行存款　　10 000

③ 本月应发专设销售机构职工工资额为 10 000 元，按规定，按照工资总额的 5%计提缴纳基本养老保险，共计 500 元，做会计分录如下。

对基本工资部分：

借：销售费用　　10 000

　　贷：应付职工薪酬——工资　　10 000

对企业缴纳的基本养老保险部分：

借：销售费用　　500

　　贷：应付职工薪酬——社会保险费　　500

④ 月末结转销售费用。

借：本年利润　　25 100

　　贷：销售费用　　25 100

11.3.2 管理费用

1. 管理费用的内容

管理费用是指企业为组织和管理生产经营活动而发生的各项费用。具体包括企业在筹建期间发生的开办费、董事会和行政管理部门在企业的经营管理中发生的或者应由企业统一负担的公司经费（包括行政管理部门职工薪酬、物料消耗、低值易耗品推销、办公费和差旅费等）、工会经费、董事会费（包括董事会成员津贴、会议费和差旅费）、咨询费（含顾问费）、聘请中介机构费、诉讼费、房产税、车船使用税、土地使用税和印花税、矿产资源补偿费、排污费、绿化费、技术转让费、研究费用、业务招待费以及企业生产车间（部门）和行政管理部门发生的固定资产修理费等。

2. 管理费用的核算

企业应设置“管理费用”科目，核算管理费用的发生与结转情况。该科目借方登记企业发生的各项管理费用，贷方登记期末转入“本年利润”科目的管理费用，结转后该科目应无余额。该科目按费用项目设置明细账进行明细核算。

企业发生的各项管理费用，应借记“管理费用”科目，根据费用内容贷记有关科目：企业管理部门管理人员的工资及职工福利费，应贷记“应付职工薪酬”科目；企业管理部门固定资产折旧费、修理费、物料消耗等，应贷记“累计折旧”“原材料”“周转材料”科目；提取的工会经费、职工教育经费，应贷记“应付职工薪酬”科目；支付给离退休人员的各项经费、支付差旅费、咨询费、聘请中介机构费、技术转让费和业务招待费，应贷记“库存现金”“银行存款”等科目；缴纳的印花税等，应贷记“银行存款”科目；应交的房产税、车船使用税、土地使用税，应贷记“应交税费”科目等；期末，将本科目借方归集的管理费用全部由本科目的贷方转入“本年利润”科目的借方，结转后管理费用科目期末无余额。

【例 11-8】威远有限责任公司 2015 年 12 月发生下列管理费用。

① 以银行存款购买印花税票 200 元。应根据有关结算凭证，做会计分录如下。

借：管理费用　　200
　　贷：银行存款　　200

② 月末按规定计算应交车船使用税 2 000 元，房产税 5 000 元。应根据纳税申报表，做会计分录如下。

借：管理费用　　7 000
　　贷：应交税费——应交车船使用税　　2 000
　　　　　　　　——应交房产税　　5 000

③ 月末结转管理费用 32 210 元。

借：本年利润　　32 210
　　贷：管理费用　　32 210

11.3.3 财务费用

1. 财务费用的内容

财务费用是指企业为筹集生产经营所需资金等而发生的筹资费用。具体包括利息支出（减利息收入）、汇兑损益以及相关的手续费、企业发生的现金折扣或收到的现金折扣等。应当指出，企业为购建固定资产而筹集资金所发生的费用，在固定资产尚未达到预定可使用状态前发生的，应计入有关固定资产的购置或建造成本，不包括在财务费用中。

2. 财务费用的核算

企业应设置“财务费用”科目，核算财务费用的发生与结转情况。该科目借方登记企业发生的各项财务费用，贷方登记期末转入“本年利润”科目的财务费用，结转后该科目应无余额。该科目按费用项目设置明细账进行明细核算。

企业发生的应列入财务费用的利息支出、汇兑损失和支付给金融机构的手续费，应借记“财务费用”科目，根据费用内容贷记“应付利息”“长期借款”“银行存款”等科目；发生的应列减财务费用的利息收入、汇兑收益则相反，应借记“银行存款”等科目，贷记“财务费用”科目。月终，将借贷方发生的差额全部由本科目转入“本年利润”科目的借方，结转后“财务费用”科目期末无余额。

【例 11-9】威远有限责任公司 2015 年 12 月发生下列财务费用。

① 预提本月银行借款利息 8 000 元，其中短期借款利息 3 000 元。长期借款利息 5 000 元。做会计分录如下。

借：财务费用　　8 000
　　贷：应付利息　　8 000

② 以银行存款支付银行结算手续费 900 元。应根据银行结算业务收费凭证，做会计分录如下。

借：财务费用　　900
　　贷：银行存款　　900

③ 结算企业本月银行存款利息收入 700 元。应根据银行存款利息通知单，做会计分录如下。

借：银行存款　　　　700

　　贷：财务费用　　　　700

④ 月末结转财务费用。

借：本年利润　　　　8 200

　　贷：财务费用　　　　8 200

关键术语

费用　生产成本　制造费用　期间费用

思考与练习

一、思考题

1．费用、成本、损失有何区别与联系？

2．为什么企业的期间费用要直接与当期的营业收入相配比？

二、练习题

蓝天股份有限公司 2013 年 3 月发生以下业务。

行政管理部门修理费用 1 000 元；广告宣传费用 800 元；购入一项商标权 25 000 元；生产车间水电费 1 600 元；各项税收罚款及滞纳金 2 900 元；办公用品 100 元；财产保险费 3 260 元；诉讼费用 640 元；业务招待费用 4 800 元；劳动保护费 2 200 元；销售产品运输费用 200 元；支付银行借款利息 50 000 元，其中在建工程利息 30 000 元；以上款项均用银行存款支付。月末，结转本月发生的管理费用、销售费用、财务费用等各项费用损失。

要求：编制上述业务相关的会计分录。

第12章 利润

【学习目标】

利润是企业一定时期的经营成果，是评价企业经营绩效的最主要指标。本章主要介绍利润形成及分配、所得税会计核算方法。通过本章的学习应做到以下几点：

- 了解利润概念、利润构成及计算；
- 掌握利润形成的会计处理；掌握利润分配的程序及会计处理；
- 重点掌握所得税的会计处理。

【知识导图】

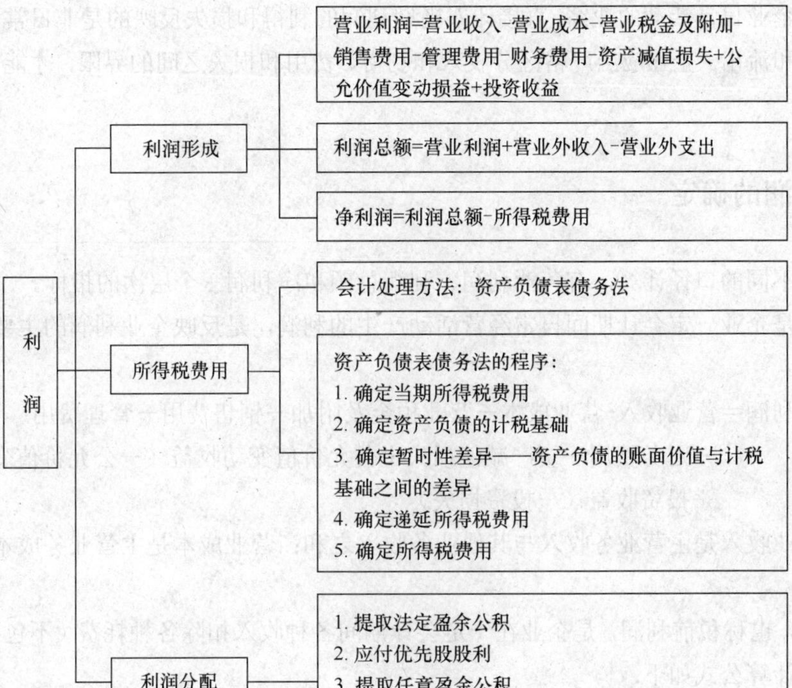

【引导案例】

小天鹅在其发布的2007年年报中称：2007年公司实现营业收入50亿元，同比增长1%；实现利润总额4.2亿元，同比增长1 120.63%；实现归属于上市公司股东的净利润3.3亿元，同比增长868.3%；实现基本每股收益0.91元。小天鹅的“惊艳”登场，给家电业带来了不少震动。但进一步研究发现，在这增长8倍的净利润中，有2.85亿元来自投资收益（小天鹅出售了3笔投资）。与巨大的利润增长形成对比的是：小天鹅的主营业务却低于行业水平。年报显示，公司洗衣机营业收入为32.6亿元，比2006年增长2%；冰箱营业收入11.9亿元，比2006年下滑7%。在“惊艳”的背后是小天鹅诸多的剥离出售行为。

利润是反映企业一定期间经营成果、评价企业经营业绩的重要指标，备受各方信息使用者的关注。利润的确认和计量一直是财务会计领域中的重点问题之一。

通过本章的学习，你能够掌握：利润是如何计算的？影响利润指标的因素有哪些？并能够理解小天鹅2007年的利润增长背后的实质。

12.1 利润概述

12.1.1 利润的概念

利润是指企业在一定会计期间的经营成果。利润是评价企业管理层业绩的一项重要指标，也是投资者和债权人等会计信息使用者决策的重要参考指标，更是企业收益分配的重要依据。

利润金额取决于收入和费用、直接计入当期利润的利得和损失金额的计量。收入减去费用后的净额反映的是企业日常活动的业绩，直接计入当期利润的利得和损失反映的是非日常活动带来的经济利益的流入和流出。企业应当严格区分收入和利得、费用和损失之间的界限，才能客观反映企业的经营业绩。

12.1.2 利润的确定

利润按照不同的口径计算，有营业利润、利润总额和净利润三个层次的指标。

营业利润是企业一定会计期间日常经营活动产生的利润，是反映企业利润的主要指标。其计算公式如下：

营业利润＝营业收入-营业成本－营业税金及附加－销售费用－管理费用
－财务费用－资产减值损失＋公允价值变动收益（－公允价值变动损失）
＋投资收益（－投资损失）

其中：营业收入是主营业务收入与其他业务收入之和；营业成本是主营业务成本与其他业务成本之和。

利润总额，也称税前利润，是企业在一定会计期间各种收入扣除各种耗费（不包括所得税费用）后的盈余。其计算公式如下：

利润总额＝营业利润＋营业外收入－营业外支出

净利润，也称税后利润，是企业一定会计期间的利润总额扣除所得税费用后的净额。其计算公式如下：

净利润＝利润总额－所得税费用

12.2 利润形成

12.2.1 营业税金及附加的计算

营业税金及附加是指企业经营活动发生的消费税、城市维护建设税、资源税和教育费附加等相关税费。房产税、车船使用税、土地使用税、印花税在“管理费用”科目核算，但与投资性房地产相关的房产税、土地使用税在本科目核算。

企业按规定计算确定的与经营活动相关的税费，借记本科目，贷记“应交税费”科目。期末，应将本科目余额转入“本年利润”科目，结转后本科目无余额。

12.2.2 期间费用的核算

期间费用是指本期发生的、不能归属于特定产品成本的费用。主要包括销售费用、管理费用和财务费用。

1. 销售费用

销售费用是指企业销售商品和材料、提供劳务的过程中发生的各种费用，包括保险费、包装费、展览费和广告费、商品维修费、预计产品质量保证损失、运输费、装卸费等以及为销售本企业商品而专设的销售机构（含销售网点、售后服务网点等）的职工薪酬、业务费、折旧费等经营费用。

企业发生的与专设销售机构相关的固定资产修理费用等后续支出，也在本科目核算。本科目可按费用项目进行明细核算。

企业发生销售费用，借记本科目，贷记“库存现金”“银行存款”等科目；发生的为销售本企业商品而专设的销售机构的职工薪酬、业务费等经营费用，借记本科目，贷记“应付职工薪酬”“银行存款”“累计折旧”等科目。

期末，应将本科目余额转入“本年利润”科目，结转后本科目无余额。

2. 管理费用

管理费用是指企业为组织和管理企业生产经营所发生的管理费用，包括企业在筹建期间内发生的开办费、董事会和行政管理部门在企业的经营管理中发生的或者应由企业统一负担的公司经费(包括行政管理部门职工工资及福利费、物料消耗、低值易耗品摊销、办公费和差旅费等)、工会经费、董事会费（包括董事会成员津贴、会议费和差旅费等)、聘请中介机构费、咨询费（含顾问费)、诉讼费、业务招待费、房产税、车船使用税、土地使用税、印花税、技术转让费、矿产资源补偿费、研究费用、排污费等。

商品流通企业管理费用不多的，可不设置本科目，本科目的核算内容可并入“销售费用”科目核算。企业生产车间（部门）和行政管理部门等发生的固定资产修理费用等后续支出，也在本科目核算。本科目可按费用项目进行明细核算。

企业在筹建期间内发生的开办费，包括人员工资、办公费、培训费、差旅费、印刷费、注册登记费以及不计入固定资产成本的借款费用等在实际发生时，借记本科目（开办费)，贷记“银行存款”等科目。行政管理部门人员的职工薪酬，借记本科目，贷记“应付职工薪酬”科目。行政管理部门计提的固定资产折旧，借记本科目，贷记“累计折旧”科目。发生的办公费、水电费、业务招待费、聘请中介机构费、咨询费、诉讼费、技术转让费、研究费用，借记本科目，贷记“银行存款”“研发支出”等科目。按规定计算确定的应交矿产资源补偿费、房产税、车船使用税、土地使用税、印花税，借记本科目，贷记“应交税费”科目。

期末，应将本科目的余额转入“本年利润”科目，结转后本科目无余额。

3. 财务费用

财务费用是指企业为筹集生产经营所需资金等而发生的筹资费用，包括利息支出（减利息收入）、汇兑损益以及相关的手续费、企业发生或收到的现金折扣等。本科目按费用项目进行明细核算。

为购建或生产满足资本化条件的资产发生的应予资本化的借款费用，在“在建工程”“制造费用”等科目核算。

企业发生的财务费用，借记本科目，贷记“银行存款”“应付利息”“未确认融资费用”等科目。发生的应冲减财务费用的利息收入、汇兑损益、现金折扣，借记“银行存款”“应付账款”等科目，贷记本科目。

期末，应将本科目余额转入“本年利润”科目，结转后本科目无余额。

12.2.3 资产减值损失的确认

资产减值损失是指企业计提各项资产减值准备所形成的损失。本科目可按资产减值损失的项目进行明细核算。

企业的应收款项、存货、长期股权投资、持有至到期投资、固定资产、无形资产、贷款等资产发生减值的，按应减记的金额，借记本科目，贷记“坏账准备”“存货跌价准备”“长期股权投资减值准备”“持有至到期投资减值准备”“固定资产减值准备”“无形资产减值准备”“贷款损失准备”等科目。企业计提坏账准备、存货跌价准备、持有至到期投资减值准备、贷款损失准备等，相关资产的价值又得以恢复的，应在原已计提的减值准备金额内，按恢复增加的金额，借记“坏账准备”“存货跌价准备”“持有至到期投资减值准备”“贷款损失准备”等科目，贷记本科目。

期末，应将本科目余额转入“本年利润”科目，结转后本科目无余额。

在建工程、工程物资、生产性生物资产、商誉、抵债资产、损余物资、采用成本模式计量的投资性房地产等资产发生减值的，应当设置相应的减值准备科目，比照上述规定进行处理。

12.2.4 公允价值变动损益

公允价值变动损益是指企业交易性金融资产、交易性金融负债，以及采用公允价值模式计量的投资性房地产、衍生工具等公允价值变动形成的应计入当期损益的利得或损失。指定为以公允价值计量且其变动计入当期损益的金融资产或金融负债公允价值变动形成的应计入当期损益的利得或损失，也在本科目核算。本科目可按交易性金融资产、交易性金融负债、投资性房地产等进行明细核算。

资产负债表日，企业应按交易性金融资产的公允价值高于其账面余额的差额，借记“交易性金融资产——公允价值变动”科目，贷记本科目；公允价值低于其账面余额的差额做相反的会计分录。出售交易性金融资产时，应按实际收到的金额，借记“银行存款”等科目，按该金融资产的账面余额，贷记“交易性金融资产”科目，按其差额，借记（或贷记）“投资收益”科目。同时，将原计入该金融资产的公允价值变动转出，借记（或贷记）本科目，贷记（或借记）“投资收益”科目。

资产负债表日，交易性金融负债的公允价值高于其账面余额的差额，借记本科目，贷记“交易性金融负债”等科目；公允价值低于其账面余额的差额做相反的会计分录。处置交易性金融负债，应按该金融负债的账面余额，借记“交易性金融负债”科目，按实际支付的金额，贷记“银行存款”

等科目，按其差额，贷记（或借记）“投资收益”科目。同时，按该金融负债的公允价值变动，贷记（或借记）本科目，借记（或贷记）“投资收益”科目。

期末，应将本科目余额转入“本年利润”科目，结转后本科目无余额。

采用公允价值模式计量的投资性房地产形成的公允价值变动，按照“投资性房地产”科目的相关规定进行处理。

12.2.5 投资收益

投资收益是指企业确认的投资收益或投资损失。本科目可按投资项目进行明细核算。

长期股权投资采用成本法核算的，企业应按被投资单位宣告发放的现金股利或利润中属于本企业的部分，借记“应收股利”科目，贷记本科目。

长期股权投资采用权益法核算的，应按根据被投资单位实现的净利润或经调整的净利润计算应享有的份额，借记“长期股权投资——损益调整”科目，贷记本科目。被投资单位发生净亏损的，按照“长期股权投资”准则的相关规定处理。

处置长期股权投资时，应按实际收到的金额，借记“银行存款”等科目，按其账面余额，贷记“长期股权投资”科目，按尚未领取的现金股利或利润，贷记“应收股利”科目，按其差额，贷记（或借记）本科目。已计提减值准备的，还应同时结转减值准备。

处置采用权益法核算的长期股权投资，除上述规定外，还应结转原记入资本公积和其他综合收益的相关金额，借记（或贷记）“资本公积——其他资本公积”和“其他综合收益”科目，贷记（或借记）本科目。

企业持有交易性金融资产、持有至到期投资、可供出售金融资产期间取得的投资收益以及处置交易性金融资产、交易性金融负债、指定为以公允价值计量且其变动计入当期损益的金融资产或金融负债、持有至到期投资、可供出售金融资产实现的损益，比照“交易性金融资产”“持有至到期投资”“可供出售金融资产”“交易性金融负债”等科目的相关规定进行处理。

期末，应将本科目余额转入“本年利润”科目，本科目结转后应无余额。

12.2.6 营业外收入的确认

营业外收入是指企业取得的与日常活动没有直接关系的各项利得。企业发生的各项营业外收入，主要包括非流动资产处置利得、非货币性资产交换利得、债务重组利得、政府补助、盘盈利得、捐赠利得等。本科目可按营业外收入项目进行明细核算。

企业确认处置非流动资产利得、非货币性资产交换利得、债务重组利得，比照“固定资产清理”“无形资产”“原材料”“库存商品”“应付账款”等科目的相关规定进行处理。确认的政府补助利得，借记“银行存款”“递延收益”等科目，贷记本科目。

期末，应将本科目余额转入“本年利润”科目，结转后本科目无余额。

12.2.7 营业外支出的确认

营业外支出是指企业发生的与日常活动没有直接关系的各项损失。企业发生的各项营业外支出，包括非流动资产处置损失、非货币性资产交换损失、债务重组损失、公益性捐赠支出、非常损失、盘亏损失等。本科目可按营业外支出项目进行明细核算。

企业确认处置非流动资产损失、非货币性资产交换损失、债务重组损失，比照“固定资产清理”“无形资产”“原材料”“库存商品”“应付账款”等科目的相关规定进行处理。盘亏、毁损的资产发生的净损失，按管理权限报经批准后，借记本科目，贷记“待处理财产损溢”科目。

期末，应将本科目余额转入“本年利润”科目，结转后本科目无余额。

12.3 所得税费用

企业会计准则和所得税税法是基于不同目的和原则分别制定的，因此，两者在资产和负债的确认与计量方面存在一定的差异，导致企业按照会计准则要求确认的一定时期的会计利润与按照税法规定计算的应纳税所得额不一致。《企业会计准则第 18 号——所得税》规定了会计利润与应纳税所得额之间差异的形成及会计处理。

12.3.1 所得税会计的基本概念

1. 会计利润与应纳税所得额

会计利润，是指企业根据会计准则的要求，采用一定的程序与方法确定的所得税税前利润，又称为利润总额，主要为会计信息使用者提供关于企业经营成果的会计信息。

应纳税所得额，是指按照所得税税法的要求，以企业一定期间的经营所得和其他所得扣减税法准予扣除的项目后计算的应税所得，主要为企业进行纳税申报和国家税务机关核定企业应交所得税提供依据。由于会计利润与应纳税所得额的确定依据不同，两者之间存在一定的差异。

2. 所得税费用与应纳所得税额

所得税费用是指在计算净利润时，从利润总额中扣除的所得税费用的金额。主要包括两部分：一是当期应交所得税的金额；二是递延所得税的金额，即在某一期间形成的会计利润与应纳税所得额的差异，在以后期间转回时产生的递延所得税费用（或收益）。但不包括直接计入所有者权益的交易或事项的所得税影响。

应纳所得税额，是指企业按照税法规定计算确定的当期交易或事项应缴纳的所得税金额，即当期应交所得税。它是用企业一定时期的应纳税所得额乘以所得税税率计算确定的金额。

12.3.2 所得税的会计处理方法及程序

1. 资产负债表债务法

我国现行企业会计准则规定应采用资产负债表债务法进行所得税的会计处理。资产负债表债务法是指对资产负债表上列示的资产、负债按照会计准则规定确定的账面价值与按照税法规定确定的计税基础之间的差异，分别按应纳税暂时性差异和可抵扣暂时性差异，确认相关的递延所得税负债与递延所得税资产，并确定每一会计期间利润表中的所得税费用。

2. 所得税会计的一般程序

（1）计算当期应交所得税金额。当期应交所得税的金额是企业一定时期的应纳税所得额乘以所得税税率计算确定的金额，也是所得税费用的一部分——当期所得税。

（2）确定资产和负债的账面价值。资产和负债的账面价值是指企业按照会计准则的规定对资产、负债进行确认、计量和记录后，在资产负债表中列示的金额。企业应按照会计准则规定确定资产负债表中除递延所得税资产和递延所得税负债以外的其他资产和负债项目的账面价值。

（3）确定资产和负债的计税基础。资产和负债的计税基础是指企业按照税法的有关规定对资产、负债重新计量得到的期末价值。

（4）确定递延所得税。根据资产和负债的账面价值与计税基础之间的差异，以及适用的所得税税率，分别确定递延所得税资产和递延所得税负债的应有余额，并与期初余额比较，确定当期递延所得税金额或转销金额。这是所得税费用的另一个组成部分——递延所得税。

（5）确定利润表中的所得税费用。利润表中的所得税费用为当期所得税和递延所得税之和。

12.3.3 资产负债的计税基础和暂时性差异

1. 资产的计税基础

资产的计税基础，是指企业在收回资产账面价值的过程中，计算应纳税所得额时按照税法规定可以自应税经济利益中抵扣的金额。换言之，资产的计税基础是特定资产项目在未来期间计税时按照税法规定可以从税前扣除的金额。而资产的账面价值则是资产的账面余额扣除相应抵减科目后的金额。

由于企业会计准则和税法对资产计量方法的规定可能不同，因而产生资产的账面价值与其计税基础的差异。常见的差异形成原因有以下 3 点。

（1）以公允价值计量且其变动计入当期损益的资产。这些资产主要包括交易性金融资产、投资性房地产等。按照企业会计准则规定，此类资产期末按照公允价值进行计量，但这项损益属于账面损益，税法不允许确认，即按照税法规定，此类资产在持有期间公允价值带来的损益在计算所得税时不予考虑，即其计税基础为其取得成本。这就产生了账面价值与计税基础之间的差异。

【例 12-1】威远公司在 2015 年 10 月 9 日购入股票 20 万股，成本为 100 万元，作为交易性金融资产。在 2015 年 12 月 31 日，该股票公允价值为 110 万元，会计确认了公允价值变动 10 万元，并计入公允价值变动损益。

要求：确定 2015 年该项交易性金融资产的账面价值、计税基础和暂时性差异。

在 2015 年 12 月 31 日，该项交易性金融资产的账面价值为 110 万元；计税基础为 100 万元。账面价值与计税基础之间存在暂时性差异 10 万元。

（2）期末计提了减值准备的资产。根据企业会计准则的规定，很多资产（如应收账款、存货、长期股权投资、固定资产、无形资产等）均可以计提减值准备，该项损失直接计入利润表中的“资产减值损失”。计提了减值准备的资产，期末账面价值应为资产的账面余额扣除相应减值准备后的数额；但这项损失属于账面损失，若税法不允许确认，则此类资产的计税基础不应扣减计提的减值准备金额。因此，一般而言计提减值准备会导致资产的账面价值和计税基础不一致。

【例 12-2】威远公司在 2015 年 12 月 31 日，“应收账款”科目的余额为 2 000 万元，该公司按照 5%的比例计提了坏账准备 100 万元。而税法只允许按照规定的比例 5‰计提的坏账准备在税前扣除。

要求：确定 2015 年该企业应收账款的账面价值、计税基础和暂时性差异。

在 2015 年 12 月 31 日，该公司应收账款的账面价值为 1 900（2 000－2 000×5%）万元；计税基础为 1 990（2 000−2 000×5‰）万元。账面价值与计税基础之间存在暂时性差异 90 万元。

【例 12-3】威远公司在 2015 年 12 月 31 日，结存一批原材料的成本为 800 万元，由于使用该材料生产的商品市场价格下跌，导致该批材料的可变现净值为 750 万元，该企业存货采用成本与可变现净值孰低法计价，因此企业计提了 50 万元的存货跌价准备。假设该企业其他存货均未存在跌价。

要求：确定 2015 年年末该企业存货的账面价值、计税基础和暂时性差异。

在 2015 年 12 月 31 日，该企业存货的账面价值为 750 万元；由于存货跌价准备属于账面损失，税 法不允许当年扣除，因此其计税基础应为 800 万元。暂时性差异为 50 万元。

（3）折旧或摊销的方法、期限不同。企业的固定资产、无形资产等非流动资产，由于可以连续多年使用，其价值应在使用期间采用系统合理的方法进行分摊。但是由于会计和税法确定的分摊方法、分摊期限和预计净残值不同，即使在投入使用伊始的账面价值和计税基础一致，也会导致使用期间各期账面价值和计税基础不一致。

【例 12-4】威远公司在 2010 年 12 月 25 日购入不需安装的设备一台，原值 15 万元。会计按年数总和法计提折旧，预计使用年限 5 年，预计净残值为 0。税法只允许采用平均年限法计提折旧，规定的使用年限为 6 年，预计净残值为 0。假设该固定资产使用期间未发生减值。

要求：确定各年末该固定资产的账面价值、计税基础和暂时性差异。

该固定资产各年末账面价值、计税基础和暂时性差异计算如表 12-1～表 12-3 所示。

表 12-1　　固定资产会计折旧及账面价值计算表　　单位：元

项目	2010 年	2011 年	2012 年	2013 年	2014 年	2015 年	2016 年
原始价值	150 000	150 000	150 000	150 000	150 000	150 000	150 000
当年折旧	0	50 000	40 000	30 000	20 000	10 000	
累计折旧	0	50 000	90 000	120 000	140 000	150 000	150 000
账面价值	150 000	10 000	60 000	30 000	10 000	0	0

表 12-2　　固定资产税法折旧及计税基础计算表　　单位：元

项目	2010 年	2011 年	2012 年	2013 年	2014 年	2015 年	2016 年
原始价值	150 000	150 000	150 000	150 000	150 000	150 000	150 000
当年折旧	0	25 000	25 000	25 000	25 000	25 000	25 000
累计折旧	0	25 000	50 000	75 000	100 000	125 000	150 000
计税基础	150 000	12 500	100 000	75 000	50 000	25 000	0

表 12-3　　固定资产账面价值、计税基础和暂时性差异计算表　　单位：元

项目	2010 年	2011 年	2012 年	2013 年	2014 年	2015 年	2016 年
账面价值	150 000	100 000	60 000	30 000	10 000	0	0
计税基础	150 000	125 000	100 000	75 000	50 000	25 000	0
暂时性差异	0	25 000	40 000	45 000	40 000	25 000	0

2. 负债的计税基础

负债的计税基础，是指负债的账面价值减去未来期间计算应纳税所得额时按照税法规定可予以抵扣金额的差额。根据定义，负债的计税基础按照以下公式计算：

负债的计税基础＝负债的账面价值－未来期间按照税法规定可予以税前扣除的金额

一般情况下，短期借款、应付票据、应付账款等负债的确认和偿还，不会对当期损益和应纳税所得额产生影响，其计税基础即为账面价值。但在某些情况下，负债的确认可能会影响损益，并影响不同期间的应纳税所得额，使其计税基础与账面价值之间产生差额。可能存在差异的负债项目有以下几种。

（1）预收账款。根据企业会计准则的规定，企业应按照权责发生制确认收入，在收到客户预付的货款时，因不符合收入确认条件，不确认收入而确认为一项负债，计入预收账款。一般而言，税法也不计入当期应纳税额，因而该项负债的账面价值等于计税基础。但在某些特定情况下，按照会计准则不能确认收入的预收款项按照税法规定却应计入当期应纳税额，在以后期间不再计入应纳税额。这就产生了账面价值与计税基础之间的差异。如房地产开发企业未完工产品销售收入的确认，在收款时会计往往作为预收款，而税法规定房地产开发企业销售未完工开发产品取得的收入，应计入开发期应纳税所得额。

（2）与或有事项相关的预计负债。根据企业会计准则的规定，或有事项中的不利事项，若同时满足三个条件（①企业承担的现实义务；②未来经济利益很可能流出企业；③金额能够可靠的计量）可确认为一项预计负债。假如按照税法规定，与确认该负债相关的费用在实际发生时准予税前扣除，该负债的账面价值与计税基础之间就产生了差异。

【例 12-5】威远公司销售产品承诺 3 年的保修服务，在 2015 年年度利润表中确认了 500 万元的销售费用，同时确认了 500 万元的预计负债，假设当年未发生保修支出。税法规定，与商品销售收入有关的预计负债可以在实际发生时税前扣除。

要求：确定预计负债 2015 年年末的账面价值、计税基础和暂时性差异。

在 2015 年 12 月 31 日，该企业预计负债的账面价值为 500 万元；计税基础应为 0 元（计税基础＝负债的账面价值－未来期间按照税法规定可予以税前扣除的金额＝500－500）。暂时性差异为 500 万元。

3. 暂时性差异

暂时性差异是指资产、负债的账面价值与其计税基础不同产生的差额。按照暂时性差异对未来应纳税额的影响不同，可以分为应纳税暂时性差异和可抵扣暂时性差异。

应纳税暂时性差异是指在确定未来收回资产或清偿负债期间的应纳税所得额时，将导致产生应纳税金额的暂时性差异。

可抵扣暂时性差异是指在确定未来收回资产或清偿负债期间的应纳税所得额时，将导致产生可抵扣金额的暂时性差异。

资产的账面价值大于其计税基础或者负债的账面价值小于其计税基础的，产生应纳税暂时性差异；资产的账面价值小于其计税基础或者负债的账面价值大于其计税基础的，产生可抵扣暂时性差异。具体分类如表 12-4 所示。

表 12-4　　暂时性差异类型统计表

序号	因素	账面价值与计税基础	暂时性差异类型
1	资产	账面价值>计税基础	应纳税暂时性差异
2	资产	账面价值<计税基础	可抵扣暂时性差异
3	负债	账面价值>计税基础	可抵扣暂时性差异
4	负债	账面价值<计税基础	应纳税暂时性差异

12.3.4 递延所得税资产和负债的确认

企业应于资产负债表日，分析比较资产、负债的账面价值与其计税基础，两者之间存在差异的，企业应当按照暂时性差异与适用所得税税率计算的结果，确认递延所得税资产、递延所得税负债及相应的递延所得税费用或收益（《企业会计准则——所得税》准则第十一条至第十三条规定不确认递延所得税负债或递延所得税资产的情况除外）。

1. 递延所得税资产的确认

递延所得税资产产生于可抵扣暂时性差异。用可抵扣暂时性差异乘以所得税税率即可得到当期期末递延所得税资产科目的应有余额，用该科目应有余额减去原账面余额即为当期产生或转回的递延所得税资产。

“递延所得税资产”属于资产类科目，用于核算企业确认的可抵扣暂时性差异产生的递延所得税资产。资产负债表日，递延所得税资产的应有余额大于其账面余额的，应按其差额确认，借记“递延所得税资产”科目，贷记“所得税费用——递延所得税费用”等科目；资产负债表日，递延所得税资产的应有余额小于其账面余额的，按其差额做相反的会计分录。期末借方余额，反映企业确认的递延所得税资产。该科目按可抵扣暂时性差异的项目进行明细核算。

【例 12-6】沿用【例 12-4】的资料，该公司适用所得税税率为 25%，分别确认威远公司 2011 年至 2016 年各年末的递延所得税资产。具体计算过程及结果如表 12-5 所示。

表 12-5　　可抵扣暂时性差异及递延所得税资产计算表

项目	2011 年	2012 年	2013 年	2014 年	2015 年	2016 年
账面价值（元）	100 000	60 000	30 000	10 000	0	0
计税基础（元）	125 000	100 000	75 000	50 000	25 000	0
可抵扣暂时性差异（元）	25 000	40 000	45 000	40 000	25 000	0
税率（%）	25	25	25	25	25	25
递延所得税资产应有余额（元）	6 250	10 000	11 250	10 000	6 250	0
当期确认递延所得税资产（元）	6 250	3 750	1 250	−1 250	−3 750	−6 250

根据计算结果编制会计分录如下。

	2011 年	2012 年	2013 年
借：递延所得税资产	6 250	3 750	1 250
贷：所得税费用——递延所得税费用	6 250	3 750	1 250

	2014 年	2015 年	2016 年
借：所得税费用——递延所得税费用	1 250	3 750	6 250
贷：递延所得税资产	1 250	3 750	6 250

【注意】确认由可抵扣暂时性差异产生的递延所得税资产，应当以未来期间很可能取得用以抵扣可抵扣暂时性差异的应纳税所得额为限。企业在确定未来期间很可能取得的应纳税所得额时，应当包括未来期间正常生产经营活动实现的应纳税所得额，以及在可抵扣暂时性差异转回期间因应纳税暂时性差异的转回而增加的应纳税所得额，并应提供相关的证据。

2. 递延所得税负债的确认

应纳税暂时性差异应确认相关的递延所得税负债。用应纳税暂时性差异乘以所得税税率即可得到当期期末递延所得税负债科目的应有余额，用该科目应有余额减去原账面余额即为当期产生或转回的递延所得税负债。

“递延所得税负债”属于负债类科目，用于核算企业确认的应纳税暂时性差异产生的所得税负债。资产负债表日，递延所得税负债的应有余额大于其账面余额的，应按其差额确认，借记“所得税费用——递延所得税费用”等科目，贷记“递延所得税负债”科目；资产负债表日，递延所得税负债的应有余额小于其账面余额的，按其差额做相反的会计分录。期末贷方余额，反映企业已确认的递延所得税负债。该科目按应纳税暂时性差异的项目进行明细核算。

【例 12-7】沿用【例 12-1】的资料，该公司适用的所得税税率为 25%，递延所得税负债不存在期初余额。

要求：确定威远公司 2015 年 12 月 31 日递延所得税负债。

在 2015 年 12 月 31 日，该项交易性金融资产的账面价值为 110 万元；计税基础为 100 万元。该项资产的账面价值大于计税基础，形成应纳税暂时性差异 10 万元，应确认的递延所得税负债为 2.5 万元。应编制如下会计分录。

借：所得税费用——递延所得税费用　　25 000

　　贷：递延所得税负债　　25 000

12.3.5 所得税费用的确认和计量

企业在计算确定当期所得税（即当期应交所得税）以及递延所得税费用（或收益）的基础上，应将两者之和确认为利润表中的所得税费用（或收益），但不包括直接计入所有者权益的交易或事项的所得税影响。即：

所得税费用（或收益）＝当期所得税＋递延所得税费用（－递延所得税收益）

当期所得税＝当期应纳税所得额×所得税税率

应纳税所得额＝会计利润－税法规定的免税收入＋税法不允许税前列支的费用项目

±计入利润表的收入与税法规定应计入应纳税所得额的差额

±计入利润表的费用与税法规定可予以税前抵扣费用的差额

±其他需要调整的因素

递延所得税＝（递延所得税负债期末余额－递延所得税负债期初余额）

－（递延所得税资产期末余额－递延所得税资产期初余额）

“所得税费用”属于损益类科目，核算企业确认的应从当期利润总额中扣除的所得税费用。资产负债表日，企业按照税法规定计算确定的当期应交所得税，借记“所得税费用——当期所得税费用”科目，贷记“应交税费——应交所得税”科目。递延所得税的会计处理见递延所得税资产和递延所得税负债的核算。期末，应将本科目的余额转入“本年利润”，结转后本科目无余额。本科目可按“当期所得税费用”“递延所得税费用”进行明细核算。

【例 12-8】威远公司在 2015 年会计利润为 300 万元，适用的所得税税率为 25%，递延所得税资产在 2014 年年末余额为 5 万元，递延所得税负债 2014 年年末余额为 0。除以下事项外，2015 年度该企业会计处理与税法不存在其他差异，也不存在可抵扣亏损和税款抵减；该企业预计在未来期间能够产生足够的应纳税所得额用以抵扣可抵扣暂时性差异。

（1）公司在 2015 年 10 月 9 日购入股票 20 万股，成本为 100 万元，作为交易性金融资产。在 2015 年 12 月 31 日，该股票公允价值为 110 万元，会计确认了公允价值变动 10 万元，并计入公允价值变动损益。

（2）公司在 2015 年 12 月 31 日，结存一批原材料的成本为 800 万元，由于使用该材料生产的商品市场价格下跌，导致该批材料的可变现净值为 750 万元，公司计提了 50 万元的存货跌价准备。除此以外其他存货均未计提跌价。

（3）公司在 2013 年 12 月 25 日购入管理用设备一台，原值 150 万元。会计按年数总和法计提折旧，预计使用年限 5 年，预计净残值为 0。税法只允许采用平均年限法计提折旧，规定的使用年限 5 年，预计净残值为 0。该固定资产在使用期间未计提减值准备。

（4）公司销售产品承诺 3 年的保修服务，在 2015 年年度利润表中确认了 20 万元的销售费用，同时确认了 20 万元的预计负债，当年未发生保修支出。

（5）公司在 2015 年 12 月 26 日收到罚款通知，因排污超标需支付罚款 30 万元，至 2015 年 12 月 31 日，该罚款尚未支付。公司将其计入营业外支出，并确认为其他应付款。

要求：a. 根据资料，将该公司 2015 年的会计利润调整为应纳税所得额，并计算当期所得税；b. 确定各项资产和负债的计税基础，并与账面价值比较，确定暂时性差异；c. 确定 2015 年度递延所得税资产和递延所得税负债；d. 确定所得税费用的金额，并编制会计分录。

① 确定当期所得税。

应纳税所得额＝300－10＋50＋10＋20＋30＝400（万元）

当期所得税＝400×25%＝100（万元）

② 确定各项资产和负债的账面价值、计税基础和暂时性差异。

交易性金融资产的账面价值为期末公允价值 110 万元；计税基础为购入成本 100 万元，差异 10 万元属于应纳税暂时性差异；该批材料期末按成本与可变现净值孰低法计价，账面价值为 750 万元，计税基础为购入成本 800 万元，存货差异 50 万元为可抵扣暂时性差异；固定资产在 2014 年和 2015

年会计累计折旧为 90（150×5/15＋150×4/15）万元，2015 年年末账面价值为 60（150–90）万元，2014 年和 2015 年税法折旧累计 60（150×1/5×2）万元，2015 年年末计税基础为 90（150－60）万元，差异 30 万元为可抵扣暂时性差异；预计负债期末账面价值为 20 万元，计税基础为 0（20–20），差异 20 万元为可抵扣暂时性差异；其他应付款期末账面价值为 30 万元，该项罚款支出在以后期间实际支付时也不允许税前扣除，因此计税基础为 30（30－0）万元，没有差异。以上分析计算结果如表 12-6 所示。

表 12-6　各项资产和负债的账面价值、计税基础及暂时性差异　单位：万元

项目	账面价值	计税基础	暂时性差异	
			可抵扣暂时性差异	应纳税暂时性差异
交易性金融资产	110	100		10
存货	750	800	50	
固定资产	60	90	30	
预计负债	20	0	20	
其他应付款	30	30		
合计			100	10

③ 确定递延所得税资产和递延所得税负债。

递延所得税资产＝100×25%－5＝20（万元）

递延所得税负债＝10×25%－0＝2.5（万元）

递延所得税费用＝2.5－20＝－17.5（万元）

④ 确定所得税费用的金额，并编制会计分录。

所得税费用＝当期所得税费用＋递延所得税费用＝100－17.5＝82.5（万元）

编制会计分录如下。

借：所得税费用——当期所得税费用　1 000 000
　　递延所得税资产　200 000
　贷：应交税费——应交所得税　1 000 000
　　　递延所得税负债　25 000
　　　所得税费用——递延所得税费用　175 000

12.3.6　递延所得税的特殊处理

1. 直接计入所有者权益的交易或事项产生的递延所得税

根据《企业会计准则第 18 号——所得税》第二十二条规定，直接计入所有者权益的交易或事项，如可供出售金融资产公允价值的变动，相关资产、负债的账面价值与计税基础之间形成暂时性差异的，应当按照本准则规定确认递延所得税资产或递延所得税负债，同时调整原计入“其他综合收益”科目的金额。

2. 企业合并中产生的递延所得税

由于企业会计准则规定与税法规定对企业合并的处理不同，可能会造成企业合并中取得资产、负债的入账价值与其计税基础的差异。比如非同一控制下企业合并产生的应纳税暂时性差异或可抵扣暂时性差异，在确认递延所得税负债或递延所得税资产的同时，相关的递延所得税费用（或收益），通常应调整企业合并中所确认的商誉。

3. 亏损弥补及税款抵减

按照税法规定允许用以后年度所得弥补的可抵扣亏损以及可结转以后年度的税款抵减，比照可抵扣暂时性差异的原则处理。

【注意】明确暂时性差异与递延所得税资产、递延所得税负债的概念及其关系。

12.4 利润分配

12.4.1 净利润的核算方法

净利润是指企业的税前利润扣除所得税费用后的余额。净利润核算一般分为账结法和表结法两种。

1. 账结法

账结法是指在每月月末将所有损益类科目的余额转入“本年利润”科目，结平损益类科目，通过“本年利润”科目计算当期利润和本年累计利润。账结法每月结平损益类科目，符合损益科目设置的初衷，且可以通过“本年利润”科目直接确定各期损益，但每月要编制结账分录，并登记有关账簿，账务处理较为烦琐。

2. 表结法

表结法是指各月月末不结转损益科目，当期利润通过编制利润表取得，只有年末才将损益科目的余额转入“本年利润”科目。表结法不必每月结转损益科目的发生额，可减少记账工作量，但损益科目月末会留有余额，只有年末才能结平，不符合科目设置的初衷，且每月必须编制月度利润表计算利润。

12.4.2 利润分配的核算

1. 利润分配的一般程序

企业当期实现的净利润，加上年初未分配利润（或减去年初未弥补亏损）和其他转入后的数额，为可供分配的利润。可供分配的利润应按下列顺序分配：①提取法定盈余公积；②应付优先股股利；③提取任意盈余公积；④应付现金股利或利润；⑤转作资本（或股本）的普通股股利。

2. 利润分配科目设置

“利润分配”科目核算企业利润的分配（或亏损的弥补）和历年分配（或弥补）后的余额。该科目借方登记从“本年利润”科目转入的亏损数额以及分配的利润数额；贷方登记从“本年利润”科目转入的净利润以及弥补的亏损数额。本科目年末余额，反映企业的未分配利润（或未弥补亏损）。本科目应当分别“提取法定盈余公积”“提取任意盈余公积”“应付现金股利或利润”“转作股本的股利”“盈余公积补亏”和“未分配利润”等进行明细核算。

3. 利润分配的账务处理

企业按规定提取的盈余公积，借记本科目（提取法定盈余公积、提取任意盈余公积），贷记“盈余公积——法定盈余公积（或任意盈余公积）”科目。经股东大会或类似机构决议，分配给股东或投资者的现金股利或利润，借记本科目（应付现金股利或利润），贷记“应付股利”科目。经股东大会或类似机构决议，分配给股东的股票股利，应在办理增资手续后，借记本科目（转做股本的股利），贷记“股本”科目。用盈余公积弥补亏损，借记“盈余公积——法定盈余公积（或任意盈余公积）”科目，贷记本科目（盈余公积补亏）。年度终了，企业应将本年实现的净利润，自“本年利润”科目转入本科目，借记“本年利润”科目，贷记本科目（未分配利润），若为净亏损，做相反的会计分录；同时，将“利润分配”科目所属其他明细科目的余额转入本科目“未分配利润”明细科目。结转后，本科目除“未分配利润”明细科目外，其他明细科目应无余额。

【例 12-9】威远公司 2015 年损益科目发生额汇总如表 12-7 所示，该公司适用所得税税率为 25%。法定盈余按 10%提取，任意盈余公积按 8%提取，并按净利润的 20%向所有者分配现金股利。要求编制利润形成及分配有关的会计分录。

表 12-7　　2015 年度损益科目发生额汇总表　　单位：元

科目名称	借方发生额	贷方发生额
主营业务收入		200 000
其他业务收入		5 000
投资收益		8 000
营业外收入		3 000
主营业务成本	66 000	
其他业务成本	2 050	
营业税金及附加	60 000	
销售费用	3 200	
管理费用	11 650	
财务费用	1 100	
营业外支出	1 000	
合计	145 000	216 000

其中：投资收益为被投资企业分配的利润，被投资企业适用的所得税税率与本企业相同；营业外支出为罚款支出，其他会计确认的收支与税法没有差异。

① 将收入和利得科目的发生额结转到“本年利润”科目。

借：主营业务收入　200 000

　　其他业务收入　5 000

　　投资收益　8 000

　　营业外收入　3 000

　　贷：本年利润　216 000

② 将费用、支出科目的发生额结转到“本年利润”科目。

借：本年利润　145 000

　　贷：主营业务成本　66 000

　　　　其他业务成本　2 050

　　　　营业税金及附加　60 000

　　　　销售费用　3 200

　　　　管理费用　11 650

　　　　财务费用　1 100

　　　　营业外支出　1 000

③ 计算所得税费用。

应纳税所得额为 64 000[（216 000－8 000）－（145 000－1 000）]元，按 25%计算应交所得税为 16 000 元。

借：所得税费用　16 000

　　贷：应交税费——应交所得税　16 000

④ 将“所得税费用”科目借方发生额结转“本年利润”科目。

借：本年利润　16 000

　　贷：所得税费用　16 000

⑤ 将全年实现净利润 55 000（216 000－145 000－16 000）元从“本年利润”科目转入“利润分配”科目。

借：本年利润　55 000

　　贷：利润分配——未分配利润　55 000

⑥ 分配利润。

计提法定盈余公积 5 500（55 000×10%）元；任意盈余公积 4 400（55 000×8%）元，向所有者分配现金股利 11 000（55 000×20%）元。

借：利润分配——提取法定盈余公积　5 500

　　　　　　——提取任意盈余公积　4 400

　　　　　　——应付现金股利或利润　11 000

　　贷：盈余公积——法定盈余公积　5 500

　　　　　　　　——任意盈余公积　4 400

　　　　应付股利　11 000

⑦ 将“利润分配”其他明细科目转入“未分配利润”明细账。

借：利润分配——未分配利润　　20 900

　贷：利润分配——提取法定盈余公积　　5 500

　　　　　　　——提取任意盈余公积　　4 400

　　　　　　　——应付现金股利或利润　　11 000

关键术语

利润　利得　损失　营业利润　利润总额　净利润　所得税会计　资产负债的账面价值　资产负债的计税基础　暂时性差异　可抵扣暂时性差异　应纳税暂时性差异　所得税费用　递延所得税资产　递延所得税负债　可供分配利润

思考与练习

一、思考题

1. 什么是利润？各项利润指标如何计算？

2. 什么是资产负债表债务法？

3. 解释资产和负债的账面价值、资产和负债的计税基础。

4. 什么是暂时性差异？暂时性差异可分为哪些类型？

5. 递延所得税资产和递延所得税负债是如何形成的？是否是企业真实的资产和负债？

6. 企业利润分配的顺序是什么？

二、练习题

1. 甲企业 2011 年 12 月 20 日购入一台设备，设备原值为 400 000 元，预计使用 5 年，会计采用直线法计提折旧，期末无残值。按税法规定，该设备可按年数总和法计提折旧，折旧年限为 4 年。在其他因素不变的情况下，假设甲企业以后每年实现的利润总额均为 300 000 元，无其他纳税调整事项。甲企业所得税税率为 25%。

要求：

（1）计算应交所得税与所得税费用。

（2）编制确认递延所得税的会计分录。

2. 甲企业于 2015 年度共发生研发支出 500 万元，其中研究阶段支出 100 万元，开发阶段不符合资本化条件的支出为 100 万元，符合资本化条件的支出为 300 万元。假定该无形资产于 2015 年 7 月 1 日达到预定用途，采用直线法按 5 年摊销，无残值。税法规定的摊销年限、方法以及净残值均与会计相同。该企业 2015 年税前会计利润为 1 000 万元，适用的所得税税率为 25%。不考虑其他纳税调整事项，假定无形资产摊销计入管理费用。

要求：

（1）计算该企业 2015 年应交所得税。

（2）计算该企业 2015 年 12 月 31 日无形资产的账面价值和计税基础，并判断是否确认递延所得税资产。

3．威远公司对持有的交易性金融资产和可供出售金融资产期末按照公允价值进行计量；产品质量保证所需支出按照最佳估计数确认预计负债。2013 年至 2015 年，该公司交易性金融资产、可供出售金融资产和预计负债的账面价值和计税基础如下表所示（金额以万元为单位）。

项目		2013 年 12 月 31 日	2014 年 12 月 31 日	2015 年 12 月 31 日
交易性金融资产	账面价值	600	700	400
	计税基础	420	500	350
可供出售金融资产	账面价值	80	160	165
	计税基础	110	120	140
预计负债	账面价值	200	150	155
	计税基础	0	0	0

假设该公司不存在导致暂时性差异的其他事项，2012 年年末递延所得税资产和递延所得税负债均无余额；公司每年的利润总额均为 1 000 万元，所得税税率为 25%。

要求：计算 2013 年至 2015 年各年的应纳税暂时性差异和可抵扣暂时性差异、递延所得税负债与递延所得税资产、所得税费用，并编制相应的会计分录。

财务报告 第13章

【学习目标】

本章主要介绍财务报告的概念、作用和构成，资产负债表、利润表、现金流量表及所有者权益变动表的结构、内容及编制方法，以及附注需要披露的内容。通过本章的学习，要求做到以下几点：

- 了解财务报告的概念、作用，财务报表的内容和种类，附注的披露内容；
- 明确会计报表的编制要求，资产负债表、利润表、现金流量表及所有者权益变动表的结构与内容；
- 掌握资产负债表、利润表、现金流量表和所有者权益变动表的编制方法。

【知识导图】

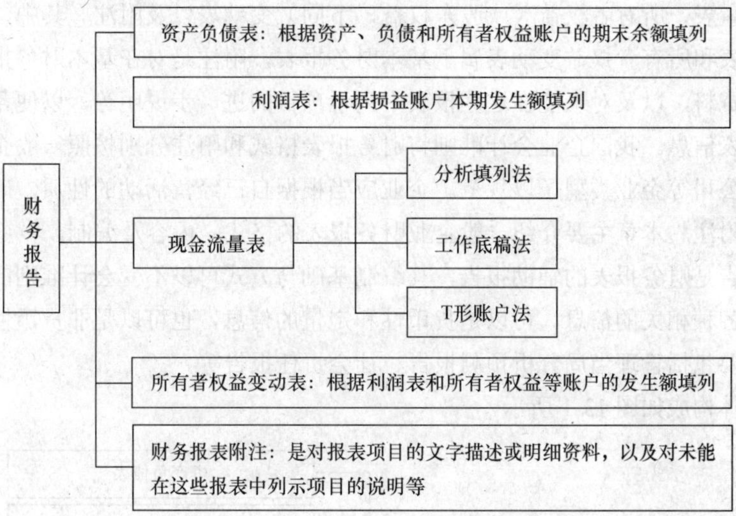

【引导案例】

2011年3月4日，攀钢钒钛公布了颇为亮眼的2010年年报。其中，营业收入实现432.47亿元，同比增长12.37%，而净利润由2009年亏损16.36亿元，大幅逆转为盈利10.62亿元。年报公布后不到1个月就成功摘星脱帽，由*ST钒钛变身为攀钢钒钛。而在年报扭亏，成功摘帽重组成功预期较大的影响下，股价也从2010年11月初的约9元/股，一路飙升至2011年4月的14元/股左右，大大高于其第二次现金选择权的行权价格，顺利摆脱了被投资者大幅行权的危机。

但进一步研究发现该公司在以下两方面出现异常：一是管理费用。2010年管理费用为32.19亿元，较2009年同期的40.59亿元下降8.40亿元，下降幅度为20%，而减少的管理费用约为公司2010年税前利润的77%。减少最多的项目是“修理费”（10.21亿元）较2009年下降约33%和36%。其下降金额为5.08亿元，占2010年税前利润的46.6%。二是资产减值准备。2010年公司的坏账计提 为0.14亿元，仅占当年应收账款与其他应收账款账面余额之和（31.84亿）的0.45%，相比2009年公司的坏账计提比例4.42%大幅下降。2010年，攀钢钒钛的存货跌价计提为0.60亿元，仅占当年存货账面余额（95.50亿元）的0.62%，相比2009年公司的2.03%大幅下降。不仅如此，攀钢钒钛还对2009年的存货跌价准备进行了0.23亿元的转回，且公司资产减值计提比例远远低于同行业上市公司的水平。

通过本章的学习，你能够明白：各项财务数据如何列示在报表上？如何看待该公司年度报告数据？公司财务报告数据是否真正反映公司当年的业绩？

13.1 财务报告概述

13.1.1 财务报告的概念及作用

财务报告是企业披露财务信息和其他信息的总结性书面文件，它是企业提供财务信息的主要载体，也是企业财务会计工作的最终目的之一。一般来说，财务报告由财务报表和其他财务报告组成。

财务报表是根据公认会计准则，主要以表格形式概括反映企业财务状况、经营成果、现金流量以及所有者权益变动的书面文件。一套完整的财务报表至少应当包括"四表一注"，即资产负债表、利润表、现金流量表、所有者权益（或股东权益，下同）变动表以及附注。其中，资产负债表、利润表、现金流量表和所有者权益变动表属于基本财务报表，附注是对在基本财务报表中列示项目的文字描述或明细资料，以及对未能在这些报表中列示项目的进一步说明等，以便帮助报表使用者全面了解和使用报表信息。我国企业会计准则将财务报表格式和附注分别按照一般企业、商业银行、保险公司、证券公司等企业类型予以规范。企业应当根据自己经营活动的性质，确定本企业适用的财务报表格式和附注。本章主要介绍一般企业财务报表的格式、内容及编制。

其他财务报告是财务报表的辅助报告，其编制基础与方式可以不受会计准则的约束，而以灵活多样的形式提供各种相关的信息，可以是货币性和定量的信息，也可以是非货币性和定性的信息。其他财务报告主要包括管理当局分析预测报告、社会责任报告等。

财务报告具体构成如图 13-1 所示。

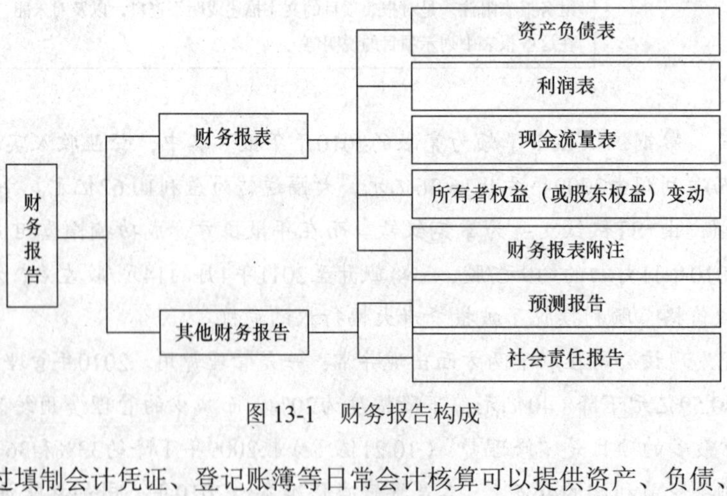

图 13-1　财务报告构成

会计人员通过填制会计凭证、登记账簿等日常会计核算可以提供资产、负债、所有者权益、成本、损益等分类的资料信息，这对于企业加强日常管理是必要的。但这些核算资料数量繁多，又都分散在各种账簿中，既不能集中概括地反映企业经济活动全貌，又无法揭示核算资料之间的相互联系，因而需要编制财务报告。财务报告的作用主要体现在以下几个方面。

（1）有助于国家宏观经济管理部门进行必要的宏观调控，促进社会资源的有效配置。国家有关部门在制定财政政策和金融政策时，需要考核国民经济各部门的运行情况、各种财经法律制度的执行情况，这就需要对各微观主体的资源分布和使用情况进行汇总分析，需要企业提供的财务报告。

（2）有助于企业投资者和债权人进行合理的决策。财务报告虽然主要提供反映企业过去财务状况、经营成果和现金流量的信息，但是根据这些历史资料和数据，可以判断企业发展趋势和规律，帮助投资者和债权人进行投资、信贷等决策。

（3）有助于企业管理当局改善经营管理，协调企业与各利益相关者之间的关系。企业管理当局的职责不但包括对企业的各种资源进行有效管理和充分利用，完成其受托责任；还要向各利益相关者提供资源管理与利用情况，以及收益及其分配情况的信息。利益相关者是企业资源的提供者，他们之间紧密协作与配合有助于企业稳定发展。

13.1.2 财务报表的分类

财务报表也称为会计报表，可按不同的标准分类。

1. 按报表所反映的经济内容分类

财务报表按反映的经济内容不同，可分为反映财务状况的报表和反映经营成果的报表。

反映财务状况的报表主要包括资产负债表、现金流量表等。资产负债表是反映编报企业在某一特定日期（如年末、月末）财务状况的会计报表。现金流量表是反映编报企业在一定会计期间（一般为一个会计年度）内现金和现金等价物流入、流出情况的会计报表。

反映经营成果的报表主要包括利润表。利润表是总括反映编报企业在一定期间（如年度、月份）内经营成果的会计报表。

2. 按报表编报的期间分类

财务报表按编制的时期不同，可分为中期报表和年度报表。

（1）中期报表。中期报表是以中期为基础编制的、反映企业在短于一个完整会计年度的报告期间内的财务状况、经营成果和现金流量的会计报表。中期报表又可分为月报、季报和半年报等。

（2）年度报表。年度报表是以年为基础定期编制的、反映企业在一年内的财务状况、经营成果和现金流量的会计报表，简称年报。

3. 按报表编制的主体分类

财务报表按编制主体的不同，可分为个别报表和合并报表。

（1）个别报表。个别报表是指独立核算的基层单位根据本单位的会计核算资料编制的、主要用以反映编报主体自身财务状况、经营成果和现金流量等情况的会计报表。

（2）合并报表。合并报表是指母公司以企业集团内各单位的个别会计报表为基础，通过编制调整、抵销分录而编制的、综合反映企业集团财务状况、经营成果和现金流量的会计报表。

财务报表按不同标准分类可汇总如表 13-1 所示。

表 13-1　　财务报表分类

分类标准	分类结果	报表名称
经济内容	财务状况	资产负债表、现金流量表
	经营成果	利润表

续表

分类标准	分类结果	报表名称
编制期间	中期报表	资产负债表、利润表、现金流量表
	年度报表	资产负债表、利润表、现金流量表、所有者权益变动表
编制主体	个别报表	资产负债表、利润表、现金流量表、所有者权益变动表
	合并报表	合并资产负债表、合并利润表、合并现金流量表、合并所有者权益变动表

13.1.3 财务报表的编制要求

1. 编制基础

企业应当以持续经营为基础，根据实际发生的交易和事项，按照《企业会计准则——基本准则》和其他各项会计准则的规定进行确认和计量，在此基础上编制财务报表。以持续经营为基础编制财务报表不再合理的，企业应当采用其他基础编制财务报表，并在附注中披露。

2. 一致性

财务报表项目的列报应当在各个会计期间保持一致，不得随意变更，但下列情况除外。

（1）会计准则要求改变财务报表项目的列报。

（2）企业经营业务的性质发生重大变化后，变更财务报表项目的列报能够提供更可靠、更相关的会计信息。

3. 重要性项目的列报

性质或功能不同的项目，应当在财务报表中单独列报，但不具有重要性的项目除外。性质或功能类似的项目，其所属类别具有重要性的，应当按其类别在财务报表中单独列报。

重要性项目，是指在合理预期下，财务报表某项目的省略或错报会影响使用者据此做出经济决策的项目。重要性应当根据企业所处环境，从项目的性质和金额两方面予以判断。判断项目性质的重要性，应当考虑该项目的性质是否属于企业日常活动等因素；判断项目金额大小的重要性，应当考虑该项目金额占资产总额、负债总额、所有者权益总额、营业收入总额、营业成本总额、净利润、综合收益总额等直接相关项目金额的比重或所属报表单列项目金额的比重。

4. 合并列报

财务报表中的资产项目和负债项目的金额、收入项目和费用项目的金额不得相互抵销，但其他会计准则另有规定的除外。资产项目按扣除减值准备后的净额列示，不属于抵销。非日常活动产生的利得和损失，以同一交易形成的收益扣减相关费用后的净额列示更能反映交易实质的，不属于抵销。

5. 比较信息

当期财务报表的列报，至少应当提供所有列报项目上一个可比会计期间的比较数据，以及与理解当期财务报表相关的说明，但其他会计准则另有规定的除外。财务报表项目的列报发生变更的，应当对上期比较数据按照当期的列报要求进行调整，并在附注中披露调整的原因和性质，以及调整的各项目金额。对上期比较数据进行调整不切实可行的，应当在附注中披露不能调整的原因。不切实可行，是指企业在做出所有合理努力后仍然无法采用某项规定。

13.2 资产负债表

13.2.1 资产负债表的定义及作用

资产负债表是反映编报企业在某一特定日期（如年末、月末）财务状况的会计报表。资产负债表表明企业在某一特定日期所拥有或控制的经济资源、所承担的现有义务和所有者对净资产的要求权。它是根据资产、负债和所有者权益之间的相互关系，按照一定的分类标准和顺序进行排列的，有助于报表使用者解释、评价、预测企业的资本结构、运营能力、财务弹性、经营业绩、资本保值、增值情况及对负债的保障程度，从而有利于制定正确的决策。

13.2.2 资产负债表的结构及内容

1. 资产负债表的结构

资产负债表以“资产＝负债＋所有者权益”这一会计基本等式为基础，从资产、负债和所有者权益几方面，直接反映企业的基本财务状况，在企业会计报表体系中居主要地位。它的结构一般包括表头和正表两大部分：表头主要列示报表名称、报表编号（会企 01 表）、编报企业的名称、报表反映的时点以及金额单位；正表部分是资产负债表的主体和核心。根据各会计要素及其项目的不同排列方式，资产负债表正表主要有报告式和科目式两种格式。

（1）报告式。报告式又称直列式资产负债表，它分为上下两部分，上部列示资产项目，下部列示负债及所有者权益项目。它可在一张表中平行列示连续的若干期资产负债表，且易于使用括弧旁注方式注明某些特殊项目，易于对比理解，在实务中也较常见。但资产和权益间的恒等关系并不一目了然，而且报告式资产负债表的行次很多，不便于报表的使用。报告式资产负债表的简略格式如表 13-2 所示。

表 13-2 资产负债表（报告式）

编制单位：××公司 ××××年××月××日 单位：元

项目	金额
资产	
流动资产	
货币资金	
……	
流动资产合计	
非流动资产	
可供出售金融资产	
……	
非流动资产合计	
资产总计	
权益	

续表

项目	金额
负债	
流动负债	
短期借款	
……	
流动负债合计	
非流动负债	
长期借款	
……	
非流动负债合计	
负债合计	
所有者权益合计	
实收资本	
……	
所有者权益合计	
负债和所有者权益合计	

（2）科目式。科目式又称横列式资产负债表，它如同一个“T”形科目，分为左右两部分，两方合计数相等。左方列示资产项目，右方列示负债和所有者权益项目，左右对照，反映企业偿债能力和支付能力，便于对企业财务状况进行比较分析，能够让使用者一目了然地了解企业资金占用和资金来源结构。它是世界各国普遍采用的一种格式，我国的资产负债表也要求按科目式编制。我国一般企业科目式资产负债表格式如表 13-5 所示。

2. 资产负债表的内容

资产负债表的内容就是企业特定日期的资产、负债和所有者权益的状况。为了更充分地披露有关信息，便于报表使用者的理解和使用，还需按报表编制目的，结合考虑企业经营活动的性质、方式、规模等用一定的标准对资产、负债和所有者权益项目进一步分类，以便能以最简明扼要的形式向报表使用者提供决策所必需的财务信息。资产负债表正表主要包括以下内容。

（1）资产类项目。资产类一般按项目的流动性从大到小排列，可分为流动资产和非流动资产两大类。

流动资产主要包括货币资金、交易性金融资产、应收票据、应收账款、预付款项、应收利息、存货等。

非流动资产主要包括持有至到期投资、长期股权投资、投资性房地产、长期应收款、固定资产、无形资产、递延所得税资产等。

（2）负债类项目。负债类一般按项目的流动性从大到小（或偿还期从短到长）排列，可分为流动负债和非流动负债两大类。

流动负债主要包括短期借款、应付账款、预收款项、应交税费、应付职工薪酬等。

非流动负债主要包括长期借款、应付债券、长期应付款、预计负债、递延所得税负债等。

（3）所有者权益类项目。所有者权益类项目一般按其形成来源和用途的不同划为实收资本（或股本，下同)、资本公积、其他综合收益、盈余公积和未分配利润几大项目，并按其留在企业的永久程度进行排列。

13.2.3 资产负债表的编制方法

一般情况下，资产负债表必须以日常会计核算记录的数据为基础，将日常工作中形成的大量数据进行高度浓缩，通过归类、整理和汇总，依据“资产＝负债＋所有者权益”这一会计基本等式，按期编报。我国资产负债表是科目式的比较资产负债表，每一项目都要列示“年初余额”和“期末余额”，通过各项目期初与期末余额的比较，了解各项目在会计期间内的增减变动。

在通常情况下，“年初余额”栏内各项数据，应根据上年末资产负债表“期末余额”栏内所列数据直接填列；若本年度资产负债表的项目名称、内容与上年度不一致，要先将上年年末资产负债表各项目按本年度的规定进行调整，然后再按调整后的数字填入本年度资产负债表的“年初余额”栏内。“期末余额”栏内各项目数据主要是根据资产、负债和所有者权益的期末情况，对有关账簿记录进行分析、计算而填列的。资产负债表数据主要有以下几种填制方式。

1. 根据有关总账期末余额直接填列

资产负债表项目与科目名称一致，且不存在抵减项目的，就可以根据总分类科目的期末余额直接填列。如资产类的“以公允价值计量且其变动计入当期损益的金融资产”“工程物资”“固定资产清理”“开发支出”“递延所得税资产”等；负债类的“短期借款”“以公允价值计量且其变动计入当期损益的金融负债”“应付票据”“应交税费”“专项应付款”“应付利息”“应付股利”“预计负债”“递延收益”“递延所得税负债”等；所有者权益类的“实收资本（或股本)”“资本公积”“库存股”“其他综合收益”“盈余公积”等。需要注意的是，有些项目如“固定资产清理”期末余额在贷方的，“应交税费”期末余额在借方的，应以“-”号填列。

2. 根据有关总账期末余额计算填列

资产负债表项目与科目名称不一致，通常涵盖几个总账的内容，或存在抵减项目的，需要将相关总账的期末余额进行加总，或减去相应抵减项目的期末余额，填列在资产负债表上。按这一方法填列的报表项目主要有“货币资金”“存货”“可供出售金融资产”“持有至到期投资”“长期应收款”“长期股权投资”“投资性房地产”“固定资产”“在建工程”“无形资产”“长期应付款”“未分配利润”等。

“货币资金”项目应根据“库存现金”“银行存款”和“其他货币资金”三个总账的期末余额之和填列。

“存货”项目应根据“在途物资（或材料采购)”“原材料”“周转材料”“委托加工物资”“生产成本”“库存商品”“发出商品”“委托代销商品”“受托代销商品”等总账的期末余额之和，加上“材料成本差异”科目的期末借方余额（或减去“材料成本差异”科目的期末贷方余额)，再减去“受托代销商品款”和“存货跌价准备”总账期末余额后的金额填列。

“固定资产”项目应根据“固定资产”总账期末余额，减去“累计折旧”和“固定资产减值准备”总账的期末余额后的金额填列。

“无形资产”项目应根据“无形资产”总账期末余额，减去“累计摊销”和“无形资产减值准备”总账的期末余额后的金额填列。

“长期应收款”项目应根据“长期应收款”总账期末余额减去“未实现融资收益”科目和“坏账准备”科目所属相关明细科目期末余额后的金额列示。

“长期应付款”项目应根据“长期应付款”总账期末余额减去“未确认融资费用”科目期末余额后的金额列示。

“未分配利润”项目应根据“本年利润”和“利润分配”总账的期末余额之和填列，若为未弥补的亏损，应以“-”号列示。

其他各项资产或负债，存在抵减项目的，应根据各总账的期末余额减去其抵减科目的期末余额后的金额填列；“其他流动资产”“其他非流动资产”项目，应根据有关科目的期末余额计算填列。

3. 根据明细账期末余额分析计算填列

在总账中会有某些明细账由于余额方向改变或时间推移导致其性质发生变化，与总账核算的内容不符，需要根据各明细账实际反映的内容进行分析计算，填列在资产负债表的相应项目。这类报表项目与科目名称可能一致，也可能不一致。

（1）“应收账款”与“预收款项”。“应收账款”项目，应根据“应收账款”明细账的期末借方余额与“预收账款”明细账的期末借方余额之和，减去“坏账准备”明细账中有关应收账款坏账准备的期末贷方余额后的金额填列；“预收款项”项目，应根据“应收账款”明细账的期末贷方余额与“预收账款”明细账的期末贷方余额之和填列。

（2）“预付款项”与“应付账款”。“预付款项”项目，应根据“预付账款”明细账的期末借方余额与“应付账款”明细账的期末借方余额之和，减去“坏账准备”明细账中有关预付账款坏账准备的期末贷方余额后的金额填列；“应付账款”项目，应根据“应付账款”明细账的期末贷方余额与“预付账款”明细账的期末贷方余额之和填列。

（3）一年内到期的非流动资产。“一年内到期的非流动资产”项目反映资产负债表日企业持有的、将在一年内到期的非流动资产的金额。本项目应根据非流动资产科目，如“长期应收款”“持有至到期投资”等的明细账余额分析计算填列。

（4）一年内到期的非流动负债。“一年内到期的非流动负债”项目反映资产负债表日企业承担的、将在一年内到期的非流动负债的金额。本项目应根据非流动负债科目，如“长期借款”“应付债券”“长期应付款”“专项应付款”等科目的明细账余额分析计算填列。

（5）“应付职工薪酬”项目，应根据“应付职工薪酬”的明细科目期末余额分析填列。

4. 根据总账及明细账期末余额分析计算填列

资产负债表项目与总账名称一致，但随着时间推移科目记录的内容中有一部分性质发生变化，应将记录这部分内容的明细账期末余额从总账余额中扣除，将剩余的金额填列在资产负债表的相应项目。如填列资产类的“长期应收款”“持有至到期投资”等报表项目时，应扣除计入“一年内到期的非流动资产”项目的金额。负债类的“长期借款”“应付债券”“长期应付款”“专项应付款”等报表项目，应扣除计入“一年内到期的非流动负债”项目的金额。

5. 根据报表项目计算填列

资产负债表中，有关的合计和总计项目应根据有关报表项目的金额加总填列。这些项目主要 有“流动资产合计”“非流动资产合计”“资产总计”“流动负债合计”“非流动负债合计”“负债合计”“所有者权益合计”以及“负债和所有者权益总计”。

13.2.4 资产负债表编制举例

【例 13-1】威远股份有限公司为增值税一般纳税人，适用的增值税率为 17%，所得税率为 25%。2014 年年末流通在外的普通股股份数 100 万股，每股面值 1 元。2014 年年末有关科目余额如表 13-3 所示。

表 13-3　　2014 年 12 月 31 日科目余额表　　单位：元

科目名称	期初余额	科目名称	贷方余额
库存现金	4 300	坏账准备	2 000
银行存款	1 568 500	存货跌价准备	6 000
其他货币资金	170 200	累计折旧	90 000
交易性金融资产	80 000	累计摊销	16 000
应收票据	120 000	短期借款	500 000
应收账款	232 000	应付票据	70 000
预付账款	50 000	应付账款	110 000
其他应收款	3 800	预收账款	60 000
在途物资	20 000	应付职工薪酬	15 000
原材料	40 000	应交税费	17 200
库存商品	95 000	应付利息	5 000
持有至到期投资	70 000	长期借款	1 500 000
长期股权投资	600 000	实收资本	1 000 000
固定资产	2 480 000	资本公积	2 300 000
无形资产	830 000	盈余公积	470 000
生产成本	10 000	利润分配	212 600
合计	6 373 800	合计	6 373 800

2015 年该公司发生下列经济业务。

① 向柳江工厂购买材料一批，增值税专用发票列明购入价款 60 000 元，增值税额 10 200 元。货款及税金以银行汇票支付，材料已验收入库。

② 根据合同规定以银行存款 117 000 元向桂山工厂预付购买乙材料款项。

③ 向南方工厂购入材料一批，价款 80 000 元，增值税额为 13 600 元。签发一张商业汇票承付，票据期限 3 个月，材料验收入库。

④ 上期购入的在途材料到达企业验收入库，结转实际采购成本 20 000 元。

⑤ 向银行借入一笔五年期借款 100 000 元，年利率 10%，到期一次还本付息。

⑥ 公司以银行存款支付银行办理业务的手续费 300 元。

⑦ 一笔短期借款到期，归还借款本金 200 000 元和 6 个月利息 6 000 元（其中上年度计提 4 000 元）。

⑧ 行政管理部门报销办公用品 760 元，业务招待费 540 元，出纳以现金付讫。

⑨ 职工报销医药费 980 元，以现金支付。

⑩ 购入股票一批，作为交易性金融资产，购买价格 60 900 元（含已宣告尚未支付的现金股利 900 元），佣金、手续费等交易 600 元。全部款项用存放在投资机构的款项支付。

⑪ 销售 A 产品一批，售价 280 000 元，增值税额 47 600 元，产品已经发出，款项已收到存入

银行。

⑫ 销售 B 产品一批，售价 400 000 元，增值税额为 68 000 元，产品已经发出，款项尚未收到。

⑬ B 产品属于消费税征收范围，适用的消费税税率为 10%，计算应交消费税。

⑭ 以银行存款支付产品的广告费 6 000 元，展览费 3 000 元。

⑮ 购入高档小汽车一辆，买价 300 000 元，增值税 51 000 元，购置费等其他费用 9 000 元。全部款项已用银行存款支付。

⑯ 出售一项非专利技术，出售收入 19 000 元已收到存入银行。该项非专利技术账面原值 25 000 元，已摊销 8 000 元，未计提减值准备。假定不考虑相关税费。

⑰ 应付职工工资 100 000 元。其中：生产工人工资 60 000 元，车间管理人员工资 10 000 元，行政管理人员工资 10 000 元，在建工程人员工资 20 000 元。

⑱ 按工资总额的 5%计提职工福利费。

⑲ 从桂山工厂购入材料，发票注明价款 100 000 元；增值税额 17 000 元。另用现金支付装卸费和搬运费 500 元，材料尚未验收入库。

⑳ 发出材料汇总如下：生产产品耗用 110 000 元，车间一般耗用 24 000 元，行政管理部门耗用 5 400 元，专设销售机构耗用 10 600 元。

㉑ 计提固定资产折旧 78 000 元。其中车间固定资产折旧 69 000 元；行政管理部门固定资产折旧 6 000 元，专设销售机构固定资产折旧 3 000 元。

㉒ 本期无形资产应摊销 10 000 元，计入管理费用。

㉓ 将本期发生的制造费用 103 500 元转入生产成本。

㉔ 产品全部完工并验收入库，结转其实际成本 286 500 元。

㉕ 结转已售产品的实际成本 303 900 元。

㉖ 因交通违章被处以罚款 1 000 元。该款项已通过银行转账支付。

㉗ 持有的交易性金融资产期末公允价值为 146 000 元，确认本期公允价值变动损益。

㉘ 计提资产减值。其中坏账准备按应收账款余额百分比法计提，坏账准备率 1%；存货中一批材料的可变现净值比成本低 2 000 元，其他存货无跌价；经测试，一台生产设备发生减值 20 000 元。

㉙ 将损益科目中收入、利得科目的本期发生额结转到“本年利润”科目。

㉚ 将损益科目中费用、支出科目的本期发生额结转到“本年利润”科目。

㉛ 按税法规定计算本期所得税，企业适用的所得税税率为 25%。该公司当期发放的工资超过计税工资标准 4 100 元；按 5‰计提的坏账准备可以在税前扣除，其他减值不允许扣除；公允价值变动收益不计入应纳税额。除此外无其他调整事项。应交所得税计算如下：

应纳税所得额＝（688 000－6 000）－（430 600－4 100－5 000÷2−2 000－20 000）＝280 000（元）

应交所得税＝280 000×25%＝70 000（元）

㉜ 将“所得税费用”科目本期借方发生额结转到“本年利润”科目。

㉝ 将本期实现的净利润 187 400 元从“本年利润”科目转入“利润分配”科目。

㉞ 股东大会决定按净利润的 10%提取法定盈余公积，按净利润的 40%向投资者分配现金股利。

㉟ 将“利润分配”科目的其他明细账发生额转至“未分配利润”明细账中。

㊱ 通过银行发放职工工资 95 000 元，将代扣代缴的个人所得税 5 000 元转入“应交税费”科目。

㊲ 用银行存款缴纳本期增值税 74 800 元、消费税 40 000 元、企业所得税 87 200 元（包括上期 17 200 元）和代扣代缴的个人所得税 5 000 元。

（1）根据以上经济业务编制会计分录如下。

① 借：原材料	60 000	
应交税费——应交增值税（进项税额）	10 200	
贷：其他货币资金——银行汇票		70 200
② 借：预付账款—桂山工厂	117 000	
贷：银行存款		117 000
③ 借：原材料	80 000	
应交税费——应交增值税（进项税额）	13 600	
贷：应付票据		93 600
④ 借：原材料	20 000	
贷：在途物资		20 000
⑤ 借：银行存款	100 000	
贷：长期借款		100 000
⑥ 借：财务费用	300	
贷：银行存款		300
⑦ 借：短期借款	200 000	
应付利息	4 000	
财务费用	2 000	
贷：银行存款		206 000
⑧ 借：管理费用	1 300	
贷：库存现金		1 300
⑨ 借：应付职工薪酬——职工福利	980	
贷：库存现金		980
⑩ 借：交易性金融资产——成本	60 000	
投资收益	600	
应收股利	900	
贷：其他货币资金——存出投资款		61 500
⑪ 借：银行存款	327 600	
贷：主营业务收入		280 000
应交税费——应交增值税（销项税额）		47 600
⑫ 借：应收账款	468 000	
贷：主营业务收入		400 000
应交税费——应交增值税（销项税额）		68 000

⑬ 借：营业税金及附加 40 000
　　贷：应交税费——应交消费税 40 000

⑭ 借：销售费用 9 000
　　贷：银行存款 9 000

⑮ 借：固定资产 360 000
　　贷：银行存款 360 000

⑯ 借：银行存款 19 000
　　累计摊销 8 000
　　贷：无形资产 25 000
　　　　营业外收入 2 000

⑰ 借：生产成本 60 000
　　制造费用 10 000
　　管理费用 10 000
　　在建工程 20 000
　　贷：应付职工薪酬——工资 100 000

⑱ 借：生产成本 3 000
　　制造费用 500
　　管理费用 500
　　在建工程 1 000
　　贷：应付职工薪酬——职工福利 5 000

⑲ 借：在途物资 100 500
　　应交税费——应交增值税（进项税额） 17 000
　　贷：预付账款——桂山工厂 117 000
　　　　库存现金 500

⑳ 借：生产成本 110 000
　　制造费用 24 000
　　管理费用 5 400
　　销售费用 10 600
　　贷：原材料 150 000

㉑ 借：制造费用 69 000
　　管理费用 6 000
　　销售费用 3 000
　　贷：累计折旧 78 000

㉒ 借：管理费用 10 000
　　贷：累计摊销 10 000

㉓ 借：生产成本 103 500
　　贷：制造费用 103 500

㉔ 借：库存商品　286 500
　贷：生产成本　286 500
㉕ 借：主营业务成本　303 900
　贷：库存商品　303 900
㉖ 借：营业外支出　1 000
　贷：银行存款　1 000
㉗ 借：交易性金融资产——公允价值变动　6 000
　贷：公允价值变动损益　6 000
㉘ 借：资产减值损失　27 000
　贷：坏账准备　5 000
　　存货跌价准备　2 000
　　固定资产减值准备　20 000
㉙ 借：主营业务收入　680 000
　公允价值变动损益　6 000
　营业外收入　2 000
　贷：本年利润　688 000
㉚ 借：本年利润　430 600
　贷：主营业务成本　303 900
　　营业税金及附加　40 000
　　销售费用　22 600
　　管理费用　33 200
　　财务费用　2 300
　　资产减值损失　27 000
　　投资收益　600
　　营业外支出　1 000
㉛ 借：所得税费用　70 000
　贷：应交税费——应交所得税　70 000
㉜ 借：本年利润　70 000
　贷：所得税费用　70 000
㉝ 借：本年利润　187 400
　贷：利润分配——未分配利润　187 400
㉞ 借：利润分配——提取法定盈余公积　18 740
　　——应付现金股利或利润　74 960
　贷：盈余公积——法定盈余公积　18 740
　　应付股利　74 960
㉟ 借：利润分配——未分配利润　93 700
　贷：利润分配——提取法定盈余公积　18 740
　　——应付现金股利或利润　74 960

㊱ 借：应付职工薪酬——工资　　100 000

　　贷：银行存款　　95 000

　　　　应交税费——应交个人所得税　　5 000

㊲ 借：应交税费——应交增值税（已交税金）　　74 800

　　　　　　　——应交消费税　　40 000

　　　　　　　——应交所得税　　87 200

　　　　　　　——应交个人所得税　　5 000

　　贷：银行存款　　207 000

（2）根据会计分录登记有关科目，并结出科目期末余额。具体过程如表 13-4 所示。

表 13-4　　会计分录登账、结账及试算表　　单位：元

2015 年 12 月 31 日

科目名称	期初余额		本期发生额		期末余额	
	借方	贷方	借方	贷方	借方	贷方
库存现金	4 300			1 300	1 520	
				980		
				500		
银行存款	1 568 500		100 000	117 000	1 019 800	
			327 600	300		
			19 000	206 000		
				9 000		
				360 000		
				1 000		
				95 000		
				207 000		
其他货币资金	170 200			70 200	38 500	
				61 500		
交易性金融资产	80 000		60 000		146 000	
			6 000			
应收票据	120 000				120 000	
应收账款	232 000		468 000		700 000	
预付账款	50 000		117 000	117 000	50 000	
应收股利			900		900	
其他应收款	3 800				3 800	
坏账准备		2 000		5 000		7 000
在途物资	20 000		100 500	20 000	100 500	
原材料	40 000		60 000	150 000	50 000	
			80 000			
			20 000			
库存商品	95 000		286 500	303 900	77 600	
存货跌价准备		6 000		2 000		8 000
持有至到期投资	70 000				70 000	
长期股权投资	600 000				600 000	
固定资产	2 480 000		360 000		2 840 000	

续表

科目名称	期初余额		本期发生额		期末余额	
	借方	贷方	借方	贷方	借方	贷方
累计折旧		90 000		78 000		168 000
固定资产减值准备				20 000		20 000
在建工程			20 000 1 000		21 000	
无形资产	830 000			25 000	805 000	
累计摊销		16 000	8 000	10 000		18 000
短期借款		500 000	200 000			300 000
应付票据		70 000		93 600		163 600
应付账款		110 000				110 000
预收账款		60 000				60 000
应付职工薪酬		15 000	980 100 000	100 000 5 000		19 020
应交税费		17 200	10 200 13 600 17 000 207 000	47 600 68 000 40 000 70 000 5 000		
应付股利				74 960		74 960
应付利息		5 000	4 000			1 000
长期借款		1 500 000		100 000		1 600 000
实收资本		1 000 000				1 000 000
资本公积		2 300 000				2 300 000
盈余公积		470 000		18 740		488 740
本年利润			430 600 70 000 187 400	688 000		
利润分配		212 600	93 700 93 700	187 400 93 700		306 300
生产成本	10 000		60 000 3 000 110 000 103 500	286 500		
制造费用			10 000 500 24 000 69 000	103 500		
主营业务收入			680 000	280 000 400 000		
公允价值变动损益			6 000	6 000		
投资收益			600	600		
营业外收入			2 000	2 000		
主营业务成本			303 900	303 900		

续表

科目名称	期初余额		本期发生额		期末余额	
	借方	贷方	借方	贷方	借方	贷方
营业税金及附加			40 000	40 000		
销售费用			9 000	22 600		
			10 600			
			3 000			
管理费用			1 300	33 200		
			10 000			
			500			
			5 400			
			6 000			
			10 000			
财务费用			300	2 300		
			2 000			
资产减值损失			27 000	27 000		
营业外支出			1 000	1 000		
所得税费用			70 000	70 000		
合计	6 373 800	6 373 800	5 033 280	5 033 280	6 644 620	6 644 620

（3）编制资产负债表。根据表 13-4 所列数据资料编制威远公司 2015 年年末资产负债表。具体如表 13-5 所示。

表 13-5

资产负债表

会企 01 表

编制单位：威远股份有限公司

2015 年 12 月 31 日

单位：元

资产	期末余额	年初余额	负债和所有者权益（或股东权益）	期末余额	年初余额
流动资产：			流动负债：		
货币资金	1 059 820	1 743 000	短期借款	300 000	500 000
以公允价值计量且其变动计入当期损益的金融资产	146 000	80 000	以公允价值计量且其变动计入当期损益的金融负债		
应收票据	120 000	120 000	应付票据	163 600	70 000
应收账款	693 000	230 000	应付账款	110 000	110 000
预付款项	50 000	50 000	预收款项	60 000	60 000
应收利息			应付职工薪酬	19 020	15 000
应收股利	900		应交税费		17 200
其他应收款	3 800	3 800	应付利息	1 000	5 000
存货	220 100	159 000	应付股利	74 960	
一年内到期的非流动资产			其他应付款		
其他流动资产			一年内到期的非流动负债		
流动资产合计	2 293 620	2 385 800	其他流动负债		
非流动资产：			流动负债合计	728 580	777 200
可供出售金融资产			非流动负债：		
持有至到期投资	70 000	70 000	长期借款	1 600 000	1 500 000
长期应收款			应付债券		
长期股权投资	600 000	600 000	长期应付款		

续表

资产	期末余额	年初余额	负债和所有者权益（或股东权益）	期末余额	年初余额
投资性房地产			专项应付款		
固定资产	2 652 000	2 390 000	预计负债		
在建工程	21 000		递延收益		
工程物资			递延所得税负债		
固定资产清理			其他非流动负债		
生产性生物资产			非流动负债合计	1 600 000	1 500 000
油气资产			负债合计	2 328 580	2 277 200
无形资产	787 000	814 000	所有者权益（或股东权益）:		
开发支出			实收资本（或股本）	1 000 000	1 000 000
商誉			资本公积	2 300 000	2 300 000
长期待摊费用			减：库存股		
递延所得税资产			其他综合收益		
其他非流动资产			盈余公积	488 740	470 000
非流动资产合计	4 130 000	3 874 000	未分配利润	306 300	212 600
			所有者权益（或股东权益）合计	4 095 040	3 982 600
资产总计	6 423 620	6 259 800	负债和所有者权益（或股东权益）总计	6 423 620	6 259 800

13.3 利润表

13.3.1 利润表的定义及作用

利润表是反映企业在一定会计期间的经营成果的会计报表，反映了企业经营业绩的主要来源和构成。企业在利润表中应当对费用按照功能分类，分为从事经营业务发生的成本、管理费用、销售费用和财务费用等。按照费用功能法将其分开列报，有助于使用者了解费用发生的活动领域。利润表表明企业运用其所拥有资产的获利能力。它将企业一定期间的营业收入与营业费用、成本等进行配比，计算出净利润或净亏损来反映企业经营业绩的主要来源和构成，有助于信息使用者判断净利润的质量及其风险，预测企业盈利能力的持续性，从而做出正确的决策。

13.3.2 利润表的结构及内容

1. 利润表的结构

利润表以“收入－费用＝利润”这一动态平衡公式为基础，从经营活动和财务成果的形成两个方面，反映企业的综合管理水平及经营业绩，是企业进行利润分配的主要依据，在企业会计报表体系中占重要地位。它的结构一般包括表头和正表两大部分：表头主要列示报表名称、报表编号（会企 02 表）、编报企业的名称、报表涵盖会计期间以及金额单位；正表是利润表的主体部分，反映利润的形成过程。根据收入、费用、利润等利润表要素的不同排列方式，利润表正表主要有单步式和多步式两种不同的格式。

（1）单步式。单步式利润表通常前半部分列出企业的各种收入和利得，后半部分列出各种费用和损失，将本期所有收益合计减去本期所有费用损失合计，直接计算出本期净损益。因为只有一个相减步骤，故称为单步式利润表，其简略格式如表 13-6 所示。

表 13-6　　利润表（单步式）

编制单位：××公司　　××××年××月　　单位：×

项目	本期金额	上期金额
收益：		
营业收入		
公允价值变动收益（损失以“-”号填列）		
投资收益（损失以“-”号填列）		
营业外收入		
……		
收益合计		
费用支出：		
营业成本		
营业税金及附加		
销售费用		
管理费用		
财务费用（收益以“-”号填列）		
资产减值损失		
营业外支出		
所得税费用		
……		
费用损失合计		
净利润（净亏损以“-”号填列）		

单步式利润表结构简单，编制方便，易于理解。在一切费用被扣除前没有任何项目被称为利润，避免了可能使人误解的分类。但正因如此，它所提供的信息较少，不能揭示收入、费用间的内在联系，无法判断企业营业性收益与非营业性收益对企业利润的影响，不便于报表使用者对企业未来盈利能力进行预测等具体分析，也不利于同行业间报表的比较评价。因此这种方法主要应用于业务活动较简单的服务咨询类企业。

（2）多步式。多步式利润表将不同的收入与费用项目加以归类、配比，多步骤、分层次列示了不同环节利润的实现情况，通过多个步骤计算出多种利润指标，最后得出净利润。它全面反映了净利润的计算过程，其具体格式如表 13-7 所示。

多步式利润表注意了收入与费用支出配比的层次性，结构清晰。它通过不同性质收入和费用的对比，得出了一些中间性利润数据，能比单步式利润表提供更多的信息，既有利于计算有关比率，又有利于报表使用者从不同利润类别中了解企业经营成果的不同来源，从而能对企业经营业绩进行正确评价和预测。目前国际实务中多采用多步式利润表，我国的利润表也要求按此格式编制。

2. 利润表的内容

利润表正表主要包括收入、费用和利润三大内容，一般是按利润的构成项目分项列示的。按净利润的计算步骤可分为以下要素。

（1）构成营业利润的各项要素。营业利润可以反映企业经营业务的成果，它是从“营业收入”出发，减去为取得收入而发生的相关成本、费用、有关流转税和销售费用、管理费用、财务费用及资产减值损失后的余额，再加上公允价值变动收益和投资收益后得出的。具体计算公式参看“12.1.2 利润的确定”。

（2）构成利润总额的各项要素。利润总额可以反映企业的税前利润，它是在营业利润的基础上，加上营业外收入，减去营业外支出后得到的。具体计算公式参看“12.1.2 利润的确定”。

（3）构成净利润的各项要素。净利润可以反映企业的税后利润，它是在利润总额的基础上，减去本期计入损益的所得税费用后得出的。具体计算公式参看“12.1.2 利润的确定”。

（4）其他综合收益的税后净额。综合收益，是指企业在某一期间除与所有者以其所有者身份进行的交易之外的其他交易或事项所引起的所有者权益变动。综合收益总额项目反映净利润和其他综合收益扣除所得税影响后的净额相加后的合计金额。其他综合收益，是指企业根据其他会计准则规定未在当期损益中确认的各项利得和损失。

企业应当以扣除相关所得税影响后的净额在利润表上单独列示各项其他综合收益项目，并且其他综合收益项目应当根据其他相关会计准则的规定分为下列两类列报：①以后会计期间不能重分类进损益的其他综合收益项目；②以后会计期间在满足规定条件时将重分类进损益的其他综合收益项目。

（5）构成每股收益的各项要素。每股收益应分基本每股收益和稀释每股收益两个指标，可以反映上市公司普通股每股的获利能力，是衡量上市公司盈利能力的一项重要指标。

基本每股收益＝净利润/发行在外普通股加权平均数，即企业应当按照归属于普通股股东的当期净利润，除以发行在外普通股的加权平均数计算基本每股收益。当企业存在稀释性潜在普通股时，应当按调整归属于普通股股东的当期净利润和发行在外普通股的加权平均数，并据以计算稀释每股收益。稀释性潜在普通股，是指假设当期转换为普通股会减少每股收益的普通股。

13.3.3 利润表的编制方法

利润表是反映企业一定期间经营成果即利润（亏损）实现情况的动态报表。在账簿系统中，动态信息表现为科目的发生额，因此，利润表的编制应以损益类科目的本期发生额为基础，依据“收入－费用＝利润”这一会计动态平衡关系式为基础来编制。我国利润表是多步式的比较利润表，利润表中每一项目需要列示“本期金额”和“上期金额”，通过各项目本期金额与上期金额的比较，了解各项目在不同会计期间的增减变动。

通常情况下，“上期金额”反映上年同比期间的累计发生数，按上年度利润表“本期金额”栏内所列数字填列即可。如果上年度利润表的项目名称和内容与本年度不一致，还应将上年度报表项目的名称和数字按本年度的规定进行调整后，再填入本年度利润表的“上期金额”栏。“本期金额”反映各项目自本期期初至本期期末止累计发生的实际数，主要根据损益科目的本期发生额分析、计算填列。利润表数据主要有以下几种填制方法。

1. 根据某个总账本期发生额分析填列

利润表项目与科目名称基本一致，且涵义基本相同，就可以根据总账的本期发生额分析填列。这是利润表中大部分项目数据的主要来源，如“营业税金及附加”“销售费用”“管理费用”“财务费用”“资产减值损失”“公允价值变动收益”“投资收益”“营业外收入”“营业外支出”“所得税费用”等项目，都根据该科目的本期发生额分析填列。其中，“管理费用”“财务费用”“资产减值损失”等项目若本期冲减金额大于借方发生额，应以“-”号填列；“公允价值变动收益”“投资收益”等项目若为净损失，也应当以“-”号填列。

2. 根据多个总账本期发生额分析计算填列

利润表项目与科目名称不一致，且报表项目涵盖内容包括几个科目，就需要根据多个总账的本期发生额分析计算填列。利润表中的“营业收入”和“营业成本”项目应根据此方法填列。“营业收入”项目反映企业日常经营活动取得的经济利益的总流入，应根据“主营业务收入”“其他业务收入”等科目的发生额分析计算填列；“营业成本”项目反映为取得主营业务收入和其他业务收入所发生的成本，应根据“主营业务成本”“其他业务成本”等科目的发生额分析计算填列。

3. 根据所属的相关明细科目的发生额分析计算填列

利润表中一些重要项目需要单独披露的，就需要根据所属的相关明细科目的发生额分析计算填列。如“其中：对联营企业和合营企业的投资收益”“其中：非流动资产处置利得”“其中：非流动资产处置损失”等项目，应根据“投资收益”“营业外收入”“营业外支出”等科目所属的相关明细科目的发生额分析填列。

“其他综合收益的税后净额”项目及其各组成部分，应根据“其他综合收益”科目及其所属明细科目的本期发生额分析填列。

4. 根据报表项目计算填列

利润表中的利润项目应根据有关报表项目的金额加减计算填列。这些项目主要包括“营业利润”“利润总额”和“净利润”等项目，应分别根据前述公式计算填列；若为亏损，则以“-”号填列。

5. 根据相关规定计算填列

利润表中的每股收益分为“基本每股收益”和“稀释每股收益”两项，应根据企业《会计准则第 34 号——每股收益》的规定计算填列。

13.3.4 利润表编制举例

【例 13-2】根据【例 13-1】威远公司 2015 年发生的经济业务编制 2015 年度利润表（2014 年利润表数据略）。具体如表 13-7 所示。

表 13-7　　利润表　　会企 02 表

编制单位：威远股份有限公司　　2015 年度　　单位：元

项目	本期金额	上期金额
一、营业收入	680 000	略
减：营业成本	303 900	

续表

项目	本期金额	上期金额
营业税金及附加	40 000	
销售费用	22 600	
管理费用	33 200	
财务费用	2 300	
资产减值损失	27 000	
加：公允价值变动收益（损失以“-”号填列）	6 000	
投资收益（损失以“-”号填列）	-600	
其中：对联营企业和合营企业的投资收益		
二、营业利润（亏损以“-”号填列）	256 400	
加：营业外收入	2 000	
其中：非流动资产处置利得		
减：营业外支出	1 000	
其中：非流动资产处置损失		
三、利润总额（亏损总额以“-”号填列）	257 400	
减：所得税费用	70 000	
四、净利润（净亏损以“-”号填列）	187 400	
五、其他综合收益的税后净额		
（一）以后不能重分类进损益的其他综合收益		
1. 重新计量设定受益计划净负债或净资产的变动		
2. 权益法下在被投资单位不能重分类进损益的其他综合收益中享有的份额		
……		
（二）以后将重分类进损益的其他综合收益		
1. 权益法下在被投资单位以后将重分类进损益的其他综合收益中享有的份额		
2. 可供出售金融资产公允价值变动损益		
3. 持有至到期投资重分类为可供出售金融资产损益		
4. 现金流经套期损益的有效部分		
5. 外币财务报表折算差额		
……		
六、综合收益总额		
七、每股收益		
（一）基本每股收益	0.187	
（二）稀释每股收益	0.187	

13.4 现金流量表

13.4.1 现金流量表的定义及作用

现金流量表，是指反映企业在一定会计期间现金和现金等价物流入和流出的报表。现金流量表是以现金和现金等价物为基础，根据现金流动构成项目不同，将企业活动划分为经营活动、投资活动和筹资活动，并分别列示各项活动带来的现金流入和流出。

现金流量表能够反映企业获得现金和现金等价物的能力，有助于信息使用者了解企业的偿债能力、支付能力和周转能力；还能反映企业筹资、投资等一系列理财活动的综合动态信息，便于信息使用者分析企业投资、筹资、运营等活动对财务状况与经营成果的影响；将经营活动产生的现金流量与净利润相比，便于了解企业本期净利润与经营活动中现金流量发生差异的原因，以评价企业经营风险、经营业绩和预测企业发展前景。

13.4.2 现金流量表的编制基础

现金流量表的编制基础是现金，这里的现金不只是人们通常想到的、企业持有的、可随时用于支付的库存现金——狭义现金，它还包括可随时用于支付的存款与现金等价物等，是广义现金（本章在提及现金时，除非同时提及现金等价物，均包括现金和现金等价物）。具体包括以下 4 种。

（1）库存现金，指企业持有可随时用于支付的现金。它与会计核算中“库存现金”科目所包括的内容一致。

（2）银行存款，指企业存于银行或其他金融机构、随时可用于支付的存款。不能随时用于支付的存款不属于现金，如不能提前支取的定期大额存单。但提前通知便可支取的定期存款，则可以作为现金。它与会计核算中“银行存款”科目所包括的内容不完全一致。

（3）其他货币资金，指企业存于金融机构的、有特定用途的资金，如外埠存款、银行汇票存款、银行本票存款、信用卡存款、信用证保证金和存出投资款等。与“其他货币资金”科目核算内容一致。

（4）现金等价物，指企业持有的期限短、流动性强、易于转换为已知金额现金、价值变动风险很小的投资。期限短，一般是指从购买日起三个月内到期。现金等价物通常包括三个月内到期的债券投资等。权益性投资变现的金额通常不确定，因而不属于现金等价物。企业应当根据具体情况，确定现金等价物的范围，一经确定不得随意变更。

现金流量，是指现金和现金等价物的流入和流出。某段时期内企业现金流入和流出的差额是现金净流量，即“现金净流量＝现金流入－现金流出”。它是衡量企业经营状况是否良好，是否有足够的现金偿还债务等的非常重要的指标。企业日常经营业务是影响现金流量的重要因素，但并不是所有的经营业务都影响现金流量。如从银行提取现金、用现金购买一个月内到期的债券等现金各项目之间的增减变动和用固定资产清偿债务，用原材料对外投资等非现金各项目之间的增减变动，均不会影响现金流量净额的变动。只有涉及现金项目与非现金项目之间的增减变动，如用现金购买原材料，长期债券到期收回现金等业务，才会影响现金流量净额的变化。

13.4.3 现金流量表的结构及内容

1. 现金流量表的结构

企业的现金流转情况在很大程度上影响着企业的生存和发展。现金管理已经成为企业财务管理的一个重要方面，受到企业管理人员、投资者、债权人以及政府监管部门的关注。现金流量表的结构一般包括表头、正表两部分：表头部分主要列示报表名称、报表编号（会企 03 表）、编报企业的名称、报表涵盖的会计期间和金额单位。正表部分是现金流量表的主体，主要按经济业务的性质和现金流量的来源划分为反映企业经营活动、投资活动和筹资活动产生的现金流量。我国现金流量表的基本格式如表 13-10 所示。

2. 现金流量表的内容

现金流量表的正表部分具体分为六部分。

（1）经营活动产生的现金流量。经营活动，是指企业投资活动和筹资活动以外的所有交易和事项。“经营活动产生的现金流量”至少应当单独列示反映下列信息的项目：销售商品、提供劳务收到的现金；收到的税费返还；收到其他与经营活动有关的现金；购买商品、接受劳务支付的现金；支付给职工以及为职工支付的现金；支付的各项税费；支付其他与经营活动有关的现金。

（2）投资活动产生的现金流量。投资活动，是指企业长期资产的购建和不包括在现金等价物范围的投资及其处置活动。“投资活动产生的现金流量”至少应当单独列示反映下列信息的项目：收回投资收到的现金；取得投资收益收到的现金；处置固定资产、无形资产和其他长期资产收回的现金净额；处置子公司及其他营业单位收到的现金净额；收到其他与投资活动有关的现金；购建固定资产、无形资产和其他长期资产支付的现金；投资支付的现金；取得子公司及其他营业单位支付的现金净额；支付其他与投资活动有关的现金。

（3）筹资活动产生的现金流量。筹资活动，是指导致企业资本及债务规模和构成发生变化的活动。“筹资活动产生的现金流量”至少应当单独列示反映下列信息的项目：吸收投资收到的现金，取得借款收到的现金，收到其他与筹资活动有关的现金，偿还债务支付的现金，分配股利、利润或偿付利息支付的现金，支付其他与筹资活动有关的现金。

（4）汇率变动对现金及现金等价物的影响。“汇率变动对现金及现金等价物的影响”反映企业外币现金流量及境外子公司现金流量折算为记账本位币——人民币时，所采用的现金流量发生日的即期汇率或按照系统合理的方法确定的、与现金流量发生日即期汇率近似的汇率折算的金额与“现金及现金等价物净增加额”中外币现金净增加额按期末汇率折算的金额之间的差额。

（5）现金及现金等价物净增加额。“现金及现金等价物净增加额”指企业现金及现金等价物的流入量与流出量之差，也是经营活动、投资活动、筹资活动所形成的现金流量净额与汇率变动对现金及现金等价物影响额的合计。

（6）期末现金及现金等价物余额。“期末现金及现金等价物余额”是企业本期“现金及现金等价物净增加额”与“期初现金及现金等价物余额”之和。

13.4.4 现金流量表的编制方法

现金流量表中经营活动现金流量的金额确定方法有两种：直接法和间接法。直接法，是指通过现金收入和现金支出的主要类别列示经营活动的现金流量。它一般以利润表中营业收入、营业成本等数据为基础，调整与经营活动有关项目的增减变动，将收入、费用调整为实际收现、付现数，然后计算出经营活动现金流量。采用直接法编制的现金流量表，能通过现金收入和支出的主要类别反映来自企业经营活动的现金流量，能较直观地了解经营活动产生现金的来源及使用情况，有助于评价企业未来现金流量状况。所以，我国企业会计准则规定现金流量表正表应当采用直接法列示经营活动产生的现金流量。间接法是以利润表中的净利润为起点，调整不涉及现金的收入、费用等有关项目，将权责发生制调整为收付实现制，并剔除投资活动、筹资活动对现金流量的影响，据此计算出经营活动产生的现金流量。采用间接法编制的现金流量表，便于将净利润与经营活动产生的现金流量金额进行比较，了解两者之间存在差异的原因，从现金流量的角度分析净利润的质量。所以，我国企业会计准则规定企业应当采用间接法在现金流量表附注中披露将净利润调节为经营活动现金流量的信息。

现金流量表正表的编制方法主要有分析填列法、工作底稿法和T形科目法。

1. 分析填列法

分析填列法是指直接根据资产负债表、利润表和有关明细科目的记录，分析计算出现金流量表各项目的金额，并据以编制现金流量表的一种方法。

(1)"销售商品、提供劳务收到的现金"项目，反映企业销售商品、提供劳务实际收到的现金（含销售收入和代国家收取的增值税销项税额），既包括本期销售商品、提供劳务收到的现金，也包括前期销售商品、提供劳务本期收到的现金，以及本期预收的款项，减去本期发生销售退回和折让支付的现金。企业销售材料和代购代销业务收到的现金，也在本项目反应。

本项目主要根据"营业收入""预收账款""应收账款""应收票据"等报表项目金额，以及"坏账准备""应交税费"等有关科目的发生额，按下列公式计算填列。

销售商品、提供劳务收到的现金＝营业收入＋增值税销项税额－视同销售的销项税额＋预收账款的增加额＋应收账款的减少额－计提的坏账准备－销售商品发生的现金折扣＋应收票据的减少额－本期贴现票据的贴现息－非现金资产抵偿的应收账款和应收票据的金额±其他调整事项。

(2)"收到的税费返还"项目，反应企业收到返还的各种税费，包括减免所得税退税、减免增值税退税、出口退税、减免营业税退税、减免消费税退税和收到的教育费附加返还款等。

本项目应根据"营业税金及附加""营业外收入""应交税费"等科目的发生额分析计算填列。

(3)"收到的其他与经营活动有关的现金"项目，反映企业除上述各项外，收到的其他与经营活动有关的现金流入，如接受捐赠收到的现金，罚款收到的现金，流动资产损失中由个人或保险公司赔偿的现金收入，经营租赁固定资产收到的租金、除税费返还外的其他政府补助收入等。其他与经营活动有关的现金，如果金额较大，应单列项目反映。

本项目应根据"其他业务收入""营业外收入""其他应收款"等科目的发生额分析计算填列。

(4)"购买商品、接受劳务支付的现金"项目，反应企业购买材料商品、接受劳务供应实际支付的现金（含货款和支付的增值税进项税额），既包括本期购买材料商品和接受劳务支付的现金，也包括前期购入材料商品和接受劳务本期支付的现金，以及本期预付的款项，减去本期发生购货退回和折让而收到的现金。但不包括支付给生产工人和生产管理人员的工资奖金、津贴补贴，以及为他们支付的保险、住房公积金等职工薪酬（在"支付给职工以及为职工支付的现金"项目反映）。

本项目应根据"营业成本""存货""应付账款""应付票据""预付账款"等报表项目金额，以及"生产成本""应交税费"等有关科目的发生额，按下列公式计算填列。

购买商品、接受劳务支付的现金＝营业成本＋增值税进项税额＋存货的增加额＋计提的存货跌价准备＋预付账款的增加额＋应付账款的减少额－购买商品取得的现金折扣＋应付票据的减少额－非现金资产抵偿的应付账款和应付票据的金额－存货加工成本中不属于本项目的费用（如职工薪酬）－存货加工成本中未付现的费用（如折旧费用）±其他调整事项。

(5)"支付给职工以及为职工支付的现金"项目，反映企业实际支付给职工以及为职工支付的工资奖金、津贴补贴、社会保险、住房公积金等职工薪酬。但不包括应由在建工程、无形资产负担的职工薪酬（在“购建固定资产、无形资产和其他长期资产支付的现金”项目反映），以及企业支付给离退休人员的各项费用（在“支付其他与经营活动有关的现金”项目反映）。

本项目应根据“应付职工薪酬”“生产成本”“制造费用”“管理费用”“销售费用”等科目的发生额分析计算填列。

（6）“支付的各项税费”项目，反映企业本期实际支付的各项税费，包括所得税、增值税、营业税、消费税、教育费附加等。本项目既包括本期发生并支付的税费，也包括本期支付前期税费以及预交的税费。但不包括实际支付的、计入固定资产价值的耕地占用税。

本项目应根据“营业税金及附加”“所得税费用”等报表项目，以及“管理费用”“应交税费”“递延所得税资产”“递延所得税负债”等科目发生额分析计算填列。

（7）“支付其他与经营活动有关的现金”项目，反映企业除上述各项外，支付的其他与经营活动有关的现金支出，如捐赠支付的现金，罚款支出，支付的差旅费、业务招待费、保险费等经营费用，经营租赁支付的租金、支付给离退休人员的各种费用等。支付其他与经营活动有关的现金，如果金额较大，应单列项目反映。

本项目可根据“管理费用”“制造费用”“销售费用”“其他应收款”“其他应付款”“营业外支出”等的明细科目发生额分析计算填列。

（8）“收回投资收到的现金”项目，反映企业出售、转让或到期收回交易性金融资产（不包括现金等价物）、持有至到期投资、可供出售金融资产、长期股权投资（不包括子公司）等对外投资收到的现金。

本项目可根据“交易性金融资产”“持有至到期投资”“可供出售金融资产”“长期股权投资”等科目的发生额分析计算填列。

（9）“取得投资收益收到的现金”项目，反应企业因权益性投资从被投资单位分得的现金股利或利润（不包括股票股利），以及因债权性投资所取得的现金利息收入。

本项目可根据“应收股利”“应收利息”“投资收益”等科目的发生额分析计算填列。

（10）“处置固定资产、无形资产和其他长期资产收回的现金净额”项目，反映企业处置固定资产、无形资产和其他长期资产收到的现金减去因处置资产而支付有关费用后的金额。如为负数，则应在“支付其他与投资活动有关的现金”项目反映。

本项目可根据“固定资产清理”“无形资产”等科目的发生额分析计算填列。

（11）“处置子公司及其他营业单位收到的现金净额”项目，反映企业处置子公司及其他营业单位收到的现金，减去子公司和其他营业单位持有的现金和相关处置费用后的金额。

本项目可根据“长期股权投资”等科目的发生额分析计算填列。

（12）“收到其他与投资活动有关的现金”项目，反映企业除上述各项外，收到的其他与投资活动有关的现金流入，如从被投资单位收到的购买股票和债券时实际支付的价款中包含的现金股利或利息等。收到其他与投资活动有关的现金，如果金额较大，应单列项目反映。

本项目可根据“应收股利”“应收利息”“固定资产清理”等科目的发生额分析计算填列。

（13）“购建固定资产、无形资产和其他长期资产支付的现金”项目，反映企业购买、建造固定资产、无形资产和其他长期资产所支付的现金，包括为购建固定资产、无形资产和其他长期资产所支付的购买价款、工程物资款、货币性薪酬、相关税费等，但不包括为购建固定资产、无形资产和其他长期资产发生的资本化的借款利息和融资租入固定资产所支付的租赁费。为购建固定资产、无形资产和其他长期资产发生的资本化的借款利息，在“分配股利、利润或偿付利息支付的现金”项目中反映；融资租入固定资产所支付的租赁费在“支付其他与筹资活动有关的现金”项目反映。

企业以分期付款方式购建固定资产，首次支付的现金作为投资活动的现金流出，在本项目反映；以后分期支付的现金作为筹资活动的现金流出，在“支付其他与筹资活动有关的现金”项目反映。

本项目可根据“固定资产”“在建工程”“工程物资”“无形资产”“研发支出”“投资性房地产”等科目的发生额分析计算填列。

（14）“投资支付的现金”项目，反映企业取得交易性金融资产（不包括现金等价物）、持有至到期投资、可供出售金融资产、长期股权投资（不包括子公司）等对外投资而支付的现金，包括支付的佣金、手续费等交易费用。但不包括实际支付的价款中包含的已宣告发放但尚未领取的现金股利或已到付息期但尚未领取的利息（在“支付其他与投资活动有关的现金”项目反映）。

本项目可根据“交易性金融资产”“持有至到期投资”“可供出售金融资产”“长期股权投资”等科目的发生额分析计算填列。

（15）“取得子公司及其他营业单位支付的现金净额”项目，反映企业取得子公司及其他营业单位所支付的现金，应以买价中支付的现金部分减去子公司和其他营业单位持有的现金后的净额。如为负数，则应在“收到其他与投资活动有关的现金”项目反映。

本项目可根据“长期股权投资”等科目的发生额分析计算填列。

（16）“支付其他与投资活动有关的现金”项目，反映企业除上述各项外，支付的其他与投资活动有关的现金支出，如购买股票和债券时实际支付的价款中包含的已宣告发放但尚未领取的现金股利或已到付息期但尚未领取的利息。支付其他与投资活动有关的现金，如果金额较大，应单列项目反映。

本项目可根据“应收股利”“应收利息”等科目的发生额分析计算填列。

（17）“吸收投资收到的现金”项目，反映企业以发行股票、债券方式筹集资金实际收到的款项（发行收入减去佣金、手续费、印刷费等发行费用后的净额）；但不能扣除企业直接支付的审计、咨询等费用（在“支付其他与筹资活动有关的现金”项目反映）。

本项目可根据“实收资本（或股本）”“资本公积”“应付债券”等科目的发生额分析计算填列。

（18）“取得借款收到的现金”项目，反映企业向银行或其他金融机构借入的各种短期、长期借款所收到的现金。

本项目可根据“短期借款”“长期借款”等科目的发生额分析计算填列。

（19）“收到其他与筹资活动有关的现金”项目，反映企业除上述各项外，收到的其他与筹资活动有关的现金流入。收到其他与筹资活动有关的现金，如果金额较大，应单列项目反映。

（20）“偿还债务支付的现金”项目，反映企业以现金偿还债务的本金，包括归还银行或其他金融机构的借款本金、偿付企业到期债券的本金等，但不包括支付的债务利息（应在“分配股利、利润或偿付利息支付的现金”项目反映）。

本项目可根据“短期借款”“长期借款”“应付债券”等科目的发生额分析计算填列。

（21）“分配股利、利润或偿付利息支付的现金”项目，反映企业实际支付的现金股利或利润，以及用现金支付的借款利息、债券利息。

本项目可根据“应付股利”“应付利息”“长期借款”“应付债券”“财务费用”“在建工程”“研发支出”“制造费用”“利润分配”等科目的发生额分析计算填列。

（22）“支付其他与筹资活动有关的现金”项目，反映企业除上述各项外，支付的其他与筹资活动有关的现金，如发行股票和债券方式筹集资金时，企业直接支付的审计、咨询等费用，融资租赁各期支付的现金，以及分期付款购建固定资产、无形资产等以后各期支付的现金；回购本企业发行的股票等。支付其他与筹资活动有关的现金，如果金额较大，应单列项目反映。

本项目可根据“管理费用”“长期应付款”“库存股”等科目的发生额分析计算填列。

2. 工作底稿法

工作底稿法是以工作底稿为手段，以资产负债表和利润表数据为基础，对每一项目进行分析，编制调整分录，并登记工作底稿，根据工作底稿数据编制现金流量表的方法。工作底稿法的具体程序如下。

（1）将资产负债表的期初数、期末数过入工作底稿的资产负债表部分的期初数栏和期末数栏；将利润表的本期数过入工作底稿的本期数栏。

（2）对当期业务进行分析并编制调整分录。编制调整分录时，以利润表项目为基础，从“营业收入”开始，结合资产负债表项目逐一进行分析。调整分录中，涉及现金和现金等价物变动的，应分为“经营活动产生的现金流量”“投资活动产生的现金流量”和“投资活动产生的现金流量”，直接计入现金流量表的相应项目。借记表示现金流入或抵减的流出；贷记表示现金流出或抵减的现金流入。

（3）将调整分录过入工作底稿的相应部分。

（4）核对调整分录。一是横向核对，资产负债表的每一项目期初数加减调整分录的借贷金额后等于期末数，利润表的每一项目也等于本期数。二是纵向核对，分别加总调整分录借方发生额合计和贷方发生额合计，两合计数相等。

（5）将现金流量表部分各项目调整分录的金额进行加减计算，根据计算结果编制正式的现金流量表。其中，现金流入项目用调整分录借方金额减去贷方金额；现金流出项目用调整分录贷方金额减去借方金额。

工作底稿格式如表 13-8 所示。

表 13-8　现金流量表工作底稿

编制单位：威远股份有限公司　　2015 年度　　单位：元

项目	期初数	调整分录		期末数
		借方	贷方	
一、资产负债表项目				
资产项目：				
货币资金	1 743 000		㉔683 180	1 059 820
以公允价值计量且其变动计入当期损益的金融资产	80 000	⑧6 000 ⑨60 000		146 000
应收票据	120 000			120 000
应收账款	230 000	①468 000	⑦5 000	693 000
预付款项	50 000			50 000
应收股利		⑨900		900
其他应收款	3 800			3 800
存货	159 000	②63 100	⑦2 000	220 100

续表

项目	期初数	调整分录		期末数
		借方	贷方	
持有至到期投资	70 000			70 000
长期股权投资	600 000			600 000
固定资产	2 390 000	⑭360 000	⑦20 000 ⑮78 000	2 652 000
在建工程		⑯21 000		21 000
无形资产	814 000	⑩8 000	⑩25 000 ⑰10 000	787 000
资产总计	6 259 800			6 423 620
负债及所有者权益项目：				
短期借款	500 000	⑱200 000		300 000
应付票据	70 000		②93 600	163 600
应付账款	110 000			110 000
预收款项	60 000			60 000
应付职工薪酬	15 000		⑯1 000 ⑲3 020	19 020
应交税费	17 200	②40 800 ⑳162 000	①115 600 ⑫70 000	
应付利息	5 000	⑱4 000		1 000
应付股利			㉒74 960	74 960
长期借款	1 500 000		㉑100 000	1 600 000
实收资本（或股本）	1 000 000			1 000 000
资本公积	2 300 000			2 300 000
盈余公积	470 000		㉒18 740	488 740
未分配利润	212 600	㉒93 700	㉓187 400	306 300
负债及所有者权益总计	6 259 800			6 423 620
二、利润表项目				
营业收入			①680 000	680 000
营业成本		②303 900		303 900
营业税金及附加		③40 000		40 000
销售费用		④22 600		22 600
管理费用		⑤33 200		33 200
财务费用		⑥2 300		2 300
资产减值损失		⑦27 000		27 000
公允价值变动收益（损失以"-"号填列）			⑧6 000	6 000
投资收益（损失以"-"号填列）		⑨600		−600
营业外收入			⑩2 000	2 000
营业外支出		⑪1 000		1 000
所得税费用		⑫70 000		70 000

续表

项目	期初数	调整分录		期末数
		借方	贷方	
净利润（净亏损以“-”号填列）		㉓187 400		187 400
三、现金流量表项目				
（一）经营活动产生的现金流量				
销售商品、提供劳务收到的现金		①327 600		327 600
收到的税费返还				
收到其他与经营活动有关的现金				
经营活动现金流入小计				327 600
购买商品、接受劳务支付的现金		⑮69 000 ⑲73 500	②314 200 ⑬16 000	187 700
支付给职工以及为职工支付的现金			⑲80 980	80 980
支付的各项税费			③40 000 ⑳162 000	202 000
支付其他与经营活动有关的现金		⑬16 000 ⑮9 000 ⑰10 000 ⑲10 500	④22 600 ⑤33 200 ⑥300 ⑪1 000	11 600
经营活动现金流出小计				482 280
经营活动产生的现金流量净额				−154 680
（二）投资活动产生的现金流量				
收回投资收到的现金				
取得投资收益收到的现金				
处置固定资产、无形资产和其他长期资产收回的现金净额		⑩19 000		19 000
处置子公司及其他营业单位收到的现金净额				
收到其他与投资活动有关的现金				
投资活动现金流入小计				19 000
购建固定资产、无形资产和其他长期资产支付的现金			360 000 ⑯20 000	380 000
投资支付的现金			⑨60 600	60 600
取得子公司及其他营业单位支付的现金净额				
支付其他与投资活动有关的现金			⑭⑨900	900
投资活动现金流出小计				441 500
投资活动产生的现金流量净额				−422 500
（三）筹资活动产生的现金流量				
吸收投资收到的现金				
取得借款收到的现金		㉑100 000		100 000
收到其他与筹资活动有关的现金				
筹资活动现金流入小计				100 000
偿还债务支付的现金			200 000	200 000
分配股利、利润或偿付利息支付的现金			⑥2 000 ⑱4 000	6 000

续表

项目	期初数	调整分录		期末数
		借方	贷方	
支付其他与筹资活动有关的现金				⑯
筹资活动现金流出小计			⑱	206 000
筹资活动产生的现金流量净额				−106 000
（四）汇率变动对现金及现金等价物的影响				
（五）现金及现金等价物净增加额		㉔683 180		−683 180
调整分录合计		3 494 280	3 494 280	

3. T形科目法

T形科目法是以T形科目为手段，以利润表和资产负债表数据为基础，对每一项目进行分析，编制调整分录，并登记T形科目，根据T形科目记录编制现金流量表的方法。T形科目法的具体程序如下。

（1）为所有资产负债表和利润表的非现金项目开设T形科目，并将资产负债表项目的期初 数、期末数和利润表项目的本期数过入T形科目。

（2）开设一个大的“现金及现金等价物”T 形科目，借贷方均分为经营活动、投资活动和筹资活动三部分，并过入现金及现金等价物的期初数和期末数。

（3）对当期业务进行分析并编制调整分录。编制调整分录时，以利润表项目为基础，从“营业收入”开始，结合资产负债表项目逐一进行分析。调整分录中，涉及现金和现金等价物变动的，应分为“经营活动产生的现金流量”“投资活动产生的现金流量”和“筹资活动产生的现金流量”，直接计入现金流量表的相应项目。借记表示现金流入或抵减的现金流出；贷记表示现金流出或抵减的现金流入。

（4）将调整分录过入各T形科目，并进行核对。资产负债表的每一项目期初数加减调整分录的借贷金额后等于期末数，利润表的每一项目保持借贷相等。

（5）计算“现金及现金等价物”T形科目的金额，根据计算结果编制正式的现金流量表。“现金及现金等价物”T形科目格式如表13-9所示。

表13-9　现金及现金等价物科目　单位：元

一、经营活动现金流量			
经营活动现金流入		经营活动现金流出	
销售商品、提供劳务收到的现金	①327 600	购买商品、接受劳务支付的现金	②314 200 ⑬16 000
购买商品、接受劳务支付的现金	⑮69 000 ⑲73 500	支付给职工以及为职工支付的现金	⑲80 980
支付其他与经营活动有关的现金	⑮9 000 ⑬16 000 ⑰10 000 ⑲10 500	支付的各项税费	③40 000 ⑳162 000
		支付其他与经营活动有关的现金	④22 600 ⑤33 200 ⑥300 ⑪1 000

续表

二、投资活动现金流量			
投资活动现金流入		投资活动现金流出	
处置固定资产、无形资产和其他长期资产收回的现金净额	⑩19 000	购建固定资产、无形资产和其他长期资产支付的现金	⑭360 000 ⑯20 000
		投资支付的现金	⑨60 600
		支付其他与投资活动有关的现金	⑨900
三、筹资活动现金流量			
筹资活动现金流入		筹资活动现金流出	
取得借款收到的现金	㉑100 000	偿还债务支付的现金	⑱200 000
		分配股利、利润或偿付利息支付的现金	⑥2 000 ⑱4 000
现金净减少额	㉔683 180		

13.4.5 现金流量表编制举例

【例 13-3】沿用【例 13-1】和【例 13-2】的资料及编制的资产负债表和利润表，用分析填列法编制威远公司 2015 年度的现金流量表。

① 销售商品、提供劳务收到的现金
=营业收入+增值税销项税额+应收账款的减少额-计提的坏账准备
=680 000+115 600+（230 000-693 000）-5 000=327 600（元）

② 收到的税费返还=0（元）

③ 收到的其他与经营活动有关的现金=0（元）

④ 购买商品、接受劳务支付的现金
=营业成本+增值税进项税额+存货的增加额+计提的存货跌价准备+应付票据的减少额
-存货加工成本中的职工薪酬-存货加工成本的折旧费用±其他调整事项
=303 900+40 800+61 100+2 000+（70 000-163 600）-（70 000+3 500）-69 000+（5 400+10 600）=187 700（元）

⑤ 支付给职工以及为职工支付的现金=980+100 000-20 000=80 980（元）

⑥ 支付的各项税费=207 000-5 000=202 000（元）

⑦ 支付其他与经营活动有关的现金=300+1 300+9 000+1 000=11 600（元）

⑧ 收回投资收到的现金=0（元）

⑨ 取得投资收益收到的现金=0（元）

⑩ 处置固定资产、无形资产和其他长期资产收回的现金净额=19 000（元）

⑪ 处置子公司及其他营业单位收到的现金净额=0（元）

⑫ 收到其他与投资活动有关的现金=0（元）

⑬ 购建固定资产、无形资产和其他长期资产支付的现金=360 000+20 000=380 000（元）

⑭ 投资支付的现金=60 600（元）

⑮ 取得子公司及其他营业单位支付的现金净额=0（元）

⑯ 支付其他与投资活动有关的现金=900（元）

⑰ 吸收投资收到的现金=0（元）

⑱ 取得借款收到的现金=100 000（元）

⑲ 收到其他与筹资活动有关的现金=0（元）

⑳ 偿还债务支付的现金=200 000（元）

㉑ 分配股利、利润或偿付利息支付的现金=6 000（元）

㉒ 支付其他与筹资活动有关的现金=0（元）

根据以上分析计算的结果编制正式的现金流量表（见表 13-10）。

【例 13-4】沿用【例 13-1】和【例 13-2】的资料及编制的资产负债表和利润表，用工作底稿法编制威远公司 2015 年度的现金流量表。

（1）设置工作底稿。将资产负债表的期初数、期末数过入工作底稿的资产负债表部分的期初数栏和期末数栏；将利润表的本期数过入工作底稿的本期数栏。具体如表 13-8 所示。

（2）对当期业务进行分析编制调整分录，并将调整分录过入工作底稿的相应部分。

① 分析调整营业收入。

借：经营活动现金流量——销售商品、提供劳务收到的现金　　327 600

　　应收账款　　468 000

　　贷：营业收入　　680 000

　　　　应交税费——应交增值税（销项税额）　　115 600

② 分析调整营业成本。

借：营业成本　　303 900

　　存货　　63 100

　　应交税费——应交增值税（进项税额）　　40 800

　　贷：应付票据　　93 600

　　　　经营活动现金流量——购买商品、接受劳务支付的现金　　314 200

在此计入“购买商品、接受劳务支付的现金”的金额 314 200 元并不完全等于本项目金额，需要调整计入存货成本的职工薪酬、未付现成本（如折旧）以及其他非销售的耗费等。在资产负债表项目调整时进行。

③ 分析调整营业税金及附加。

借：营业税金及附加　　40 000

　　贷：经营活动现金流量——支付的各项税费　　40 000

④ 分析调整销售费用。

借：销售费用　　22 600

　　贷：经营活动现金流量——支付其他与经营活动有关的现金　　22 600

⑤ 分析调整管理费用。

借：管理费用　　33 200

　　贷：经营活动现金流量——支付其他与经营活动有关的现金　　33 200

调整销售费用和管理费用时计入“支付其他与经营活动有关的现金”的金额并不完全属于本项目，需要调整计入的职工薪酬、未付现成本（如折旧、摊销）等。在资产负债表项目调整时进行。

⑥ 分析调整财务费用：

借：财务费用　　2 300

　贷：经营活动现金流量——支付其他与经营活动有关的现金　　300

　　筹资活动现金流量——分配股利、利润或偿付利息支付的现金　2 000

⑦ 分析调整资产减值损失：

借：资产减值损失　　27 000

　贷：坏账准备　　5 000

　　存货跌价准备　　2 000

　　固定资产减值准备　　27 000

⑧ 分析调整公允价值变动损益：

借：以公允价值计量且其变动计入当期损益的金融资产　　6 000

　贷：公允价值变动收益　　6 000

⑨ 分析调整投资收益：

借：投资收益　　600

　以公允价值计量且其变动计入当期损益的金融资产　　60 000

　应收股利　　900

　贷：投资活动现金流量——投资支付的现金　　60 600

　　　　　　　　——支付其他与投资活动有关的现金　　900

⑩ 分析调整营业外收入：

借：投资活动现金流量——处置固定资产、无形资产和其他长期资产收回的现金净额

　　19 000

　累计摊销　　8 000

　贷：无形资产　　25 000

　　营业外收入　　2 000

⑪ 分析调整营业外支出：

借：营业外支出　　1 000

　贷：经营活动现金流量——支付其他与经营活动有关的现金　　1 000

⑫ 分析调整所得税费用：

借：所得税费用　　70 000

　贷：应交税费　　70 000

至此，利润表项目基本调整完毕，剩余的净利润在最后进行调整。将以上调整分录过入工作底稿，然后继续调整资产负债表项目。

⑬ 分析调整未计入营业成本的存货减少：

借：经营活动现金流量——支付其他与经营活动有关的现金　　16 000

　贷：经营活动现金流量——购买商品、接受劳务支付的现金　　16 000

⑭ 分析调整固定资产：

借：固定资产　　360 000

　贷：投资活动现金流量——购建固定资产、无形资产和其他长期资产支付的现金

　　360 000

⑮ 分析调整累计折旧：

借：经营活动现金流量——购买商品、接受劳务支付的现金　69 000

——支付其他与经营活动有关的现金　9 000

贷：累计折旧　78 000

⑯ 分析调整在建工程：

借：在建工程　21 000

贷：投资活动现金流量——购建固定资产、无形资产和其他长期资产支付的现金　20 000

应付职工薪酬——职工福利　1 000

⑰ 分析调整累计摊销：

借：经营活动现金流量——支付其他与经营活动有关的现金　10 000

贷：累计摊销　10 000

⑱ 分析调整短期借款：

借：短期借款　200 000

应付利息　4 000

贷：筹资活动现金流量——偿还债务支付的现金　200 000

——分配股利、利润或偿付利息支付的现金　4 000

⑲ 分析调整应付职工薪酬：

借：经营活动现金流量——购买商品、接受劳务支付的现金　73 500

——支付其他与经营活动有关的现金　10 500

贷：经营活动现金流量——支付给职工以及为职工支付的现金　80 980

应付职工薪酬——职工福利　3 020

⑳ 分析调整应交税费：

借：应交税费　162 000

贷：经营活动现金流量——支付的各项税费　162 000

㉑ 分析调整长期借款：

借：筹资活动现金流量——取得借款收到的现金　100 000

贷：长期借款　100 000

㉒ 分析调整利润分配：

借：未分配利润　93 700

贷：应付股利　74 960

盈余公积　18 740

㉓ 结转本期净利润：

借：净利润　187 400

贷：未分配利润　187 400

㉔ 调整现金变化金额：

借：现金净减少额　683 180

贷：货币资金　683 180

将调整资产负债表项目的调整分录也过入工作底稿。

（3）核对调整分录。横向要求：资产负债表项目的年末余额＝年初余额＋本期增加额－本期减少额；利润表项目的本期数＝本期增加额－本期减少额；纵向要求：调整分录借贷方发生额合计数相等。

（4）将现金流量表部分各项目调整分录的金额进行加减计算，根据计算结果编制正式的现金流量表，如表 13-10 所示。

【例 13-5】沿用【例 13-1】和【例 13-2】的资料及编制的资产负债表和利润表，用 T 形科目法编制威远公司 2015 年度的现金流量表。

（1）为所有资产负债表和利润表的非现金项目开设 T 形科目，并将资产负债表项目的期初数、期末数和利润表项目的本期数过入 T 形科目（略）。

（2）开设一个大的"现金及现金等价物"T 形科目，借贷方均分为经营活动、投资活动和筹资活动三部分，并过入现金及现金等价物的期初数和期末数，具体如表 13-9 所示。

（3）对当期业务进行分析并编制调整分录。调整分录①～④同【例 13-4】。

（4）将调整分录过入各 T 形科目，并进行核对。

（5）计算"现金及现金等价物"T 形科目的金额，根据计算结果编制正式的现金流量表，如表 13-10 所示。

表 13-10　　现金流量表　　会企 03 表

编制单位：威远股份有限公司　　2015 年度　　单位：元

项目	本期金额	上期金额
一、经营活动产生的现金流量		（略）
销售商品、提供劳务收到的现金	327 600	
收到的税费返还		
收到其他与经营活动有关的现金		
经营活动现金流入小计	327 600	
购买商品、接受劳务支付的现金	187 700	
支付给职工以及为职工支付的现金	80 980	
支付的各项税费	202 000	
支付其他与经营活动有关的现金	11 600	
经营活动现金流出小计	482 280	
经营活动产生的现金流量净额	−154 680	
二、投资活动产生的现金流量		
收回投资收到的现金		
取得投资收益收到的现金		
处置固定资产、无形资产和其他长期资产收回的现金净额	19 000	
处置子公司及其他营业单位收到的现金净额		
收到其他与投资活动有关的现金		
投资活动现金流入小计	19 000	
购建固定资产、无形资产和其他长期资产支付的现金	380 000	
投资支付的现金	60 600	
取得子公司及其他营业单位支付的现金净额		
支付其他与投资活动有关的现金	900	

续表

项目	本期金额	上期金额
投资活动现金流出小计	441 500	
投资活动产生的现金流量净额	−422 500	
三、筹资活动产生的现金流量		
吸收投资收到的现金		
取得借款收到的现金	100 000	
收到其他与筹资活动有关的现金		
筹资活动现金流入小计	100 000	
偿还债务支付的现金	200 000	
分配股利、利润或偿付利息支付的现金	6 000	
支付其他与筹资活动有关的现金		
筹资活动现金流出小计	206 000	
筹资活动产生的现金流量净额	−106 000	
四、汇率变动对现金及现金等价物的影响		
五、现金及现金等价物净增加额	−683 180	
加：期初现金及现金等价物余额	1 743 000	
六、期末现金及现金等价物余额	1 059 820	

13.4.6 现金流量表附注

现金流量表附注适用于一般企业、商业银行、保险公司、证券公司等各类企业。我国企业会计准则规定：现金流量表附注主要包括现金流量表补充资料、当期取得或处置子公司及其他营业单位的有关信息，以及现金和现金等价物的构成。

1. 现金流量表补充资料

现金流量表补充资料主要提供将净利润调节为经营活动现金流量、不涉及现金收支的重大投资和筹资活动、现金及现金等价物净变动情况等信息。披露格式如表 13-11 所示。

表 13-11 现金流量表补充资料

补充资料	本期金额	上期金额
1. 将净利润调节为经营活动现金流量		
净利润		
加：资产减值准备		
固定资产折旧、油气资产折耗、生产性生物资产折旧		
无形资产摊销		
长期待摊费用摊销		
处置固定资产、无形资产和其他长期资产的损失（收益以“−”号填列）		
固定资产报废损失（收益以“−”号填列）		
公允价值变动损失（收益以“−”号填列）		
财务费用（收益以“−”号填列）		
投资损失（收益以“−”号填列）		
递延所得税资产减少（增加以“−”号填列）		

续表

补充资料	本期金额	上期金额
递延所得税负债增加（减少以“-”号填列）		
存货的减少（增加以“-”号填列）		
经营性应收项目的减少（增加以“-”号填列）		
经营性应付项目的增加（减少以“-”号填列）		
其他		
经营活动产生的现金流量净额		
2. 不涉及现金收支的重大投资和筹资活动		
债务转为资本		
一年内到期的可转换公司债券		
融资租入固定资产		
3. 现金及现金等价物净变动情况		
现金的期末余额		
减：现金的期初余额		
加：现金等价物的期末余额		
减：现金等价物的期初余额		
现金及现金等价物净增加额		

（1）将净利润调节为经营活动现金流量的信息。企业应当采用间接法在现金流量表附注中披露将净利润调节为经营活动现金流量的信息。利润表中的净利润是按照权责发生制确认的收入（广义）与费用（广义）相抵之后的差额，既包括经营活动产生的损益，也包括投资活动和筹资活动产生的损益，既有实际现金收付的损益，也有不涉及现金收付的损益。将净利润调整为经营活动产生的现金流量需要进行两方面调整：一是剔除投资活动和筹资活动产生的损益；二是将权责发生制调整为收付实现制。根据表中有关项目涉及的科目发生额进行分析计算填列。

（2）不涉及现金收支的重大投资和筹资活动

不涉及现金收支的重大投资和筹资活动，反映企业一定时期内影响企业财务状况但该期不产生现金流量的重大投资和筹资活动。这些投资和筹资活动虽然不影响当期现金流量，但可能影响企业未来现金流量，因此需要在附注中单独披露。“不涉及现金收支的重大投资和筹资活动”主要包括债务转为资本、一年内到期的可转换公司债券和融资租入固定资产等项目。这些项目也可以根据相应科目的发生额分析计算填列。

（3）现金及现金等价物净变动情况

现金及现金等价物净变动情况，主要反映现金和现金等价物期末期初的差额，用以补充说明现金流量表正表部分的第五项“现金及现金等价物净增加额”。该项目可根据库存现金、银行存款、其他货币资金等相关科目的期初、期末余额分析计算填列。

2. 当期取得或处置子公司及其他营业单位的有关信息

企业应当在附注中以总额披露当期取得或处置子公司及其他营业单位的信息：①取得或处置价格；②取得或处置价格中以现金支付的部分；③取得或处置子公司及其他营业单位收到的现金；④取得或处置子公司及其他营业单位按照主要类别分类的非现金资产和负债。当期取得或处置子公司及其他营业单位的有关信息披露格式如表13-12所示。

表 13-12　　取得或处置子公司及其他营业单位的信息　　单位：元

项目	金额
一、取得子公司及其他营业单位的有关信息	
1. 取得子公司及其他营业单位的价格	
2. 取得子公司及其他营业单位支付的现金和现金等价物	
减：子公司及其他营业单位持有的现金和现金等价物	
3. 取得子公司及其他营业单位支付的现金净额	
4. 取得子公司的净资产	
流动资产	
非流动资产	
流动负债	
非流动负债	
二、处置子公司及其他营业单位的有关信息	
1. 处置子公司及其他营业单位的价格	
2. 处置子公司及其他营业单位收到的现金和现金等价物	
减：子公司及其他营业单位持有的现金和现金等价物	
3. 处置子公司及其他营业单位收到的现金净额	
4. 处置子公司的净资产	
流动资产	
非流动资产	
流动负债	
非流动负债	

3. 现金和现金等价物的构成

企业应当在附注中披露与现金和现金等价物有关的信息：①现金和现金等价物的构成及其在资产负债表中的相应金额；②企业持有但不能由母公司或集团内其他子公司使用的大额现金和现金等价物金额。现金和现金等价物的披露格式如表 13-13 所示。

表 13-13　　现金和现金等价物的构成情况表　　单位：元

项目	本期金额	上期金额
一、现金		
其中：库存现金		
可随时用于支付的银行存款		
可随时用于支付的其他货币资金		
可用于支付的存放中央银行款项		
存放同业款项		
拆放同业款项		
二、现金等价物		
其中：三个月内到期的债券投资		
三、期末现金及现金等价物余额		
其中：母公司或集团内子公司使用受限制的现金和现金等价物		

13.5 所有者权益变动表

13.5.1 所有者权益变动表的定义及作用

所有者权益变动表是反映编报企业构成所有者权益的各组成部分当期（一个会计年度）的增减

变动情况的报表。它既列示了直接计入所有者权益的利得和损失，又包含了最终属于所有者权益变动的净利润及所有者权益内部的结转，在一定程度上体现了企业综合收益的特点，也便于报表使用者准确理解所有者权益增减变动的根源。

13.5.2 所有者权益变动表的结构及内容

1. 所有者权益变动表的结构

根据基本准则的规定，所有者权益是指企业资产扣除负债后由所有者享有的剩余权益。所有者权益的来源包括所有者投入的资本（包括实收资本和资本溢价等资本公积）、其他综合收益、留存收益（包括盈余公积和未分配利润）等。所有者权益变动表应当反映构成所有者权益的各组成部分的期初和期末余额及当期的增减变动情况。

所有者权益变动表的结构一般包括表头和正表两大部分：表头主要列示报表名称、报表编号（会企 04 表）、编报企业的名称、报表涵盖会计期间以及金额单位；正表部分是所有者权益变动表的主体，为了清楚地表明构成所有者权益的各组成部分当期的增减变动情况，企业应当以矩阵的形式列示所有者权益变动表：一方面，列示导致所有者权益变动的交易或事项，按所有者权益变动的来源对一定时期所有者权益变动情况进行全面反映；另一方面，按照所有者权益各组成部分（包括实收资本、资本公积、其他综合收益、盈余公积、未分配利润、库存股等）及其总额列示相关交易或事项对所有者权益的影响。

2. 所有者权益变动表的内容

所有者权益变动表至少应当单独列示收益总额、会计政策变更和差错更正的累积影响金额、所有者投入资本和向所有者分配利润等、按照规定提取的盈余公积、所有者权益各组成部分的期初和期末余额及其调节情况。一般企业所有者权益变动表具体包括以下几个部分。

（1）“上年年末余额”项目，反映企业上年资产负债表中实收资本、资本公积、库存股、其他综合收益、盈余公积、未分配利润的年末余额。

（2）“本年年初余额”项目，反映企业在上期期末所有者权益余额的基础上，通过对“会计政策变更”和“前期差错更正”项目的调整，得出本期期初所有者权益。“会计政策变更”项目反映企业采用追溯调整法处理的会计政策变更的累积影响金额，“前期差错更正”项目反映企业采用追溯调整法处理的会计差错更正的累积影响金额。

（3）“本年增减变动金额”项目分别反映以下内容。

①“综合收益总额”项目，反映企业当年的综合收益总额。

②“所有者投入和减少资本”项目，反映企业当年所有者投入的资本和减少的资本，包括“所有者投入资本”项目和“股份支付计入所有者权益的金额”项目等。

③“利润分配”项目，反映当年对所有者（或股东）分配的利润（或股利）金额和按照规定提取的盈余公积金额，包括“提取盈余公积”项目和“对所有者（或股东）的分配”项目等。

④“所有者权益内部结转”项目，反映不影响当年所有者权益总额的所有者权益各组成部分之间当年的增减变动。为了全面反映所有者权益各组成部分的增减变动情况，所有者权益内部结转也是所有者权益变动表的重要组成部分，主要包括“资本公积转增资本（或股本）”项目、“盈余公积转增资本（或股本）”项目和“盈余公积弥补亏损”项目等。

（4）“本年年末余额”项目，反映企业本年资产负债表中实收资本、资本公积、库存股、其他综合收益、盈余公积、未分配利润的年末余额。

13.5.3 所有者权益变动表的填列方法

我国企业需要提供比较所有者权益变动表，因此，所有者权益变动表还就各项目再分为“本年金额”和“上年金额”两栏分别填列。在通常情况下，“上年金额”栏内各项数据，应根据上年度所有者权益变动表“本年金额”栏内所列数据直接填列；若本年度报表的项目名称、内容与上年度不一致，要先将上年年末资产负债表各项目按本年度的规定进行调整，然后再按调整后的数字填入本年度报表的“上年金额”栏内。“本年金额”栏内各项目数据主要是根据所有者权益类科目和损益类有关科目的发生额分析填列，具体包括以下情况。

（1）“上年年末余额”项目。根据上年资产负债表中“实收资本（或股本）”“资本公积”“其他综合收益”“盈余公积”“未分配利润”等项目的年末余额填列。

（2）“会计政策变更”和“前期差错更正”项目。根据“盈余公积”“利润分配”“以前年度损益调整”等科目的发生额分析填列，并在“上年年末余额”的基础上调整得出“本年年初金额”项目。

（3）“本年增减变动额”项目。

①“综合收益总额”项目：根据当年利润表中“其他综合收益的税后净额”和“净利润”项目填列，并对应列在“其他综合收益”和“未分配利润”栏。

②“所有者投入和减少资本”项目：

“所有者投入资本”项目根据“实收资本”“资本公积”等科目的发生额分析填列，并对应列在“实收资本”和“资本公积”栏。

“股份支付计入所有者权益的金额”项目根据“资本公积”科目所属的“其他资本公积”二级科目的发生额分析填列，并对应列在“资本公积”栏。

③“利润分配”下各项目：

“提取盈余公积”项目根据“盈余公积”“利润分配”科目的发生额分析填列。

“对所有者（或股东）的分配”项目根据“利润分配”科目的发生额分析填列。

④“所有者权益内部结转”下各项目：

“资本公积转增资本（或股本）”项目根据“实收资本”“资本公积”等科目的发生额分析填列。

“盈余公积转增资本（或股本）”项目根据“实收资本”“盈余公积”等科目的发生额分析填列。

“盈余公积弥补亏损”项目根据“盈余公积”“利润分配”等科目的发生额分析填列。

（4）“本年年初余额”和“本年年末余额”项目。

“本年年初余额”和“本年年末余额”项目根据表内相关项目的金额计算填列。

“本年年初余额”项目＝“上年年末余额”＋“会计政策变更”＋“前期差错更正”

“本年年末余额”项目＝“本年年初余额”＋“本年增减变动金额”

13.5.4 所有者权益变动表编制举例

【例 13-6】沿用【例 13-1】和【例 13-2】的资料及编制的资产负债表和利润表，编制威远公司 2015 年度的所有者权益变动表，具体如表 13-14 所示。

表 13-14

所有者权益变动表

会企 04 表

编制单位：威远股份有限公司　　2015 年度　　单位：元

项目	本年金额							上年金额						
	实收资本（或股本）	资本公积	减：库存股	其他综合收益	盈余公积	未分配利润	所有者权益合计	实收资本（或股本）	资本公积	减：库存股	其他综合收益	盈余公积	未分配利润	所有者权益合计
一、上年年末余额	1 000 000	2 300 000			470 000	212 600	3 982 600							
加：会计政策变更														
前期差错更正														
二、本年年初余额	1 000 000	2 300 000			470 000	212 600	3 982 600							
三、本年增减变动金额（减少以“-”号填列）														
（一）综合收益总额						187 400	187 400							
（二）所有者投入和减少资本														
1. 所有者投入资本														
2. 股份支付计入所有者权益的金额														
3. 其他														
（三）利润分配														
1. 提取盈余公积					18 740	-18 740	-							
2. 对所有者（或股东）的分配						-74 960	-74 960							
3. 其他														
（四）所有者权益内部结转														
1. 资本公积转增资本（或股本）														
2. 盈余公积转增资本（或股本）														
3. 盈余公积弥补亏损														
4. 其他														
四、本年年末余额	1 000 000	2 300 000			488 740	306 300	4 095 040							

13.6 财务报表附注

13.6.1 财务报表附注的作用及形式

附注是对在资产负债表、利润表、现金流量表和所有者权益变动表等报表中列示项目的文字描述或明细资料，以及对未能在这些报表中列示项目的说明等。附注应当披露财务报表的编制基础，相关信息应当与资产负债表、利润表、现金流量表和所有者权益变动表等报表中列示的项目相互参照。

附注一般有旁注和尾注两种形式。旁注是在财务报表内用括号所作的注释。如资产负债表中实收资本项目后括号注明的“(或股本)”，利润表中投资收益项目后注明的“(损失以“-”号填列)”。这类附注内容简洁，是对表内项目进行的必要补充说明。尾注是在报表之后所加的注释，其内容更加详细和具体，可提供一些必需却又难于用数字反映的定性信息，补充列示比财务报表正文更加详细的定量信息等，是财务报表附注的主要形式。本节主要介绍尾注的内容。

13.6.2 财务报表附注的内容

附注是财务报表的重要组成部分，企业应当按照规定披露附注信息。报表附注一般应当至少按照下列顺序披露有关内容，具体包括以下几项。

（1）企业的基本情况。

① 企业注册地、组织形式和总部地址。

② 企业的业务性质和主要经营活动。如企业所处的行业、所提供的主要产品或服务、客户的性质、销售策略、监管环境的性质等。

③ 母公司以及集团最终母公司的名称。

④ 财务报告的批准报出者和财务报告批准报出日。如果企业已在财务报表其他部分披露了财务报告的批准报出者和批准报出日信息，则无需重复披露；或者已有相关人员签字批准报出财务报告，可以其签名及其签字日期为准。

⑤ 营业期限有限的企业，还应当披露有关其营业期限的信息。

（2）财务报表的编制基础。企业应当根据本准则的规定判断企业是否持续经营，并披露财务报表是否以持续经营为基础编制。

（3）遵循企业会计准则的声明。企业应当声明编制的财务报表符合企业会计准则的要求，真实、完整地反映了企业的财务状况、经营成果和现金流量等有关信息，以此明确企业编制财务报表所依据的制度基础。如果企业编制的财务报表只是部分地遵循了企业会计准则，附注中不得做出这种表述。

（4）重要会计政策和会计估计。

① 重要会计政策的说明。企业应当披露采用的重要会计政策，并结合企业的具体实际披露其重要会计政策的确定依据和财务报表项目的计量基础。其中，会计政策的确定依据主要是指企业在运

用会计政策过程中所做的重要判断，这些判断对在报表中确认的项目金额具有重要影响。例如，企业如何判断持有的金融资产是持有至到期的投资而不是交易性投资，企业如何判断与租赁资产相关的所有风险和报酬已转移给企业从而符合融资租赁的标准，投资性房地产的判断标准是什么等。财务报表项目的计量基础包括历史成本、重置成本、可变现净值、现值和公允价值等会计计量属性，比如存货是按成本还是按可变现净值计量的等。

② 重要会计估计的说明。企业应当披露重要会计估计，并结合企业的具体实际披露其会计估计所采用的关键假设和不确定因素。

重要会计估计的说明，包括可能导致下一个会计期间内资产、负债账面价值重大调整的会计估计的确定依据等。例如，固定资产可收回金额的计算需要根据其公允价值减去处置费用后的净额与预计未来现金流量的现值两者之间的较高者确定，在计算资产预计未来现金流量的现值时需要对未来现金流量进行预测，并选择适当的折现率，企业应当在附注中披露未来现金流量预测所采用的假设及其依据、所选择的折现率为什么是合理的等。又如，对于正在进行中的诉讼提取准备，企业应当披露最佳估计数的确定依据等。

（5）会计政策和会计估计变更以及差错更正的说明。企业应当按照《企业会计准则第 28 号——会计政策、会计估计变更和差错更正》的规定，披露会计政策和会计估计变更以及差错更正的情况。

（6）报表重要项目的说明。企业应当按照资产负债表、利润表、现金流量表、所有者权益变动表及其项目列示的顺序，采用文字和数字描述相结合的方式披露报表重要项目的说明。报表重要项目的明细金额合计，应当与报表项目金额相衔接。

企业还应当在附注中披露以下信息。

① 费用按照性质分类的利润表补充资料，可将费用分为耗用的原材料、职工薪酬费用、折旧费用、摊销费用等。

② 关于其他综合收益各项目的信息，包括：①其他综合收益各项目及其所得税影响；②其他综合收益各项目原计入其他综合收益、当期转出计入当期损益的金额；③其他综合收益各项目的期初和期末余额及其调节情况。

③ 在资产负债表日后、财务报告批准报出日前提议或宣布发放的股利总额和每股股利金额（或向投资者分配的利润总额）。

④ 终止经营的收入、费用、利润总额、所得税费用和净利润，以及归属于母公司所有者的终止经营利润。

（7）或有和承诺事项、资产负债表日后非调整事项、关联方关系及其交易等需要说明的事项。企业应当按照相关会计准则的规定进行披露。

（8）有助于财务报表使用者评价企业管理资本的目标、政策及程序的信息。

关键术语

财务报告　资产负债表　利润表　每股收益　现金流量表　现金等价物　所有者权益变动表　财务报表附注

思考与练习

一、思考题

1．财务报告主要包括哪些组成部分？信息使用者可以通过财务报告了解哪些会计信息？

2．资产负债表主要提供哪些会计信息？简述该报表各项目的填制方法。

3．利润表主要提供哪些会计信息？简述该报表各项目的填制方法。

4．现金流量表主要提供哪些会计信息？简述该报表三种填制方法的优缺点。

5．财务报表附注主要包括哪些内容？

二、练习题

1．甲公司为增值税一般纳税人企业，适用的增值税税率为 17%，所得税税率为 25%，销售价款中均不含应向买方收取的增值税税额。2016 年发生下列有关经济业务。

（1）2 月 5 日销售产品一批，产品成本 300 万元，销售货款 400 万元，专用发票注明的增值税税额为 68 万元，产品已经发出，货款及增值税已经收到并存入银行。

（2）10 月 3 日销售材料一批，原材料成本为 3 万元，销售价为 4.5 万元，材料已经发出，货款及增值税尚未收到。

（3）2016 年分配并发放职工工资 60 万元，其中：生产工人工资 40 万元，管理人员工资 10 万元，在建工程工人工资 10 万元，另以银行存款支付离退休人员退休金 10 万元。企业所发放的工资在核定的计税工资范围之内。

（4）A 公司对 B 企业投资占 B 企业有表决权资本的比例为 60%，2016 年度实现净利润 100 万元，实际分得现金股利 20 万元（该企业的所得税税率为 25%）。

（5）2016 年经营业务应交城市维护建设税 1.5 万元，应交教育费附加税 0.65 万元。

（6）年度内实际支付利息 1.5 万元，其中原已预提 0.5 万元，借款利息可以从税前扣除。

（7）本年度计提坏账准备 1 万元，其坏账准备提取率在税法允许的范围内。

（8）12 月 1 日将一张面值为 10 万元的不带息商业汇票向银行申请贴现，贴现利息为 0.5 万元。

（9）10 月 2 日用银行存款 105 万元购入 J 公司发行的 5 年期、面值 100 万元、年利率 8%、到期一次还本的债券，2016 年的债券利息尚未收到。

（10）当年计提固定资产折旧 60 万元，其中计入制造费用的折旧额为 40 万元，计入管理费用的折旧额为 20 万元。固定资产折旧年限与税法相一致。

（11）企业 11 月 5 日转让设备一台。该设备原价 250 万元，已提折旧 100 万元，取得转让收入 180 万元。现设备已清理完毕，款项已通过银行结算。

（12）本年摊销无形资产价值 4 万元（无形资产的摊销年限与税法规定的一致）。

要求：编制该公司的利润表。

2．某企业经核定为一般纳税人，2016 年有关资料如下。

（1）主营业务收入 900 000 元，主营业务成本 600 000 元。

（2）应收账款年初余额（含应收增值税款，增值税税率 17%，以下同）93 600 元，年末余额 163 800 元。

（3）发生坏账 46 800 元（含增值税），以前年度确认的坏账（不含增值税）50 000 元本年又收回。

（4）预收账款（货款）年初数为9 000元，年末数为2 000元。

（5）应收票据年初数（含增值税）为35 100元，年末数（含增值税）为1 170元，本年有23 400元到期票据未收款而转为应收账款。

（6）收到债务抵偿应收货款80 000元及增值税为13 600元的存货。

（7）存货年初数500 130元，年末数300 121元。

（8）用存货60 000元、固定资产90 000元、现金240 000元进行长期股权投资。

（9）应付账款年初数（含增值税）58 500 元，年末数（含增值税）163 800 元，其中有 46 800元为购买固定资产暂欠款。

（10）“应交税金——应交增值税”科目年初余额0、进项税额19 890元、销项税额153 000元、年末余额0；“应交税金——未交增值税”科目年初余额5 100元（贷）、年末余额8 210元（贷）。

要求：

（1）计算销售商品、提供劳务收到的现金；

（2）计算购买商品、接受劳务支付的现金。

3．甲企业2016年有关资料如下。

（1）发放工资、奖金、津贴和补贴2 500 000元，其中支付给在建工程人员的为100 000元，支付给专设销售机构人员的为20 000元。

（2）支付离退休人员的费用为600 000元。

（3）支付职工生活困难补助8 000元、住房困难补助20 000元。

（4）支付职工养老保险400 000元、待业保险险80 000元。

（5）支付职工住房公积金60 000元。

（6）购买职工住房（所有权）支付7 000 000元。

（7）用出包方式建造老干部活动中心，支付工程款90 000元，该中心于2016年交付使用。

（8）为建造职工图书室备料开支50 000元，工程尚未完工。

假定以上费用均用现金或银行存款支付。

要求：

（1）计算支付给职工及为职工支付的现金。

（2）计算购建固定资产、无形资产和其他长期资产支付的现金。

4．甲企业2016年有关资料如下。

（1）购买A公司股票100 000股，支付价款180 000元，佣金手续费等2 000元。

（2）委托有关证券交易机构发行股票，发行收入900 000元，各项发行费用10 000元。

（3）自行发行债券，发行收入600 000元，直接支付审计咨询等费用5 000元。

（4）2016年11月1日购买B公司2013年1月1日发行的4年期债券700 000元，另支付附加费用7 000元。

（5）为了控制C公司使其成为本企业稳定的交易伙伴，甲企业曾于2016年4月购入该公司普通股股票 600 000元，6月因故以580 000元的价格出售该股票，另以20 000元支付手续费。

（6）A公司发放每股现金股利0.5元，每10股送1股股票股利。

（7）宣告分配并支付现金股利70 000元。

（8）用银行存款偿还应付账款 230 000 元；偿还到期短期借款本金 60 000 元、利息 5 000 元；偿还到期长期借款本金 120 000 元、利息 36 000 元。

（9）企业欲减资因而用银行存款收购发行在外的股票 10 000 股，每股收购价 2.50 元。

要求：根据上述资料，计算下列项目。

（1）吸收投资收到的现金。

（2）收回投资收到的现金。

（3）取得投资收益收到的现金。

（4）投资支付的现金。

（5）偿还债务所支付的现金。

（6）分配股利或利润或偿付利息所支付的现金。

参考文献

[1] 中华人民共和国财政部. 企业会计准则（2006）. 北京：经济科学出版社，2006.

[2] 中华人民共和国财政部. 企业会计准则——应用指南. 北京：中国财政经济出版社，2006.

[3] 中华人民共和国财政部. 企业会计准则解释第 1 号，财政部网站，2007.

[4] 中华人民共和国财政部. 企业会计准则解释第 2 号，财政部网站，2008.

[5] 中华人民共和国财政部. 企业会计准则解释第 3 号，财政部网站，2009.

[6] 中华人民共和国财政部. 企业会计准则解释第 4 号，财政部网站，2010.

[7] 中华人民共和国财政部. 企业会计准则解释第 5 号，财政部网站，2012.

[8] 中华人民共和国财政部. 企业会计准则解释第 6 号，财政部网站，2014.

[9] 中华人民共和国财政部. 企业会计准则解释第 7 号，财政部网站，2015.

[10] 中华人民共和国财政部. 企业会计准则解释第 8 号，财政部网站，2015.

[11] 中国注册会计师协会. 2015 年注册会计师全国统一考试辅导教材——会计. 北京：中国财政经济出版社，2015.

[12] 杜兴强. 中级财务会计学. 北京：高等教育出版社，2007.

[13] 刘永泽，陈立军. 中级财务会计. 大连：东北财经大学出版社，2012.

[14] 王秀丽. 中级财务会计. 北京：中信出版社，2012.

[15] 陈玉菁，陈颖琼. 中级财务会计. 大连：东北财经大学出版社，2010.

[16] 戴德明，林钢，赵西卜. 财务会计学. 北京：中国人民大学出版社，2009.

[17] 吴学斌. 中级财务会计. 北京：人民邮电出版社，2011.

[18] 陈立军. 中级财务会计. 北京：中国人民大学出版社，2012.

[19] 王军彩. 中级财务会计. 北京：经济科学出版社，2010.